民商法论丛

Civil and Commercial Law Series

代理法论

The Law of Agency

汪渊智 著

北京大学出版社
PEKING UNIVERSITY PRESS

图书在版编目（CIP）数据

代理法论/汪渊智著. —北京：北京大学出版社，2015.9
（民商法论丛）
ISBN 978－7－301－18978－8

Ⅰ. ①代… Ⅱ. ①汪… Ⅲ. ①代理（法律）—研究—中国
Ⅳ. ①D923.04

中国版本图书馆 CIP 数据核字（2015）第 218476 号

书　　名	代理法论
著作责任者	汪渊智　著
策划编辑	毕苗苗
责任编辑	毕苗苗
标准书号	ISBN 978－7－301－18978－8
出版发行	北京大学出版社
地　　址	北京市海淀区成府路 205 号　100871
网　　址	http://www.pup.cn
电子信箱	law@pup.pku.edu.cn
新浪微博	@北京大学出版社　@北大出版社法律图书
电　　话	邮购部 62752015　发行部 62750672　编辑部 62752027
印 刷 者	三河市北燕印装有限公司
经 销 者	新华书店
	965 毫米×1300 毫米　16 开本　33.5 印张　450 千字
	2015 年 9 月第 1 版　2015 年 9 月第 1 次印刷
定　　价	68.00 元

前　言

基于自然法思想的要求,一个人的行为后果只能由自己承受,也即一个人只能作出对自己产生法律效果的行为,而不能作出对他人产生法律效果的行为,除非得到他人的同意。如果严格奉行这一原则,会给经济生活带来许多不便。市场经济的发展,使某项行为能够对他人产生法律效果的制度成为必然趋势。

如果一个企业在它的经营范围内的所有业务,事无巨细都由企业主亲自来完成,诸如原材料的采购与加工、产品的宣传与出售等,不仅缺乏效率,而且也是不可能的,这就在客观上需要一种法律技术,即通过他人的行为来完成企业的所有业务,并且其法律后果归属于企业主。换言之,将他人的行为视为企业主自己的行为。达到这一效果的法律途径主要包括:

(1)可以通过代理人来为自己作出或受领意思表示;

(2)可以通过占有辅助人制度或占有媒介关系使对物的实际控制(即占有)归属于他人;

(3)可以通过雇员的职务行为,使产品的所有权归属于真正的加工人——企业主，而不是完成工作的雇员或工人；

(4) 可以通过法人机构(董事或经理)的行为从事企业活动，视董事或经理的行为为企业的行为。

上述法律途径在现代社会均已变成了现实，并在各国的立法中已经成为不可或缺的法律制度，如代理制度、占有辅助制度、雇佣制度、法人代表制度等。

代理者，代人处理事务也。代理属于法律行为中的一项法律制度。法律行为可以通过他人即代理人实施，某人在其所享有的代理权限内以被代理人的名义作出的意思表示，直接发生有利和不利于被代理人的效力。① 代理可以帮助人们实现因自身能力短缺而不能实现的经济事务，它不仅体现了人类社会生活的互助精神，而且也体现了现代商业理性精神——信任与合作。同时，代理也蕴含了一种智慧，因为代理从本质上讲，就是借助他人的行为而坐收其行为后果。所以，早在先秦时期，大学者荀况就曾讲过："假舆马者，非力足也，而致千里；假舟楫者，非能水也，而绝江河。君子生非异也，善假于物也。"②

从法律上讲，代理制度是调整被代理人、代理人和第三人之间代理关系的一项重要法律制度，它产生于市场经济，并服务于市场经济，只要有商品交换和市场经济，就要有代

① 〔德〕维尔纳·弗卢梅：《法律行为论》，迟颖译，法律出版社 2013 年版，第 894 页。

② 王先谦：《荀子集解·劝学篇》(卷一)，载《诸子集成》(二)，上海书店 1986 年版，第 2～3 页。

理制度;市场交换越频繁,市场机制越成熟,代理制度也越发达。可以说,市场经济与代理制度是一对孪生姐妹。[①] 在自然经济时期,代理制度没有产生的基础与可能;到了市场经济时期,代理制度应运而生,代理成为人们社会经济生活的重要组成部分,代理现象无处不在,诸如商品营销、证券、期货、保险、房地产、国际贸易等均离不开代理,正如美国学者麦克尼尔所言,"代理人在经营着现代世界经济的绝大部分"[②]。与此同时,代理业也成为新型的社会产业,并诞生了以代理为业的新经济阶层——代理商。可以预见,随着市场经济的高度发达,社会分工更加细密,商品交换和经济流转更加复杂化、专业化,特别是经济全球化进程的加快,越来越需要通过代理制度来扩展经济主体意思自治的空间,从而使市场经济能够高效、快捷、有序地运行。

在发达的市场经济国家,无论是英美法系国家,还是大陆法系国家,虽然在法律传统上有差异,但都存在着能够适应经济发展水平要求的完善的代理制度。我国在改革开放前曾实行高度集中的计划经济,社会经济活动全部由政府组织,客观上无代理制度产生的土壤和基础。改革开放以来,尤其是市场经济体制确立以来,基于投资的扩大、商品交换的繁荣、贸易范围的拓展以及社会分工的精细化、市场交易的信息化等需求,我国在《民法通则》《合同法》等法律中建立了代理制度,但是与市场经济发达国家相比,我国代

---

① 徐海燕:《英美代理法研究》,法律出版社2000年版,第1页。

② 〔美〕麦克尼尔:《新社会契约论》,雷喜宁、潘勤译,中国政法大学出版社1994年版,第71页。

理制度还处于初级阶段，在法律实践中存在诸多问题，尤其是我国基于大陆法系的传统，借鉴和吸收了英美法上的代理制度，结果导致在我国的法律中两大法系代理制度产生了猛烈的碰撞，从而对我国的代理法理论提出了新的挑战。

为了丰富和发展我国的代理法学理论，健全和完善我国的代理制度，消除两大法系代理制度在我国的冲突与矛盾，本书通过对两大法系代理制度的比较与鉴别，总结国际代理法的发展趋势，进而在分析我国现行代理制度的基础上，提出完善我国代理制度的建议和意见，以期适应我国市场经济快速发展的要求。

目　录

第一章
代理制度的缘起与发展

代理制度是市场经济发展的产物，哪里有市场经济，哪里就会产生代理制度。无论是英美法系国家，还是大陆法系国家，虽然在法律传统上存在较大差异，但都随着市场经济的发展建立起相应的代理制度，只不过演变路径相异。

在代理制度的发展历程上，大陆法系代理制度的发展主要是依靠有权制定法律的机关进行立法活动，法官只是被动地适用法律的机器。在英美法系国家，法官却发挥着十分积极的作用，通过大量的判例丰富和发展了代理制度，为代理制度不断地注入新鲜血液。我国传统法律制度中并无真正意义上的代理制度，只是在近代立法运动中才引入了西方的代理制度。改革开放以来，随着市场经济的快速发展，我国的代理法律制度有了长足的进步，但离发达的市场经济的要求还有很大的距离。

一、大陆法系代理制度的缘起与发展

(一)罗马法时代代理制度的缘起

大陆法系各国民事法律的许多原则和制度都是在继承古罗马法规定的基础上发展起来的。然而,在被恩格斯誉为简单商品生产社会最完备的法律体系的罗马法早期,代理制度并没有得到重视和应有的发展。在相当长的一段时间中,罗马市民法不承认第三人可以通过自己的意思表示,代表他人实施法律行为,并且由他人直接承担代理行为的后果,除非第三人与被代理人之间就有关责任的承担问题达成专门的协议。罗马法的这一传统原则典型地体现在戴克里先皇帝的以下谕令中:"任何物都不能通过受制于他人权力的自由人[①]取得,占有的情况除外,这是无可置疑的法。"[②]

罗马早期之所以不承认代理,主要基于以下原因:

第一,古罗马社会商品经济不发达,是罗马法中未能形成代理法律制度的根本(经济)原因。[③] 古罗马处于小商品经济社会时期,交易活动简单,贸易范围狭隘,不管是个人

---

① 此之自由人是指除家子、奴隶以外的自由民。参见黄右昌:《罗马法与现代》,中国方正出版社 2006 年版,第 262 页。

② 黄风:《罗马私法导论》,中国政法大学出版社 2003 年版,第 109 页。

③ 佟柔主编:《中国民法学·民法总则》,人民法院出版社 2008 年版,第 189 页。

经营还是合伙经营，其规模极其有限，出资人一般是自己经营、自己管理，这种简单的经营形式使经营者依靠自己的能力就可以实现经营所需的各种民事活动，而无需借助于其他人的行为。

第二，罗马人坚持“行为的结果只能发生在行为人之间”的原则和“任何人不得为他人作出约定”的原则，而代理制度却使后果发生于非行为人之间，故与这一观念不合。

第三，古罗马法对实施法律行为有严格的形式主义要求，是制约罗马法中形成代理制度的法律原因。古罗马时期对法律行为的形式与程序极为严格，法律规定凡自由人无论是按照买卖式让与(mancipatio)方式还是按照拟弃诉权(cessio in jure)方式转移或取得财产的所有权，都必须亲自到场，并履行特定的程序和套语才能完成意思表示。“非经本人不得缔结契约”的原则在古罗马时代被视为天经地义，由此相沿成习。后来虽不须履行一定形式的法律行为逐渐增加，但习惯不容易改变，代理仍未得到发展。[①]

第四，古罗马等级森严的家长制与奴隶制，是罗马法中未能建立代理制度的社会原因。古罗马社会是一个崇尚等级、身份的家长制和奴隶制的社会，“家子”的人格全为“家父”所吸收，奴隶则视为“家主”的所有物，“家子”与奴隶所取得的财产，无论是否有为“家父”或“家主”取得财产权利的意思，家父即当然取得之。是之，家父已在事实上获得了类似代理之便利，因而法律再无创设代理制度之必要。[②]

---

① 周枏：《罗马法原论》(下册)，商务印书馆 1994 年版，第 616 页。

② 陈朝璧：《罗马法原理》，法律出版社 2006 年版，第 96 页。

第五，罗马法上无现代意义上的法人制度，不必处理何种情况下自然人行为由法人这另一主体承受效果的问题。[①]

由于在古罗马时期，无论是作为他权人的家子或奴隶，还是作为自权人的家主或主人，都不得代理他人进行民事活动，因此，在一定程度上阻碍了商品的流转。而到共和国末年，随着贸易活动的扩大和民事生活的频繁，形成了一套关于通过第三人（自权人或他权人）的法律行为的责任承担规则，根据这些规则，裁判官允许对有关的代理行为提起一系列诉讼，以确定当事人的相关责任。由于这些规则主要是通过大法官在司法实践中确立的，与之相关的代理行为在理论上被称之为“裁判官法代理”[②]。这些代理规则，虽然与近代以来形成的代理制度相去甚远，但与之极为类似，无疑是代理制度在罗马法上的萌芽或雏形。据学者考证，这些规则的形成，先后经历了以下两个阶段：一是共和国末年他权人作为代理人的情形，二是帝政时期自权人作为代理人的情形。

1. 共和国末年他权人作为代理人的情形

在古罗马，家属在司法上并无独立的人格，奴隶则为家主的工具。按市民法的规定，他们仅能为家主、家长增加利益而不能使家主、家长负担义务，即使家属、奴隶奉命与第三人进行民事活动，日后第三人对家主、家长也无权诉请履行债务。这种不公平的现象，表面上看有利于家主和家长，但适得其反，因为一般人不愿意与家属或奴隶订约，使得家

---

① 朱庆育：《民法总论》，北京大学出版社 2013 年版，第 319 页。

② 黄风：《罗马私法导论》，中国政法大学出版社 2003 年版，第 110 页。

主或家长无法利用家子、奴隶进行代理,这在很大程度上妨碍了交易的进行,因为家主或家长不可能事事躬亲。迫于商品流转的需求,共和国末年,大法官乃创设各种诉权,以使第三人能够直接对家主或家长诉请其履行由家属或奴隶所代理的行为而产生的债务。这些诉权主要有以下几种①:

(1) 奉命诉(actio quod jussu)。该诉权规定,凡家属或奴隶奉家长或家主之命而与人订约的,该家长、家主应对第三人与其家属、奴隶负连带责任。

(2) 海商诉(actio exercitoria),又叫船主诉。该诉权规定,凡家长、家主命其家属或奴隶为船长,则该家属、奴隶在航海经商的范围内所负的债务,家长、家主须直接负责任。

(3) 企业诉(actio institoria)。该诉权规定,凡家长、家主命其家属、奴隶担任经理,开作坊、商店或经营垦殖等的,第三者对家属或奴隶因业务而取得的债权,有权向家长、家主请求清偿,家长、家主对家属、奴隶职权所加的限制,非预先向第三人声明或于店铺等前布告周知外,不得推卸责任。

(4) 特有产和所得利益诉(actio de peculio er de in remwerso)。该诉权规定,若家属或奴隶与第三者为法律行为时并未得到家长或家主明示或默示的准许,则第三者仅得在家长、家主因家属、奴隶的行为而所得的利益及家长、家主授予家属、奴隶的特有产范围内追偿。此虽为一个诉权,但包括两个判决,即先判决家长、家主返还其所得的利益,如果不足,则判决以特有产抵补。

---

① 周枏:《罗马法原论》(下册),商务印书馆 1994 年版,第 616—618 页。

（5）分摊诉（actio tributorio）。若家属、奴隶以其特有产经营企业，虽没有家长、家主的授权，但家长、家主知悉而容忍的，大法官为维护商业上的信用起见，规定该特有产即作为其企业的担保，一旦企业破产，家长、家主不得再主张其特有产的所有权。

上述诉权表明，家长、家主所承担的责任均是一种附带责任，即债权人虽可起诉家长、家主，但主债务人仍为家属与奴隶。基于附带责任之请求权，原出于裁判官法所加于原告之救济权，故又称之为“附加之诉”（actiones adjeticiae qualitatis）。[1] 就家长、家主的责任来说，在前三种诉讼中，家长、家主所承担的责任是无限的，因第三者所以与家属、奴隶为法律行为，是基于家长、家主的信用。而在后两种诉讼中，家长、家主的责任为有限的，因第三者为法律行为，是基于家属、奴隶的特有产。总之，起基本作用的观念不是代理，而是根据受益分担风险：主人取得来自于奴隶活动的收益，并且应当因此而承担责任。[2]

2. 帝政时期自权人作为代理人的情形

共和国末年，虽然家长、家主可以在一定范围内利用家属、奴隶代为实施法律行为，但仍不能由家外人（per extraneam personam）代理。因为按市民法的规定，契约以不影响第三人为原则。故代理人代本人与第三人所为的法律行为，与本人不发生关系，仅代理人自己为第三人的债权人或

① 丘汉平：《罗马法》，中国方正出版社 2004 年版，第 383 页。

② 〔英〕巴里·尼古拉斯：《罗马法概论》，黄风译，法律出版社 2000 年版，第 212 页。

债务人，事后再将所有权利义务移转给本人。帝政以后，代理观念始行萌芽。但对物权的代理产生在前，债权的代理发达较迟。

首先，在物权的代理方面，自公元1世纪末以来，罗马法学家主张，占有可因代理人而取得。这一主张被采纳后，凡属略式移转物，均因第三人交付其物于代理人，本人即可取得该物的所有权。至于要式移转物，则取得大法官法所有权。优帝一世时，要式移转物与略式移转物的区别已正式废止，于是代理人取得物权时声明是代理本人的，则该项物权即直接进入本人的财产中。

其次，在债权的代理方面，自大法官创设海商诉和企业诉后，不久就推行于自权人的代理。不过此种代理中，代理人仍然是主债务人。同时，第三人虽可直接向本人起诉，但本人无权直接向第三人追索。因为代理人在没有摆脱第三人的追索前，如果允许本人对第三者起诉，那么法律行为的利益将被本人取得，而代理人的义务却不被免除。除非在特定情形下，本人可享有直接的诉权。比如，东罗马时期法律规定，下列两种情形，本人可直接起诉第三人：一是代理人没有保留诉权必要的，如代理买或卖，本人已付清货款或已提供追夺和瑕疵的担保；二是非给予本人诉权则无法保全本人利益的，如代理人宣告破产，若本人无直接诉权，则势必与其他债权人平等受偿而蒙受损失①。

从以上的叙述中不难看出，罗马法上从未形成现代意

① 周枏：《罗马法原论》（下册），商务印书馆1994年版，第619—621页。

义上的代理制度，作为代理人的自由人之所以必须向第三人承担责任，主要是基于：契约仅存在于实际缔约人之间，即第三人与代理人之间，在这种关系下，本人只处于从属的地位，只有通过附带债务的方式才能被诉，因而仅是一种附带责任。换言之，本人并未因代理人的行为而取得契约关系的主体地位。从性质上看，这种关系与后世的行纪制度十分相似，间接代理应当源于此。

总之，现代民法上的代理，在罗马法中并不存在。经管他人事务的人，无论是根据法律（如监护人和保佐人），还是根据协议（如代理人或委托人），抑或是主动为之（如无因管理人），均不能使他所实施的行为对被经管人直接产生效力。[①] 他直接以自己的名义实施行为，为自己取得或者使自己负债，如果应当让被经管人享受或承担经管行为的结果，就必须根据需要在被经管人和经管人之间安排另一个行为或关系。[②] 对于罗马人的法律生活而言，“代理的思想，虽非全属陌生，但在私法交易上重要的领域——债之契约，迄今未建立直接代理制度”[③]。然毋庸置疑，罗马法上尽管不存在成熟、完备的代理制度，但一些“裁判官法代理”规则对后世大陆法系代理制度的形成与发展提供了诸多借鉴与启示。

---

① 刘文科：《商事代理法律制度论》，法律出版社 2013 年版，第 11 页。

② 〔意〕彼得罗·彭梵得：《罗马法教科书》，黄风译，中国政法大学出版社 1992 年版，第 173—174 页。

③ 王泽鉴：《民法学说与判例研究》（第 4 册），中国政法大学出版社 1997 年版，第 5 页。

（二）中世纪欧洲大陆代理制度的曙光

在中世纪，随着商业交易规模的发展，商业制度的需求使注释法学派和后期注释法学派及教会法发展了代理人制度。[①] 12—13世纪，欧洲出现了一种复兴现象，手工业和商品交换日益繁荣，海上贸易在此基础上发展起来。

首先，海上贸易在地中海沿岸航运便利的意大利城发展起来，以后又扩展到热那亚、比萨以及西欧一些其他国家。由于海上贸易的特点，大多数商人往往并不亲自出海，而是委托其中少数出航的商人代售自己的产品。后来委托人与船长逐渐建立起合作关系，由船长在航海过程中将商人的货物在各地出售，从中赚取一些劳务费用，而商人则可以赚取一些货物的地区差价。之后，不同的商品所有者通过各种契约关系联合成立专门经营海上运输的组织，并由其组织负责将他们的货物销往各地。最后，在由运输组织负责销售货物的过程中，商人们逐渐感觉到操作的不便，于是就开始自己向海外派遣代理人，由其代理人专门负责经营自己的海外业务。这样一来，相沿成习，有关代理尤其是商事代理的习惯法随之发展起来，并为西欧各地的商人所采用，为商事法院所认可。[②] 关于交易过程中代理人的地位，开始借用罗马法及教会法的诸多规则进行规范，其中教会法的一些规则起了决定性作用，例如，教会法最早明确承

---

① 〔英〕施米托夫：《国际贸易法文选》，赵秀文译，中国大百科全书出版社1993年版，第365—459页。

② 郑自文：《国际代理法研究》，法律出版社1998年版，第17页。

认“通过他人实施的行为等同于自己实施的行为”①。

这一时期，商事代理中引人注目的成就是行纪(间接代理)制度的形成。在长期海外贸易利益的驱动下，逐渐出现了商人派遣于海外经营业务的代理人滥用委托人信用的情况。而在当时交通、通讯极其落后的情况下，委托人委托代理人进行远距离的贸易活动时，往往无法进行应有的监督管理，代理人利用委托人的信任为自己谋利的事情也就不可避免地时有发生。且在直接代理的理论下，委托人对代理人的一切代理行为均要承担后果，而且不管业务的繁简，委托人都需常设代理人，这样委托人还需支付巨额费用。为了防止代理人滥用代理权，使其能够勤勉、诚实地为委托人完成委托事务，委托人逐渐加重了代理人的风险责任——使代理人以自己的名义经营委托人的委托业务，并使代理人自己承担经营的风险责任，而委托人只要给付其佣金即可。

至此，行纪制度已完全发育成熟。所以，德国商法学家史密特在他的《德国行纪行为史》一书中考证认为，在欧洲，中世纪时期就已出现行纪商行为，当时的一些商事习惯法和商事成文法已对行纪的概念、特征、行纪行为的规则及法律后果等等作了颇为详细的规定。他认为，这些规定是现代商事行纪法律规范的基础和历史渊源②。

---

① 顾祝轩:《民法概念史·总则》，法律出版社 2014 年版，第 374 页。

② 范健:《德国商法·传统框架与新规则》，法律出版社 2003 年版，第 405 页。

（三）近代以来大陆法系各国代理制度的发展

在欧洲大陆法律发展过程中，代理制度直到17世纪才得到普遍认可。[①] 这首先应归功于自然法学思想。被尊称为“自然法之父”的荷兰法学家胡果·格劳秀斯（Hugo Grotius，1583—1645）在其代表作《战争与和平》一书中指出：

> 如果有人很显然是从我们那里得到了缔结契约的特别或者一般的指示，我们就有义务确认他们以我们的名义缔结的契约为有效。在全权委托他人的情况下，即使代理人超越其已经收到的秘密指示行事，我们也应当为该代理人的行为所约束。因为他在作出行为时表面上是有权的，因此，不论他做了什么事情，我们都有义务加以追认，尽管我们可能已经使他承担一种义务：不要做任何超越对他的秘密指示的事情。[②]

这一论述已经为近代代理制度的建立完成了框架设计。英国自然法学家托马斯·霍布斯（Thomas Hobbes，1588—1679）也曾对代理问题进行过专门的论述：

> 有些拟人的言行得到被代表者的承认，于是他便称为代理人，承认他的言行的人就是授权人。在这种情形下，代理人是根据授权而行动的。…… 当一个代

① 〔德〕维尔纳·弗卢梅：《法律行为论》，迟颖译，法律出版社2013年版，第897页。

② 〔荷〕胡果·格劳秀斯：《战争与和平》，何勤华等译，上海人民出版社2005年版，第188—189页。

> 理人根据授权订立了一项信约时，他就可以使授权者因此而要像亲自订约一样受到约束，同时也使他同样要对该约的一切后果负责。……因为任何人本人不是授权人时，就不会受所订信约的约束。因之，违反其所赋予的授权或在这种授权范围之外订立的信约，他也不受约束的。①

托马斯·霍布斯的论述进一步丰富了近代代理法理论。

而代理制度的真正确立与发展，是在近代资本主义生产方式建立之后。在资本主义生产方式下，商品经济高度发展，商品交易频繁，规模不断扩大，公司法人等各种经营组织的兴起又使社会关系更加错综复杂，人们由于时间、空间、精力和知识技能等原因已不可能做到一切事务均自为自受，而迫切需要他人代为办理各种事务。另外，资本主义法律原则强调人与人之间形式上的平等与独立，强调当事人意思自治，这就消除了罗马法时代因实行家父制而使代理关系不发达的因素，使委托他人进行法律活动有了法律依据。在这样的历史条件下，到了 18 世纪，大陆法系国家通过吸收英国法中的一些原则，形成了近代意义上的代理法律制度。特别是 19 世纪以来，大陆法系各国普遍通过法典形式建立了完备的代理制度。

1. 法国

1804 年颁布的《法国民法典》并没有规定独立的代理

---

① 〔英〕托马斯·霍布斯：《利维坦》，黎思复、黎廷弼译，杨昌裕校，商务印书馆 1985 年版，第 123—124 页。

制度,而是把代理关系规定在委托合同编中,作为第三卷“取得财产的各种方式”之一。

在“委托”编中,分为四章,共27条(第1984—2010条)。第一章规定委托的性质与形式,第二章规定受托人的义务,第三章规定委托人的义务,第四章规定终止委托的各种方式。《法国民法典》第1984条第1款规定:“委托或代理是指,一人依此授权另一人以委托人的名义,为委托人完成某种事务的行为。”受托人在授权范围内的行为,委托人应当承担责任,此即第1998条第1款的规定:“委托人,对受委托人按照授予的权限缔结的义务,应当履行之。”从此,代理人因享有代理权,不再对第三人承担责任,而直接由委托人负责。此外,该法典还规定了无权代理(第1998条第2款)、越权代理(第1997条)、表见代理(第2005条)等。

1807年颁布的《法国商法典》在商人编中专门对商事代理做了规定,并于1958年12月25日发布了第58—1345号《关于商事代理人的法令》,随后在1991年6月25日又发布了第91—593号《关于商业代理人与其委托人之间关系的法律》。[①] 这两部法律、法令都是从商业代理人主体资格及与委托人之间的权利义务关系的角度予以规定,强化了代理人在商业领域的独立责任地位。如1991年第91—593号法令规定:“商业代理人是指不受雇佣合同约束,以制造商、工业者、商人或其他商业代理人的名义,为他们的利益谈判,并通过签订购买、销售、租赁或提供服务的合同,

① 《法国商法典》,金邦贵译,中国法制出版社2000年版,第4—11页。

且将其作为独立的经常的职业代理人。”此外,《法国商法典》对特定行业代理人作了具体规定,如第五编的证券经纪人和居间商、运输行纪商等。

应当说,《法国民法典》《法国商法典》规定的代理制度,与《德国民法典》《德国商法典》相比,远远没有后者精细和完备,尤其是委托与代理混而不分,极大地制约了代理制度的发展与进步。但是比之罗马法上的规定,法国的立法已经发生了质的飞跃。

2. 德国

早在 1861 年基于德意志民族统一的需要,在《普鲁士邦法》的基础上,联邦议会颁布了《普通德意志商法典》(即旧商法典),该法典针对商事代理做了较为详细的规定,并被大多数州所采用。

1871 年统一的德意志帝国成立后,于 1874 年开始着手统一民法典的编撰,历经 22 年形成三次草案①,终于在 1896 年 7 月 1 日通过《德国民法典》。就在着手起草民法典期间,由于民法典中已包含了旧商法典中的许多规定,在旧商法典中保留这些规定已无必要,加之统一后的德国的商品流通秩序的建立也已使之前制定的商法典在内容上显得陈旧和保守,因此,在《德国民法典》颁布的第二年即 1897 年,又通过了新商法典,即《德国商法典》。

德国的代理制度主要体现在《德国民法典》和《德国商法典》中,尤其是《德国民法典》在大陆法代理制度的发展

① 谢怀栻:《外国民商法精要》,法律出版社 2002 年版,第 80 页。

史上作出了开创性的贡献，为大陆法系其他国家树立了典范。德国立法者将旧商法典规定的商事代理中具有普遍意义的部分抽出来，进行了归纳和总结，将其纳入民法典总则“法律行为”一章中，然后将“委任”列入债编“各种债的关系”中，这样一来，代理与委任区别对待，形成了独立的代理制度。

《德国民法典》第 164 条第 1 款①明确规定了代理人所实施的代理行为的后果归属：“1. 代理人于代理权限内，以被代理人的名义所为的意思表示，直接为被代理人和对被代理人发生效力。2. 其意思表示无论系明示以被代理人名义而为之者，或按情况可断定系以被代理人名义而为之者，并无区别。”第 167 条第 1 款规定了代理权的授予：“代理权的授与，应向代理人或向其为代理行为的第三人以意思表示为之。”根据所谓的“抽象原则”，德国法将代理人与第三人之间发生的外部关系和代理人与本人之间的内部关系严格地区分开来。② 此外，还规定了无权代理的追认（第 177 条第 1 款）、无代理权的代理人的责任（第 179 条）、表见代理（第 169 条、第 170 条）以及代理权滥用之禁止（第 181 条）等。

《德国商法典》规定的代理主要是，在第一编“商人的身份”中规定了代理商（第七章第 84 条至第 92c 条）、商事

① 法典条文引自《德意志联邦共和国民法典》，上海社会科学院法学研究所译，法律出版社 1984 年版。

② 〔德〕罗伯特·霍恩、海因·克茨、汉斯·G. 莱塞：《德国民商法导论》，楚建译，中国大百科全书出版社 1996 年版，第 248 页。

居间人（第八章第 93 条至第 104 条），在第四编“商行为”中规定了行纪营业（第三章第 383 条至第 406 条）、运输代理营业（第五章第 453 条至第 466 条）等。《德国商法典》规定的商事代理人一般被概括为以下四种：

（1）雇佣代理人（the employed），即业务代表、经理人、店员等，他们是本人的雇员，被授权代表本人与第三人签订合同；

（2）独立代理人（the independent agent），即代办商、承运人或运输代理人，他们是独立的营业主体，受本人固定的委托以自己的名义与第三人进行商事活动；

（3）行纪商（the commission agent），也叫佣金代理人，他是独立的商人，在一般的商业交往中，以自己的名义买卖他人的货物或流通证券；

（4）经纪人（the broker），也叫商事居间人，他也是独立的商人，在一般商业交往中，非受持续委托为他人报告订约机会或提供订约媒介。[①]

3. 瑞士

瑞士关于代理制度的规定，既不同于法国，也有别于德国，这与其民法典的形成过程有很大的关系。瑞士是一个联邦国家，组成联邦的各个州在 15 世纪末逐渐从罗马帝国独立出来，并在 1848 年最终组成瑞士联邦。联邦成立后，宪法并不赋予联邦有统一私法之权，各州大多有自己的民法。随着各州商业往来的频繁，各州法律的不同带来许多

① 〔英〕施米托夫：《国际贸易法文选》，赵秀文译，中国大百科全书出版社 1993 年版，第 365—459 页。

不便，统一私法的要求日益迫切，到1874年宪法修改，使联邦在某些领域特别是债法和商法方面获得了立法权[①]，据此联邦于1881年制定了《瑞士债务法典》，就契约、公司、商号、票据等内容作了规定。

1898年联邦宪法再次修改，规定联邦有制定全部民法的立法权，于是在1907年，联邦议会颁布了《瑞士民法典》，包括四个部分，即人法、亲属法、继承法和物权法。1911年对原《瑞士债务法典》略加修改，并改名为《关于补充瑞士民法典的联邦法律（第五编）：债务法》予以公布，与《民法典》的前四编同日施行。[②]

《瑞士民法典》在近代开创了民商合一的先河，其代理制度主要规定在第五编，即《瑞士债务法典》中。

首先，在第一编“总则”中，第一章“债的发生”中的第一节“合同之债”，从第32条至第40条，对授权代理及其效力、授权范围、代理权的撤销与放弃、代理关系的消灭、无权代理的追认等做了详细的规定。

其次，在第二编“各种合同”中，第十三章规定了“委任合同”，第十五章规定了“行纪合同”，第十七章规定了“经理人与其他商业代理”。

最后，在《瑞士民法典》第二编“亲属法”中规定了法定代理，如第341条规定了家庭共有财产代表人的代理权、第407条规定了监护人的代理权等。

---

① 〔德〕K. 茨威格特、H. 克茨：《比较法总论》，潘汉典等译，法律出版社2003年版，第253页。

② 谢怀栻：《外国民商法精要》，法律出版社2002年版，第111页。

与德国的立法不同，瑞士的代理制度有以下特色：

其一，将代理视为债的发生原因之一，规定在第一编第一章“债的发生”中，并作为代理的一般规定；

其二，在“委任合同”章中规定的“代理合同”并非一般委任，只适用于委托人与非雇员的代理人之间具有持续性的代理关系，即代理人与委任人不存在雇佣关系，是独立的代理人。

4. 意大利

意大利历史上有两部民法典，第一部于 1865 年颁布，该民法典包括三编：第一编“人”（第 1 条至第 405 条），第二编“财产、所有权及其变更”（第 406 条至第 709 条），第三编“所有权和对物的其他权利的取得与转让的形式”（第 710 条至第 2147 条）。该民法典主要从古罗马的优士丁尼《法学阶梯》和 1804 年的《法国民法典》中得到多方面的启发①。

1882 年，又颁布了《意大利商法典》，该法典与《意大利民法典》一起构成了从 19 世纪下半叶到 20 世纪上半叶意大利私法体系的支柱。到了 19 世纪末叶，1865 年的《意大利民法典》所代表的社会和法律价值，已经逐渐地被认为不能真正满足意大利的需要。② 与此同时，民商分立的立法体制，受到人们的反对，所以，意大利著名的罗马法学家和民

① 费安玲：《1942 年〈意大利民法典〉的产生及其特点》，载《比较法研究》1998 年第 1 期。

② 〔美〕艾伦·沃森：《民法法系的演进及形成》，中国政法大学出版社 1992 年版，第 180 页。

法学家维多里奥·夏洛亚(Vittorio Scialoja)提出了“私法统一”的主张,即将私法的相关内容以新的立法体系编排在一部法典之中。为此,从1924年开始,意大利着手修订民法典,到1942年将原来的两部法典整合到一起,颁布了《意大利民法典》,共由六编组成,即序编、人与家庭、所有权、债、劳动、权利保护。

与瑞士相同,意大利也实行民商合一的立法体例,其代理制度主要集中在民法典第四编“债”,这一编主要参考了《法国民法典》的规定。究其原因,在20世纪初,相互毗邻的法国与意大利的经济贸易往来日益频繁,两国法律的相互冲突,尤其是债法方面的冲突日趋明显,这不仅严重阻碍了两国经济的交往,同时也严重削弱了这两个拥有悠久私法历史的国家在欧洲的中心地位。所以,维多里奥·夏洛亚(Vittorio Scialoja)在1916年就提出了统一法国和意大利债法的倡议,他认为这不仅有利于解决两国的法律冲突及发展两国间的经济关系,而且有利于使两国新的法律成为欧洲新文明的中心,从而能够阻止以拿破仑法为基础的国家走向日耳曼传统[1],正是在这种思想指导下形成了《意大利民法典》的债编。

虽然意大利的“债法”规定主要来源于《法国民法典》,但是在关于代理制度的规定上却有很大的差异,主要表现在以下方面:

第一,将代理从“委任”中独立出来,分别规定“委任”

---

① 〔法〕勒内·罗迪埃尔:《比较法概论》,法律出版社1987年版,第106页。

与“代理”，即在“契约总论”一章中单列第六节“代理”（第1387条至第1400条），又在“各类契约”一章中单列第九节“委任”、第十节“代理商契约”、第十一节“居间”。

第二，在“委任”中，除了一般委任外，还规定了“代购代销契约”（行纪）和“承运委任”（承揽运送）。

与《法国民法典》中的代理制度相比，《意大利民法典》的规定更加进步和完备。

5. 日本

日本明治维新的重要内容之一就是变法，而变法就是将西方法制移植到日本，以取代旧有的法制。日本具有制定法和法典编撰的传统，因此在法律改革中，自然选择了民法法系的模式。

由于《法国民法典》在当时仍然是民法国家主要的、具有代表性的法典，因而日本在1890年颁布的民法典主要是以《法国民法典》为蓝本。与此同时，也颁布了商法典。民法典分为人事编、财产编、财产取得编、债权担保编、证据编，共五编1760条，因遭到反对派的抵制而未能正式实施。到1898年又重新制定了民法典，为了避免旧民法典的法国化倾向，新民法典转而参照《德国民法典》[①]，分五编，即总则、物权、债权、亲属、继承，共36章1146条。1899年又颁布了新的商法典。

日本旧民法中的代理制度，完全采纳的是法国的规定，但在新民法中又全部效仿《德国民法典》中的规定，具体情

① 由嵘主编：《外国法制史》，北京大学出版社1992年版，第295页。

形是：

首先，在第一编总则中的第五章“法律行为”中专节规定了代理（第三节），从第99条至第118条作为代理的一般规定。

其次，在第二编债权中的第二章“契约”中专节规定了“委托”，按照第656条的规定，委托只适用于法律行为事务的委托，非法律行为事务的委托可准用之。

最后，与《德国商法典》相同，《日本商法典》在第一编总则中的第七章规定了“代理商”，在第三编商行为中规定了居间营业（第五章）、行纪营业（第六章）、承揽运输业（第七章）。

6. 荷兰

荷兰历史上出现过四部民法典。第一部民法典颁布于1809年，与1804年的《法国民法典》大部分相同。1811年荷兰并入法国后，第一部民法典被《法国民法典》取代，成为荷兰的第二部民法典。1813年荷兰独立后，在1838年重新颁布了第三部民法典，同年又颁布了《荷兰商法典》。第三部民法典主要是根据《法国民法典》制定，而且经常是照搬原文。①

一个世纪后，即1947年，荷兰着手起草新民法典，该法典分为十编：第一编“人法和家庭法”，第二编“法人（含总则、社团、有限责任公司、基金会）”，第三编“财产法总则”，第四编“继承法”，第五编“物权法”，第六编“债法总则”，第

① 《荷兰民法典》，王卫国主译，中国政法大学出版社2006年版，译序。

七编“有名合同”,第八编“运输法”,第九编“智力成果法”,第十编“国际私法”。到目前为止,第一编和第二编分别于1970年和1976年生效,第三、五、六编于1992年生效,第四编于2003年生效,剩余的第七编至第十编正在制定中。新民法典在立法体例上最大的变化就是一改过去的民商分立,实行民商合一,原商法典的内容并入了民法典中。

新的《荷兰民法典》的最大成就体现在第三、五、六编中,其中第三编“财产法总则”就是按照“层级结构”来设计的[①],该编第三章专章规定了代理(第60条至第79条);第三章主要规定了委托代理,至于法定代理散见于第一编(父母与子女,第247条)、第二编(法人章程)、第六编(为他人管理事务,第204条)。

立法者考虑过制定专章来集中规定所有形式的代理权,但是因为主体问题差异过大而放弃了这一想法。于是,立法者将着力点放在了代理法上。[②] 所以,为了避免《法国民法典》中代理与委托混而不分的弊端,将“构成委任合同的一个既不协调又让人迷惑的部分的代理法,被改写在第三编中”[③]。至于委托合同,虽然民法典第七编“有名合同”还没有颁布,但是根据立法计划准备设立“委任合同”的规定。这样一来,《荷兰民法典》作为《法国民法典》的忠实继

① 〔荷〕J. 海玛:《1992年〈荷兰民法典〉概况》,刁君姝、田志钢译,王卫国校,载《比较法研究》2006年第1期。

② 〔荷〕J. 海玛:《荷兰新民法典导论》,载《荷兰民法典》,王卫国主译,中国政法大学出版社2006年版,第18—19页。

③ 〔荷〕亚瑟·S. 哈特坎普:《荷兰民法典的修订:1947—1992》,汤欣译,载《外国法译评》1998年第1期。

承者,在代理制度上却成为了背叛者。根据第三编第78条的规定,代理与代表是有区别的,但在非根据代理权而以代表人身份行事的情形下,以法律不产生不同的结果为限,可准用代理法上的相关规定。另外,第三编第79条规定:"以与法律行为或者法律关系的性质不相冲突为限,本章的规定准用于财产法以外的法律领域。"依上述规定,进一步扩大了代理的适用范围,从而使该章规定成为代理的最一般规定。

7. 俄罗斯

俄罗斯早在沙俄时期就开始编撰民法典,先后形成三个草案,其中最重要的是1914年草案,它主要吸收了《德国民法典》《瑞士民法典》的最新成果,虽然没有正式生效,但对俄罗斯的民法传统及民法思想产生了重要影响。十月革命后,在1922年出台了第一部民法典即《苏俄民法典》,1964年颁布了第二部《苏俄民法典》,由于这两部民法典是在社会主义时期否认私法的背景下形成的,因而大部分内容偏离了私法的性质。[①]

1991年苏联解体后,俄罗斯由计划经济转向了市场经济,开始重新编撰民法典,被誉为"私法的复兴"。[②] 从1994年到2006年共用12年的时间最后完成了《俄罗斯民法典》。该法典坚持民商合一和潘德克吞法学传统,共由四部

① 王志华:《论〈俄罗斯民法典〉的编撰及其继承性》,载《学习与探索》2008年第4期。

② 焦富民:《私法理念在〈俄罗斯民法典〉中的复兴及其启示》,载《法商研究》2007年第6期。

分组成:第一部分为第一编总则(基本规定、人、民事权利的客体、法律行为与代理、期限和诉讼时效)、第二编所有权和他物权、第三编债法总则(关于债的一般规定、关于合同的一般规定);第二部分为第四编债的种类,债法分则部分共包括31种债;第三部分为第五编继承和第六编国际私法;第四部分为第七编智力成果和个别化手段的权利。

现行《俄罗斯民法典》关于代理制度的规定,主要集中在第一部分和第二部分。第一部分的第一编第十章专章规定了代理(第182条至第189条),主要就代理权的产生及其行使、无权代理、商业代理、委托书、转委托以及委托书的终止等作了规定。同其他民商合一国家的规定一样,《俄罗斯民法典》的第二部分也规定了委托(第四十九章)与行纪(第五十一章)。具有特色的是第五十二章规定的"代办",所谓代办(合同),是指"一方(代办人)因根据他方(委托人)的委托,以自己的名义、委托人的费用或者以委托人的名义和费用实施法律行为或其他行为,并收取代办费。按照代办人以自己的名义和以委托人的费用与第三人订立的合同,代办人取得权利并为义务人,即使合同中已指明委托人或者委托人直接参与和第三人履行合同。按照代办人以委托人的名义和费用与第三人订立的合同,权利义务直接产生于委托人"(第1005条第1项)。

此外,第四十一章还规定了一种特殊的代办类型——运输代办。这里需指出的是,第四十三章虽然规定了"财物代理",但依其内容与代理无关。所谓财物代理,是代理人以委托人对第三人享有的金钱请求权为对价,向委托人交付或应交付金钱，而委托人将该金钱请求权让与或者应让与财物代理人（第824条）。由此可见，财物代理是由代理人先行向委托人交付约定的金钱，而委托人将自己对第三人的金钱债权转让给代理人，再由代理人向第三人行使该项金钱债权，在本质上是债权的移转。

二、英美法系代理制度的缘起与发展

（一）英美法系代理制度的缘起

由于罗马法从未发展出完整的代理制度，因而英国代理法的起源与发展基本没有受到罗马法的影响。英美法学者普遍认为，代理发端于中世纪早期。当时的英国法刚刚形成，国王和教皇授权他人以其名义借债，指定他人为某种特殊目的而活动。这样就出现了代理关系的雏形，国王或教皇成为了被代理人，以其名义进行活动者成了委托代理人。[①] 英国代理制度在中世纪的萌芽，主要源于以下各方面的历史因素：

（1）王室法院的指定代理人的广泛适用。

12世纪至13世纪初，指定代理人是一项特权，必须经过王室的特许，并应在法院履行正式手续。但自英国《莫顿法》[the Statute of Merton（1235）]以来颁布的一系列法律，赋予每个人以指定代理人的权利。于是就出现了一个办理

① G. H. L. Fridman, *The Law of Agency*, Butterworths, 1983, p. 4.

法律事务的职业代理人阶层，随后，于1292年通过了调整法院辩护人的法令，对这些代理人的行为加以调整。这些代理人就是后来的诉状律师。[①]

(2) 教会法对代理制度的影响。

当时的教会法规认为，修道士在法律上被宣告为民事死亡，但其若干民法上的权能仍予保留，并规定由修道院的院长代为行使。英国著名法学家梅特兰(Maitland)认为，英国现代意义上的代理制度源于僧侣的地位，他引述了爱德华一世(Edward I)在位时发生的一起案件。在该案例中，原告以修道院的一名僧侣购买了自己的货物并用于该修道院为由，对该修道院的院长提起了货物价款给付之诉。梅特兰对此评论道：

> 僧侣们万万没有想到，他们对法律的无知居然推动了英国代理法的发展。

此外，按照德国学者缪勒菲尔斯的观点，英国代理法还存在其他两个渊源：一是盎格鲁—撒克逊人使用的“蒙德”(Mund)的概念，这一概念专门用于主人和仆人之间的关系；二是诺尔曼人建立的代理人(attomey)制度。该制度在程序上是非常重要的，并在后来渗入了实体法。他认为，尽管教会在一些方面以不同方式推动了代理法的发展，但是这种影响还不足以让代理制度枝繁叶茂起来。[②]

(3) 中世纪商业贸易的需要是代理制度得以发展的

---

① 江帆：《代理法律制度研究》，中国法制出版社2000年版，第48页。

② G. H. L. Fridman, *The Law of Agency*, Butterworths, 1983, p. 5.

基础。

12 世纪至 13 世纪，由于欧洲海上贸易的发展，不同的商品所有者共同建造船舶从事海上运输，通过各种契约关系联合成为经营海上运输组织。这些组织最初只是一些人委托出航的商人出卖自己的商品，后来委托人与船长逐渐成为海上合伙。由于海上贸易的特点，商人往往并不亲自出海，而是将货物或业务交给其代表或经理人经营。中世纪商业的发展，尤其是海上贸易的发展，是代理法得以产生和形成的基本社会条件。①

澳大利亚学者司徒嘉（Stoljiar）认为：

> 中世纪被代理人之所以对于其代理人购买或取得的货物也负有履行债务的责任，法律根据在于被代理人已经取得了对该货物的使用和收益。②

所以，有人认为英国代理法渊源于古代的“用益理论”。以后随着商业的发展，商人们对代理法提出了更高的要求。于是，主人对其学徒和代理人的行为负责的规则日益被人们接受。1389 年，伦敦市政厅审理了一起案件，该案中一个伦敦商人的学徒从一个法国商人那里购买了 10 吨酒，但未支付货款，法院判决学徒负责清偿。由于该学徒无力清偿，被送进了监狱。于是该学徒就以自己的雇主为被告，提起诉讼，声称是主人令他去买酒，并且同意了此项交易。伦

① 佟柔主编：《中国民法学 · 民法总则》，人民法院出版社 2008 年版，第 189 页。

② Stoljiar SJ, *The Law of Agency*, Sweet & Maxwell, 1961, pp. 14, 37—39.

敦市长及其市政官员们认为，根据商人法和本市的惯例，既然该学徒买酒是供他的主人使用和为了主人的利益，因而主人必须直接向法国的商人支付货款。依此案例，第三人可以直接向本人提出权利请求。由此，因代理人的行为而使本人承担与第三人的契约责任原则得以确立。[①] 1649 年的一个判例更为明确地指出：

> 如果我要求我的仆人购买某些物品，或者我把某人作为我的代理人派去购买商品，而此人从另一个人那里买到了商品。在这种情况下，我负责履行该合同，即便该货物从未到达我手里，或者我根本不知道（该代理人做了什么），原因是我向他授予了（采买货物的）权利。[②]

到 14—15 世纪，由于最初极为严格的诉讼制度表现出了较多的灵活性以及商人习惯法变得日趋重要和巩固，雇主或主人的责任不再视为债务问题，而开始越来越多地被视为合同问题。这时的普通法已确立了一条原则，即如果本人追认了代理人的行为，或者已授予他签约的权利，或者代理人显然是在授权范围内行事，那么本人就要对其代理人代表他所签订的合同负责。这样就比大陆法更早为普通法上的代理概念奠定了基础。不过，中世纪尚不是一个充分开放的社会，与之相适应的商业也只要求一个萌芽状态的代理法律制度[③]。

---

① 江帆：《代理法律制度研究》，中国法制出版社 2000 年版，第 49 页。

② 〔英〕施米托夫：《国际贸易法文选》，赵秀文译，中国大百科全书出版社 1993 年版，第 365—459 页。

③ G. H. L. Fridman, *The Law of Agency*, Butterworths, 1983, p. 5.

（二）英美法系代理制度的发展

进入17、18世纪以来，英国的代理制度由于受到判例法、衡平法、契约法、海商法以及商事法等的影响，逐渐成熟起来。此时两种独立的商业代理人开始出现，即行纪人（factor，又被译为代理商）和居间人（broker，又被译为经纪人）。代理（agency）一词开始使用，代理最终作为一个独立的概念从雇主与受雇人之间的关系中分离出来。[①] 值得一提的是，霍尔特（Holt）在1689—1710年担任王座法院首席大法官期间，将海事法院中船东、船长和商人之间关系的规则纳入到本人与代理人之间的关系的法律中，从而把代理法发展为英国普通法的一个分支。

在1611年的“巴顿”一案和1618年的“南方”一案中，英国法院已经开始区分普通代理权限和特别代理权限。此时法院的判例还开始提出了默示授权与表见授权的概念。而在1708年的“伯代特”一案和1709年的“斯比尔曼”一案中，大法官注意到了本人与代理人之间的关系，并开始把这种关系视为受益人与受托人之间的关系。1785年的“拉邦”案和1829年的“汤姆逊”案创立了被代理人身份不公开的理论。1812年的“皮克灵”案运用了不容否认的代理理论[②]。18世纪早期，英国代理法只承认明示授权的代理和追认代理权的代理。到18世纪后期以及19世纪早期，

---

① G. H. L. Fridman, *The Law of Agency*, Butterworths, 1983, p. 6.

② 参见徐海燕：《英美代理法研究》，法律出版社2000年版，第42—45页。

各种代理法则已开始出现，现代代理理论已经初具规模。19世纪以来，英国为了满足各种交易活动的需要，陆续颁布了有关代理的单行的成文法。如1889年的《代理商法》[The Factors Act(1889)]、1953年的《货款代理法》[Accommodation Agencise Act(1953)]、1971年的《授权委托书法》、1979年的《王室代理人法》[Crown Agent Act(1979)]和《不动产代理人法》[Estate Agent Act(1979)]、1993年的《商事代理条例》[The Commercial Agents (Council directive) Regulations(1993)]等。

在美国，早在19世纪末，大法官霍尔姆斯(Holmes)在美国哈佛大学首次提出了代理人与被代理人、雇主与雇员的概念，并认为对这些主体的法律调整构成了一个独立的法律部门，他的这一观点深刻地影响了美国的法学界和法官们，并被反映在美国的有关法律文件中，如美国的《标准公司法》对公司代理人的代理权限等作了较为详尽的规定。

20世纪初，由于判例的大量增加，使得美国普通法越来越臃肿庞杂，许多规则不明确甚至前后矛盾，为了对普通法进行整理，美国法学会和统一州法全国委员会对私法领域的判例进行比较分析，剔除其枝节，抽取出一个个明确简略的规则，然后以法典的形式予以重新表述，此即《美国法律重述》(Restatement of the Law)。在代理制度方面，于1933年完成《代理法重述》。之后，在1958年完成第二次《代理法重述》，到2006年又形成了第三次《代理法重述》。该重述对美国代理制度进行了全面总结和整理，内容涉及代理的相关概念、代理的效果归属、代理权及其代理关系的产生、无权代理的追认、代理当事人之间的关系及其责任等。《代理法重述》虽然是民间编撰的法律文件，不具有官方权威，但由于从事这项工作的人在美国法学界均具有很高的地位和声望，法官们对它较为尊重，在判决中经常引用和参照其中有关的内容，对美国代理制度的立法和司法都产生了较大的影响。

随着英国海外贸易活动的扩大和殖民地的法律移植，英国代理法也传播到了其统治下的殖民地国家和地区。这些国家和地区虽然后来摆脱了英国的统治，但英国的代理法却已在那里落地生根。

总之，不仅美国和英联邦国家（如澳大利亚、加拿大、新西兰和新加坡等），而且其他原属于英国殖民统治的地区（如我国的香港特别行政区）也继受了英国代理法。而且，随着区域经济一体化与全球经济整体化的发展，英美代理法也正在向大陆法系国家的代理法渗透，呈现相互融合与吸收的趋势。

三、两大法系代理制度之差异

从上述两大法系代理制度产生和发展的历史考察中，不难看出至少有两点是相同的：一是两大法系的代理制度基本都产生于中世纪，二是两大法系的代理制度都是基于基于商品经济的发展要求而产生，具有相同的经济基础。但是，由于两大法系国家在社会制度、法律文化、经济发展、思维习惯等方面的不同,导致了其代理制度在发展演变过程中呈现很大的差异。

(一) 缘起上的差异

在代理法的起源上,大陆法系的代理法作为传统民法的组成部分,总是与罗马法有着或多或少的联系,而英美法系的代理法作为普通法的组成部分,总是与日耳曼法有着千丝万缕的联系。虽然,在罗马法上从未发展出一套完整的代理法规则与理论,但并不等于现代大陆法中的代理制度与罗马法全然无关,事实上有关间接代理即行纪制度就是发端于罗马法,现代法中的法定代理制度就是继承了罗马法上的他权人作为代理人的规则。尤其是作为代理内部关系的委托,就是在罗马法上的委托合同的基础上发展起来的。所以,大陆法系的代理法仍然没有摆脱罗马法对它的影响。

至于英美法系的代理法,学者们普遍认为,在其形成过程中没有受到罗马法的影响。[①] 梅特兰认为,英国代理法渊源于古代的"用益理论"(doctrine of uses);据霍姆斯(Holmes)、豪兹沃斯(Holdsworth)考证,古代用益理论源于日耳曼法中的"萨尔曼"(Salman)或"特鲁瀚"(Treuhand),其意是指一方当事人受托完成指定的任务,通常是转让土地,以便他能够按照委托人的指示办理转让手续。[②]

---

① F. M. B. Reynolds, *Bostead on Agency*, Sweet & Maxwell, 1985, p. 22.

② Holmes, Early English Equity, 1 *LQR* 162(1884), p. 163. 转引自徐海燕:《英美代理法研究》,法律出版社 2000 年版,第 39—40 页。

由此可见，两大法系代理法有着不同的历史渊源和发展历程，正是这一点决定了二者之间在现代代理制度中的诸多差异。

（二）表现形式上的差异

在代理法的表现形式上，大陆法系国家的代理法主要体现在成文法典中，英美法系国家的代理法则体现在众多的判例中，这也是两大法系传统的主要区别之所在。

如前所述，大陆法系国家的代理法，无论是奉行潘德克吞法学的德意志法系，还是遵循法学阶梯模式的法国法系，无论是采民商合一的国家，还是采行民商分立的国家，对代理法的规定都集中体现在其成文的法典中。但是，在英美法系国家，由于奉行遵循先例原则，代理法在形成和发展过程中不仅主要依靠判例法，而且现在构成这些国家代理法的组成部分也主要是判例。虽然 19 世纪末 20 世纪初以来，英美法系国家陆续颁布了一些有关代理的成文法，但毕竟数量有限，始终无法与判例法相提并论。即便是这样，这些法规的适用也要受到法官解释的限制，囿于传统，法官们经常把这些法规置诸一旁，而依据判例法处理案件。

（三）法官对代理制度影响上的差异

在代理制度的发展上，大陆法系的法官较为被动和消极，而英美法系的法官则具有积极的作用。在大陆法系，法官只有适用立法机构所颁布的法律的义务，而没有创制法律的权力，代理法的发展主要是依靠有权制定法律的机关进行立法活动，法官在法典面前只是被动地适用法律的机器。相反，在英美法系，虽然在理论上法官并不创造或增加法律，只是发现和宣示寓于先例中的法律，但在实践中，法官却发挥着十分积极的作用。在无先例可循时，法官可以创制先例；在有先例的场合，法官也可通过区别的技术，对其进行扩大或限制性解释，从而发展先例中的规则。[①]

（四）代理制度构造上的差异

在代理制度构造上，大陆法系多数国家将代理权与委托分别规定，而英美代理法则委托与代理不分。

在大陆法系，大多数国家的立法中将代理与委托区分开来，代理设立在民法总则或者财产法总则中，委托合同则安排在各种合同之中。即使在法国，虽然在法典中不区分代理与委托，但在司法实践和代理理论中也进行了区分。

在英美法系，由于代理这一概念被普遍地认为是代理人与被代理人之间的一种合意，依此合意代理人有权代表被代理人进行活动，其后果由被代理人承受。按照这一理解，代理与委托就没有必要进行区分，代理是委托的当然结果，代理行为的实施就是委托合同的履行，二者之间没有区分的必要。而且，英美法缺乏法律行为制度，因此表现在立法上就是委托与代理混而不分。关于这一问题，本书将专门予以讨论，在此不赘。

① 由嵘主编：《外国法制史》，北京大学出版社 1992 年版，第 486 页。

（五）代理的类型与范围上的差异

在代理的类型与范围上，大陆法系有民事代理与商事代理、直接代理与间接代理之分，而且代理范围较为狭窄，而英美代理法不存在上述区分，代理范围也十分宽广。大陆法系为数较多的国家采民商分立的立法体例，民法典之外，另立商法典，两部法典都有关于代理制度的规定，这样就产生了民事代理与商事代理的区别。同时，在大陆法系国家，代理的范围原则上仅限于法律行为，非法律行为不得代理。但在英美法系国家，不仅不存在民事代理与商事代理的区别，而且代理的范围可以包括一切可以由他人代替实施的行为，除非法律明确规定或者行为的性质要求不允许由他人代替进行。正因如此，在英美代理法中，无论法律行为或事实行为都可以由他人代理实施，甚至雇主对雇员在执行职务时致他人损害时承担的替代责任也属于代理法调整范围①。

（六）代理法律体系上的差异

在代理法律体系上，英美代理法体系庞杂、缺乏系统性和逻辑性，而大陆法系的代理立法不仅体系严谨，而且具有逻辑性与概括性。英美代理法主要体现为判例法，而判例法本身就是一个庞杂的体系，卷帙浩繁、汗牛充栋的判例汇编，不仅使外行人感到神秘莫测，就连法律职业者也常常觉

① 2006年《美国代理法重述（第三次）》第2.04条规定："雇主应对雇员在雇佣关系范围内的侵权行为承担责任。"

得适用困难。由于英美代理法注重经验和实际运用，而且，英美法官及其法律职业家“习惯于具体地而不是抽象地观察事物，相信的是经验而不是抽象概念；宁可在经验的基础上按照每个案件中似乎正义所要求的从一个案件到下一个案件谨慎地进行，而不是事事回头求助假设的一般概念；不指望从被一般公式化了的命题中演绎出面前案件的判决”①，这种思维习惯导致在其所形成的法律中，不可能形成抽象的概念、严密的逻辑和严谨的体系。与之相反，大陆法系国家的代理立法，立法者预先界定了严格而抽象的概念，对同类事项进行高度概括，然后按照提取公因式的方法，将代理与委托的一般问题规定在总则中，至于特殊情形的代理现象则被安排在分则或特别法中，整个法律体系完整、严谨，富有逻辑。

四、我国代理制度的历史沿革

（一）我国古代法中的代理制度

在我国古代法律文献中，没有发现有类似于近代法上的直接代理的记载和规定，但有类似于间接代理的记载。在《史记》卷一二九《货殖列传》中有关于“节驵令”的记载，

① 〔英〕施米托夫：《国际贸易法文选》，赵秀文译，中国大百科全书出版社 1993 年版，第 365—459 页。

“节驵令”即后来班固在《汉书》中所说的“驵侩”[①],后世称之为“互人”。所为“互人”,就是为买卖双方说合,成交后由双方给予若干佣钱,作为报酬,后来“互人”逐渐增多,形成所谓“互行”的组织。“互人”或“互行”在后来的文字演变中,人们将“互”讹为“牙”,于是变成了近世的“牙人”或“牙行”。唐宋以后,特别是明清之际,牙行得到了很大的发展,《大明律》中出现了调整这类民事关系的法律规范。[②]

“牙人”或“牙行”,虽然与近代的行纪(间接代理)有相似之处,但差别很大,有时更多地接近于居间,与行纪大相径庭。所以,可以肯定地讲,我国古代没有代理现象,当然也不会形成所谓的代理法律制度。依前述两大法系代理法律制度的发展历程可知,代理的产生需要两个条件:一是人格的平等,二是自由交换。前者强调的是人与人之间不存在人身隶属关系,因为无论是法定代理还是委托代理,代理人的行为后果之所以归属于被代理人,不是因为相互之间的人身隶属关系,而是因为代理人与被代理人是基于平等的人格才由法律作出这种规定;后者强调代理是商品经济发展到一定阶段的产物,只有存在自由交换,才会使代理的产生具有客观基础。这两个方面,正是我国古代所缺少的。

中国古代是一个典型的身份社会,整个社会成员区分为三六九等,家人隶属于家长,妻子隶属于丈夫,臣子隶属于君王,家人、妻子等没有独立的民事主体地位,不仅不能

---

① 《汉书》卷六一《货殖传》。转引自佟柔主编:《中国民法学·民法总则》(修订版),人民法院出版社2008年版,第195页。

② 《明律集解》附例,卷十。转引自同上。

享有独立的财产权[①]，而且也没有从事民事活动的任何资格（权利能力、行为能力），他们的行为就是家长的行为、丈夫的行为，其行为后果当然归属于家长或丈夫，因而没有诞生代理制度的客观需要。此外，我国古代社会一直是自给自足的自然经济社会，即使在相对宽松的统治时期（如贞观时期、明清之际），对产品的交换也限制极为严格。在这样的经济背景下，代理制度没有产生的经济基础。

（二）我国近代法中的代理制度

1.《大清民律草案》与《大清商律草案》

1840 年鸦片战争爆发以后，中国海禁放宽，外国资本主义深入的经济侵略，破坏了中国悠久的占统治地位的自然经济结构，男耕女织式的自给自足经营逐渐解体，商品经济迅速发展。

至 19 世纪末 20 世纪初，资本主义性质的民族工商业，已经在社会主义经济生活中占有一定的比重。这种新的生产关系及由此形成的复杂民事关系，已经不是原有的零散残缺的民法渊源所能调整的，因而迫切需要制定民法予以调整和保护。与此同时，清末政治、社会、文化等也发生了巨大变化，西方的法文化得到了开明人士的认同，从而为中国打破延续二千余年的“诸法合体、民刑不分”的立法原

---

① 如《唐律疏议·户婚》议曰：“凡是同居之内，必有尊长。尊长既在，子孙无所自专。若卑幼不由尊长，私辄用当家财物者，十匹笞十，十匹加一等，罪止杖一百。”参见（唐）长孙无忌等撰：《唐律疏议》，刘俊文点校，中华书局 1983 年版，第 241 页。

则，接受以大陆法系为代表的“诸法分立”的新体例，提供了重要基础。在此背景下，清政府以收回治外法权为理由，进行了一系列修律活动，1904 年颁行了《钦定大清商律》，之后，在 1908 年草拟了《大清商律草案》，1911 年又完成了《大清民律草案》。两部草案虽然没有正式颁布生效，但这是中国历史上第一次按照公法私法划分的思想所制定的资本主义性质的民法典和商法典，他们的制定标志着我国古代法律近代化进程的完成，对后世私法制度的完善奠定了坚实的基础。

《大清民律草案》以德国、日本的民法典为蓝本，分五编 1569 条，其中第一编总则第五章“法律行为”中专设第三节，从第 213—242 条共用 30 个条文规定了“代理”。主要内容如下：

第一，代理的意义。第 213 条[①]规定“代理人于代理权内，以本人名义所为之意思表示，其利益或不利益，均直接对于本人生效力。以代理为业者，于其权限内所为之意思表示，虽不示明本人之名义，其利益或不利益亦均直接对于本人生效。但相对人若不知其行使代理权，得对于代理人请求履行”。依此规定，只要以代理人身份与他人实施法律行为，不论是否透露本人身份，均直接对本人生效。

第二，代理权的类型。依据第 219、220 条的规定，代理权分为法定代理权与意定代理权两种，法定代理权为按照法律规定所授予的代理权，意定代理权为以法律行为授予

① 条文引自《大清民律草案・民国民律草案》，杨立新点校，吉林人民出版社 2002 年版。

之代理权。

第三,代理权滥用之禁止。第 217 条规定,代理人非经本人之许诺,不得为本人与自己之法律行为,亦不得既为第三人之代理人而为本人与第三人之法律行为。但其法律行为系履行债务者,不在此限。

第四,复代理。在法定代理下,法定代理人得以自己之责任选任复代理人,但因不得已事由选任复代理人者,只就选任及监督负责(第 233 条);在意定代理下,意定代理人以经本人许诺,或有不得已事由为限,得选任复代理人(第 234 条)。

第五,无权代理。根据第 236 条规定,无权代理人以他人之代理人名义而订立契约者,非经本人追认,对于本人不生效力。相对人在本人追认之前,有撤回的权利(第 239 条)。无权代理行为未经本人追认时,行为人对相对人负履行或赔偿之责(第 240 条)。

《钦定大清商律》虽已生效,但只有两部分,即“商人通例”和“公司律”。其中“商人通例”共 9 条,但未规定代理商事项。鉴于《钦定大清商律》的不完备,在 1910 年草拟的《大清商律草案》[①]成为我国历史上第一部比较完整的商法典,共五编 1008 条,五编分别是总则、商行为、公司律、票据法、海船律。其中,在总则编中规定了代办商,在商行为编中规定了行铺营业,即行纪,具体是指以自己的名义就他人

① 由于该草案是由日本学者志田钾太郎等帮助编撰,故后世又称为《志田案》。参见张晋藩主编:《中国法制史》(第 9 卷),法律出版社 1998 年版,第 216 页。

之计算而担任贩卖或买入动产或有价证券的营业。

清末民商法律草案中规定的代理制度，虽然主要是依据德国、日本的规定，但是毕竟在我国历史上第一次引进了大陆法系国家先进的代理制度，革新了代理制度的新理念，为后来国民政府民法典中的代理制度的最终形成奠定了的基础。1925年，北洋政府也在《大清民律草案》的基础上起草了《民国民律草案》。该草案也在第一编总则中的第三章"法律行为"中专节规定了"代理"（第五节），但除了文字上、表述顺序上的差异外，几乎没有创新性的规定，是《大清民律草案》的翻版。

2.《中华民国民法》

1927年南京国民政府建立后，立法院即着手"六法"体系的初建工作，其中民法典的制定是其重心之一。由于清末修律以来，无论是清政府，还是北洋政府，都效仿德、日等国的立法体例，采取民商分立体制，南京国民政府在最初设计的"六法"体系中也采民商分立体制，但到1929年，在胡汉民等人的倡议下①，效仿瑞士立法，改采民商合一体制，即在民法典之外，不再制定商法典。从1929年到1931年分编通过了民法典的各个部分，成为我国历史上第一部生效的民法典。

《中华民国民法》共分五编，分别是总则、债权、物权、亲属、继承，关于代理制度的规定，分别规定在三处：

首先，第一编总则第四章"法律行为"中第五节规定了

① 胡长清：《中国民法总论》，中国政法大学出版社1997年版，第26页。

“代理”。该节主要就代理的一般事项进行了规定，包括代理行为的要件及效力、代理人的能力、代理行为的瑕疵、自己代理与双方代理的禁止、代理权的限制及撤回、代理权的消灭、授权书的交还义务、无权代理人的责任等方面作了详细规定。

其次，第二编“债”的第一章规定了“代理权的授予”，共5条（第167—171条），主要规定了意定代理权的授予、共同代理、表见代理、无权代理、无权代理相对人的撤回权等。

最后，在“债”编第二章各种之债中的第10—13节分别规定了委任、经理人及代办商、居间、行纪。

新中国成立后，该部民法典在我国大陆地区被废止，但在我国台湾地区仍然有效。

（三）我国代理制度的现行立法

1. 代理制度的一般规定

（1）《民法通则》

《民法通则》共分九章156条，其中第四章的第二节以8个条文（第63—70条）专节规定了代理。该部分规定了代理的意义及效力、代理的类型、授权委托书、无权代理的追认及其后果、转代理以及代理的终止。《民法通则》中关于代理的规定，是目前我国代理制度的基本规定。

（2）《合同法》

1999年颁布的《合同法》，对代理制度有了新的规定，主要内容有以下几个方面：

其一,《合同法》总则中关于代理的规定,即第 48 条规定了无权代理,第 49 条规定了表见代理;

其二,《合同法》分则中关于代理的规定,即在第 21 章专章规定了委托合同,对于委托合同的含义、委托事务、委托费用、委托人与受托人的权利与义务、委托合同的解除与终止等做了详细的规定,尤其是第 402 条、第 403 条引进了英美法上的隐名代理与不公开本人身份的代理。

(3)最高人民法院的司法解释

最高人民法院在 1988 年发布了《关于贯彻执行〈中华人民共和国民法通则〉若干问题的意见(试行)》,从第 79—84 条针对《民法通则》中关于代理的规定进行了解释,包括共同代理(第 79 条)、复代理(第 80 条、第 81 条)、代理行为在被代理人死亡后继续有效的条件(第 82 条)、代理人与被代理人承担连带责任的诉讼(第 83 条)。

2009 年 4 月,最高人民法院发布了《关于适用〈中华人民共和国合同法〉若干问题的解释(二)》,其中对无权代理和表见代理的有关问题做了规定(第 12 条、第 13 条)。

此外,最高人民法院在 1996 年和 1998 年发布了《关于如何确定委托贷款协议纠纷诉讼主体资格的批复》《关于如何确定委托贷款合同履行地问题的答复》,就委托贷款纠纷的相关问题进行了规定。

2. 代理制度的特别规定

(1)《拍卖法》

我国于 1996 年颁布、2004 年修订的《拍卖法》就拍卖法律关系中委托人、拍卖人、竞买人三方之间的权利、义务及责任作了详细规定。

（2）《证券法》

我国于1998年颁布、2004年和2005年两次修正的《证券法》规定了证券发行和证券买卖中的代理制度。

（3）其他行政法规、规章中的规定

一是《关于对外贸易代理制的暂行规定》。1991年原对外经济贸易部颁布了《关于对外贸易代理制的暂行规定》，全文26条，该规定主要适用于代理人以自己的名义对外签订合同的情形，该文件已于2008年废止。

二是《经纪人管理办法》。2004年国家工商总局发布了《经纪人管理办法》，第2条规定，所谓经纪人，是指在经济活动中，以收取佣金为目的，为促成他人交易而从事居间、行纪或者代理等经纪业务的自然人、法人和其他经济组织。全文共25条，主要就经纪人的管理、经纪人的行为进行了规定。

三是《保险代理机构管理规定》。2004年中国保险监督管理委员会发布了《保险代理机构管理规定》，第4条规定，保险代理机构是指符合中国保监会规定的资格条件，经中国保监会批准取得经营保险代理业务许可证（以下简称许可证），根据保险公司的委托，向保险公司收取保险代理手续费，在保险公司授权的范围内专门代为办理保险业务的单位。全文151条，就保险代理机构的管理作了详细规定。

四是《期货交易管理条例》与《期货公司管理办法》。2007年，国务院颁布了《期货交易管理条例》，第18条规定，期货公司从事经纪业务，接受客户委托，以自己的名义为客户进行期货交易，交易结果由客户承担。2007 年 3 月，中国证券监督管理委员会也发布了《期货公司管理办法》，其中也对经纪业务规则做了规定。

五是《关于商业银行开办委托贷款业务有关问题的通知》。中国人民银行于 2000 年下发了《关于商业银行开办委托贷款业务有关问题的通知》，规定委托贷款是指由政府部门、企事业单位及个人等委托人提供资金，由商业银行（即受托人）根据委托人确定的贷款对象、用途、金额、期限、利率等代为发放、监督使用并协助收回的贷款。商业银行开办委托贷款业务，只收取手续费，不得承担任何形式的贷款风险。根据该规定，中国银行、建设银行、农业银行相继发布了《委托贷款管理暂行办法》。1993 年中国人民银行还发布了《金融信托投资公司委托贷款业务规定》，规定金融信托投资公司的委托贷款，是信托公司作为受托人，按照委托人的意愿，用委托人的资金，以信托公司的名义发放的贷款。

六是《国际货物运输代理业管理规定》。商务部（原对外经济贸易合作部）于 1995 年发布了《中华人民共和国国际货物运输代理业管理规定》，对国际运输代理业作了详细规定，到 2003 年商务部又发布了该《规定》的实施细则，规定国际货物运输代理是指，国际货运代理企业接受进出口货物收货人、发货人或其代理人的委托，以委托人名义或者以自己的名义办理有关业务，收取代理费或佣金的行为。

第二章
代理制度的功能与价值取向

代理制度以代理权为基础，以代理行为为纽带，通过代理人在被代理人与第三人之间设立、变更或消灭法律关系。代理制度的作用就是将一个人的行为所产生的法律后果归属于另外一个人。在代理情形下，虽然本人的事务由代理人决定和实施，但并不构成对私法自治的违反，相反，却是对私法自治的辅助。其中，法定代理是对私法自治的补充，意定代理则是对私法自治的扩张。

大陆法系的代理制度注重概念演绎和逻辑推理，并依据不同性质的法律关系，设计不同的制度构造，体现了对形式正义的执著追求，凸显了对交易秩序与交易安全的保护。英美法系的代理制度从生活经验出发，放宽代理的适用范围，认可本人身份不公开的代理，不仅降低了交易成本，而且还方便人们充分利用代理制度，彰显了效率与自由的法律价值。

一、代理与归属规范

（一）两大法系关于代理含义的分歧

1. 大陆法系中代理的含义

大陆法系国家的立法中对代理的定义有以下两种：

（1）法国的定义。《法国民法典》第1984条的规定[①]："委托（mandat）或代理（procuration）是指，一人据以授权另一人以委托人的名义，为委托人完成某种事务的契约。"据此规定，法国将代理看作委托人与受托人之间的一种契约关系，依据该契约，受托人有权以委托人的名义为委托人完成某种事务。

（2）德国的定义。《德国民法典》并没有直接为代理下定义，只是在第164条第1款中规定[②]："代理人在其代理权限内，以被代理人的名义所作的意思表示，直接为被代理人和对被代理人发生效力。无论是以被代理人名义所作的意思表示，还是根据情况可以断定是以被代理人的名义所作的意思表示，均无区别。"虽然这是对代理人意思表示的效力的规定，但也间接地反映了德国立法中对代理的看法，即认为代理是代理人在代理权限内、以被代理人的名义所实施的、对被代理人产生效力的行为。

① 《法国民法典》（下册），罗结珍译，法律出版社2005年版。

② 《德国民法典》，郑冲、贾红梅译，法律出版社1999年版。

大陆法系国家的多数立法与德国法的规定相一致，比如《瑞士债务法典》第 32 条[①]、《日本民法典》第 99 条[②]、《意大利民法典》第 1388 条[③]、《俄罗斯民法典》第 182 条第 1 项[④]等。比较法国与德国的立法定义，二者的相同之处是：(1) 都强调以被代理人的（或委托人）名义；(2) 代理后果直接归属于被代理人（或委托人）。不同之处在于：(1) 法国法认为代理是一种契约关系，德国法认为代理是一种行为；(2) 法国法认为代理是为委托人完成某种事务，德国法则认为代理是代人实施法律行为。尽管法国在立法上与德国有很大的不同，但在学说与判例中却接受了德国法上的代理定义。

2. 英美法系中代理的含义

《布莱克法律词典》对代理所下的定义是：代理为一种根据明示或默示的合同或法律的规定而产生的一种受托信义关系，依据这种关系，一方（代理人）接受另一方（本人）

---

① 《瑞士债务法典》第 32 条规定："代理人经委托人授权以委托人的名义订立合同，合同权利和义务由委托人而非代理人承担。"

② 《日本民法典》第 99 条规定："代理人在其权限内，表示为本人而为的意思表示，直接对本人发生效力。前项的规定准用于第三人对代理人所为的意思表示。"

③ 《意大利民法典》第 1388 条规定："由代理人以被代理人的名义并为其利益、在授权的范围内缔结的契约，直接对被代理人产生效力。"

④ 《俄罗斯民法典》第 182 条第 1 项规定："基于委托书、法律规定或者授权的国家机关或地方自治机关文件规定的权限，一人（代理人）以他人（被代理人）的名义所实施的法律行为，直接设立、变更和终止被代理人的民事权利和义务。"

的指示或行为的控制，为另一方的利益而行为。[①]《牛津法律词典》的定义是：代理指被授权并同意以委托人的身份行事的代理人与另一个人即本人之间的法律关系，特别指在与第三者的契约关系中代表本人行事。有时，这一概念的使用范围还要广泛，如指一人为另一个人的利益而行事。[②]英国代理法专家弗里德曼（Fridman）认为，代理是“存在于两个人之间的一种关系，其中一个人（称代理人）在法律上被认为能代表另一人（称本人），通过订立合同或处置财产影响本人与第三人的法律地位”[③]。《美国代理法重述（第三次）》所下的定义是：代理是一种受托信义关系，这种关系由一方（委托人）向另一方（代理人）作出的要求代理人接受委托人的控制、代表委托人实施代理行为的意思表示，和代理人同意接受该意思表示的约束而产生。[④]

由以上的定义可知，英美法上的代理概念的特征是：

---

① 原文为：“A fiduciary relationship created by express or implied contract or by law, in which one party (the agent) may act on behalf of another party (the principal) and bind that other party by words or actions.” Bryan A. Garner, *Black's Law Dictionary*, West Group, 1999, p. 62.

② 〔英〕戴维·M. 沃克：《牛津法律大辞典》，光明日报出版社 1989 年版，第 29 页。

③ “Agency is the relationship that exists between two persons when one, called the agent, is considered in law to represent the other, called the principal, in such a way as to be able to affect the principal's legal position in respect of strangers to the relationship by the making of contracts or the disposition of property.” See G. H. L. Fridman, *The Law of Agency*, Butterworths, 1983, p. 9.

④ “Agency is the fiduciary relationship that arises when one person (a ‘principal’) manifests assent to another person (an ‘agent’) that the agent shall act on the principal's behalf and subject to the principal's control, and the agent manifests assent or otherwise consents so to act.” *See Restatement (Third) of Agency*, the American Law Institute, 2006.

第一,代理是两个人之间的一种关系,一种一个人为另一个人做某种事情而由后者承担其法律后果的一种契约或合意关系;

第二,代理关系既可以产生于当事人之间的合意或契约,也可以产生于当事人以前建立的各种法律关系;

第三,代理人在从事受托之事时代表本人,这里的代表不是指以本人名义,而是指代理人的行为被视为本人的行为;

第四,代理人在代理行为中主要是为了本人的利益,因此,他们之间的关系被认为是受托信义关系;

第五,代理人有影响本人法律地位的权力——代理权,这种权力或来自于本人的授权或行为,或因存在某种基础关系而由法律推定或规定;

第六,代理人在履行代理行为过程中,有随时服从本人指示的义务,但除非为本人的属员或雇员,代理人工作日程、方式不受本人的控制。①

3. 我国关于代理的含义

从两大法系国家的立法与学说来看,对于代理的含义,大陆法系国家偏重于将代理理解为一种行为,即代理行为,而英美法系国家偏重于将代理理解为一种法律关系,即代理关系。在我国,有学者认为代理是一种行为(行为说),如王泽鉴先生指出:“代理指代理人于代理权限内,以本人(被代理人)名义向第三人所为意思表示或由第三人受意

---

① 高富平:《代理概念及其立法的比较研究》,载《比较法研究》1997 年第 2 期。

思表示，而对本人直接发生效力的行为。”①也有学者认为，代理是一种法律制度（制度说），如郑玉波先生指出：“代理乃一种依他人（代理人）之独立行为（意思表示），而本人（被代理人）直接取得其法律效果之制度。”②还有学者认为代理是一种法律关系（关系说），即代理是被代理人、代理人及第三人在特定的法律活动中所形成的一种特殊的相互关系，即由代理人在代理权限内，以被代理人名义与第三人为法律行为，其法律效果直接归属于被代理人的活动所产生的相互关系的总和。③ 上述三种观点，行为说描述的是代理的动态现象，关系说描述的是代理的静态现象，而制度说则是从宏观上描述了代理的法律构造。所以，无论是行为说、制度说还是关系说，相互之间并不存在冲突，只是观察问题的角度不同而已，因此在本质上不存在对错的问题。

行为说容易使人理解代理仅仅为行为，事实上，代理中的法律问题不限于代理行为的问题，还包括代理权的产生与消灭、代理的法律效果、无权代理等问题；关系说容易使人将代理与委托混淆起来，认为代理是委托的当然结果，从而否认代理是一项独立的法律制度。所以，本书认为，应当将代理解释为是一种制度，具体指代理人在代理权限范围内，与第三人独立实施法律行为，其行为后果归属于被代理人的法律制度。我国《民法通则》第 63 条第 2 款规定：“代

---

① 王泽鉴：《民法总则》，中国政法大法学出版社 2001 年版，第 440 页。

② 郑玉波：《民法总则》，中国政法大学出版社 2003 年版，第 396 页。

③ 尹田：《民事法律行为和代理制度研究》，重庆大学出版社 1993 年版，第 161—162 页。

理人在代理权限内,以被代理人的名义实施民事法律行为。被代理人对代理人的代理行为,承担民事责任。”按照这一定义,代理概念包括以下五个要素:

第一,主体要素。代理关系涉及三方主体,即代理人、本人、第三人,代理人是实施代理行为的主体,第三人是代理行为的相对人,而本人则是代理行为后果的承受人。如果在委托代理中,代理人又是受托人,本人则为委托人,委托关系之外的人则为第三人,三方当事人缺一不可。

第二,行为要素。代理构成中包含了两个行为:一是本人的授权行为(法定代理除外),二是代理人的代理行为。其中,授权行为是发生代理权的基本前提,具有单方法律行为的性质;代理行为是一种特殊的法律行为,其特殊性在于行为人的意思表示与后果归属分别由代理人和本人承担。

第三,客体要素。可以由代理人实施的行为只能是私法上的法律行为,事实行为以及公法上的行为不在代理范围内。如果代为办理的事务是通过私法上的事实行为进行的,相互之间形成的是委托关系,不产生代理关系,如广告代理;如果代为办理的是公法上的事务,诸如代理诉讼、税务代理、专利代理、商标代理等,虽然名为代理,它们之间在内部关系上属于民事委托,由民法予以规范,但在外部关系上属于行政法律关系,由相应的行政法予以规范。

第四,权利要素。代理关系的核心是代理权,是整个代理制度的基石。代理权是指为他人并取代他人作出意思表示或受领意思表示,使法律行为后果归属于被代理人而不是代理人的权力。[1] 代理的本体应该是代理人对本人地位——依其行为可以使他人发生权利变动的地位——的谋求，代理人、对方当事人之间的关系是这个地位的实现过程，对方当事人、本人之间的关系是其结果。[2] 通过代理权，将代理的内部关系与外部关系联结起来，形成了完整的、有机的代理关系；反之，如果没有代理权的存在，内部关系与外部关系相互独立、互不关联，代理关系就无法形成。

第五，关系要素。由于代理涉及三方当事人，因而在法律关系层面，代理存在三种关系，即本人与代理人的授权委托关系、本人与第三人的效果归属关系以及代理人与第三人的代理行为关系。其中，第一个关系为代理的内部关系，后两个关系为代理的外部关系，内部关系与外部关系以代理权为核心连成了一个整体，共同构成代理关系。二者是有机联系、不可分割的，内部关系是外部关系得以产生和存在的前提，外部关系是内部关系的目的和归属。

4. 代理与相关概念的区别

为了更为准确地理解代理的含义，有必要将代理与以下几个相关概念区别开来：

(1) 代理与代表

法人除通过代表人进行民事活动外，还通过代理人进行民事活动，而孰为代表人，孰为代理人，容易混淆。而无

---

① 〔德〕维尔纳·弗卢梅：《法律行为论》，迟颖译，法律出版社 2013 年版，第 930 页。

② 〔日〕我妻荣：《新订民法总则》，于敏译，中国法制出版社 2008 年版，第 303 页。

论是通过代表人或代理人,所为法律行为之效果,均直接归属于法人,在法律效果上两者并无区别。两者的区别在于:

第一,代表人为法人本身的机关,而非独立的主体,代理人为独立的主体,而非法人的机关;

第二,法人与代表人之间的关系,为法人内部组织关系,而法人与代理人之间的关系,为两个平等主体之间的关系;

第三,代表人的行为,即是法人本身的行为,因而当然由法人承受其法律效果,而代理人的行为非法人本身的行为,乃基于法律关于代理制度的规定而由法人作为被代理人承受其法律效果;

第四,代理限于法律行为,而代表除法律行为外,兼及事实行为和侵权行为。

代理与代表的法律性质虽异,但功能却相类似,故民法关于代理之规定得类推适用于代表。

(2)代理与信托

信托是指委托人基于对受托人的信任,将其财产权委托给受托人,由受托人按委托人的意愿以自己的名义,为受益人的利益或者特定目的,进行管理或者处分的行为。信托与代理都是建立在信任的基础上,都是受人之托,代人办事,但二者的区别在于:

第一,主体不同。信托关系由委托人、受托人和受益人组成,其中受益人是委托人所特地安排的人;而代理关系由被代理人、代理人和第三人组成,其中第三人是可由代理人选择的不特定的人。

第二,法律关系内容不同。代理是代理人代被代理人实施法律行为,而信托是受托人为受益人管理和经营财产,可以是法律行为,也可以是事实行为。

第三,财产权属不同。代理人不因代理而取得财产所有权,代理人所涉及的财产权与利益均属被代理人;而信托财产的所有权与利益相分离,受托人取得法律上的财产权,受益人取得信托财产的利益。

第四,使用的名义不同。在代理中,代理人可以自己的名义或被代理人的名义对外活动;而在信托中,受托人是信托财产的权利主体,以自己的名义对外从事活动。

第五,权限范围不同。信托关系中的受托人拥有为执行信托义务所必需的广泛权利,除非法律另有规定或委托人有所保留和限制,在执行信托过程中,一般不受委托人和受益人的监督,只受法律和行政的监督;而代理关系中代理人的权限则比较狭小,仅以被代理人的授权为限,并且在代理业务中,代理人需要接受被代理人的监督。

第六,后果归属不同。代理关系中,代理人实施的代理行为所产生的法律后果一般情况下直接由被代理人承担;信托关系中,受托人对外实施的行为所产生的法律后果,由受托人自行承担。

第七,法律关系稳定性不同。信托关系一经成立,原则上不能解除,即使出现委托人或受托人死亡或被宣告破产等情形,对信托关系的存续一般也没有影响,因而信托具有较大的稳定性;而代理关系中,被代理人可随时撤回代理,并因代理人或被代理人任何一方的死亡或终止等而终止,因而其关系的稳定性较差。

（3）代理与居间

居间是大陆法中的一种合同关系。依居间合同，居间人为委托人报告签订合同的机会或充当签订合同的媒介，而由委托人给付报酬。居间与代理的相同之处是都为委托人提供服务、都建立在委托关系上，但二者的区别在于：

第一，代理人有缔结合同的代理权，可以代委托人订立合同，而居间人无代理权，不得代委托人订立合同；

第二，代理人实施的行为是法律行为，而居间人实施的行为只是向委托人报告订约的机会或者充当签订合同的媒介，本身不具有法律效力；

第三，居间是具有委托性质的合同关系，而代理是一项独立的法律制度。

（4）代理与传达

传达是使者传达主体的意思或意思表示，是帮助民事主体实施民事行为的辅助行为，换言之，“当某人在法律行为的实施过程中所发挥的作用仅仅是受一方当事人的委托将该方的意思表示传达给另外一方当事人时，他属于中间人，传达人”。[①] 而代理是代理被代理人实施法律行为，二者行为的结果都由他人承受，但区别很大：

第一，意思表示的独立性不同。使者所为之意思表示，非其自己之意思，意思表示之内容是由他人决定的。而代理人所为之意思表示，意思的内容是由代理人自己决定的。

---

① 《〈德国民法典〉立法理由书》I，第 223 页。转引自〔德〕维尔纳·弗卢梅：《法律行为论》，迟颖译，法律出版社 2013 年版，第 901 页。

使者所受之意思表示，使者仅将该意思表示传达给他人，由他人决定是否接受。而代理人对其所受之意思表示，根据自己的判断作出是否接受的决定。换言之，“代理人系意思之代理，传达人系表示之代理”，“代理人在为法律行为，传达人在服事实上之劳务”。

第二，行为后果的归属理由不同。使者相当于委托人的“喉舌”，其行为即为委托人的行为，委托人对使者的传达行为负责，实质是委托人对自己的行为负责，所依据的是行为人对自己的行为负责的法理。就代理而言，代理人的行为是其自己的行为，其行为的结果归属于被代理人，并非基于行为人对自己的行为负责的法理，而是基于本人对代理人行为负责的法理。

第三，民事能力的要求不同。代理是由代理人自行决定意思表示的内容，因而代理人须有意思能力；而传达是由使者传达别人已经作成的意思表示，因而没有意思能力的要求，只要有服机械劳务能力为已足。

第四，行为的范围不同。代理必须是法律行为之代理，对于身份性质的行为以及事实行为不能代理，但在传达无此限制。

（5）代理与代位权

与代理容易混淆的另一个概念是大陆法中的债权人的代位权。所谓债权人的代位权，是指因债务人怠于行使其到期债权，对债权人造成损害的，债权人有权向人民法院请求以自己的名义代位行使属于债务人的权利。债权人的代位权与代理一样，都是处理他人的事务，但二者之间存在很大区别：

第一，债权人的代位权是自己固有的权利，代理权则是由本人授予或法律规定的权利，而不是自己固有的权利；

第二，债权人是为了保护自己的债权而行使代位权，属于债的保全途径；代理人则是为了本人的利益，在代理权限范围内实施法律行为，属于私法自治的扩张或补充；

第三，债权人行使代位权是以自己的名义进行，而代理人实施代理行为可能以本人的名义、也可能以自己的名义进行。

（6）代理与代理占有

代理占有是指代理人经占有人（本人）授权得以取得和保存占有人之占有物的行为，又叫占有辅助。代理占有起源于古罗马的万民法时期，是罗马法上禁止代理的例外。《日本民法典》对代理占有与代理并不区分，如第181条规定："占有权，得依代理人取得之。"事实上，占有属于事实行为，而代理只限于法律行为，因此占有不能通过代理进行，只能成立占有辅助，即占有辅助人可以受占有人的指示，为占有人进行占有。

（二）代理规范是法律行为的归属规范

法谚有云："任何人就他人行为之结果，不负责任。"① 但在例外情形下，基于经济生活的便利以及对他人利益的保护，法律往往允许通过他人的行为达到自己的目的，或者

① 郑玉波：《法谚》（二），法律出版社2007年版，第5页。

直接承受他人行为的后果,以保护相对人的利益,这种将一个人的行为所产生的法律后果归属于另外一个人的规定,即称归属规范。规范的作用在于,由一个人对另外一个人的行为后果负责,如同该行为是自己亲自实施的一样。

归属规范依据应归属的行为性质不同,可分为不同类型的归属规范。[①] 有学者将归属规范分为三种:一是有关契约成立的归属规范,如法定代理、意定代理、代表、使者的规定;二是有关损害赔偿的归属规范,如履行辅助人的规定、执行职务的规定等;三是有关占有的归属规范,主要是占有辅助制度的规定。[②] 本书认为,私法中人的行为最主要的是法律行为与事实行为两类,因而归属规范也可以分为对法律行为的归属规范和对事实行为的归属规范两种。在市民社会生活中,一个人可能会对他人实施的法律行为负责,也有可能会对他人实施的事实行为负责,法律对前者的规定即为对法律行为的归属规范,对后者的规定即为对事实行为的归属规范。前者如关于代理、代表、使者、行纪等的规定,后者如关于履行辅助人的规定、雇主替代责任的规定以及占有辅助制度的规定等。

由此可见,法律关于代理制度的规定属于法律行为的归属规范。法律行为效果归属的首要原则是意思自治原则。依该原则,当事人必须受自己或者自己授权的人在自

---

① 〔德〕迪特尔·梅迪库斯:《德国民法总论》,邵建东译,法律出版社2000年版,第671页。

② 陈自强:《民法讲义Ⅰ:契约之成立与生效》,法律出版社2002年版,第229—236页。

由状态下作出的意思表示的约束，即承受由该意思表示认定的权利义务关系。如果该意思表示并非他在自由状态下作出的或者并非他授权的人在自由状态下作出的，他就不必承受相关的权利义务关系。①

不同类型的代理规范，决定了不同的代理类型。在大陆法系民商分立的国家，按照代理规范性质的不同，可将代理分为民事代理与商事代理。适用民法典规定的代理为民事代理，适用商法典规定的代理为商事代理。这一划分标准并不是绝对的，因为如果商法典中对商事代理没有规定时，可以适用民法典中关于民事代理的一般规定。商事代理与民事代理，除了在适用法律上的区别外，还有以下两点差异：一是商事代理人为专门从事各种商务代理的独立的职业代理商，而民事代理人无此要求；二是商事代理不要求必须以被代理人的名义从事代理活动，而民事代理则要求必须以被代理人的名义实施代理行为。

此外，大陆法系中最具特色的代理类型划分是，依照代理效果是否直接归属于被代理人为标准，分为直接代理与间接代理。直接代理是指代理人于代理权限内，以本人名义所为之意思表示或所受之意思表示，直接对本人发生效力的代理。间接代理是指代理人以自己名义为本人之计算而为法律行为，其法律效果首先对间接代理人发生，然后再以内部关系移转于本人的代理②。间接代理在大陆法系国家又被称为“行纪”。

---

① 杨代雄：《表见代理的特别构成要件》，载《法学》2013年第2期。

② 王泽鉴：《民法总则》，中国政法大学出版社2001年版，第446页。

英美法上的代理与大陆法系的代理在类型划分上有很大的不同。英美法依据代理关系确立方式的不同,可分为以下几类:

(1) 由合同确立的代理(agency created by contract),是指双方当事人事前同意创设的代理关系;

(2) 由追认产生的代理(agency resulting from ratification),是指代理人超越代理权限或在没有代理权限的情况下,声称以被代理人的名义或代表被代理人实施了代理行为,后来得到被代理人追认的代理关系;

(3) 不容否认的代理(agency by estoppel),是指被代理人的言行使第三人相信与自己订立合同的一方当事人具有代理权,第三人基于这种信任与该方当事人订立合同后,被代理人不能以第三人相信的事实与实际情况不符合为理由而否认其具有代理权,从而推翻已经建立的法律关系;

(4) 法律自动构成的代理(agency by operation of law),是指在一方当事人的财产或利益处于紧急状态时,法律为保全该当事人的财产或利益,推定该当事人或其他当事人具有代理权限的代理关系。[①]

此外,英美法还按照被代理人身份的公开程度,将代理分为本人身份公开(disclosed principal)的代理、本人身份不公开(undisclosed principal)的代理与本人身份不明(unidentified principal)的代理三种:

本人身份公开的代理是指,在代理人和第三人进行代

---

① G. H. L. Fridman, *The Law of Agency*, Butterworths, 1983, pp. 47—133.

理活动时,如果第三人注意到代理人是为委托人的利益实施代理行为,并且已获知委托人身份的,该代理即为本人身份公开的代理。

本人身份不公开的代理是指,在代理人和第三人进行代理活动时,如果第三人未注意到代理人是为委托人的利益实施代理行为的,该代理即为本人身份不公开的代理。

本人身份不明的代理是指,在代理人和第三人实施代理活动时,如果第三人注意到代理人是为委托人的利益进行代理行为,但未能获知委托人身份的,即为本人身份不明的代理。①

在国际代理立法中,《国际商事合同通则》对代理类型的划分较有特色,即依据代理人的身份是否暴露为划分标准,将代理分为显名代理(agency disclosed)和隐名代理(agency undisclosed)。

显名代理是指代理人在代理权限范围内行事,且第三人知道或应当知道该代理人是以一名代理人的身份行事的,则代理人的行为应直接影响本人和第三人之间的法律关系,而在代理人与第三人之间不产生任何法律关系。

隐名代理是指代理人在代理权限范围内行事,且第三人不知道或不应当知道该代理人是以一名代理人的身份行事的,代理人的行为仅影响代理人和第三人之间的法律关系。

在我国的现行立法中,《民法通则》按照代理权产生的

① 《美国代理法重述(第三次)》第1.04条,美国法律协会2006年版。

原因不同，将代理划分为委托代理、法定代理和指定代理三种（第64条）：代理权是以被代理人的授权行为产生者，为委托代理；代理权是以法律的直接规定而当然产生者，为法定代理；代理权是以法院或其他有权指定机关的指定而发生者，为指定代理。有学者认为，指定代理应属于法定代理的一种特殊形式，不能与委托代理和法定代理相提并论。我国《民法通则》将指定代理与委托代理、法定代理并列，只是照搬了法定监护和指定监护的划分。事实上，指定代理人与法定代理人在代理权上并无区别，它们都是基于法律的规定，由监护权所派生的，对监护人进行指定的法院或单位并不指定其代理事项、范围、权限等。如果说法定监护与指定监护在监护权的产生或确定上有一定的区别，而对二者进行区分有所必要的话，那么依同样性质的监护权而派生的代理权（都由法律直接加以规定），就没有理由人为地将其割裂开来了。[①]

此外，我国学者结合《合同法》的规定，认为按照代理人以何人的名义实施代理行为为划分标准，可将代理分为直接代理与间接代理。《民法通则》规定的是直接代理，《合同法》第402条、第403条的规定为间接代理。[②] 我国关于代理类型的划分，需注意以下两点：

一是《民法通则》中规定的三种类型的代理，实际上可

---

① 马俊驹、余延满：《民法原论》，法律出版社2007年版，第224页。

② 梁慧星：《民法总论》（第3版），法律出版社2007年版，第223页。另参见王利明：《论间接代理》，载米健主编：《中德法学学术论文集》（第1辑），法律出版社2003年版，第152—197页。

以归为两种,即意定代理与法定代理。至于指定代理,应当并入法定代理中,因为指定代理权也是由法律直接规定的,而不是由法院或有关机关赋予的,只不过因法院或有关机关的指定行为确立了享有代理权的主体而已。此外,委托代理仅仅是意定代理的一种,它并不能涵盖所有的意定代理。

二是直接代理与间接代理的划分,是大陆法系国家的传统分类,其中间接代理有固定所指,就是指行纪[①],我国作为大陆法传统的继受者,也在《合同法》中专章规定了“行纪合同”,而《合同法》第402条、第403条的规定主要是引进了英美法上的本人身份不明的代理与本人身份不公开的代理,与间接代理中所称的行纪有很大的不同。因此,如果将《合同法》第402条、第403条的规定称之为间接代理,而将行纪剔除于间接代理之外,似有待进一步斟酌。

二、代理制度与私法自治

(一)代理制度对私法自治的辅助

代理的实质就是代人实施法律行为,其法律意义在于,代理人处于本人的地位为本人实施法律行为,其法律后果

① 梅仲协:《民法要义》,中国政法大学出版社1998年版,第136页。

被视为与本人所实施法律行为相同。[①] 代理人尽管是法律行为的实施者，但并非该法律行为的当事人，本人才是法律行为的当事人，也只有本人才承担法律行为产生的所有法律后果。法律行为是贯彻私法自治的工具，私法自治的核心就是个人的生活事项自主决定、自主实施、自主负责。在代理情形下，虽然本人的事务由代理人决定和实施，但并不构成对私法自治的违反，相反，却是对私法自治的辅助。

1. 法定代理是对私法自治的补充

在近代法以来，一切自然人莫不具有权利能力。然而无意思能力者，却不得自为法律行为。而使无行为能力或限制行为能力的未成年人及精神病人，得实际参加社会活动，收权利能力之实效，则唯有依赖代理制度。各国民法为未成年人及精神病人设法定代理人，其作用正在于此。可见，法定代理制度可以弥补无行为能力人和限制行为能力人在实施法律行为中的不足，从而确保民事权利的实现。

2. 意定代理是对私法自治的扩张

个人依自己的自由意思而处理社会生活关系，是为近代法之理想。唯个人精力、时间有限，何妨以自己所信任之人为代理人，依其行为以坐享其法律效果。

代理制度使民事主体不仅利用自己的能力和知识参加民事活动，而且可利用他人的能力和知识进行民事活动，使得他们能够超越时空限制，突破本身知识、才干、经验及精力等方面的限制，更加广泛深入地参与民事活动，提高办事

---

① 〔德〕卡尔·拉伦茨：《德国民法通论》（下册），王晓晔、邵建东等译，法律出版社 2003 年版，第 815 页。

效率。尤其是经济组织,借助于代理制度,可以克服地域的限制,在全国市场和国际市场上进行购销、投资、合作等各种经济活动。试看今日之大资本家,其事业遍及全球,而自己尤高枕从容,皆为代理制度之功。所以,从这个意义上讲,代理制度扩张了行为人意思自治的空间。

(二)代理制度对私法自治的限制

虽然代理制度扩张或补充了民事主体意思自治的能力,但毕竟不是通过自己的意思来取得权利和负担义务,而是由他人的意思为自己设定了负担,取得了权利。所以,在某种程度上是对个人意思、绝对思想的一种限制[①],尤其在以下三种情形表现得更为明显:

1. 本人受无权代理行为的约束

在没有代理权、超越代理权或者代理权终止后,代理人继续以本人的名义实施法律行为时,如果相对人不知道或不应当知道这种无权代理情形的,就涉及本人利益和第三人利益的冲突与考量问题。对此,无论是大陆法系的代理法,还是英美法系的代理法,都持相同的立法态度,即牺牲本人的利益,优先保护第三人的利益。因为第三人的利益是不特定多数人的利益,代表交易安全,而本人的利益是特定的当事人的利益,二者相较,第三人的利益更值得保护。

因此,在上述情形下,两大法系的代理法都规定,本人应当对无权代理人的行为承担相当于有权代理的责任,此

---

① 〔日〕我妻荣:《新订民法总则》,于敏译,中国法制出版社 2008 年版,第 302 页。

即大陆法上的表见代理，英美法上称之为不容否认的代理。代理人本无代理权，其行为当属无权代理行为，但本人却要受该行为的约束，承担该行为的法律后果，这显然不属于本人的意思，甚至与本人的意思相违背。

2. 本人对代理职业者的依赖

随着经济的高度发达，科学技术的广泛应用，社会分工越来越细密，交易空间越来越宽广，商品交换、贸易往来愈益频繁和专业化。在此背景下，出现了专门利用自己的知识和技能为他人提供代理服务的代理商阶层，时至今日，这一阶层不断扩大，成为重要的经济活动主体。作为代理人，原本是本人手足的延长，是本人扩大交易的手段，但后来与其说是本人利用代理人，不如说是代理人在利用本人。代理人成为本人与他人进行交易的依赖对象，代理人的意志决定本人的利益，所以，本人成了受代理人支配的对象。代理人的这一异化现象，不仅违背了建立代理制度的初衷，同时也构成了对意思自治原则的威胁。

3. 本人受代理人以自己名义实施的代理行为的约束

英美代理法上有不公开本人身份的代理和本人身份不明的代理，这两种代理的共性是代理人不是以本人的名义而是以自己的名义实施代理行为，合同双方当事人为代理人和第三人。按照英美法的规定，在本人身份不明的代理中，如果与代理人订立合同的第三人知道了本人的真实身份时，该合同就在本人与第三人之间产生效力；在不公开本人身份的代理中，本人可以直接介入他未曾订立过的合同中，向第三人主张合同权利，第三人也可以行使选择权，要求本人承担合同上的义务。因此，本人行使介入权，将使第三人向未曾谋面的陌生人负担义务，第三人行使选择权，将使未曾订立过合同的本人承担合同上的义务。英美法上的这一规定，不仅被国际代理立法（如《国际货物销售代理公约》）所吸收，也为大陆法系国家的立法（如中国《合同法》）所青睐，其结果是破坏了合同的相对性原理，对意思自治原则构成威胁。

三、代理制度的价值取向

（一）大陆法系的代理制度注重正义与秩序

1. 正义价值

法律价值是指法律本身固有的，由其性能和特殊的调整机制、保护机制和程序机制等法律手段所反映的，满足社会和个人法律需要的价值。它描述的是法律活动的存在、属性、特点、功能、效果与法律活动主体的需要之间的关系，表明法律对法律主体需要的适合或满足。不同的法律主体依据自身需要对法律的属性、特点、功能、效果所作出的价值选择，即价值取向，它表明了法律需求主体的价值态度和权衡。

正义是法律的永恒价值，大陆法系的代理法对正义的追求尤为突出。大陆法系国家的代理法具有两大特色：

一是将代理权的授予从委托等基础法律关系中分离出

来，严格区分代理的内部关系与外部关系，依据不同性质的法律关系，设计不同的制度构造，配置不同的权利与义务。

二是依据代理效果的归属状况，分为直接代理与间接代理。在直接代理中，代理行为的效果之所以直接归属于被代理人，是因为代理人以被代理人的名义实施代理行为；在间接代理中，由于代理人以自己的名义进行活动，因而其行为后果首先由行为人承受，然后再间接地移转于被代理人。

大陆法系代理法的这两个特色，一方面反映了偏重于抽象思维的大陆法强调形式逻辑推理，另一方面也主要体现了对形式正义的追求。此外，大陆法在代理人、被代理人以及第三人三者之间的关系上，特别注重相互之间的利益平衡，尤其在代理人滥用代理权以及无权代理情形中，权利的保护与责任的分配都凸显了正义的要求。在无权代理中，如本人认为符合自己的利益时，可以行使追认权，追认该无权代理行为；相对人在本人追认前既可以行使催告权催告本人追认，也可以行使撤销权撤销该无权代理行为。如果无权代理行为符合表见代理的构成要件，善意相对人也可以主张代理行为有效；如果无权代理行为，既不符合表见代理，也未经本人的追认，则由代理人向相对人承担履行合同或损害赔偿的责任。这一制度构造，充分衡量了三方当事人的利益，根据不同性质的利益关系配置了相应的权利与义务。

2. 秩序价值

秩序蕴含着稳定性和可预测性，是社会存在和发展的基本前提,有了一定的社会秩序,社会成员和群体之间的交往,就具有可期待性、一致性、连续性和确定性。[①] 个人的生活安排以社会生活中既定的一致性、连续性为前提,以遵守既定的规则为实现这种生活安排的手段。秩序的核心是安全,法律上的安全可以分为静的安全和动的安全两类:

> 前者乃对于吾人本来享有之利益,法律上加以保护,不使他人任意夺取,俾得安全之谓。此种安全之保护,系着眼于利益之享有,故亦称"享有的安全"或"所有的安全"……后者乃吾人依自己之活动,取得新利益时,法律上对于该项取得行为加以保护,不使其归于无效,俾得安全之谓。此种安全之保护,系着眼于利益之取得,故亦称"交易的安全"。[②]

大陆法系代理法特别注重对交易安全的保护,主要表现在以下几个方面:

第一,承认代理权授予行为的独立性与无因性,使得代理权的授予行为不受基础法律关系的影响,基础法律关系无效、被撤销或不成立,授予代理权的行为如自身不存在无效、被撤销或不成立的原因,代理权仍然存在。

第二,委托人在内部关系中对代理权的限制或撤回,对于不知情的第三人不产生限制或撤回的效力,委托人仍然要承担有权代理的责任。

---

① 〔美〕博登海默:《法理学——法律哲学与法律方法》,邓正来译,中国政法大学出版社 1999 年版,第 219 页。

② 郑玉波:《法的安全论》,载刁荣华主编:《现代民法基本问题》,台湾汉林出版社 1981 年版,第 1 页。

第三，大陆法系直接代理制度强调代理人必须以被代理人的名义实施代理行为时，被代理人才受代理行为的约束，否则不产生代理后果。这一显名主义的要求，其实质是向社会公开代理人的真实身份，具有公示的作用，从而确保与代理人进行交易的第三人能够根据这一信息预先安排交易风险。

第四，在无权代理情况下，如果第三人有理由相信行为人有代理权时，为保护善意第三人的利益，以牺牲本人的利益为代价，使之产生有权代理的法律后果。

（二）英美法系的代理制度强调效率与自由

1. 效率价值

现代社会的法律，从实体法到程序法，从根本法到普通法，从成文法到不成文法，都有或应有其内在的经济逻辑和宗旨：以有利于提高效率的方式分配资源，并以权利和义务的规定保障资源的优化配置和使用。[①] 对效率的关注是人类活动的基本动机之一。作为个体的人，总是希望以最少的投入获得最大的产出；作为群体的社会则力图通过对于社会资源的合理配置达到社会总效益的最大化。英美法系的代理法与大陆法系的代理法相比，在制度安排上更加强调效率，这主要体现在英美代理法中不公开本人身份的代理制度有利于降低交易成本。

交易成本，包括事前发生的为达成一项合同而发生的

---

① 张文显：《法哲学范畴研究》，中国政法大学出版社 2001 年版，第 219 页。

成本和事后发生的监督、贯彻该项合同而发生的成本。本人身份不公开的代理制度就是通过降低贯彻该项合同的成本即履约成本和监督该项合同的成本即诉讼成本来彰显效率。[①]

首先,本人身份不公开的代理制度有利于降低履约成本。按大陆法上的间接代理制度,委托人不是合同中的一方当事人,除非行纪人将合同转让给委托人,否则委托人不能直接向第三人主张合同中的权利,第三人也不能直接向本人提出权利请求。在本人身份不公开的代理制度中,只要委托人愿意,他就可以行使介入权,第三人一旦知悉幕后的本人便可行使选择权。通过本人介入权和第三人选择权的行使,使本人和第三人建立了直接的合同关系,而不必通过代理人便可以使合同得以履行,这就减少了通过代理人向第三人或本人提出请求所形成的中间环节,有利于减少交易成本和费用。

其次,本人身份不公开的代理制度有利于降低诉讼成本,提高诉讼效率。按照大陆法间接代理理论,如果因为第三人的原因造成合同不能履行时,委托人不得直接起诉第三人,必须是先由委托人向受托人提出诉讼请求,获得胜诉判决后,然后再由受托人向第三人提出诉讼请求,这就必须经过两个诉讼,结果使诉讼旷日持久,纠纷不能得到迅速解决,不利于及时维护当事人的利益。但在本人身份不公开的代理制度中,本人可以通过行使介入权直接向第三人提

① 孙芳:《隐名代理制的法理分析》,载《晋阳学刊》2002 年第 4 期。

起诉讼，极大地简化了诉讼程序，使当事人能以最简便的手续，最少时间耗费，达到最佳的法律效果。

2. 自由价值

自由分为两个方面：第一，自由就是不受他人的干预和限制，即“免于……的自由”（be free from……），此种自由为消极自由；第二，自由就是“自己依赖自己，自己决定自己”，即所谓“从事……的自由”（be free to do……），此种自由为积极自由。[①]

自由又是意志自由与行动自由的统一：意志自由是自由的内在状态，是借助于对事物的认识来作出决定的能力；行动自由是自由的外在状态，是根据对客观规律的认识和目标选择而支配自己和外部世界的能力。意志自由是行动自由的前提，行动自由是意志自由的现实化。自由在近代以来成为法律的最重要价值之一。

在自由价值的体现上，英美代理法比大陆法系的代理法更为充分。

第一，在代理权的产生上，英美法将代理权的授予与委托合同合二为一，只要委托合同成立，代理权就当然发生，无须像大陆法系那样，必须在委托合同之外另有授权行为存在，这在实践中有很大的优越性。

第二，在代理的范围上，由于英美法系不存在抽象的法律行为制度，因此可以代理的行为范围是一切在法律上有意义的行为，不像大陆法系那样只是局限于法律行为。

---

① I. Berlin, *Four Essays on Liberty*, Oxford University Press, 1969. 转引自张文显：《法哲学范畴研究》，中国政法大学出版社 2001 年版，第 207 页。

第三，在代理行为的实施上，代理人既可以以被代理人的名义、也可以以自己的名义与第三人进行，无须像大陆法系那样，在直接代理时必须以被代理人的名义，在间接代理时必须以自己的名义，代理人在行为的方式上没有选择的自由。

第四，在代理行为的后果上，如果是本人身份不公开的代理，既可以像大陆法系的间接代理那样严守合同的相对性，也可以突破这一障碍，使得委托人或第三人绕过受托人，直接向受托人背后的本人或第三人主张权利或承担义务。

第五，英美代理法由于上述几方面的灵活性，面对实践具有很强的适应性，决定了英美代理法具有很大的包容性，不像大陆法系，对于代理的概念及其行使要件具有诸多限制，导致大陆法系的代理制度面对形式多样的商业实践难以应对，不得不在商法典或其他特别法中规定许多特殊形式的代理现象，以满足商业实践的需求。

第三章
代理与基础法律关系："区别论"与"等同论"

代理总是基于一定的原因关系而产生，此种原因关系即为代理的基础关系。在法定代理，此种基础关系或者为夫妻关系，或者为监护关系等。而在意定代理，其基础关系可能是委托关系、雇佣关系，也可能是合伙关系或企业内部组织关系等。在法定代理下，无论是基于夫妻关系，还是基于监护关系，代理权产生于法律的直接规定，代理关系独立于其基础关系，这在立法与学说上没有分歧。但在意定代理下，代理与其基础关系究竟是一种什么样的关系，在立法上如何处理二者之间的关系，两大法系有不同的立法体例。对此，我国未来民法典中代理制度的立法应当进行理性地选择。

一、大陆法系的“区别论”

代理区分为法定代理和意定代理，是两大法系代理制度的共识。在法定代理下，代理权产生于法律的强制性规定。但在意定代理下，代理权是如何产生的，代理关系与其基础法律关系如委托、合伙、雇佣等有无区别和联系，不无疑问。

（一）“区别论”的认识历程

在大陆法系，关于代理与其基础法律关系的认识经历了一个漫长的过程，并与代理制度的发展紧密相连。

17世纪，荷兰自然法学家格劳秀斯较早提出代理与委任的关系，他在其名著《战争与和平法》（1624年出版）一书中写道，代理人的权利直接来源于本人，他的行为基于本人的委任。[①] 格劳秀斯显然已经注意到了代理与委任之间的联系，但未能对二者作出区分，只是简单地认为委任合同就是代理人代理权产生的基础，二者具有同一性。基于这一认识，1794年的《普鲁士国家的普通邦法》、1804年《法国民法典》将代理与委任不加区分进行规定。如《法国民法典》第1984条第1款规定：“委托或代理是指，一人依此授权另一人以委托人的名义，为委托人完成某种事务的契

① 〔英〕施米托夫：《国际贸易法文选》，赵秀文译，中国大百科全书出版社1993年版，第365—459页。

约。"依据该规定，代理权因委托契约而生，契约之外别无代理权的渊源。委托契约与代理权的授予有因果关系，授权的意思表示仅仅是委任契约之申告，而委任契约即以代理权之授予为目的的契约。[①] 随后，1811 年的《奥地利民法典》、1834 年的《荷兰民法典》等都继承此种思想，不承认代理是一项独立的法律制度，有关代理的规则被包含在委任合同中，代理人所为法律行为之效力归属于本人，被视为委任合同的一种附属性法律效果。[②]

19 世纪中叶，德国法学家耶林（Jhering）注意到了代理与委任的区别，指出代理权授予是一个与委任合同不同的问题。他强调委任与代理的并存，在本质上纯属偶然，受委任人无代理权者有之，代理人未受委任者也有之。但他仍坚持代理权授予和委任是一物两面的传统观念。1861 年《德国商法典》的制定，尤其是其导入的"法定商业代理制度"，才使德国学者真正认识到，代理权的授予，就其发生、范围及存续期间而言，是可以从构成其基础关系的事务执行关系中脱离出来，他们感到应当放弃传统的将代理权与基础关系视为一体的理论。德国罗马法学派的拉班德（Laband）当属新理论的代言人，他在 1866 年发表的《代理权授予及其基础关系的区别》一文中，创造性地提出了独立的抽象的代理权授予概念，完全摆脱了将代理权授予与委任基础关系视为一体的理论。在他看来，委托与代理并非相互

① 〔日〕富井政章：《民法原论》（第 1 卷），陈海瀛等译，中国政法大学出版社 2003 年版，第 289 页。

② 梁慧星：《民法总论》（第 3 版），法律出版社 2007 年版，第 219 页。

一致,二者属于不同的关系,不应被理解为同一关系的内部侧面和外部侧面。具体而言,一方面存在无代理权的委托,即受托人以自己的名义进行契约活动,如商事交易中的行纪等;另一方面,也存在未经委托的代理权,例如公司董事、法人代表、船长等不问有无委托,对外均具有代理权限。可见,代理权的产生与否,与委托并无必然联系。与耶林仅仅发现代理权与委任存在区别不同,拉班德认为代理权授予这一行为,丝毫不要求有作为其支持的基础法律关系的存在,它是一个与基础关系有区别的独立合同,即代理权授予合同。

所以,代理权的取得与委任,彼此之间存在完全的独立性。拉班德提出的独立代理权授予行为概念,是一种抽象的构成。没有基础法律关系,代理权仍可以发生。这一理论被后来的德国民法著作称为“抽象性原则”,又称区别论,并被誉为“法学上之发现”[①]。拉班德使代理权独立于代理人义务关系的构想是一项杰出的贡献,代理权的独立使人们得以形成具有普遍性和统一性的代理制度。[②] 不过,拉班德在进一步对代理权的授予行为定性时,认为代理权授予是合同,而不是单独行为,残存了若干“代理权与委任一体性”的看法。后来,德国学者在拉班德的基础上进一步提出,代理权授予不是合同,而是单独行为,属于有相对人

① 王泽鉴:《法学上之发现》,载王泽鉴:《民法学说与判例研究》(第4册),中国政法大学出版社1998年版,第1—25页。

② 〔德〕维尔纳·弗卢梅:《法律行为论》,迟颖译,法律出版社2013年版,第9389页。

的单方法律行为。目前德国通说认为,对代理权的授予,法律应当以最小的生效要件加以限制,因此,不需以契约方式为之。[①]

(二)“区别论”对大陆法系代理制度的影响

拉班德的理论对大陆法系民法典中关于代理制度的规定产生了重大影响。1900 年的《德国民法典》、1896 年的《日本民法典》、1911 年的《瑞士民法典》、1915 年的《瑞典合同法》、1940 年的《希腊民法典》、1942 年的《意大利民法典》、1966 年的《葡萄牙民法典》[②]、1992 年的《荷兰民法典》、1994 年的《俄罗斯民法典》和《蒙古民法典》、1995 年的《越南民法典》等,均受这一理论的影响,对委托合同与代理加以区别,将代理与代理权规定在民法总则(《德国民法典》《日本民法典》)、债务法总则(《瑞士债务法典》)、合同总则(《意大利民法典》)或财产法总则(《荷兰民法典》),将委托合同规定在债编分则。如《德国民法典》第 167 条规定:“代理权的授予应向代理人或向代理人对之为代理行为的第三人以意思表示为之。”原来在立法上采代理与委任一体说的法国、奥地利等,在《德国民法典》颁行后,判例与学说均致力于扬弃传统见解,采取于法典实施后新创设的、在法律上并无拘束力的理论。

① 黄立:《民法总则》,中国政法大学出版社 2002 年版,第 402 页。

② 〔德〕海因·克茨:《欧洲合同法》(上卷),周忠海等译,法律出版社 2001 年版,第 319 页。

二、英美法系的"等同论"

(一)"等同论"的原因

英美法系不区分代理与委托合同,其代理法的基础是被代理人与代理人的等同论(the Theory of Identity)。

所谓等同论,是指代理关系是一种合同关系,即代理合同关系,与委托合同关系混而不分,代理人的行为不仅是履行合同义务的行为,同时由于获得了被代理人的授权,因而等同于被代理人的行为。也就是说,"通过他人实施的行为视同自己亲做的一样"(qui facit per alterum facit per se)。因为作为被代理人(alter ego)的代理人,已经得到了相应授权,并在代理权限范围内实施法律行为。这一理论,直接影响了英美代理的立法与司法实践。如《美国代理法重述(第三次)》第1.01条为代理所下的定义是:"代理是一种受托信义关系,这种关系由一方(委托人)向另一方(代理人)作出的要求代理人接受委托人的控制、代表委托人实施代理行为的意思表示,和代理人同意接受该意思表示的约束而产生。"依此定义,代理就是一种委托合同关系,代理依附于委托,与委托混而不分。

与大陆法的区别论不同,英美法的等同论笼统地把代理人行为视同为被代理人行为。即使是代理人的行为,其产生的结果也和被代理人亲自为之一模一样。由于英美法不强调区分被代理人与代理人之间的内部关系,以及代理人与第三人之间的外部关系,只是简单地从一者引申出另一者。因此,在代理人和被代理人之间,谁和第三人进行交易并不重要。[①] 不过,英美法系的代理混同于委托关系,究其原因是英美法没有独立的委托合同制度,委托合同是被吸附于代理制度中的。不过,尽管英美法系的代理与其委托合同混而不分,但由于委托被包含于代理制度之中,因此,从形式上看,英美法系的代理制度又是独立存在的。

(二)“等同论”与“区别论”的异同

据施米托夫的考证,等同论与拉班德理论问世之前出台的大陆法系民法典的主流观点即“代理是委任的法律效果”是相同的,二者都源于教会法。只不过由于大陆法系接受了拉班德的理论,使得等同论的发展受到阻碍,而英美法系没有接受拉班德的理论,致使等同论在英美法系扎根生花,从而形成了代理的一般概念,避免了对不同的代理形式进行烦琐的肢解和分割。因此,代理的一般概念可以作为实践中出现的各类代理关系的理论基础,甚至成为合伙法的理论基础。

大陆法系在区别论思想的影响下,将代理从委托等基础法律关系中分离出来,形成了独立的法律制度,一方面增强了代理制度的功能,另一方面也为代理的发展开创了广阔的法律空间。英美法系虽然在对待代理与其基础法律关

---

① 徐海燕:《间接代理制度比较研究》,载《外国法译评》1998年第4期。

系的态度上与大陆法系截然不同，但是也同样建立了独立的代理制度，成为英美法中的重要组成部分。在这一点上，二者可谓异曲同工。不可否认，这两种不同的理论很难绝对地讲孰优孰劣，应该是各有利弊。大陆法系的区别论，借助于法律行为制度，将代理进行了高度抽象，其结果使得代理立法更加缜密，与此同时，由于将代理抽象为特殊的法律行为，结果使代理的范围变得狭窄，只限于以本人名义实施法律行为，非此则不生代理效果。英美法系的等同论，将代理与委托混为一体，既不强调以本人的名义，也不限于法律行为，代理制度极为灵活。其弊端在于代理的范围过于宽广，以至于类似代理的现象均可纳入，诸如合伙、雇佣、代表、承揽以及替代责任等全部包括在内。

此外，大陆法上的区别论由于将代理权的授予和基础法律关系分离，使得代理权不容易受到基础关系的影响，具有稳定性。换言之，使交易资格具有独立存在的可能性①，因而有利于对第三人利益的保护，而英美法上的等同论将代理权的授予和基础法律关系捆绑在一起，当基础法律关系不存在时，行为人就不能获得授权，其行为就不会影响到本人，所以该理论更倾向于保护本人的利益。②

---

① 〔德〕维尔纳·弗卢梅：《法律行为论》，迟颖译，法律出版社 2013 年版，第 936 页。

② 刘文科：《商事代理法律制度论》，法律出版社 2013 年版，第 17 页。

三、我国代理制度立法模式的选择

我国未来民法典在处理代理与其基础法律关系的关系时,应当采用大陆法的"区别论",将代理制度与委托合同等制度分别规定,即将代理制度规定于民法典总则中,委托合同等置于合同法分则中,其理由如下:

(1)我国的法律传统决定了应当采用"区别论"。

我国作为大陆法系传统的传承者,从近代开始就在立法上继受了代理法的区别论。从《大清民律草案》《民国民律草案》,一直到现在在我国台湾地区生效的"民法"(以下称我国台湾地区"民法"),都是采纳了德国的"区别论",即把代理规定在民法总则,把委任合同规定在债编各论中。新中国成立后,我国《民法通则》在"法律行为"一章中规定了代理的一般事项,然后在《合同法》总则中又规定了表见代理,而委托合同、行纪合同则放入分则中,足见我国立法采区别论的态度。因此,在未来民法典中应当继续坚持这一立法模式。

(2)代理行为的性质决定了应当采用"区别论"。

我国学界普遍接受了大陆法的区别论,并认为代理关系的建立,通常有其基本法律关系,但二者并非必然,实践中二者的关系可能有三种形态:

其一,有授权行为,但未伴有基础法律关系;

其二,虽有基础法律关系,但未授予代理权;

其三，有基础法律关系，并伴有授权行为。[①]

由此可见，存在委托等基础法律关系，并不一定要产生代理关系。是否产生代理关系，取决于完成受托事务所采取的行为的性质，如果受托事务需要通过事实行为完成时，就无授予代理权之必要，只需有事务处理权即可；如果受托事务需要通过法律行为完成时，才需要授予代理权，此时二者之间连接在一起，产生了代理关系。

（3）代理权变动的相对独立性决定了应当采用“区别论”。

代理制度独立于委托等基础法律关系，除了在立法体例上应与委托合同分别规定外，在代理权的变动上也不应依赖于委托，主要表现在以下几个方面：

第一，委托等基础法律关系建立后，代理权的产生依赖于委托人的单独授权行为；

第二，委托关系存续期间，基于特定理由委托人可以撤回代理权，而委托关系并不结束；

第三，委托关系消灭后，出于对相关当事人利益的保护，代理权继续存在，直到目的实现。

（4）代理法律关系的构造决定了应当采用“区别论”。

如前所述，代理涉及三方当事人，因而在法律关系层面存在三种关系[②]。其中，本人与代理人的基础法律关系为代理的内部关系，是外部关系得以产生和存在的前提，属于产生代理的原因关系，本人与第三人的效果归属关系以及代

---

① 梁慧星：《民法总论》（第4版），法律出版社2011年版，第226页。

② 同上书，第220页。

理人与第三人的代理行为关系为代理的外部关系,是内部关系的目的和归属。不过,从制度层面而言,代理制度只是就代理的外部关系进行规范,至于内部关系,则视其关系的性质或内容分别由其他制度予以规范。例如,在法定代理,如果内部关系为夫妻关系或监护关系时,则属于婚姻制度或监护制度;在意定代理,如果内部关系为委托时,则属于委托合同制度,如果内部关系属于合伙关系或劳动合同关系时,则属于合伙制度或劳动合同制度。可见,代理制度与其基础法律关系分属不同层面的问题,不应当放在一起规定。

我国现行立法上虽然采行“区别论”,但坚持得并不彻底,在《合同法》中仍然存在有关代理制度方面的规范,如第 47 条关于限制行为能力人所签订的合同需经法定代理人追认的规定、第 48 条关于无权代理人所签合同需经被代理人追认的规定、第 49 条关于表见代理的规定,尤其是在第 21 章“委托合同”中又规定了隐名代理(第 402 条)和本人身份不公开的代理(第 403 条),似又再现了英美法上的等同论,将委托与代理混在一起,否认了代理制度的独立性。因此,我国未来民法典应当将《合同法》中的上述规定一律放入总则关于代理制度的规定中,以便彻底坚持“区别论”,抛弃“等同论”的残余。

第四章
代理权的性质与权限范围

作为代理法律制度的基石——代理权的性质如何，大陆法系国家的学界倾向于"资格说"，认为代理权是代理人代替被代理人实施法律行为而由被代理人承受其法律效果的权能或资格；英美法学者间更倾向于"权力说"，认为代理权是一种改变被代理人与第三人之间法律关系的权力。不同的认识，反映了相异的法律文化。意定代理权的权限范围，关键取决于授权意思表示的内容，如果范围不明时，在大陆法系属于对授权人单方意思表示的解释，并以代理人或第三人对该意思表示理解的可能性为准；而在英美法系则属于对双方合意的解释，并以代理人对委托人意思的合理理解为准。

一、代理权的性质

（一）代理权的性质之争

在大陆法系，法国由于不承认代理制度的独立性，在民法典中只规定委任合同，而没有规定代理制度。因此，有学者认为委任所发生的是委任人与受托人之间的法律关系，代理不过是委任关系的外部效力，因而无所谓代理权，即否认代理权的存在。代理权否认说，已为今日学者所不采。[1]

大陆法系国家的多数学者肯定代理制度的独立性，而代理制度之所以能够独立存在，就是因为代理权独立于基础法律关系而产生，即代理权的独立性。在英美法系，虽然代理与委托混而不分，但不同于《法国民法典》的规定。法国是将代理附属于委托合同，英美法没有独立的委托合同制度，而是将委托合同附属于代理法中，所以，代理法一直属于一个独立的法律部门。既然代理制度独立存在，代理权就成为英美代理法理论研究的核心。综观两大法系对代理权性质的认识，主要有以下几种观点：

（1）权利说。该说认为，代理权是代理人依法享有的民事实有权利。至于属于哪种具体权利，又有不同的学说。有的认为属于形成权，有的认为属于财产管理权，还有的认

① 梁慧星：《民法总论》（第3版），法律出版社2007年版，第215页。

为属于类似于监护权的人身权等。[①] 我国有学者赞同此说，认为权利由五大要素构成，即利益、主张、资格、权能、自由，代理权不同程度地体现了上述五个方面的要素，因而在性质上应当为权利。[②] 还有学者认为，权利并不全然表现为利益，还表现为实现权利人自己意志的可能性，由于代理人在执行代理事务的过程中享有一定范围的自由裁量余地，这种自由意志的存在，就证明代理权是一种权利。

（2）能力说。该说认为，代理权是一种民事能力，该种能力不属于权利能力，而属于行为能力。因为，权利能力是静态资格，行为能力则是动态资格，即得据以实施法律行为或者管理财产的资格。代理权显然是管理财产的资格。[③] 有学者指出："代理权为一种能力，与行为能力相类似，其与行为能力不同者，行为能力乃自己所为或所受之意思表示，直接对于自己发生效力；代理权，则为代理人所为或所受之意思表示，直接对于本人发生效力也。"[④]

（3）资格说。该说认为代理权系使以代理人名义所为法律行为的效力，得直接归属于本人的法律上权能。此法

① 郑云瑞：《民法总论》（第2版），北京大学出版社2004年版，第285页。

② 江帆：《代理法律制度研究》，中国法制出版社2000年版，第68—73页。

③ 〔日〕广渡清吾：《代理权》，载奥田昌道、玉田弘毅等编：《民法学Ⅰ·总论的重要问题》，第15页。转引自张俊浩：《民法学原理》（上册），中国政法大学出版社2000年版，第318页。

④ 胡长清：《中国民法总论》，中国政法大学出版社1997年版，第303页。

律上权能,本质上系一种资格或地位。[①] 所以,有学者指出,"代理权者乃基于法律规定或者本人之授予,而生之一种资格权也。代理权虽亦名为'权',但与其他权利不同,盖其他权利皆以利益为依归,而代理权对于代理人并无利益可言(效果直接归属于本人),故代理权仅为一种资格或地位,其发生有基于法律规定者(法定代理),有基于本人之授权者(意定代理)"。[②] 我国学界多数学者赞同能力说或资格说。[③]

(4)权力说。英美法学者一般认为,代理权是一种"权力"(power),代理就是一种"权力—责任"关系(a power-liability relationship)。学者多利克(Dowrich)指出,代理人享有改变被代理人与第三人之间法律关系的权力(legal power),被代理人负有改变其法律关系的相应责任。代理人的代理权力,可以从以下四个方面说明:

① 代理人的代理权力与被代理人自身所拥有的权力范围是相同的,即代理人所拥有的约束被代理人的权力应当限制在被代理人所拥有的约束自己的权力范围内。

② 代理人的代理权力与被代理人自身所拥有的权力效果是相同的,即代理人代被代理人所实施的行为,就像被

---

① 王泽鉴:《民法总则》(增订版),中国政法大学出版社 2001 年版,第 449 页。

② 郑玉波:《民法总则》,中国政法大学出版社 2003 年版,第 401 页。

③ 参见马俊驹:《民法原论》,法律出版社 2007 年版,第 227 页;佟柔主编:《中国民法学・民法总则》,人民法院出版社 2008 年版,第 206 页;李开国:《民法基本问题研究》,法律出版社 1997 年版,第 215 页;王利明:《民法总则研究》,中国人民大学出版社 2003 年版,第 629 页。

代理人自己实施的一样,其结果归属于自己。

③ 代理人的代理权力与被代理人自身拥有的权力在得丧变更上是一致的,即被代理人改变自己法律地位的权力因死亡、精神病或破产而终止时,代理人的代理权力也因此终止。

④ 为了确保代理人的代理权力与被代理人自身拥有的权力一样,法律严格规范代理人权力的运作,禁止侵害被代理人的利益。[①]

在英美代理法理论中,为了阐明代理权力,往往与代理权限(authority)比较对照。代理权限(authority),是指代理人拥有的、改变被代理人法律地位的权力的性质和范围。广义上的代理权限,包括实有代理权限(actual authority)、表见代理权限(apparent authority)、法律自动构成的代理权限(authority by operation of law)。实有代理权限,即为狭义上的代理权限。至于表见代理权限和法律自动构成的代理权限,并非严格意义上的代理权限。而代理权力(the power of agency),是指代理人拥有的改变被代理人法律关系的权力,而不论代理人是否由被代理人实际地授予了代理权限。[②] 代理权力与代理权限的区别在于:

第一,二者的性质不同。权力是一个法律概念(legal concept),而权限是一种实际状况(factual situation)。

---

① Dowrich, The Relationship of Principal and Agent, 17 *MLR* 24 (1954), p. 36.

② 徐海燕:《民商法总论比较研究》,中国人民公安大学出版社2004年版,第292页。

第二，二者的来源不同。权力的存在及其外延是由法律或公共政策规定的，而权限是在被代理人和代理人的协议中由被代理人的意思决定的。

第三，二者的外延不同。有权限必然有权力，而有权力则不一定存在权限。比如，在实际授权的情况下，代理人所获得的代理权限就构成了影响被代理人与第三人之间法律关系的权力。在没有实际授权的情况下，如不容否认的代理或法律自动构成的代理，代理人虽然没有获得代理权限，但却拥有约束被代理人的权力。①

第四，权限可以产生某种法律结果的正当性，而权力则是中性的，它只简单地陈述一种结果，不考虑导致这种结果的正当性如何。

我国有学者支持英美代理法理论中的权力说，认为代理权在性质上属于一种因法律规定所产生的，可以直接改变本人与第三人之间法律关系的权力，理由是：

第一，代理权具有强大的法律效力。这种法律效力首先表现为对本人的拘束力，本人必须承担代理人在代理权限内所实施的法律行为的后果；其次表现为凭借代理权，代理人可以改变本人与其他人的法律关系。由此可见，代理权的法律效力已超过民法上的其他“权利”。把代理权解释为一种能力或资格，其缺点也在于此。

第二，权力说更具合理性。代理权是一种法律上之力，凭借此法律上之力，代理人可以改变本人与第三人之间的

---

① B. S. Markesinis & R. J. C. Munday, *An Outline of the Law of Agency*, Butterworths, 1986, p. 8.

关系,而本人则必须承受其后果。

第三,代理权是由法律所授予。代理权这一权力并不是由本人授予的,而是由法律授予的。只是由于本人或代理人的行为使法律规则发生作用,其结果是代理人获得了这一权力。

第四,权力说符合《民法通则》的规定。《民法通则》第63条第2款规定:"代理人在代理权限内,以被代理人的名义实施民事法律行为。被代理人对代理人的代理行为,承担民事责任。"法律条文所使用的,既不是"权利",也不是"能力"或"资格",而是"权限"。权限者,法律权力之界限。汉语中,权力与权限常相互代替。[①]

(5)权限说。此说认为,代理权名为权利,实为权限,其依据是:

第一,代理权只是得据之实施代理行为的法律资格。其内容既包含权利,又包含义务,显然并非纯权利,而属民事能力。

第二,代理权要求代理人据之实施行为之际,须为本人计算,其效果直接归属于本人。

《民法通则》第63条第2款使用了"权限"的用语,殊为准确。质言之,代理权与代理人自己的利益并无必然联系。与行为人利益无关的地位,其不属权利,而属权限,自不待言。[②]

---

① 梁慧星:《民法总论》,法律出版社2007年版,第216—217页。

② 张俊浩:《民法学原理》(上册),中国政法大学出版社2000年版,第318页。

（二）“资格说”彰显代理权的性质

上述两大法系关于代理权性质的学说以及我国学者的认识都有一定的合理性，对于深刻理解代理权的性质具有重要的启示和借鉴作用，但也存在不足。

（1）权利说不符合权利的本质，主要理由是：

第一，代理权对代理人而言不享有利益。权利是可享受特定利益的法律上之力，代理权既为权利，应当对代理人有某种利益可言，但在代理关系中，代理人行使代理权的后果归属于被代理人，即使在完成代理事务后从委托人处获得报酬，也是依据委托合同的规定所取得，所以，代理权对于代理人无利益可言，因而与权利的本质相悖。

第二，行使代理权本身也是代理人的职责，而不是代理人的一项权利，不能说代理人在任何情况下可以行使也可以不行使①，更何况，被代理人可以随时撤回代理权，代理人也可以随时辞去代理权，所以很难说代理权是一种权利。

（2）能力说不能自圆其说。对此，梁慧星教授的反驳较为有力，他指出：

> 能力说虽较权利说可采，但亦有不足，尤其难以解释下述问题：首先，法律上所谓能力，有与主体不可分离的性质。因此，无论权利能力或行为能力，均不得转

① 王利明：《民法总则研究》，中国人民大学出版社2003年版，第630页。

> 让。何以本人竟能够将自己的能力授予他人？其次，法律上所谓行为能力概念，其本身即已包含代理能力在内，而无须他人之授予或法律特别规定。如果将代理权解释为一种能力，将如何解释这种因授权而获得的代理能力与代理人行为能力中所固有的代理能力之相互关系？最后，法律上所谓权利能力或行为能力，是民事主体据以取得某种权利或负担某种义务的资格，而代理权的目的非在使代理人取得某种权利或负担某种义务，而在于扩大本人的法律上交易活动，故非能力。[①]

(3) 权限说混淆了代理权与代理权限的区别。

代理权的性质解决的是代理权的质的规定性，而代理权限则是说明量的规定性，即代理人可以在何种程度上代表被代理人进行民事活动，或者说代理人以被代理人的名义实施法律行为具有多大的独立性。因而，以代理权限来描述代理权的性质是不适当的。更何况，代理权“权限说”回避了代理的本质。代理在本质上是一种扩张本人行为能力，使本人能凭借他人意思和能力延展社会生活的法律制度。在一定范围内，扩张本人行为能力的机会或可能性，并非人人都有。被代理人只能根据自己的意志、信任度与可得机会而选择代理人，代理人一旦被选中，他就必须为被代理人的利益从事代理行为。在这个过程当中，代理人享有独立于被代理人的自由意志，这种自由意志的法律表现就

① 梁慧星：《民法总论》，法律出版社 2007 年版，第 215—216 页。

是“权利”。因为这一“权利”的存在，才使本人（被代理人）能凭借他人（代理人）的意思和能力延展社会生活。可见，权限说无法反映权利的本质。

（4）权力说有误认为代理权是公权力之嫌。

人类社会生活分为政治国家生活和市民社会生活两种，它们分别受公法和私法的规制，其中依据公法所享有的权力为公权力，依据私法所享有的权利为私权利，代理权为市民社会生活领域的私权利，如果因为代理权具有强大的法律效力，具有超民事权利的性质，就认为代理权就是一种权力的话，那么在民法中类似代理权的现象还有很多，诸如合同解除权、优先购买权、债权人的代位权或撤销权以及支配权等，它们也具有超强的权利效力，似此皆应称之为权力？

此外，认为代理权是由法律所授予的权力，可以解释在缺乏本人授权情况下的代理现象，也是站不住脚的。因为缺乏本人授权情况下的代理现象如表见代理等，在本质上是无权代理行为，只是法律为了保护交易安全使之产生了有权代理的效果，所以不属于代理权行使的结果。至于《民法通则》所规定的“权限”，应当理解为代理权的范围，与权力不具有等同性。尤为重要的是，民法的基本理念就是权利理念，权利理念总是与平等、自由形影不离的，与崇尚“服从与被服从”的权力是天然排斥的。“民法之所以为民法，就在于它驱逐了权力。”[①]换言之，民法理念拒绝公权力的

① 李锡鹤：《民法哲学论稿》，法律出版社2000年版，第292页。

介人,反对意志的不平等。认为代理权在性质上是一种“权力”,是对民法基本理念的彻底违反,当不足采。[①]

相比之下,资格说更具说服力,故本书赞同之。代理权是代理人代替被代理人实施法律行为、而由被代理人承受其法律效果的权能或资格。由此可知,代理权在内容上具有两个方面:

一是在对外关系上,代理人针对第三人拥有代替本人实施法律行为的资格或地位,第三人据此决定是否与之交易;

二是在对内关系上,代理人针对本人拥有拘束被代理人接受代理行为后果的地位或资格。

这两个方面,缺一不可,共同构成代理权的内容,并决定了代理权的性质。所以,德国学者拉伦茨指出:

> 通过这种授权而获得的代理权是一种特定的法律上的“能力”(können),即“法律权能”(Rechtsmacht),依我的理解它既不是一种权利,也不是行为能力和侵权行为能力那样的个人能力。它之所以不是权利,是因为它的赋予并不是为了代理人,而是为了被代理人,代理人只起辅助作用。它之所以不是个人能力,因为它并不是据之可以进行法律行为的一般能力中的一种,而是被代理人的法律能力在一特定的交易或交易

① 李凤章:《论代理权的性质——为“权利说”辩护》,载《北京市政法管理干部学院学报》2001年第4期。

范围的延伸。①

维尔纳·弗卢梅也认为，代理权属于一项独特的法律制度，它仅赋予某人通过以他人名义实施行为来为他人形成法律行为规则的资格，该规则因此而作为他人的规则生效。②

二、代理权的权限范围

（一）意定代理权限取决于代理权的类型

意定代理权限，原则上应当由授权人自由决定之，具体可分为三类：(1) 特定代理权，即授权为特定行为，如出租某物；(2) 种类代理权，即授权为某种类的行为，如买卖股票；(3) 概括代理权，即授权代理的行为不予限制，在其概括范围内得为一切法律行为及其相关行为。其中，前两种可以统称为特别代理权，后一种称为概括代理权或一般代理权。

对于一般代理权的权限，《法国民法典》第 1987 条规定："委托有两类：或者仅对委托人的某一事务或某些事务的特别委托，或者对委托人之全部事务的概括委托。"《阿

① 〔德〕卡尔·拉伦茨：《德国民法通论》（下册），王晓晔、邵建东等译，法律出版社 2003 年版，第 827—828 页。

② 〔德〕维尔纳·弗卢梅：《法律行为论》，迟颖译，法律出版社 2013 年版，第 936 页。

根廷共和国民法典》第1879条规定:“委任可以为一般的或特别的。一般委任包括委任人的所有事务,特别委任包括一项或数项特定的事务。”我国《合同法》第397条也规定:“委托人可以特别委托受托人处理一项或者数项事务,也可以概括委托受托人处理一切事务。”

对于特别代理权的权限,各国法律一般规定应当明示授予。如根据美国《路易斯安那州民法典》第2996条、第2997条的规定,下列代理权应当明示授予:

(1)对某物的转让、取得、抵押或租赁;

(2)作出生前赠与,不论为完全赠与、新信托或现有信托还是其他监管协议,并且,如同样以明示方式如此规定,将会使不违背代理的其他明示条款的无限制撤销权附加于赠与之上;

(3)接受或拒绝继承;

(4)订立借贷合同、承认或解除债务,或者担任保证人;

(5)开具或背书本票和可转让票据;

(6)同意仲裁或涉及仲裁的事务;

(7)作出卫生护理决议,如手术、医疗费、疗养院居住以及药物治疗。

《阿根廷共和国民法典》在第1881条详细列举了需要特别授权的情形,如清偿、债的更新、和解、约定仲裁、抛弃上诉权和诉讼时效、非婚生子女的承认、不动产所有权的转移或取得、借贷、成立合伙、为他人提供保证、债务承认等。

（二）意定代理权限依据授权意思确定

法定代理权限直接由法律作出明确规定，如果范围模糊时，则属于法律的解释问题。但是，意定代理权由于是基于授权人独立的单方法律行为而产生，因此意定代理权限的确定，应依据授权行为意思表示之内容而定。而意思表示内容之确定，则属于意思表示解释的问题。

意思表示的解释区分为有相对人的意思表示解释和无相对人的意思表示解释，区分二者的法律意义主要在于：在有相对人的意思表示中，意思表示需要受领，如果一方作出意思表示，相对人对该意思产生了合理信赖，即使表示出来的意思与内心真意不符，相对人的信赖利益也要受到保护。[①] 所以，对于有相对人的意思表示的解释，应当探求相对人所理解的意思，即客观意思；但在无相对人的意思表示中，不存在信赖利益的保护问题，所以对其意思表示的解释，应当探求表意人的内心真意，即主观意思。代理权的授权行为，属于有相对人的单方法律行为，因此解释授予代理权意思表示的内容应当探求相对人所理解的意思。在内部授权时，应以代理人对授权意思表示理解的可能性为准；在外部授权时，则以代理人对之实施代理行为的第三人对授权意思表示理解的可能性为准[②]。对此，《瑞士债务法典》

① 王利明：《民法总则研究》，中国人民大学出版社 2003 年版，第 549 页。

② 陈自强：《代理权与经理权之间——民商合一与民商分立》，北京大学出版社 2008 年版，第 21—22 页。

第33条明确规定:"依照公法的规定被授权以他人名义实施法律行为的,则授权应当与联邦和州的公法条款相一致。基于合法契约之授权范围,依契约的规定。委托人将授权通知第三人的,授权范围取决于第三人所收到之通知的规定。"实践中,代理权的授予以内部授权为常态,外部授权为例外情形,此种例外情形乃立法者为确保交易安全与保护第三人之信赖利益而承认者,因此在外部授权下,代理权之范围并非以本人之主观意思为准,而是根据信赖原则以相对人所得理解之范围为准。

在大陆法系国家,由于将授权视为单方法律行为,因而关于代理权的范围是通过对授权人的意思表示的解释来确定的。但在英美法系国家,代理权的授予是通过双方的合同完成的,因而关于代理权范围的确定,则是通过对合同的解释来进行的。《美国代理法重述(第三次)》第2.02条规定:

> (1)代理人有权依照实际代理权,实施委托人在其意思表示中指定或暗示的行为以及必要或从属性的行为,以实现本人的目的,当代理人决定以某种方式进行代理时,视为代理人合理的理解了本人的意思表示和目的;(2)如果代理人对委托人意思表示的解释,能够反映代理人所获知的委托人的任何意图,或者在代理人没有获知该意图时,能够反映作为一个理性的代理人可以依据合同文本对意思表示所作的解释时(包括代理人所获知的情势以及代理人对委托人的信托义务),代理人所作的这种解释就被视为是合理的;

(3) 如果代理人对委托人目的的理解是根据委托人的意思表示,或者根据作为一个理性的代理人从创设代理关系时的情形中所作的推断而产生的,代理人的这种理解就被视为是合理的。

依据上述规定,在确定授权意思表示的相对人所理解的意思时,应以诚实信用原则并斟酌交易习惯、受托事务的性质、目的等因素,按照有理性之任何一个第三人若处于相对人之立场对授权意思表示所理解的合理意思为准。

(三) 法律的补充性规定填补授权意思表示的漏洞

无论授予何种代理权,授权人均应指明代理权限,如果通过解释授权意思表示仍然不能确定权限范围时,法律通常设一些补充性规定,用以填补授权意思表示的漏洞。这些补充性规定主要有以下两种情形:

第一,在概括授权的情况下,如无明确的约定,仅包括管理行为。这一规定最早体现在《法国民法典》中。《法国民法典》第 1988 条第 1 款规定:"以一般概括性表述成立的委托,仅包括管理行为。"《日本民法典》第 103 条则进一步规定:"未定权限的代理人,仅有下列行为的权限:(1) 保存行为;(2) 在不改变代理标的的物或权利的性质范围内,以利用或改良为目的的行为。"类似的规定如《荷兰民法典》第 3:62 条第 1 款、《阿根廷共和国民法典》第 1880 条、《埃及民法典》第 701 条、加拿大《魁北克民法典》第 2135 条第

2 款、《韩国民法典》第 118 条等。[①]

大陆法上的管理行为，是与处分行为相对而言的。处分行为是发生权利丧失、转移的法律行为，如买卖、赠与、抛弃、免除、抵销等行为。管理行为则是在不发生权利丧失、转移的范围内，以保存、利用、改良为目的的行为，具体包括保存行为、利用行为及改良行为。保存行为是维持财产现状的行为，如雇人修缮房屋；利用行为则是有使用其物或权利之行为，如许可他人使用专利；改良行为是增加物或权利之使用价值或交换价值的行为，如对于有负担之权利除去其负担。依据上述规定，在概括代理下，如无明确约定或法律的特别规定时，代理人仅得实施管理行为（只限于通过法律行为进行的管理），处分行为则不得代理。

但是，上述规定并不是绝对的，如果存在商事习惯时，依该习惯确定。如英国《1889 年代理商法》第 2 条规定：

---

① 《荷兰民法典》第 3:62 条第 1 款规定："普通代理权不包括对处分行为的代理，除非已被明确地以书面形式授予。普通代理权是适用于未被明确排除的委托人的全部事务和全部法律行为的代理权。"《阿根廷共和国民法典》第 1880 条规定："通过概括性的授权进行委任的，即使委任人声明不保留任何权限，且受任人可以实施一切其认为适当的行为，或者即使委任含有概括性的自由管理之条款，委任也仅仅包括管理行为。"《埃及民法典》第 701 条也规定："以未规定代理从事的法律行为的性质的一般条款订立的委任合同，仅授予代理人实施管理行为的能力。准许期限不超过三年租赁、保存和维护行为、收受债权及清偿债务，均属于管理行为。任何为管理工作所必要的处分行为，例如出售出产物、商品或容易消耗的动产，以及购买为委任的客体所必需的物品，例如其保存和利用工具，亦属于管理行为。"加拿大《魁北克民法典》第 2135 条第 2 款规定："以概括术语表达的委任仅授予执行简单管理行为的权限。执行其他行为的权限仅可以明示委任授予，但因预期丧失行为能力除外，此等委任授予全面管理权。"《韩国民法典》第 118 条规定："未确定权限的代理人，只能实施下列各项行为：1. 保存行为；2. 不改变代理标的物或权利性质范围的利用或改良行为。"

> 当代理商依照通常的商事习惯进行活动时，如果代理商经过所有权人的同意持有货物或货物所有权证明文件的，代理商按照通常的商事习惯对货物进行销售、抵押或为其他处分时，这些处分行为应当受本法案约束，并且代理商的行为与经过货物所有权人特别授权后所实施的相同行为具有同等效力。但是在这种情况下，对方当事人必须是善意的，并且此时没有收到能够说明作出处分行为的人无处分权的通知。

第二，在特别代理的情况下，除明示授予的权限外，代理人可以实施完成受托事务所需要的一切必要行为。如《荷兰民法典》第 3:62 条第 2 款规定："除另有明确规定以外，依照一般条款授予的特别代理权不包括对处分行为的代理。但是，为某一特定目的而授予的代理权及于所有为实现此种目的的管理行为和处分行为。"《埃及民法典》第 702 条第 3 款规定："特别委任授予代理人的权力仅包括从事明确规定的事务，及从事务的性质和现时的惯例产生的必要的附随事务。"加拿大《魁北克民法典》第 2137 条也规定："授权委托人实施属于其职业或行业本职工作的正常内容的行为，或可以由此等职业或行业的性质推断出的行为，不必明示说明。"美国《路易斯安那州民法典》第 2995 条规定："代理人可作出为履行代理所附带或必要的一切行为。对代理人作出某种行为的授权为其专业或职业的通常部分的，或者从其专业或职业性质中衍生的，无须列明。"一般而言，代理权就一定之法律行为授予之者，应认为有为一切为其法律行为的内容的意思表示之权限，如物品购入或出卖之代理权,包括决定标的物、价金、履行之场所及时期、担保责任约款等之权限。但此时如为不利于本人之意思表示,例如违约金、担保之提供等,则应以明示特别授权为必要。[①]根据《阿根廷共和国民法典》第1882—1888条的规定,有些特别代理权受到一些限制,主要是:

（1）对和解的特别授权,并不包括约定仲裁的权限;

（2）对出售的特别授权并不包括对抵押的授权;

（3）对不动产进行抵押的授权,不包括为委任前的债务而对此等财产进行抵押的权限;

（4）出售遗产的授权,在受领该财产之前不包括让与的权限;

（5）收取债务的授权,不包括诉请债务人的权限、收受某物以代他物的权限以及更新、免除或赦免的权限。

在有关代理的国际立法中,通常都规定代理人有权实施完成委托任务的一切必要行为的权利。如《国际货物销售代理公约》第9条规定:“本人对代理人的授权可以明示或默示。代理人在为实现被授权之目的情况下,有权采取一切必要行为。”《国际商事合同通则》第2.2.2条第2项规定:“代理人为实现授权之目的,有权采取所有必要的行为。”《欧洲合同法原则》第3.201条也规定:“1.本人授权其代理人以他的名义行为时,此项授权可以是明示的,在一定条件下也可以是默示的。2.代理人为了完成上述授权,可为一切为达此目的必要行为。”上述立法尽力扩大代理权

① 史尚宽:《民法总论》,中国政法大学出版社2000年版,第532页。

的范围,允许代理人为达到授权目的而采取一切必要行为。当然如果本人在授权时作出某种限制,代理人应当遵守。同时,代理人的行为也不得与法律的强制性规定相违背。

(四) 确定代理权限范围的几种特殊情形

其一,意定代理权限可否由法律强行规定?通常情况下,意定代理权限取决于授权人的意思表示,这是贯彻意思自治的结果。但有时为了保护交易相对人的信赖,稳定交易秩序,法律也对意定代理权限作一些强行规定。比如针对经理权,《德国商法典》第 49 条规定:"(1)经理权授权实施由进行营业经营所产生的诉讼上的和诉讼外的一切种类的行为和法律行为。(2)对于土地的让与和设定负担,只有在向经理人特别授予此种权限时,经理人才有实施此种行为的权利。"第 56 条规定:"在商店或公开营业场所任职者,就其通常营业行为,视为有权出卖或出售。"《瑞士债务法典》第 459 条也规定了经理人的权限:"对于有利害关系的善意第三人,经理人视为被授权在委托人贸易或者营业范围内签署票据、实施全部法律行为,对委托人具有约束力。经理人只有在有明示的授权时可以出卖或者抵押不动产。"我国台湾地区"民法"第 554 条也有类似规定:"经理人对于第三人之关系,就商号或其分号,或其事务之一部,视为其有为管理上之一切必要行为之权。经理人,除有书面之授权外,对于不动产,不得买卖,或设定负担。前项关于不动产买卖之限制,于以买卖不动产为营业之商号经理人,不适用之。"

其二,本人已向代理人进行了内部授权,之后又向代理行为之相对人表示授权之事实,而且所表示的代理权范围与对代理人表示的授权范围不一致时,如何确定其授权范围?对此,在学界有不同的看法。瑞士学者认为,二者不一致时应依较大范围原则确定,即以代理权范围较大者为准。也有学者认为,此时代理权范围的确定,取决于本人向代理行为相对人所进行的表示是否构成外部授权,如果已构成外部授权,则按外部授权的范围加以确定。德国学者弗卢梅持外部授权说。他认为,凡以自己行为对相对人(包括公告)表示代理权授予他人,本人之表示不仅为授权事实之告知,更为第三人得信赖某人有代理权之表示,故其表示为法律行为,且属于外部授权,而非单纯授权事实之通知。[①] 但也有学者持相反意见,认为本人既已为内部授权,代理人即获得代理权,在逻辑上另外一个授权行为实属多余,所以此种情形仍属于内部授权,代理权之范围原则上仍取决于代理人之了解可能性。第三人对本人表示之信赖,则依权利外观理论解决。本书赞同后一种观点。

其三,既然授权行为独立于基础法律关系,那么通过对授权意思表示的解释来确定授权范围时,是否可以对基础法律关系中关于事务处理范围的约定全然不顾?换言之,基础法律关系中对事务处理之约定可否拿来解释授权意思表示?否定论者认为,代理权产生于本人的授权,而授权行为独立于基础法律关系,代理权的范围只能通过对授权意

---

① 陈自强:《代理权与经理权之间——民商合一与民商分立》,北京大学出版社2008年版,第23页。

思表示的解释来确定,而不能通过对基础法律关系中约定的内容来确定,基础法律关系的约定只是对授权人与代理人之间的债权债务的约定,不能以之作为授权范围的依据,否则就破坏了授权行为的无因性与独立性。肯定论者认为,多数情形代理权的产生伴有基础法律关系,授予代理权的目的正是为了完成基础法律关系中约定的事务,在确定代理权的范围时如果完全割断二者之间的关系,无疑是缘木求鱼。委任事务处理范围,通常也决定代理权之范围。代理人就达成授权目的所必要之一切行为,均得授权。所以,拉伦茨也认为,代理权之范围原则上取决于授权行为之内容,但内部关系于解释意定代理权之范围,亦应加以斟酌。[①]

本书同意肯定论的观点,因为内部关系中关于事务处理范围的约定虽然不能直接作为授权范围的依据,但可以作为解释资料对授权意思表示的内容作出准确的认定,不能因坚持授权行为的独立性而全然不顾基础法律关系。事实上,《瑞士债务法典》第 33 条的规定就持这一态度,该条第 2 款规定:“基于合法契约之授权范围,依契约的规定。”

其四,代理权是否可以附条件或附期限?有学者认为,代理权授予代理人后,代理人在其授权范围内单独实施的代理行为,本人必须承受其行为的一切后果,所以代理权与形成权一样,都是可以根据其单方面的意思表示即可变更其法律关系的权利,基于对法律关系迅速稳定的考虑,不应

① Larenz, Allgemeiner Teil des deutschen Bürgerlichen Rechts, 7. Aufl., C. H. Beck, 1989, S. 615.

当允许代理权附有条件或期限。其实,这种理解是一种错觉。因为一方面代理行为是在本人的授权范围内实施的,是符合本人意愿的,本人对此种行为的后果是已经预料到的,此时与其说是代理人的行为改变了自己的法律地位,不如说是自己的行为改变了自己的法律地位;另一方面,如果代理人在实施代理行为时,不能向相对人证明自己的代理权限,相对人有权拒绝与其进行交易,以免遭受不测。可见,代理权的行使并不必然产生变动法律关系的后果,这与形成权的行使必然产生变动法律关系的后果是不同的。既然代理权与形成权在其性质、效力方面有很大的差异,那么代理权就可以附条件或附期限。

其五,本人授予他人代理权时,可否排除自己亲自实施代理权范围内的法律行为?德国通说认为,通过授予代理权放弃自己在代理权所涉领域自行发出或受领意思表示的能力是不被允许的。因为这种"排斥性的代理权",在本质上就是排除授权人自己的主管权,它意味着被代理人自己使自己丧失行为能力,并使自己像一个无行为能力人那样依赖于他的代理人。[①] 所以,在立法上不承认所谓的"排他性意定代理权",即本人可以实施其已授予他人意定代理权所涉事项的行为。不过,当事人可以在作为授予代理权的基础合同中作出一项债法上的约定,约定授权人自己在相关事务中不得作出同样的行为,否则应承担违约损害赔偿

① 〔德〕迪特尔·梅迪库斯:《德国民法总论》,邵建东译,法律出版社2000年版,第712页。

责任。[1]

（五）对我国《民法通则》第65条第3款的理解

我国现行立法中没有关于代理权范围的明确规定，只是在《民法通则》中规定了授权不明的责任。第65条第3款规定："委托书授权不明的，被代理人应当向第三人承担民事责任，代理人负连带责任。"最高人民法院在1987年7月21日发布的《关于在审理经济合同纠纷案件中具体适用〈经济合同法〉的若干问题的解答》中规定："合同签订人持有委托单位出具的介绍信签订合同的，应视为委托单位授予代理权。介绍信中对代理事项、授权范围表达不明的，委托单位对该项合同应当承担责任，合同签订人应负连带责任。"这一解释目前虽然已经随《合同法》的出台而废除，但它反映了实务界对《民法通则》第65条第3款的态度。在我国学界，对《民法通则》的上述规定存在以下两种截然相反的观点：

一是认为授权不明根本不是一个特别的法律问题，在法律上没有规定的必要。因为授权行为是单方法律行为，代理权的范围取决于授权人意思表示的内容，该内容的确定是通过对授权意思表示的解释进行的，如果意思表示模糊或有歧义，可通过各种解释方法予以确定；如果意思表示存在漏洞，也可以对该漏洞进行补充，以获得授权人合理的意思。总之，通过意思表示的解释，无非获得两种结果，即

---

① 〔德〕迪特尔·施瓦布：《民法导论》，郑冲译，法律出版社2006年版，第537页。

如果被代理人的行为被解释为有效的授权行为，则一定可以根据意思表示解释规则消除所有的歧义和补充所有的漏洞；如果存在经解释绝对无法消除的歧义或漏洞时，则应当认为该表示行为的内容不确定，反过来说明授权行为本身不能够生效，代理权不发生。[①] 依此观点，代理人的行为要么是有权代理，要么是无权代理，二者必居其一，根本不会发生授权不明的责任问题。

二是认为授权不明现象是一种客观存在，授权不明下代理人的行为与无权代理行为是不同的，因而会产生授权不明的法律责任。持此观点的学者普遍认为，授权行为是授权人的单方意思表示，授权不明是因授权意思表示的瑕疵而产生，过错在授权人，所以应当由授权人向第三人承担授权不明的责任。但针对《民法通则》关于代理人应承担连带责任的规定，又有不同的看法：

(1) 肯定说。该说认为，依诚实信用原则，代理人在实施民事行为时，有义务对被代理人授权的内容和界限进行审查，若代理人明知委托授权不明却不表示异议，即意味着疏于履行其审查义务，因而也有过错[②]，所以应当与被代理人一起向第三人承担连带责任。代理人承担连带责任，可能会对代理人不公平，但有利于维护代理制度的信用和第三人利益，保护交易安全，从而兼顾财产关系的静态安全与动态安全。

---

① 葛云松：《委托代理授权不明问题研究》，载北京大学法学院编：《民事责任与民法典体系》，法律出版社 2002 年版，第 180—198 页。

② 谢邦宇、李静堂：《民事责任》，法律出版社 1991 年版，第 393 页。

（2）否定说。该说认为，代理权的授权不明，究其实质而言不过是委托人关于授权的意思表示存在某种缺陷，这种缺陷的出现，是由于委托人单方面的过错或错误所致，所以只能由委托人承担责任，而不能由代理人承担连带责任。[①]

（3）补充责任说。该说认为，授权不明时，应由本人承担责任，而不能让在授权不明上无过错的代理人承担责任。如果代理人也有过错的，可由代理人承担责任。但于此情形下，代理人也不能负连带责任，只能负补充责任。也就是说，即使代理人有过错，被代理人也仍应向第三人承担民事责任，只有在被代理人不能承担责任的情形下，代理人才承担责任。所以，《民法通则》规定的代理人的连带责任，不是一种真正的连带责任，而是补充责任。[②]

本书认为，代理权的授予是授权人的单方法律行为，授权是否明确只有通过对授权意思表示进行解释才能确定。当然，对授权意思表示的解释不是抽象的，只有与具体事例相结合，这种解释才是有意义的。在实践中，对授权意思表示的解释，其目的是为了确定代理人是否享有代理权以及享有何种范围的代理权，从而决定代理人的行为是有权代理还是无权代理。授权不明可表现为三种情形：其一，是否具有授予代理权的意思不明确；其二，向何人授予代理权的

---

① 佟柔主编：《中国民法学·民法总则》，人民法院出版社 2008 年版，第 208 页。

② 郭明瑞、房绍坤、唐广良：《民商法原理》（一），中国人民大学出版社 1999 年版，第 296 页。

意思不明确;其三,授予何种范围、期限的代理权不明确。

在第一种情形下,如果无法判明是否具有代理权授予的意思表示时,应解释为无授权的意思,法官不得取代当事人的位置为其决定是否授权。更何况,一旦授予代理权之后,就意味着要对代理人的代理行为负责,这对授权人来说也是一种负担,因此应解为授权行为不成立,此时代理人的行为无疑属于无权代理行为。

在第二种情形下,虽然有授予代理权的意思,但究竟谁是被授权人或者说代理人为谁不明确时,也应解释为授权行为不成立,因为代理权的授予行为是有相对人的单方法律行为,如果没有相对人的存在,授权行为就没有具体的指向,从而也就无法确定谁有权利代表被代理人实施法律行为以及被代理人应当对谁的行为承担责任。既然授权行为不成立,代理人的行为就是无权代理行为。

在第三种情形下,授予代理权的意思以及向何人授予代理权的意思都是明确的,唯有授予何种范围、期限的代理权的意思模糊或者不存在。如果该意思表示是模糊的,此时仍然需要运用各种解释方法来确定其具体的内容;如果对于代理权的范围、期限等没有进行过任何表示,说明意思表示存在漏洞,可以运用漏洞补充方法予以弥补。无论是对授权意思表示的解释,还是对意思表示漏洞的补充,其结果只有两种,即代理人的行为属于授权范围和代理人的行为不属于授权范围。如果属于代理权的范围,代理人的行为就是有权代理;反之,则为无权代理。

通过对上述三种情形的分析,授权不明的问题完全可以通过对授权意思表示的解释来解决，解释为有权代理时，则由被代理人承担责任；解释为无权代理时，如果既不构成表见代理，也没有经过被代理人的追认的，则应当由代理人对第三人承担责任，被代理人不负任何责任。

由此可见，我国《民法通则》无需专门对授权不明的问题加以规定，更无需专设授权不明的责任制度。更何况，现行《民法通则》第 65 条第 3 款关于代理人承担连带责任的规定有诸多不合理性，具体表现在：

第一，在授权不明下，既然被代理人对代理人的行为后果向第三人承担责任，即可推定代理人的行为属于有权代理，如果此时再要求代理人也对此承担连带责任，说明代理人的行为又是无权代理，这样就产生了逻辑上的矛盾。

第二，授权行为是单方法律行为，因而授权不明只能是授权人单方面的过错造成的，如果代理人因此而承担连带责任，就是代人受过，显然是不公平的。[①]

第三，被代理人与代理人相比，在经济上要优越于代理人，所以为了保障第三人的利益，根据"优势责任原则"，应当首先由被代理人承担责任，然后根据不同情况决定是否向代理人追偿。如果一律要求代理人承担连带责任，有悖于优势责任原则。[②] 所以，基于上述认识，《民法通则》关于授权不明责任的规定应当取消，需要规定的是授权意思表示的解释规则和补充性规定。

---

① 王利明：《民法总则研究》，中国人民大学出版社 2003 年版，第 638 页。

② 佟柔主编：《中国民法学 · 民法总则》，人民法院出版社 2008 年版，第 208 页。

第五章
意定代理权的变动：尊重本人的自由意思

代理权是代理人代替被代理人实施法律行为而由被代理人承受其法律效果的权能或资格，是代理人实施的代理行为的后果归属于被代理人的法律根据。代理权在内容上具有两个方面：一是在对外关系上，代理人针对第三人拥有代替本人实施法律行为的资格或地位，第三人据此决定是否与之交易；二是在对内关系上，代理人针对本人拥有拘束被代理人接受代理行为后果的地位或资格。可见，授予他人代理权就意味着自己要受到代理人行为的束缚，这种束缚只能是基于自己的意愿，而绝不能任由他人为之。

所以，除法定代理外，是否授予他人代理权，授予代理人何种内容的代理权，以及代理权在何种情况下消灭，都应当尊重本人的自由意思，这也是私法自治原则在代理法律制度中的集中体现和必然要求。

一、代理权的授予

意定代理权，在代理与委托混同的国家（如英美、法国等），是通过本人与受托人之间的委托合同（或代理合同）当然产生的，但在区分代理与委托的国家（如德国），则是通过本人独立于基础法律关系的授权行为而产生的。我国的现行立法与学说虽然区分了代理与委托，但对于代理权的授予行为并未给予足够的重视，诸如授权行为的性质、授权行为的形式、授权意思表示的瑕疵、授权行为的有因与无因以及授权行为是否为债的发生原因等问题，由于在立法上不明确，导致在司法实践中无所适从，因而有必要在理论上澄清上述问题。

（一）授权行为的性质

代理法理论中，关于代理权的授予行为的性质，主要有双方行为说与单独行为说两种观点：

1. 双方行为说

双方行为说又可分为以下两种主张：

（1）委任契约说。该说认为代理权是由委任契约而发生，委任以外，并无代理权发生之可能，亦即认为委任契约与代理权之发生，具有因果关系，委任契约即系代理权之授予。此说主要是代理与委任混同的国家的主张，如法国学者和部分日本学者采此说。在英美法国家，意定代理权又补称为实有代理权(actual authority, real authority),专指通过代理人与被代理人的协议而实际授予的代理权。实有代理权可以是明示授权(express authority),也可以是默示授权(implied authority)。[①] 其中,明示授权是指本人和代理人之间以明确的意思表示达成建立代理关系的协议,代理人通过本人的明示指定或委任而获得代理权。

(2) 无名契约说。该说认为代理权虽非委任契约而生,但究系本人与代理人间之一种契约,此种契约属于无名契约。此说首倡于拉班德(Laband),后为日本多数学者支持。[②]

2. 单独行为说

该说认为,代理权依授权之意思表示而发生,而代理权既非权利,亦非义务,不过为得代本人为有效意思表示之资格,其代理权授予行为,亦不过决定代理人之意思表示应否对于自己发生法律效果,故仅须以自己之意思表示授予之,无需代理人同意之必要。此说主要是代理与委任相区分的国家或地区民法典的主张。如《德国民法典》第167条第2款规定:"代理权的授予,应向代理人或向其为代理行为的第三人以意思表示为之。"我国台湾地区"民法"也采此说,第167条也规定:"代理权系以法律行为授予者,其授予应向代理人或向代理人对之为法律行为之第三人以意思表示为之。"

此外,台湾学者曾世雄先生对代理权授予行为的性质

---

① F. M. B. Reynolds, *Bostead on Agency*, Sweet & Maxwell, 1985, p. 93.

② 郑玉波:《民法总则》,中国政法大学出版社2003年版,第414页。

有不同的看法。他认为:

> 代理权之授予具有基础法律关系者,则代理权授予行为之性质,应当依据基础法律关系的性质认定。如果基础法律关系为契约行为(如委任)或合同行为(如董事会决议)者,授权行为也为契约行为或合同行为;如果基础法律关系为单独行为者(如遗嘱),授权行为也应为单独行为;如代理权之授予无基础法律关系者,其性质则为单独行为。①

我国多数学者赞同单独行为说②,本书从之,理由如下:

第一,委任契约说将委任合同与代理权的授予看作是同一行为的两面,在本质上否认了代理权授予的独立性,从而也否认了代理制度的独立性,已为现代各国所不采。

第二,无名契约说虽然避免了代理权的授予仅限于委任情形之误认,但仍然没有摆脱代理与基础法律关系混同的嫌疑。至于根据代理基础关系的性质来决定代理权授予行为的性质的观点,与前述两种观点在本质上是一致的,都没有把授权行为独立出来。

第三,《民法通则》第65条第2款规定:"书面委托代理的授权委托书应当载明代理人的姓名或者名称、代理事项、权限和期间,并由委托人签名或者盖章。"根据这一规定,授

---

① 曾世雄:《民法总则之现在与未来》,中国政法大学出版社2001年版,第243页。

② 佟柔主编:《中国民法学·民法总则》,人民法院出版社2008年版,第207页;梁慧星:《民法总论》(第4版),法律出版社2011年版,第227页;马俊驹、余延满:《民法原论》(第3版),法律出版社2007年版,第229页。

权委托书中并未要求代理人签名、盖章,也即无需代理人的承诺就能完成授权行为。

第四,将代理权的授予行为确定为有相对人的单独行为,可以简化授权行为的手续,降低取得代理权的门槛,有利于调动受托人完成受托事务的积极性。更何况,如果采契约说,使代理权的授予由被授权人参与进来,可能会节外生枝,产生许多因意思表示瑕疵而影响其生效或存在之情形。[①]

代理权的授予行为是有相对人的单方法律行为,这就意味着:

第一,授予代理权的意思表示,于相对人了解(对话)或到达相对人(非对话)时即发生授权的效力,不以相对人的承诺为必要,但相对人不愿意接受代理权时可以舍弃,此舍弃不是对授权意思表示的拒绝,而是取得代理权之后的另行抛弃。

第二,相对人可以是代理人,也可以是代理人对之为法律行为的第三人。《德国民法典》第 167 条第 2 款、《瑞士债务法典》第 33 条第 2 项和第 3 项、我国台湾地区"民法"第 167 条都规定,代理权的授予,应向代理人或向其为代理行为的第三人以意思表示为之。代理权的授予如果向代理人为之者,称为内部授权;如果向第三人为之者,称为外部授权。实践中,在完成内部授权之后,又将这一授权事实公之于外部,这种行为并不是外部授权,而是向外部告知的内部

① 黄立:《民法债编总论》,中国政法大学出版社 2002 年版,第 141 页。

授权[1],因为公开并不是授权的意思表示,只是单纯的事实通知。

区分内部授权与外部授权的法律意义有三:

其一,关于代理权的范围,在内部授权,应以代理人理解的意思范围为准;在外部授权,则应以第三人理解的意思范围为准;

其二,代理权授予行为有瑕疵时(如错误、受诈欺或胁迫),于内部授权,其撤销原则上应向代理人为之;于外部授权,则应向第三人为之;

其三,在外部授权的情况下,如果授权人在内部撤回或限制代理权时,不得以之对抗善意第三人。[2]

(二)授权行为的形式

代理权的授予,既可以是明示的,也可以是默示的。对此,两大法系国家的立法均予以认可。例如,《荷兰民法典》第3:61条第1项规定:“代理权可以以明示或默示的方式授予。”在美国,《美国代理法重述(第三次)》第1.03条规定:“当事人可以通过书面、口头或其他方式作出授权意思表示。”国际代理立法也持相同的立法态度。例如,《国际货物销售代理公约》第10条规定:“授权无需以书面形式授与或证明,亦不受其他任何形式要求的约束。授权可以

① 〔德〕迪特尔·梅迪库斯:《德国民法总论》,邵建东译,法律出版社2000年版,第707—708页。

② 王泽鉴:《民法总则》(增订版),中国政法大学出版社2001年版,第461页。

任何方式,包括证人加以证实。"《国际商事合同通则》第2.2.2条第(1)项规定:"本人授予代理人的权限既可以是明示的也可以是默示的。"欧盟的《欧洲合同法原则》第3.201条第1款也规定:"本人授权其代理人以他的名义行为时,此项授权可以是明示的,在一定条件下也可以是默示的。"

1. 明示授权的形式

在大陆法系各国的立法中,基于形式自由原则,明示授予代理权时,原则上书面形式、口头形式或其他形式均可,为不要式行为。对此,立法与学说均无疑问。有问题的是,被代理人授予代理权的意思表示是否需要采取代理人实施法律行为所应采取的方式,有两种截然相反的态度:

(1)肯定论。《意大利民法典》第1392条明确规定,"如果未采用与代理人应当缔结的合同的形式给与授权,则代理权是无效的"。《路易斯安那州民法典》第2993条规定:"代理合同不需要以特别形式订立。但是,如法律对某行为规定了一定的形式,对该行为的代理授权必须以该形式作出。"我国台湾地区"民法"第531条规定:"为委任事务之处理,须为法律行为,而该法律行为,依法应以文字为之者,其处理权之授与,亦应以文字为之。其授与代理权者,代理权之授与亦同。"我国《澳门民法典》第255条第2款也规定,"授权方式须为就授权人因实施法律行为所要求的方式,但法律另有规定的除外"。

(2)否定论。《德国民法典》第167条第2款规定:"前项意思表示不需要依照有关代理权的法律行为所规定的方式。”依此规定,即使依代理权从事的行为需要符合形式要求,授予代理权之意思表示通常也不需要具备与之相同的形式。

在英美法系,根据英国《1971 年授权书法》的规定,代理人和委托人之间建立代理协议不要求有特别的形式。[①]在普通法看来,行使需要签名盖章的文件的代理权必须由同样庄重的文件证明,但许多州已废除了关于盖章与不盖章的文件之间的区别。所以,英美法系一般不规定明示代理合同的特殊形式,代理合同不必拘泥于任何形式,可以采取契据(deed)、一般书面形式(by writing)或口头方式(by oral)等多种形式。即使代理人被授权订立应当采取书面形式的合同,或者签署这类合同的备忘录时,对代理人的委托也不一定非采取书面形式不可[②]。但是在英国,如果代理人代表本人创设或处分土地利益,则授权必须是书面形式(《1925 年财产法》第 53 条第 1 款、第 54 条)。

《美国代理法重述(第三次)》第 3.02 条规定:“在某一合同或其他交易中,如果法律要求以经委托人签章(签字)的书面凭证或记录来证明代理人的代理权,用以约束委托人的,如果没有上述书面凭证或记录时,委托人不受合同约束。但当第三人根据委托人的言行,认为代理人有权约束委托人的,如果第三人出于对代理人的这一合理信赖对其法律处境作不利改变的,委托人不得以没有上述书面凭证

① 郑自文:《国际代理法研究》,法律出版社 1998 年版,第 46 页。

② 徐海燕:《民商法总论比较研究》,中国人民公安大学出版社 2004 年版,第 312 页。

或记录为由拒绝承担责任。”依据该条规定，如果法律对代理权的书面形式有要求时，必须具备该书面形式。不过，由于代理人的行为已经引起了第三人的信赖，即使不具备书面形式，也产生有权代理的效果。在英美法上，一般在下列情况下，要求以某种特定方式指定代理人：

其一，如果代理人以签字蜡封的方式代本人签订合同，他就必须经过一种被称为“授权书”(power of attorney)的要式证书授权；

其二，如果代理人没有书面代理合同，就无权为被代理人取得衡平法上的土地所有权；

其三，如果某人作为公司的代理人进行活动，他就必须经要式文书的指定；

其四，如果代表公司董事签署公司发起书或经董事同意进行活动时，根据英国《1948 年公司法》规定，必须经过书面授权；

其五，如果签订价金超过 500 美元的货物买卖合同，根据美国《诈欺法》规定，必须采取书面形式授权。①

本书认为，法律不应当强行规定授予代理权的意思表示与代理人实施法律行为所采取的方式相同，因为这是两个不同性质的行为，前者是产生代理权的行为，后者是与第三人实施的法律行为，只要能够证明代理权的存在，不论代理权的授予采用何种形式，都应当是被允许的。我国《民法通则》第 65 条第 1 款规定：“民事法律行为的委托代理，可

① *Chance's Principles of Mercantile Law*, 1980, p. 87; K. Smith & D. Keenan, *Mercantile Law*, Pitman, 1982, p. 84.

以用书面形式,也可以用口头形式。法律规定用书面形式的,应当用书面形式。”这一规定是合理的。

2. 默示授权的形式

授予代理权的意思,虽然没有明确表示,但可以通过授权人的行为或某种事实来推断有此意思,此即默示授权。《法国民法典》第1985条第2款规定:“接受委托,得仅以默示而成立,以及因受委托人(委托代理人)执行向其委托的事务而成立。”根据英美判例法规则,除明示授权之外,根据实际情况还可推断出默示授权的情形。穆勒—菲尔茨教授认为:

> 合意并不是授予代理权所必须具备的条件。因为,被代理人可以在没有向代理人披露自己授予代理权的意图,也未征得代理人同意的情况下,授权代理人代表自己实施某种法律行为。①

默示授权不是法律的专门规定,而是由法院根据具体情况加以认定。在“布兰怀特”一案中,威尔伯弗斯勋爵指出,代理最终必然源于合意,但合意不一定是被代理人和代理人之间的关系本身,也可以是一种事实状态,法律认为这种事实状态具有代理的法律效果。② 默示授权主要包括以下几种情形:

(1) 职业授权(usual authority),即代理人在特定情形

---

① W. Muller-Frienfels, Legal Relations in the Law of Agency, 13. *Am J of Comp Law* 193 (1963), pp. 203—207.

② Branwhite v. Worcester Works Finance Ltd. (1969) 1 A. C. 552.

下具有通常所拥有的代表被代理人实施法律行为的权限，而无论他实际上是否得到了此种授权。换言之，以某种代理行为作为职业的人，如拍卖商、不动产代理人、代理商、律师、合伙人、公司总经理或公司秘书等所享有的代理权，可以扩大到这类代理人的职业通常所享有的权力范围。克兰沃兹法官在1863年的“波尔诉利斯克”案的判词中说：

> ……仅把另一个人安置于某一职位上，根据通常的法律规则，或者更精确地说，根据人类的普通惯例，处于某一职位的人会懂得他是代表安置他的人并为他行事。[1]

如根据英美等国合伙法的规定，合伙人之间互为代理人，其中任何一个合伙人依合伙经营方式订立的合同对其他合伙人均有默示代理效力。[2] 在大陆法系国家，合伙人受委托执行合伙事务者，依委任本旨，对于第三人也视为发生代理权授予的效力，有代理其他合伙人从事合伙事务之权，如《德国民法典》第714条[3]、我国台湾地区“民法”第679条。又如，公司的总经理在他职权范围内行事，即使这一具体行动未得董事会的明示授权，但他的行动被认为是代表公司行事的，因此对公司具有拘束力。

总之，代理人所为代理行为是在其职业的惯常权力范

---

① G. H. Treitel, *The Law of Contract*, 1987, p. 538; K. Smith & D. Keenan, *Mercantile Law*, Pitman, 1982, pp. 84—85.

② 董安生等编译：《英国商法》，法律出版社1991年版，第190页。

③ 《德国民法典》第714条规定：“合伙人之一依合伙合同享有执行业务的权能的，有疑义时，该合伙人也被授权对第三人代理其他合伙人。”《德国民法典》（第3版），陈卫佐译注，法律出版社2010年版，第281页。

围之内时,尽管没有本人的明确授权,同样对本人产生约束力。所以,被代理人应对代理人在同类代理人所拥有的代理权限之内实施的全部行为负责,即使被代理人和代理人对这种权限约定了一些限制。不过,职业授权的适用范围是有限制的。如果代理人所为行为不属其职业惯常权力范围之内,或者代理人所为行为非为本人利益或根本不属于本人业务范围,则不适用惯常授权规则。

(2) 习惯授权(customary authority),即当代理人在某一特定场所、市场或营业中代表被代理人实施某种法律行为时,视为拥有按照该场所、市场和营业中的惯例实施有关代理行为的默示代理权。帕克法官在"白立富"一案中指出,如果在某一特定场所存在着有关交易和缔约方式的定型惯例,那么,在该场所接受委托开展交易或缔结合同的代理人就具有遵循定型惯例的默示权限。① 换言之,在商店或公开的营业场所任职者,视为存在代理权之授予,就其通常营业行为,有出卖或收受的代理权,如《德国商法典》第56条。《瑞典合同法》第10条第2款规定:"作为雇员,或者是与另一个人订立合同而接受某一职位,根据法律或习惯行使代表他人的法律权利的人,……视为有权进行此权限范围之内的交易。"②习惯授权必须具备以下四个要件:一是在某一特定场所、市场或营业中客观上存在着代理人可以遵循的习惯;二是该惯例直接影响到代理人代表被代理人

① Baylife v. Butterworth, (1847) 1 Exch 425.

② 转引自〔德〕海因·克茨:《欧洲合同法》(上卷),周忠海等译,法律出版社2001年版,第323页。

实施法律行为的方式与内容;三是被代理人知道或应当知道这种交易惯例,否则就不能适用该惯例;四是交易惯例必须既合理又合法,如果某一交易惯例合法但不合理,那么,除非被代理人明确同意受该交易惯例的约束,否则该交易惯例不产生约束力。当某一交易惯例和代理关系的本质特征发生冲突,该交易惯例不能被认为具有合理性。因为如果该不合理的交易惯例具有约束力,那就必须明确纳入创设代理关系的合同。①

(3) 附带授权(incidental authority)。由于本人的明示授权并不一定能详尽地说明代理人在实际行动中所应具有的一切权力,因此受托从事某一种特殊任务的代理人,可以享有合理地附属于其履行明示代理权所必不可少的默示行为的权力。这种附带授权的范围视情况各不相同。例如,受雇出售土地的代理人为了使合同具有强制执行力,享有签署任何必要的备忘录的默示授权;又如,受雇参加诉讼的律师或法律顾问享有和解的默示代理权。

此外,本人此前曾经数次对于同一之契约相对人,以同一之人为其代理人;或者屡次容许他人以其代理人之名义,为某种行为,或代收取债务,或代为签署商业信件,可推断其有与此相当之授权。②

(三) 授权意思表示的瑕疵

在理论上,授权行为与代理行为都属于独立的行为,二

---

① G. H. L. Fridman, *The Law of Agency*, Butterworths, 1990, pp. 67—68.

② 史尚宽:《债法总论》,中国政法大学出版社 2000 年版,第 45—46 页。

者应分别判断。但是,在代理行为实施后,主张代理权授予行为存在瑕疵的唯一意义在于,授权人不承认代理行为的效力,这就使得授权行为与代理行为连接在一起,在判断授权行为的瑕疵时,必须同时考虑代理行为已经对他人产生的影响。授权行为既为单方法律行为,应适用民法总则关于意思表示的规定,兹就授权行为中的通谋虚伪表示、错误和诈欺等瑕疵予以说明。

1. 通谋虚伪授权

表意人与相对人通谋而为意思表示者,属于意思表示有意之不一致,法律不认可其意思表示,故无效。在代理权授予行为中,如果本人与代理人通谋,或者本人与代理人对之为代理行为之第三人通谋,二者任有其一,均导致授权行为无效。换言之,不仅本人与授权意思表示之具体的受领人通谋为无效,而且本人与法律上可能为意思表示之相对人之通谋亦无效。①

2. 因错误而授权

本人因意思表示错误而授予代理权者,如果代理人未实施代理行为的,可以撤回代理权,也可以撤销授权意思表示;如果代理人已为代理行为的,本人不得撤回代理权,但可以对第三人撤销授权意思表示。②

3. 因被诈欺而授权

第一,如果代理人诈欺本人而获得授权时,在实施代理

① 史尚宽:《债法总论》,中国政法大学出版社 2000 年版,第 46 页。
② 王泽鉴:《债法原理》(第 1 册),中国政法大学出版社 2001 年版,第 287 页。

行为前，本人既可以撤回代理权，也可以撤销授权之意思表示。如果已实施代理行为，本人只能撤销授权之意思表示，其授予行为自始无效，代理人的行为属于无权代理行为，代理人应直接对第三人承担责任。

第二，如果第三人诈欺本人而使不知情之代理人获得授权时，由于代理行为是在本人与第三人之间直接产生法律效力，因此，本人可以撤销授予代理权的意思表示。

授权意思表示真实，授权行为生效，代理人可取得代理权。授权意思表示若存在瑕疵，或者授权行为无效，或者为可撤销。若为无效，代理人自始、确定地不能取得代理权；若为可撤销，代理人的代理权处于不确定状态，即如果授权人行使撤销权，代理人的代理权随着授权行为的撤销而撤销，如果授权人放弃撤销权或不行使撤销权，代理人的代理权将确定地获得。无论是授权行为无效，还是可撤销，在代理人未行使代理权之前，对第三人的利益不会产生任何影响。但是，如果代理人已经行使了代理权，当授权行为无效或被撤销而产生溯及力时，无疑会对第三人的利益产生影响。对此，若为恶意第三人，无保护之必要；若为善意第三人，在符合表见代理情形下，由授权人对第三人承担表见代理责任，在不构成表见代理情形下，应当由代理人对善意第三人承担无权代理责任。

授权行为被撤销后，代理人若是须负无权代理责任，第三人利益固然得到了充分的保护，授权意思表示的瑕疵也得到了救济，但是代理人却置于极为不利的境地。因而，德国有学者认为，授权意思表示存在瑕疵时，若代理权已经行使，原则上应排除授权行为的可撤销性[1]，被代理人不得拒绝代理行为的法律效果，理由在于：

第一，在授权情形下，授权意思表示存在瑕疵时，授权人可以行使撤销权将无权代理的风险转移于代理人，但在无授权的情形下，如果构成表见代理，授权人必须承担授权人责任。两者相较，在前一种情形下，第三人的利益更值得保护。

第二，代理行为中意思表示的瑕疵应以代理人为判断标准，表明代理人意思表示瑕疵之地位，相当于被代理人亲自实施法律行为时本人的瑕疵。如果允许被代理人通过撤销授权意思表示"推翻"已经实施的代理行为，其法律地位将优于本人亲自实施法律行为的情形。[2]

本书认为，授权意思表示存在瑕疵时，若代理权已经行使，授权人仍然有权撤销该授权意思。因为授权人承担表见代理责任是以第三人的主张为前提的，如果第三人不主张，授权人无须承担责任。至于因被代理人通过代理改变了自己的不利地位，进而否定其瑕疵意思的撤销权，对被代理人而言也是不公平的。例如，被代理人欲使代理人至少以18万元的价格出售自己的汽车，但作出授权行为时，错误表述为13万元。代理人随后以被代理人的名义与第三人订立了价格为13万元的汽车买卖合同。显然，被代理人如果亲自出售该汽车时，基于错误完全可以撤销，但如果通

---

① 〔德〕汉斯·布洛克斯、沃尔夫·瓦尔克：《德国民法总论》（第33版），张艳等译，杨大可校，中国人民大学出版社2012年版，第344页。

② 朱庆育：《民法总论》，北京大学出版社2013年版，第345—346页。

过代理，按照上述观点是不能撤销授权意思表示的，被代理人就无脱身之机会。

（四）授权行为的有因与无因

代理权之授予，可以向代理人为之，也可以向代理人对之为法律行为的第三人为之。如果向代理人对之为法律行为的第三人为之，则为单纯的授权行为，故无问题。但如果向代理人为之者，该授权行为常与委任、雇佣、合伙等基础法律关系相结合。此时，授权行为与基础法律关系在效力上有三种情形：一是二者均有效，二是二者均无效，三是基础法律关系无效、不成立或被撤销，授权行为是否也因之无效、不成立或被撤销？对于第三种情形，就是理论上所谓授权行为的有因无因的问题。对此，学界有两种不同的观点：

1. 无因说

该说认为，授权行为与基础法律关系各自独立，互不影响，基础法律关系无效、不成立或被撤销，不影响授权行为的效力，即认为授权行为是无因行为。此说为德国学界通说，我国台湾地区学者王泽鉴先生认为，除当事人特别的意思表示外，应肯定代理权授予行为的无因性，其理由有三：

（1）有助于交易安全，使第三人（相对人）不必顾虑代理人的内部法律关系；

（2）使代理人免于负无权代理人责任；

（3）我国台湾地区“民法”第108条规定：“代理权之消灭，依其所由授予之法律关系定之”，该条只是限于基础法律关系消灭时，代理权应随其消灭，但并未表明代理权之授予都受到基础法律关系效力的影响。[1]

2. 有因说

该说认为，授权行为为有因行为，授权行为之效力取决于基础法律关系的效力，即基础法律关系无效、不成立或被撤销，代理权之授予行为也因之而无效、不成立或被撤销。[2]

我国学界对授权行为是否有因的问题，也有不同的观点，有赞同无因说者，也有赞同有因说者，还有主张折衷说者。折衷说认为，授权行为有因与否，应以授权行为的意思为断，不能一概而论。若本人在授权的意思表示中明确其授权应受基础法律关系影响的，则其意思表示当为有效；如果本人在授权的意思表示中无此明确表示的，则授权行为不应受基础法律关系的影响。梁慧星教授早先赞同无因说，后来改采有因说。他认为，从保护被代理人利益及法律关系简化考虑，似应采有因说；从保护第三人利益及交易安全考虑，似应采无因说。有因说虽不利于保护第三人的利益，但通过表见代理制度来保护善意第三人的利益，可弥补此缺陷。而在无因说，虽能保护第三人利益，但恶意第三人的利益未能排除在外，有悖于法律不保护恶意者利益的宗旨。所以，“无因说之优点，有因说同样具备；无因说之缺点，有因说却可克服之”[3]。

本书赞同有因说，并进一步认为，法律行为的有因无

---

① 梅仲协：《民法要义》，中国政法大学出版社 1998 年版，第 140 页；王泽鉴：《债法原理》（第 1 册），中国政法大学出版社 2000 年版，第 290—291 页。

② 郑玉波：《民法总则》，中国政法大学出版社 2003 年版，第 415 页。

③ 梁慧星：《民法总论》（第 3 版），法律出版社 2007 年版，第 222 页。

因，是以给予行为为前提的，非给予行为因其行为之作成，当事人所欲实现之经济上或社会上意义已然达成，无待法律上原因之探求，故无所谓有因无因的问题。[①] 代理权的授予行为并非给予行为，代理人所取得的代理权仅仅是为本人实施法律行为的资格或地位，自己并不享有任何利益。因此，不能将物权行为与原因行为的关系等同于授权行为与基础行为的关系，授权行为的基础行为不属于其原因行为，不能以物权行为的无因性理论去套用代理权的授予行为。更何况，如果承认无因性，当出现原因关系的不存在或消灭情形时，有可能作出有利于恶意者的处理，这将导致无论是否存在信赖的正当性，都将给予相对人以过度的保护，显然这是对交易安全的不适当保护。

（五）授权行为是否为债的发生原因

自从瑞士债法在“债的发生”一章中的“合同之债”中规定了代理之后，我国台湾地区“民法”也仿效这一体例，于债编通则中“债之发生”专设“代理权之授予”一款，对代理权的授予进行了规定。按照立法，代理权的授予行为是产生债的原因，但在学界却不无争议，有肯定说与否定说两种观点。

1. 肯定说

该说认为，本人通过授权行为，将代理权授予代理人后，代理人在其权限内所为之代理行为，即应由本人负其责

---

① 汪渊智：《民法总论问题新探》，中国社会科学出版社、人民法院出版社 2005 年版，第 206 页。

任,故授权行为为债之发生原因。还有学者指出,授权行为也可以产生债权债务关系,其中代理人为权利人,享有实施代理行为的权利;本人为债务人,负有容忍代理人进行代理的义务。这种债的关系,不同于因代理行为所产生的债的关系。①

2. 否定说

该说认为,本人虽对于代理人授予代理权,代理人对于本人并不因此而负有为代理行为的义务。其使代理人负有此项作为义务者,乃本人与代理人间的委任、雇佣等基础法律关系,而非代理权授予行为。因为任何人不能以单方的意思表示,而使他人在法律上负有某种作为义务。即使本人对于代理人负有容忍其为代理之义务,也只是代理权限的反射,非属独立的给付义务,似不足作为债之标的。所以,代理权授予行为之本身在当事人之间不发生任何债权债务关系,自非为债之发生原因。②

由此可见,肯定说认为授权行为导致本人负有义务,否定说则认为授权行为不使代理人负有义务,二说并非针锋相对。本书认为,授权行为非为债之发生原因,理由是:

第一,本人之所以应对代理人实施的代理行为后果负责,并非基于授权行为,而是基于代理法律的直接规定,因此授权行为不产生本人的义务。

---

① 郑玉波:《民法债编总论》(修订二版),中国政法大学出版社 2004 年版,第 65 页。

② 王泽鉴:《债法原理》(第 1 册),中国政法大学出版社 2001 年版,第 292 页。

第二,代理人实施代理行为是完成受托事务的履行行为,而受托事务的完成是其内部法律关系中的义务要求,并非授予代理权行为所产生的义务。所以,授权行为也不产生代理人的义务。

第三,肯定代理权的授予行为是债的发生原因,使得代理制度的一部分规定在法律行为制度中,另一部分规定在债的发生原因中,将会人为地破坏代理制度的完整性。

第四,《瑞士债务法典》之所以在债编中规定代理,是因为《瑞士债务法典》在制定之时,《瑞士民法典》还没有出台,无法将本属于民法总则的代理制度放入其内,等到《瑞士民法典》出台后,该法典又不设总则,就更无法将代理制度规定进去了,因而一直延续到现在。我国台湾地区"民法"总则先于债编颁布,此时仍然效仿瑞士的立法,致使代理制度被割裂为两块,立法体例显欠斟酌,解释适用上易滋疑义[①],故不足取。

综上所述:

第一,从性质上看,代理权的授予行为是独立于基础法律关系的行为,属于有相对人的单方法律行为,无需以相对人的承诺为必要。授权意思表示既可以向代理人为之,也可以向代理人对之为法律行为的第三人为之。向代理人为之者,属于内部授权;向第三人为之者,属于外部授权。

第二,从形式上看,代理权的授予,既可以是明示的,也可以是默示的。明示授予代理权时,基于形式自由原则的

① 王泽鉴:《债法原理》(第1册),中国政法大学出版社2001年版,第271页。

要求，书面形式、口头形式或其他形式均可，为不要式行为，并无需以代理实施的法律行为的形式相同；默示授予代理权时，通过授权人的行为或某种事实来推定存在授权意思表示，其形式有职业授权、习惯授权和附带授权等。

第三，从授权意思表示的瑕疵来看，如果授权人与相对人（或第三人）通谋虚伪表示时，不产生授权的效果；如果授权人错误表示时，可以撤回代理权，也可以撤销授权意思表示；如果授权人受相对人或第三人的欺诈而为意思表示时，既可以撤回代理权，也可以撤销授权意思表示。

第四，从授权行为与原因行为的关系来看，代理权是否有效授予取决于原因行为的效力，原因行为无效时，代理权也随之消灭，但此等关系不能套用物权行为的无因性理论。

第五，从授权行为的立法体例上看，不应当将授权行为规定为债的发生原因，代理权的授予在当事人之间并不产生债的后果，《瑞士债务法典》将授权行为规定为债的发生原因是有其特定的历史背景的，不能盲目仿效。

基于以上认识，代理权的授予行为应当统一规定在民法典总则“代理”一章中，债法中无需将代理权的授予作为产生债的原因进行规定，从而保持代理制度的完整性，在此前提下，提出关于代理权授予行为的立法条文建议：

第 X1 条：代理权的授予，应向代理人或向其为代理行为的第三人以意思表示为之。

第 X2 条：授予代理权的意思表示，既可以是明示的，也可以是默示的，并且无需与代理实施的法律行为的形式相同。

第 X3 条：通谋虚伪授予代理权者，授权行为无效。受欺诈或胁迫而为的授权意思表示，本人可以撤销。

第 X4 条：代理权因基础法律关系的消灭而消灭，但不得对抗善意第三人。

二、代理权的撤回

代理权依照其产生的原因是否基于本人的意思，可分为法定代理权与意定代理权两种。其中，法定代理权则是根据法律的规定或者有权指定机关的指定而产生，意定代理权则是基于本人的意思而授予给他人的。前者体现了国家或社会的意志，反映了法律维护社会公共利益和弱者利益的正义理念；后者体现了当事人的意志，是意思自治原则在代理制度中的运用。法定代理权并非由本人授予，本人也不能独立进行意思表示，加之法定代理事关公共利益与弱者利益的保护，因而不得由本人任意撤回或限制。意定代理权，如无基础关系存在时，当然可由本人任意撤回；如果有基础法律关系存在时，当基础法律关系消灭时意定代理权也随之消灭，但是在基础法律关系存续中，如有必要，基于意思自治原则，授权人也可以任意撤回代理权。所以，代理权的撤回仅为意定代理权的撤回。

此外，代理权之撤回，有全部撤回与部分撤回之分。如果是代理权的部分撤回，即为代理权的限制。本书所指仅为代理权的全部撤回，即委托人任以己意撤回代理权，以消灭代理关系之全部。我国的现行立法未对代理权的撤回作出明确规定，学界对此也鲜有论述，因而代理权如何撤回、哪些情形下代理权不得撤回、代理权在何时可以撤回以及代理权撤回后的法律后果如何等问题，需要在理论上予以深入探讨。

（一）代理权可任意撤回

意定代理权的产生常常伴有基础法律关系，如委托关系、雇佣关系、合伙关系、承揽关系等等，但是代理权的产生与委托等基础法律关系究竟是相互独立的还是混同的，在立法上有区别论与等同论之分。区别论认为，委托等基础法律关系建立后，代理权需要由委托人另外的授权行为才产生，德国法系国家的立法采之。等同论认为，代理权的产生是委托等基础法律关系建立的当然结果，二者混而不分，本人“通过他人去做的行为视同自己亲自做的一样”①，英美法系和法国法系国家的立法采之。基于上述两种不同的立法例，关于代理权撤回的规定，其路径也不同：

（1）在代理独立于基础法律关系的德国法系国家，本人可依单方面的意思表示撤回代理权。

例如，《德国民法典》第168条后段规定：“以无特别规定者为限，代理权纵于法律关系存续中，亦得撤回。撤回之意思表示准用第167条1项之规定。”依此规定，除法律规定不得撤销者外，代理权在基础法律关系存续期间，可由授

---

① 〔英〕施米托夫：《国际贸易法文选》，赵秀文译，中国大百科全书出版社1993年版，第381页。

权人任意撤回。《瑞士债务法典》第34条第1项也规定："代理权系以法律行为授予者，得由授权人随时限制或撤回之。"[①]我国台湾地区"民法"第108条第2款规定："代理权，得于其所由授与之法律关系存续中撤回之。但依该法律关系之性质不得撤回者，不在此限。"美国《路易斯安那州民法典》第3025条规定："本人可在任何时候终止代理和代理权。为本人、代理人或第三人利益的代理，如当事人有所约定，在合同目的所要求的时间内，代理权不可撤销。"

（2）在代理混同于基础法律关系的法国法系和英美法系国家，本人撤回代理权的形式是解除委托合同或代理合同。

例如，《法国民法典》第2004条规定："委托人得任意撤销其委托授权，并在必要时，要求受委托人交回包含有委托授权的私署文书，或者在委托书是经公证的原本时，得要求受托人交回委托书的原本；如委托书的原本是由委托人保管，得要求受委托人交回抄本。"对此，德国学者海因·克茨教授指出："这个规则很明智。本人使用代理人的目的是扩大自己的活动范围，当他不再有这种兴趣的时候，可以自由决定消灭代理。"[②]在英美法系国家，除了不可撤销代理（irrevocable agency）的情形外，在可撤销代理（revocable agency）的情形下，除非代理协议另有规定，只要代理人尚未履行义务，被代理人都有权随时以通知的方式撤销代理人

① 姚瑞光：《民法总则论》，中国政法大学出版社2011年版，第296页。

② 〔德〕海因·克茨：《欧洲合同法》（上卷），周忠海等译，法律出版社2001年版，第334页。

的代理权限。如《1993年英国商事代理条例》第15条也规定，如果代理合同是不定期的，委托人可以随时解除合同，撤回代理权。《美国代理法重述（第三次）》第3.10条第（1）项规定，不论委托人与代理人达成任何协议，如果委托人撤销了代理人的实际授权的，代理人的实际授权终止。委托人撤销代理权的意思表示，仅在第三人获知该事实时对其生效。撤销通知不拘泥于任何形式，更不必采取契据或书面文件的形式，即使最初代理权限的授予采取了书面形式也是如此。

代理权之所以可以由本人任意撤回，原因如下：

第一，代理关系是以本人对代理人的高度信任为基础的，如果这种信任不存在了，仍然要求被代理人接受代理结果直到代理事项的完成，将不符合代理制度的基本价值。[①]

第二，代理效果只归属于本人，与代理人没有任何利害关系，允许本人撤回代理权，对代理人而言并无任何不利益。当然，如果代理行为之结果与代理人有利害关系时，自不得由本人任意撤回[②]，此为代理权撤回之限制问题。

至于代理权撤回的方式，应当同代理权的授予一样，既可以通过向代理人直接为撤回的意思表示，也可以向代理行为的相对人为撤回的意思表示。如果代理权是通过向公众发出的，也应当通过向公众发出撤回的意思表示而撤回。代理权的撤回，既可以明示为之，也可以默示为之，如指定新的受任人进行同一事项或完成该事项，即为委任人撤回

---

① 李永军：《民法总论》，法律出版社2006年版，第694页。

② 郑玉波：《民法总则》，中国政法大学出版社2003年版，第432页。

委任，并自通知受任人之日起生效（《意大利民法典》第1724条）。又如，授权书之取回即是。

（二）代理权撤回的限制

意定代理权是为授权人的利益而授予的，基于意思自治原则，意定代理人应当遵循授权人的意思，所以意定代理权可以被授权人随时撤回。但是，如果代理权的授予是为了代理人的利益的，那么该代理权就是不可撤回的。所以，代理权虽然原则上可以随时撤回，但不可滥用其权利。[①] 不可撤回的代理权意味着，意定代理人享有自主地位，他可以违背授权人的意思，按照自己的意思为授权人实施法律行为。此种不可撤回的意定代理权与可撤回的意定代理权虽然在形式上属于同一法律制度，但他们之间具有根本上的差别，二者之间的关系如同所有权与信托所有权的关系那样，相对于可撤回代理权，不可撤回代理权属于“仿制法律行为”。[②] 代理权的撤回，通常受到以下情形的限制：

第一，法律明确规定不得撤回者，不得由委托人任意撤回。如依照《美国代理法重述（第三次）》第3.10条第2项的规定，某项担保权、股东表决代理权或对其他会员或所有者权益的代理权是不可撤销的，委托人对上述权利或权益的撤销无效。

---

① 法国最高法院第一民事庭在1984年5月2日的判决中指出，委托人有随时解除委托的自由，但不能滥用其权利。参见《法国民法典》，罗结珍译，北京大学出版社2010年版，第470页，注释②。

② 〔德〕维尔纳·弗卢梅：《法律行为论》，迟颖译，法律出版社2013年版，第1049页。

第二,委托人与代理人之间的代理合同是定有期限的,在期限届满之前,委托人一般不得撤回。只有不定期的代理合同,委托人才可以任意撤回。如根据《1993 年英国商事代理条例》第 15 条第 1 项的规定,如果代理合同是不定期的,委托人可以随时解除合同,撤回代理权。欧盟于 1986 年发布的《关于协调成员国间有关独立商事代理人法律的指令》第 15 条第(1)项也有相同的规定。

第三,如果委托人与代理人约定代理权不得撤回者,委托人不得擅自撤回,否则应承担损害赔偿责任。如《意大利民法典》第 1723 条第 1 款规定:"委任人得撤回委任,但是如果约定是不可撤回的,则要承担损害赔偿责任,有正当理由撤回的除外。"虽然代理权的撤回可因当事人的约定而排除,但是一般代理权和孤立代理权除外。因为在一般代理权,代理人具有全面代理之权力,若不得撤回,被代理人将沦为受监护人,有违私法自治;在孤立代理权,不存在基础法律关系,而单方授权行为又无法附加排除撤回权之合意,加之孤立代理权之行使本来就无所约束,被代理人若失去撤回权,代理人犹如脱缰之野马,再无任何掣肘。[①]

第四,依该法律关系之性质不得撤回者,委托人不得撤回。此种情形,通常是指意定代理权的授予,是授权人自己向代理人履行义务而进行的,它虽然没有使意定代理人获得给付,但却赋予代理人通过代理授权人实施法律行为来履行授权人对其所负义务的权利。例如,债务人对其抵押

① 朱庆育:《民法总论》,北京大学出版社 2013 年版,第 343 页。

权人,授予收取租金而充利息之代理权者,即不得任意撤回;因承揽关系所授予之代理权,依承揽之性质,系以完成一定事务为目的,在承揽关系存续中,即不得撤回;代办权为代办商契约构成份,在代办商契约存续中,不得将代办权撤回;委托人将土地出售于受托人,并授予受托人以代理权,将此土地移转于受托人或其他第三人,此时如委托人撤回其代理权,即违反因买卖契约而产生的义务,故不得撤回。可见,如果委托代理权所赖以存在的法律关系表明这种委托代理权是不可撤回的,那么对这种委托代理权不得予以撤回。

上述四种情形中,或者是法律的明确规定,或者是双方的约定,或者是代理合同定有期限,在实践中较为简单,这里着重探讨第四种情形,即授权人单方面撤回代理权的限制问题。其实,依该法律关系之性质不得撤回者,是在委托人与代理人、第三人之间进行利益衡量的结果。如果代理权的撤回不涉及代理人或第三人利益时,委托人可任意为之;如果代理权的撤回已经影响到了代理人或第三人利益时,即为不可撤回的代理权。例如,根据《荷兰民法典》第3:74条第1款的规定,“以代理的目的是为代理人或者第三人的利益实施法律行为为限,可以规定代理权不可撤销或者不因本人死亡或被置于监护之下而终止”。德国联邦最高法院在判例中也认为,如果基于委托代理权所进行的委托行为仅仅有利于授权人,那么委托代理权便总是可以撤回的,而且当事人规定委托代理权不可撤回的约款也是无效的;如果委托代理权有利于代理人的特殊利益,那么当事人可以缔结(也可以通过默示的方式)委托代理权不可以撤回的协议。[①] 根据英美法的判例与立法,被代理人单方面撤销代理权需受到以下几个方面的限制:

(1) 如果被代理人授权代理人实施法律行为的目的是为了保护代理人的利益,被代理人在未征得代理人同意的情况下不得撤销代理权限,并且在被代理人死亡、丧失行为能力或者破产也不能导致代理权限的终止。如代理商代表被代理人销售货物,但以这些销售的货物为质押,先向被代理人支付了货款,被代理人就不得撤销代理权限。这一限制只适用于代理的目的是使代理人受益的场合,而不适用于代理人通过实施代理行为获取报酬的场合。

(2) 如果代理人根据授权承担了个人债务,而且被代理人有义务偿还代理人为履行该债务而支付的费用,那么被代理人不得为了回避自己所负的这一义务而撤销代理权限,使代理人独自承担债务。例如,在 Read v. Anderson 一案中,被代理人委托代理人为其下赌注,并约定代理人在赌输的情况下,先由代理人垫付赌注,然后由被代理人承担。结果,代理人赌输。法院认为,被代理人不得在代理人赌输后撤销代理权限。[②]

(3) 如果代理人已经代理被代理人订立合同,并能够对通过诉讼取得的被代理人的金钱或货物享有留置权,那

---

① 联邦最高法院判决,《有价证券通讯》,第 71 卷,第 956 页。转引自〔德〕卡尔·拉伦茨:《德国民法通论》(下册),王晓晔、邵建东等译,法律出版社 2003 年版,第 870—871 页。

② Read v. Anderson (1884)13QBD. 779. 转引自徐海燕:《英美代理法研究》,法律出版社 2000 年版,第 298 页。

么被代理人不得撤销代理权限。

（4）根据英国《1971 年授权书法》的规定，为保证受赠人的财产利益或未受偿债务的履行而明确表示不可撤销的授权书，只要该利益或债务仍受该授权书保护，未经受赠人同意或授权人死亡、无行为能力或破产，均不能撤销。[①]

（5）在必要代理的情况下，如果要求代理人在当时情境下实施代理行为的愿望十分强烈，那么代理权就不能因撤销通知而终止。

需要注意的是，并不是任何涉及代理人利益的情形都是不可撤回的，换言之，意定代理人因意定代理权的行使而使自己享有任意一种利益不足以使人们排除意定代理权的可撤回性。在确定不可撤回的条件时，应当首先承认授予不可撤回代理权的行为是履行行为。只有这样，才是不可撤回的。其次，不可撤回的意定代理权只能是特殊事项的意定代理权，而不能是概括事项的意定代理权。因为任何人不能赋予他人背离其意思，按照该他人自己的意思为其实施任何行为的权限。[②] 再次，由于不可撤回代理权是授权人自己向代理人履行义务而授予的，如果该义务因基础法律关系无效、被撤销或解除等情形不存在或消灭时，该代理权就不再是不可撤回的。所以，只有存在有效的基础法律关系时，该意定代理权才有可能是不可撤回的。当然，如果不可撤回的代理权的授予使得授权人在一定程度上不得不

① 郑自文：《国际代理法研究》，法律出版社 1998 年版，第 67 页。

② 〔德〕维尔纳·弗卢梅：《法律行为论》，迟颖译，法律出版社 2013 年版，第 1052 页。

依赖于代理人,此时如果代理人严重地破坏了委托人对他的信任,尤其是在他滥用代理权的情况下,这种不可撤回的代理权仍然是可以撤回的,以减少内在的风险。[①]

理解不可撤回意定代理权需注意以下三个方面:

(1) 不可撤回意定代理权不具有高度人身性质,当意定代理人死亡或丧失行为能力时,如果意定代理权旨在实现的请求权(即授权人对代理人的义务)依然存在,那么该代理权也依然存在。同理,授权人死亡或丧失行为能力时,只要其义务存在,该意定代理权同样也存在,不能被继承人撤回。

(2) 不可撤回的意定代理权具有可转让性,可以随其基础请求权一并转让,换言之,当代理人对授权人的请求权可以被转让时,基于为履行该请求(义务)而授予的不可撤回的意定代理权也可以被随之转让。与之相应,不可撤回的意定代理权与基础请求权可以在意定代理人处被扣押,并可以被作为破产财产予以扣押。[②]

(3) 不可撤回的意定代理权不具有排斥授权人或其债权人的效力。在不可撤回的意定代理权的情形下,意定代理人所取得的也仅是代理权,如果代理实施的行为是处分行为,授权人并不因授予他人此项代理权而使自己丧失处分权,授权人仍然可以处分相关权利,其债权人既可以个别

---

① 通常撤回代理权的最好理由是代理人滥用权限、违反合同或背弃了对他的信任。参见〔德〕海因·克茨:《欧洲合同法》(上卷),周忠海等译,法律出版社 2001 年版,第 335 页。

② 〔德〕维尔纳·弗卢梅:《法律行为论》,迟颖译,法律出版社 2013 年版,第 1057 页。

执行,也可以破产的方式处置这一权利。即使授权人负有不行使权利的债法上的义务,意定代理权人也仅与授权人共同享有一项权利。[①]

(三)代理权撤回的时间

由于代理人多以从事商事代理活动为职业,通过代理他人为商行为而获取佣金或其他报酬,如果代理商依靠自己的辛勤劳动建立起良好的信誉,而被代理人突然撤回代理权,由他本人亲自经营,并使用代理人已建立起的商业信誉,节省支付给代理人的佣金费,必然会使代理人受到损失。因此,为公平和维护代理人及第三人利益起见,本人撤回代理权也应事先给代理人明确的或符合习惯的、合理的通知。

所以,大陆法系多数国家诸如德国、意大利、瑞士等,其立法一般都规定,本人在终止代理合同时,必须提前一定的期限进行,以使代理人有准备结束代理关系的时间。如《德国商法典》第 89 条第 1 款规定:"不定期缔结合同关系的,合同关系在合同期的第 1 年,可以 1 个月的时间终止;在第 2 年,可以 2 个月的期间终止;在第 3 年至第 5 年,可以 3 个月的期间终止。在 5 年的合同期之后,合同关系可以 6 个月的期间终止。只准许自一个历月结束时起终止,另有约定的除外。"《瑞士债务法典》第 418 条(Q)规定:"代理合同没有确定期限,从合同目的也无法确定期限的,可以由一

① 〔德〕维尔纳·弗卢梅:《法律行为论》,迟颖译,法律出版社 2013 年版,第 1059 页。

方当事人通知终止。代理合同于日历上的通知日之下一个月结束时终止。短期通知终止代理的约定应当采用书面形式。合同关系存续不少于一年的,可以经两个月的通知而终止,于日历上的一个季度结束时生效。无论如何,一个更长的终止通知期限或者其他终止日期应当经双方协商一致。委托人与代理人的通知终止的期间也应当相同。"

欧盟《关于协调成员国间有关独立商事代理人法律的指令》(以下简称《指令》)第 15 条规定:"1. 无限期的代理合同在订立后任何一方均可以通知予以终止。2. 通知的期限对合同的第 1 年应为 1 个月,第 2 年开始后应为 2 个月,第 3 年开始以及以后的年度为 3 个月。当事人可以不同意缩短通知期限。3. 成员国可以规定第 4 年合同的通知期限为 4 个月,第 5 年为 5 个月,第 6 年以及以后的年度为 6 个月。成员国还可以决定当事人可以不同意缩短通知期限。4. 如果当事人商定比第 2 款和第 3 款所规定的更长的通知期限,则委托人应遵守的通知期不得短于商事代理人应遵守的通知期。5. 除非当事人另有约定,通知期的终止日应与某日历月份的终止日相一致。6. 本条之各项规定适用于依照第 14 条的规定而转变为无期限的有固定期限代理合同,但条件是计算通知期时应考虑到转变之前的固定期限。"《1993 年英国商事代理条例》遵照上述欧盟《指令》的规定,在其第 15 条中也规定,如果代理合同是不定期的,委托人可以随时解除合同,撤回代理权,但是通知代理合同终止的最短期间为:合同第 1 年为 1 个月,合同第 2 年为 2 个月,合同第 3 年及以上为 3 个月。该期间为法律规定的最短期间，双方如有约定，对该期间只能延长，不得缩短。

（四）检讨与建议

关于代理权的撤回，我国现行立法中没有明确规定，与此有关的规定，一是《民法通则》第69条第2项的规定，委托代理因被代理人取消委托而终止；二是《合同法》第410条的规定，“委托人或者受托人可以随时解除委托合同。因解除合同给对方造成损失的，除不可归责于该当事人的事由以外，应当赔偿损失”。上述规定表明，委托合同（或代理）因解除而消灭的，代理权也当然消灭，因而暗含有委托人可以随时撤回代理权的意思。不过，仍然存在以下问题：

第一，上述两处规定，其实都是指委托人解除委托合同导致代理关系消灭的情形，并未明确代理权是否可以单独撤回；

第二，委托合同（或代理）的解除或取消是否有一定的限制，未有明文规定；

第三，代理权的撤回应当通过何种方式撤回、撤回的通知应在什么时间作出，其规定尚付阙如；

第四，代理权撤回通知作出后，何时产生撤回的效力，产生何种效力，其义不明。按照《合同法》第410条的规定，委托合同解除后，给对方造成损失的，应当赔偿损失。但是赔偿范围有多大，不得而知。

针对上述问题，本书认为：

第一，我国秉承德国法系传统，已经采行了代理独立于基础法律关系的“区别论”,所以应当承认代理权可单独撤回。代理权的单独撤回不仅在理论上是可行的,而且在实践中也是有益的。例如,即使雇主不能解除与雇员之间的劳动关系,他仍然有权无须任何理由地撤回授予雇员的委托代理权。①

第二,意定代理权虽可由委托人任意撤回,但并不等于可以滥用撤回权,如果当事人预先约定不得撤回,或者撤回代理权将会损害代理人或第三人利益时,则不得撤回。

第三,撤回代理权属于有相对人的单方法律行为,因此应当向相对人为撤回通知,此之相对人可以是代理人,也可以是代理人与之实施法律行为的相对人,即第三人。委托人的撤回通知自到达相对人时产生撤回的效力。

第四,委托人任意撤回代理权,如果代理人没有任何准备时间,有时会给代理人造成不合理的损失,因此应当允许当事人就代理权的撤回约定必要的准备时间,如果没有约定或者约定不明时,法律要规定一个合理的期间。

第五,代理权撤回后,代理人有义务返还授权委托书,但对以下损失有权获得赔偿:(1)因自己前期的劳动为委托人所促成的交易本应获取相应的报酬而未获取;(2)撤回代理权之前所支出的合理费用。前者属于本应获得的但因代理权的撤回而无法获得的报酬,后者则是因代理权的撤回使得代理人为实施代理行为所支付的费用变成了不必

---

① 〔德〕汉斯·布洛克斯、沃尔夫·迪特里希·瓦尔克:《德国民法总论》,张艳等译,杨大可校,中国人民大学出版社2012年版,第335页。

要的损失。当然,上述损失都是因为委托人的任意撤回所引起,如果因为代理人的原因导致代理权撤回的,上述赔偿则不予考虑。

第六,代理权的撤回不仅会涉及代理人的利益,而且也会涉及第三人的利益,所以撤回代理权,应当告知与代理人进行交易的第三人,否则将会给第三人造成损失,这是对交易安全的威胁。因此,委托人未为此项通知时,不得以代理权撤回为由对抗善意第三人。

我国《合同法》第 49 条规定,代理权终止后,行为人以被代理人的名义订立合同,第三人有理由相信行为人有代理权的,该代理行为有效。该条规定过于抽象,未能明确包括上述情形,实践中缺乏可操作性。基于上述观点,本书认为,我国未来民法典中应当规定代理权的撤回,并拟写以下条文供立法时参考:

> 第 X1 条:除当事人另有约定外,委托人可以随时撤回代理权。如果代理权的撤回有损于代理人或第三人利益时,不得撤回。
>
> 第 X2 条:代理权的撤回应当给对方必要的准备时间,当事人有约定的按约定,无约定时应在合理的期间内作出撤回的通知。
>
> 第 X3 条:代理权的撤回应当采取与代理权授予方式相同的方式进行。代理权撤回后,代理人应当向委托人返还授权委托书。
>
> 第 X4 条:代理权撤回后,代理人有权要求委托人赔偿下列损失:(1) 本应获得的但因代理权的撤回而

无法获得的报酬;(2)撤回代理权之前代理人为完成代理任务所支出的合理费用。

第X5条:撤回代理权只有向第三人为撤回通知后,才对第三人产生撤回的效力,否则不得以代理权撤回为由对抗善意第三人。

三、代理权的消灭

(一)代理权消灭的法律原因

1. 共同的消灭原因

代理权的消灭,即为代理法律关系的消灭。引起代理法律关系消灭的法律事实,即为代理权消灭的法律原因。同时都是法定代理权和意定代理权的消灭原因者,为共同的消灭原因;法定代理权、意定代理权各自独有的消灭原因,则为特有的消灭原因。作为共同的消灭原因,一般有以下几种情形:

(1)本人死亡、破产或丧失行为能力。

本人死亡后,一方面失去了被代理的对象,另一方面,本人授予代理权的意思通常情况下并不打算对自己的继承人也有约束力,因而,无论法定代理还是意定代理,其代理关系原则上均应因之而消灭。[①] 但如果代理权的持续存在有利于财产利益之保存,或者代理权的授予是为了维护代理人的利益时,应不使其消灭。此外,在意定代理,如果法律另有规定,或者本人另有意思表示,而不使其消灭者,代理权仍应存在。如《德国商法典》第52条第3项:“经理权不因营业的所有权人的死亡而消灭。”《日本商法典》第506条规定:“因商行为的委任而产生的代理权,不因本人的死亡而消灭。”《瑞士债务法典》第35条规定:“由法律行为授予之代理权,以有反对之表示,或行为性质不另生其他结果者为限,因授权人或代理人之死亡、失踪宣告、行为能力之

① 如《法国民法典》第2003条规定:“委托得以下列方式终止:受托人被解除委托;受托人抛弃其所受之委托;委托人或者受托人自然死亡或民事上的死亡,成年人受监护或非商人破产。”《意大利民法典》第1722条规定:“委任基于下列原因而消灭:1)期间届满或交付给受任人的事项完成;2)委任人撤回委任;3)委任人放弃委任;4)受任人或委任人死亡、禁治产或准禁治产。但是,如果企业经营是持续的,则以为企业经营而要完成的行为作为标的的委任不消灭,但是双方当事人或其继承人解除契约的权利不受影响。”《阿根廷共和国民法典》第1963条规定:“委任由下列事由终止:1. 委任人的撤销;2. 受任人抛弃委任;3. 委任人或受任人的死亡;4. 委任人或受任人成为无能力人。”《荷兰民法典》第3:72条规定:“代理权在下列情形下终止:a. 本人死亡、被置于监护之下或者破产;b. 代理人死亡、被置于监护之下或者破产,但另有规定的除外;c. 本人撤销代理权;d. 代理人放弃代理权。”《日本民法典》第111条规定:“(一)代理权因下列各项事由消灭:1. 本人死亡;2. 代理人死亡、禁治产或破产。(二)此外,因委任而产生的代理权,因委任终止而消灭。”《俄罗斯联邦民法典》第188条规定:“1. 委托书的效力因下列情形之一而终止:(1)委托书期限届满;(2)颁发委托书的人撤销委托书;(3)受托人辞却委托;(4)授予委托书的法人终止;(5)作为受托人的法人终止;(6)授予委托书的公民死亡、被认定为无行为能力人、限制行为能力人或失踪人;(7)作为受托人的公民死亡、被认定为无行为能力人、限制行为能力人或失踪人。2. 授予委托书的人,可以随时撤消委托书或转委托书,而受托人可以随时辞却委托。关于放弃这一权利的协议,一律无效。3. 转委托随原委托的终止而失效。”

丧失,或破产而消灭。法人或曾为商业登记之合伙之解散,亦生同一效力。”我国台湾地区“民法”第550条规定:“委任关系,因当事人一方死亡、破产或丧失行为能力而消灭。但契约另有订定,或因委任事务之性质不能消灭者,不在此限。”而第564条又规定:“经理权或代办权,不因商号所有人之死亡、破产或丧失行为能力而消灭。”

另外,我国台湾地区“民事诉讼法”第73条也规定:“诉讼代理权,不因本人死亡、破产或诉讼能力丧失而消灭。”此所谓本人之死亡,不限于真实死亡,死亡宣告也包括在内。本人丧失行为能力者,即失去了意思能力,无法为或受意思表示,不能实施有效的法律行为,因而代理人的代理权自应消灭。不过,也有学者认为,无论法定代理、意定代理,其代理权均不应以本人丧失行为能力而消灭,但法律另有规定者,自应从其规定。①

本书认为,本人丧失行为能力,在意定代理中,除当事人另有约定或法律另有规定外,原则上应为代理权的消灭原因,此后如需要代理,需要另外依赖法定代理制度;如在法定代理,本人丧失行为能力后,比原来更需要代理人,因此,除非法律另有规定,代理权不应因之消灭。② 至于本人

① 胡长清:《中国民法总论》,中国政法大学出版社1997年版,第314页。美国《路易斯安那州民法典》第3206条规定:“在无相反约定的情况下,代理合同和代理权均不能因本人丧失行为能力或其他使得代理的撤销变为不可能或不实际的原因而终止。”

② 郑玉波先生也认为,本人受禁治产之宣告,则在意定代理以消灭代理关系为原则,在法定代理则不必消灭也。郑玉波:《民法总则》,中国政法大学出版社2003年版,第430页。

破产是否导致代理权的消灭，法国（第2003条）、瑞士（第35条第1项）、奥地利（第1023条）[①]的立法认为，本人破产是代理权消灭的原因，而《奥地利民法典》（第1024条）则认为本人破产是代理权的停止原因。我国学者胡长清先生赞同后一种立法，认为本人恢复其处分自己财产的能力后，仍有需要代理人的必要。[②]

本书认为，如果本人为法人，当其受破产宣告或解散清算终了后，其代理人之代理关系应消灭。因为本人受破产宣告后，依照法律的规定，应当由破产管理人对破产财产进行管理。如依据我国《企业破产法》第25条的规定，破产管理人的重要职责之一就是管理和处分债务人的财产，代表债务人参加诉讼、仲裁或者其他法律程序。此外，企业合并或分立后，原企业授予代理人的代理权以及经理权是否消灭？由于经理权是基于一种特殊的信任关系而授予，企业合并或分立后，这种代理关系不能简单地予以移转。对于其他代理人的代理权而言，有学者认为应当消灭，另一些学者则认为，在变更后的企业未终止代理权之前，代理人的代理权不消灭，也即代理人实施的法律行为对变更后的企业仍然有效。[③] 本书同意后一种观点。

在英美法上，被代理人是自然人的情形下，被代理人的

---

① 《奥地利民法典》第1023条规定："由团体授予或承受之代理权，因团体之消灭而废止。"

② 胡长清：《中国民法总论》，中国政法大学出版社1997年版，第314页。

③ 〔德〕卡尔·拉伦茨：《德国民法通论》（下册），王晓晔、邵建东等译，法律出版社2003年版，第869页。

死亡也是导致代理权限终止的原因。[1] 因为法定代理是以当事人的身份为基础，而意定代理是以当事人之间的信任为基础，被代理人既已死亡，维系代理关系的基础即告丧失。所以，《美国代理法重述（第三次）》第3.07条第2项规定，“委托人死亡的，代理人的实际授权终止”，同条第4项还规定，“委托人失踪的，或进行一项可导致委托人被宣告失踪的诉讼程序，或委托权限被强制终止的，代理人的实际授权终止，法律另有规定的除外”。委托人丧失行为能力，同样也导致代理权的消灭，《美国代理法重述（第三次）》第3.08条规定：“委托人丧失了实施某一行为的能力时，代理人实施该行为的代理权相应终止。……如果委托人是非自然人且丧失了实施某一行为的能力的，代理人实施该行为的代理权亦相应终止。”在英美法系国家普遍确立了授权书制度，依据该制度，授权书是一项授权机制，在此机制下一个人（授权人）可委任并赋权另一人（受权人）以他的名义代他行事。授权书有效地设立了一种代理形式，而受权人所作的事一般是当作由授权人自己作出的。订立授权书的能力与订立合约的能力通常是一样的。如果授权人缺乏精神上行为能力订立授权书，则任何看来是授予权力的文书都属无效。同样道理，如果授权人在授予权力后的某个阶段失去精神上行为能力，则根据普通法的一般规则，该授权书即被撤销，受权人亦从授权人变为精神上无能力行事时再无权力代授权人行事。这项规则背后的理据是

① 徐海燕：《英美代理法研究》，法律出版社2000年版，第301页。

只有在某人能够作出某些法律上的行为时,该人的代理人才会被视为有能力代该人作出这些行为。由一名其后变为精神上无行为能力的人所委任的代理人(即这里所指的受权人),会因为前者没有精神上行为能力而失去代该人进行法律上的行为的权力。所以,一般的授权书只可以由精神上有能力的人订立,而假如授权人其后变为精神上无能力行事,该等授权书即告失效。然而,授权人也许正需要在此情况下让其受权人可以代他行事。为了解决这种困难,英国 1985 年的《持久授权书法》和 2005 年的《精神上行为能力法令》规定,只要授权书是授权人在精神上有能力行事的时候签立的,同时以规定的格式签署并明示继续,那么这种“持续的权力”在他变为精神上无能力行事之后仍会继续生效。这一制度,在加拿大、澳大利亚、新西兰、爱尔兰等相关的法律中也有相应的规定。①

我国《民法通则》第 70 条规定了被代理人的死亡是法定代理权和意定代理权消灭的原因②,但在第 69 条规定委托代理权的终止时并未将被代理人的死亡作为其终止原

---

① 香港法律改革委员会报告书:《持久授权书》,http://www.hkreform.gov.hk,访问时间:2014 年 7 月 31 日。

② 我国《民法通则》第 70 条规定:“有下列情形之一的,法定代理或者指定代理终止:(一) 被代理人取得或者恢复民事行为能力;(二) 被代理人或者代理人死亡;(三) 代理人丧失民事行为能力;(四) 指定代理的人民法院或者指定单位取消指定;(五) 由其他原因引起的被代理人和代理人之间的监护关系消灭。”

因。[1] 最高人民法院在《关于贯彻执行〈中华人民共和国民法通则〉若干问题的意见(试行)》第82条规定:“被代理人死亡后有下列情况之一的,委托代理人实施的代理行为有效:(1)代理人不知道被代理人死亡的;(2)被代理人的继承人均予承认的;(3)被代理人与代理人约定到代理事项完成时代理权终止的;(4)在被代理人死亡前已经进行、而在被代理人死亡后为了被代理人的继承人的利益继续完成的。”按照该条的解释,似乎又表明我国司法实践中还是承认将被代理人死亡作为委托代理关系终止的原因的,只是应以上述四种情况均不存在为条件。[2] 后来颁布的《合同法》第411条规定:“委托人或者受托人死亡、丧失民事行为能力或者破产的,委托合同终止,但当事人另有约定或者根据委托事务的性质不宜终止的除外。”根据该条规定,委托人死亡、丧失民事行为能力或者破产的,代理权也应终止,但当事人另有约定或者根据委托事务的性质不宜终止的除外。

(2)代理人死亡、破产或丧失行为能力。

代理人是为代理本人为法律行为而设,如代理人已不存在,则其己身尚且不保,又何能兼顾他人,加之代理权仅为一种能力,而非固有意义之财产权,继承人自属无从继承,再者,代理权之授予均系注重代理人的地位及其人格而

---

① 我国《民法通则》第69条规定:“有下列情形之一的,委托代理终止:(一)代理期间届满或者代理事务完成;(二)被代理人取消委托或者代理人辞去委托;(三)代理人死亡;(四)代理人丧失民事行为能力;(五)作为被代理人或者代理人的法人终止。”

② 郑自文:《国际代理法研究》,法律出版社1998年版,第68页。

赋予,所以代理人死亡自应导致代理权的消灭。当然,如果代理关系是纯为代理人利益,而使其有财产法上之地位时,得由其继承人继承之。代理人若为法人,如被宣告破产时,可否导致代理权消灭?否定者认为,代理人虽因破产丧失处分自己财产之能力,然而对于处分他人财产之能力并未丧失,不能以其为代理权消灭之原因。还有否定者认为,代理人破产时,如破产宣告不影响其与授权之关系时,代理权不因之而消灭,只是授权人可撤回其代理权。[①] 肯定者则认为,代理人破产,因其信用基础已丧失,为保护本人利益计,以其代理权消灭为当。[②] 本书同意后一种观点。

此外,如果代理人丧失了行为能力,就失去了实施法律行为的资格,自然也就不能代理他人实施法律行为。因为代理人如于授权行为后丧失行为能力,通常不能认为本人仍有使其代理权继续存在之意思。不过,如果代理人不是完全丧失行为能力,而是转变为限制行为能力人,代理权并不消灭,因为代理人不以具有完全行为能力为必要,限制行为能力人也可以成为他人的代理人。在大陆法系国家或地区,诸如法国、意大利、荷兰、瑞士、日本、韩国、俄罗斯、阿根廷以及我国台湾地区的"民法",都明确规定代理人死亡、破产或丧失行为能力是代理权消灭之原因。我国《民法通则》第69条、第70条也作了相同规定。

在英美法上,代理人死亡、破产或精神失常,同样也是

---

① 黄立:《民法总则》,中国政法大学出版社2002年版,第408页。

② 胡长清:《中国民法总论》,中国政法大学出版社1997年版,第315页。

代理权消灭的原因。《美国代理法重述(第三次)》第3.07条第1项规定:"代理人死亡的,代理人的实际授权终止。"同条第3项还规定:"代理人失踪的,或进行一项可导致代理人被宣告失踪的诉讼程序,或代理权被强制终止的,代理人的实际授权终止,法律另有规定的除外。"就代理人破产而言,根据英美判例规则,只有在破产影响其履行代理职能,即使其不适合于履行代理责任时,本人才有权解除其代理权。① 在欧盟,按照《欧洲合同法原则》第3:209条规定,代理人已破产或在自然人之场合已死亡或无能力时,代理权终止。

2. 特有的消灭原因

意定代理权也有因某种事由的发生而当然消灭者,即当然消灭原因;还有因法律的特别规定而消灭者,即法律规定的消灭原因。

当然消灭原因,通常有以下情形:代理权是为特定行为而授予者,当其特定行为完成时,代理权即告消灭;代理权定有存续期限者,当期限届满时,代理权消灭;授权行为附有解除条件者,其条件成就之时,代理权自然消灭;代理行为在法律上或事实上已不可能时,其代理权也应消灭。代理人抛弃代理权的行为,当然也是代理权消灭的原因。不过这里需要讨论的是,代理权是否可以自由抛弃?

否定论者认为,由于意定代理权仅以意定代理授权人

① G. H. Treitel, *The Law of Contract*, Stevens & Sons, 1987, p. 566; K. Smith & D. Keenan, *Mercantile Law*, Pitman, 1982, p. 100.

的意思为基础，所以它也只能依据意定代理授权人的意思而消灭[1]，不得由代理人自由抛弃。持否定论者还认为，抛弃代理权，在法定代理下，就意味着代理人违背因自己的身份而负有的监护职责；而在意定代理下，就意味着代理人违反其与授权人之间的内部关系的义务，所以，代理人不得抛弃代理权。德国通说认为，抛弃代理权，虽然违反因内部关系所生的义务，而因之对授权人须负损害赔偿义务，仍然认许其可为代理权之抛弃。理由在于任何人不能被迫接受其所不愿之权利或权限。[2] 因此，代理人可以随时向授权人以意思表示抛弃代理权，正如德国学者拉伦茨所言：

> 人们可以将委托代理权立即拒绝的这种可能性中推导出任何人都不得被强迫享有他所不愿去享有的权利或法律权能。至于委托代理权人是否准予因为他所享有的委托代理权而提前放弃既存的内部关系，则是另外一个问题。[3]

本书认为，依据一般法律原则，任何人不得以自己的意思将某种权益或义务加诸他人之上，故代理人得抛弃其代理权。抛弃权利，就是对自己享有的利益的处分，但是法定代理权对代理人而言并无任何利益，只是与监护职责紧密

---

① 〔德〕维尔纳·弗卢梅：《法律行为论》，迟颖译，法律出版社 2013 年版，第 1010 页。

② 黄立：《民法总则》，中国政法大学出版社 2002 年版，第 407 页。

③ 〔德〕卡尔·拉伦茨：《德国民法通论》（下册），王晓晔、邵建东等译，法律出版社 2003 年版，第 866 页。

相连，因而原则上不应允许代理人抛弃法定代理权；但在意定代理的情况下，代理人行使代理权的行为就是履行其委任契约中的义务，而该义务的履行将会为自己获得某种利益，因而代理人可以处分，所以代理人原则上可以抛弃代理权，但应对自己的抛弃行为给委托人带来的损失负损害赔偿责任。

（1）大陆法系中意定代理权特有的消灭原因

在大陆法系国家，意定代理权由法律规定的特有的消灭原因，主要有两个方面：一是代理权因本人的撤回而消灭，二是意定代理权基础关系的消灭导致代理权的消灭。本书着重介绍后者。

代理权的授予行为是否受到基础法律关系效力的影响，有无因说与有因说两种观点。所以在逻辑上讲，依无因说，基础法律关系的消灭并不导致代理权的消灭；依有因说，基础法律关系的消灭必然是代理权消灭的原因。在采有因说立法例的国家，如《日本民法典》第 111 条第 2 款规定："因委任而产生的代理权，因委任终止而消灭。"《韩国民法典》第 128 条规定："由法律行为授予的代理权，除前条情形外，因原因法律关系的终结而消灭。于法律关系终结前，本人撤回授权行为，亦同。"按照《葡萄牙民法典》第 265 条的规定，作为授权依据的法律关系终止时，授权也告终止。美国《路易斯安那州民法典》也规定，代理权可依照"一般债务"和"约定之债或合同"编中规定的终止合同的原因而终止(第 3024 条)。[①] 依照上述规定,基础法律关系消灭的同时代理权也消灭,而不论此基础关系的消灭是由于撤销、解除或通过履行而完成。[②]

然而,在采无因说的《德国民法典》和我国台湾地区“民法”,也都规定授权基础关系的消灭导致代理权的消灭。如《德国民法典》第 168 条规定:“代理权之消灭,依其所由授予之法律关系定之。”我国台湾地区“民法”第 108 条第 1 项也作了相同的规定。对此,有学者解释到:“虽然代理权之存续,原则上与基础关系各自独立,但为保护本人起见,而为此一规定,换言之,这是一个合于生活经验的解释规则,于当事人无特别之意思表示时,推定代理权随同基础关系之消灭而结束。”[③]也有学者认为,代理权的授予与对内关系,二者是手段与目的的关系,对内关系的消灭导致代理权的消灭。[④] 例如,如果被授予代理权的职员解除了雇佣关系,则与雇佣地位相关联的代理权也随之自动消灭。本书主张有因说,因而基础法律关系的消灭将导致代理权的消灭。

基础法律关系的消灭导致代理权的消灭将产生两个

---

① 美国《路易斯安那州民法典》第 3024 条规定:“除‘一般债务’和‘约定之债或合同’编中规定的终止合同的原因外,代理和代理权可基于以下原因终止:(1) 本人或代理人死亡。(2) 代理人变为禁治产人。(3) 本人禁治产后被设定财产临时管理人。”

② 〔德〕海因·克茨:《欧洲合同法》(上卷),周忠海等译,法律出版社 2001 年版,第 333 页。

③ 黄立:《民法总则》,中国政法大学出版社 2002 年版,第 406 页。

④ 〔日〕我妻荣:《新订民法总则》,于敏译,中国法制出版社 2008 年版,第 336 页。

问题:

一是第三人如准备与代理人订立合同,可能不知道代理人与本人之间的内部关系终结而使代理权终止,因此第三人的信赖保护问题,应当由表见代理制度予以解决。

二是由于代理人同样也可能不知道其代理权因内部关系而终止,因此有必要保护代理人的利益。否则,代理人就有作为无权代理人所产生的无权代理责任。比如,在财产管理委托合同以委托人在世时间为限,而管理人不知道委托人已经死亡的情况下,管理人仍然可能善意地继续从事财产管理行为。所以,《法国民法典》第 2008 条规定:"受委托人在不知道委托人死亡或其他终止委托之原因的情况下处理的事务,仍然有效。"《德国民法典》第 674 条规定:"委托关系以撤回以外的其他方式消灭的,在受托人已知或者可知委托关系消灭之前,为了有利于受托人,委托关系视为继续存在。"既然委托关系继续存在,代理权也就继续存在。此外,《意大利民法典》[①]《阿根廷共和国民法典》也作了相同的规定,其中《阿根廷共和国民法典》对受托人的保护更为周到,其第 1966 条规定:"受任人无过失而不知委任的终止时,即使是和已知晓终止的第三人缔约,其实施的一切行为亦使委任人、继承人或代理人对自己负担义务。"这一规定不仅对受托人是有利的,而且对第三人也能享受代理所产生的后果。不过,在第三人知道或应当知道代理权消灭的原因时,继续产生有权代理的后果就不妥当了,因为

① 《意大利民法典》第 1729 条规定:"受任人在知道委任消灭前完成的行为对委任人或其继承人有效。"

此时第三人的利益不值得保护,需要保护的是本人的利益,所以应当产生无权代理的后果,而这一后果对受托人而言也不会因此遭受什么不利影响,因为恶意第三人对于受托人不享有任何请求权。[1]

(2) 英美法系中意定代理权特有的消灭原因

在英美法系国家,意定代理权限特有的消灭原因除委托人撤回代理权外,还有以下几个方面:

第一,代理权限因当事人的协议、委托任务的完成、期限届满以及情况的改变等终止。由于英美法系国家没有区分代理权的授予行为与基础行为,代理权的产生是基础行为的当然结果,因而基础关系因当事人的协议、委托任务的完成、期限届满以及情况的改变等原因消灭时,代理权也必然消灭。如《美国代理法重述(第三次)》第3.09条规定:"实际授权可因下列情形而终止:(1) 委托人和代理人达成协议,同意适用第3.10条规定的;或者(2) 情况的改变,即发生了某种能使代理人合理推测出委托人不再对其继续授权的情形。"不过,实际授权消灭后,代理人还有可能向第三人表明自己有代理权,亦即表见权限,在此情况下就会产生不容否认的代理关系。此种表见权限只能在以下两种情况下终止:一是被代理人的追认行为使表见权限变成实有权限,这种实有权限在代理人完成特定的委任之后终止;二是第三人已经接到代理人缺乏代理权限的通知。[2] 对此,《美

① 〔德〕迪特尔·梅迪库斯:《德国民法总论》,邵建东译,法律出版社2000年版,第714页。

② G. H. L. Fridman, *The Law of Agency*, Butterworths, 1983, p. 366.

国代理法重述(第三次)》第3.11条规定:“(1)代理人实际授权的消灭不会终止其表面授权。(2)代理人与第三人交易时,如果第三人不再有理由认为代理人以实际授权实施代理行为的,表面授权终止。”

第二,代理权限因当事人一方的解除而终止。在存在代理合同的情况下,代理关系可以因代理人或被代理人的单方解除(unilaterl repudiation)行为而终止。法院的判例认为,雇用关系具有信任性和人身性,一旦出现了妨碍雇用关系持续下去的不友善行为,就不应当把非过错的一方当事人与对方捆绑在一起,因此,无论是雇主还是雇员,都可以实施单方解除行为立即终止雇用合同。

第三,代理权限因“契约受挫”(frustration)而终止。如果代理关系是由合同创设的,那么如同其他合同一样,代理合同也因契约受挫的法理而终止。具体而言,如果由于各种原因致使被代理人与代理人继续履行代理合同中约定的代理权限及其债务成为违法、不可能或者毫无益处,被代理人和代理人都被免除进一步履行合同的义务。因此,如果被代理人成为敌国人、代理人应征入伍、被代理人委托代理人出售的财产被征用都导致代理关系的终止。[①]《美国代理法重述(第三次)》第3.13条第1项规定:“有下列情形之一的,担保权和不可撤销代理权终止:(a)受担保权担保的义务得到履行,或者受代理人担保或支持的利益的丧失;或者(b)上述权利的履行成为不合法或不可能,或者

① 徐海燕:《英美代理法研究》,法律出版社2000年版,第303页。

(c) 对担保权或不可撤销代理权享有利益的当事人,有效放弃了该权利。”

(二) 代理权消灭的法律效果

在代理中,因代理权的授予发生了代理人与本人之间的内部关系,因代理行为的实施和权利的变动(代理行为后果的归属)发生了本人、代理人与相对人之间的外部关系,这两类关系均以代理权为基础,因而代理权的消灭,无论是对内部关系还是外部关系都将产生相应的法律效果。

1. 对内部关系产生的效果

(1) 在意定代理的情况下,由于大陆法系各国区分了授权行为与基础行为,并承认授权行为的独立性与无因性,因此,代理权的消灭,其内部关系如自身无消灭原因时仍然继续存在。所以,在大陆法系的代理法中,代理权的消灭只是针对与代理权有关的事项产生了影响,其内部关系不受影响。与代理权有关的事项主要包括:

第一,代理权既已消灭,原代理人自不得再为代理行为,如再为之,则属于无权代理,由此给本人造成损失的,应由代理人向本人承担损害赔偿责任。

第二,代理权消灭后,原代理人应负责交还授权书于本人。所以,《德国民法典》第175条规定:“意定代理人于代理权消灭后,应将授权书交还于代理权授予人,意定代理人无留置权。”《瑞士债务法典》第36条规定:“曾交付授权书于代理人者,代理人于代理权消灭后,有返还其证书或提交于法院之义务。授权人或其权利继承人,不为返还请求时,对于善意第三人,负损害赔偿之义务。”此外,《法国民法典》第2004条、《葡萄牙民法典》第267条、《荷兰民法典》第3:75条第1款、《意大利民法典》第1397条、《俄罗斯联邦民法典》第189条第3款、《阿根廷共和国民法典》第1970条①等均有规定。我国台湾地区“民法”在第109条规定:“代理权消灭或撤回时,代理人须将授权书交还于授权者,不得留置。”授权书的作用在于证明代理人代理权的存在,尤其是对于第三人来讲,容易使其相信有代理权,如不返还,有时会依表见代理制度,使本人负有权代理的责任。

所以,为了保护本人的利益,代理人于代理权消灭后,应负返还授权书的义务,即使因费用的垫支或其他情事,代理人对于授权书拥有留置权者,也不得留置,以避免权利义务关系更加复杂化。② 该项义务如有违反,致本人受有损害者,代理人应负赔偿责任。如果代理人将授权书遗失,或因

---

① 《法国民法典》第2004条规定:“委托人得任意撤销其委托授权,并在必要时,要求受委托人交回包含有委托授权的私署文书,或者在委托书是经公证的原本时,得要求受托人交回委托书的原本;如委托书的原本是由委托人保管,得要求受委托人交回抄本。”《葡萄牙民法典》第267条规定:“一、授权失效后,代理人应立即将载有其权力之文件返还;二、代理人对上述文件无留置权。”《荷兰民法典》第3:75条第1款规定:“代理人的代理权终止后,根据要求,必须交回证明代理权的文件或者允许本人在文件上注明代理权已经终止。代理权通过公证契据授予的,持有原始契据的公证人,根据本人的请求,应当在原始契据上注明代理权已经终止。”《意大利民法典》第1397条规定:“当代理关系解除时,代理人要返还授予其权限的证书。”《俄罗斯联邦民法典》第189条第3款规定:“在委托书终止后,委托人或他的权利继受人应当立即交还委托书。”《阿根廷共和国民法典》第1970条规定:“委任人可以任意撤销其委任,并可强制受任人返还记载委任的文书。”

② 胡长清:《中国民法总论》,中国政法大学出版社1997年版,第317页。

其他原因不能交还时如何处理？立法例有“应依公示催告程序，声请宣告授权书无效”的做法，还有立法例准许本人向临时裁判官请求确定代理权的终止，如《荷兰民法典》第75条第2款规定：“如果本人有理由相信代理人在代理权终止后将利用代理权，则本人可以请求地区法院的临时裁判官确定代理权终止的方式；此种终止可以对抗任何人。对依照本款所作出的裁定不得提起上诉。”我国立法对授权书的返还未作任何规定，解释上代理人应负返还义务，如不能返还可依公示催告程序宣告无效。

第三，在商事代理中，代理人可在代理合同终止时，就其为本人建立起来的商业信誉取得合理佣金、公平补偿以及其他损害赔偿。《德国商法典》第89b条规定，除非代理商自己终止协议，或者由于其错误行为导致协议终止，代理人在下列情况下，有权得到适当的补偿：一是本人从代理人与新客户订立的合同中获得了相当的收益；二是代理人由于终止代理而失去了或将要失去佣金收入，而这种收入如果不是终止代理关系，代理人本可获得；三是从一切情况考虑，补偿金的支付符合公平原则。上述补偿请求应以一年的纯佣金为限，并按该代理人前五年平均年收入计算。如果合同关系较短，则以代理期间的费用计算。《瑞士债务法典》第418条(U)也规定：“代理人通过其自己的行为实质性的增加了委托人的顾客数额的，在代理关系结束后，委托人或者其合法继承人也通过与增加的顾客进行交易获得了实质性利益的，按照公平原则，代理人或者其继承人享有无条件地请求给予合理赔偿的权利。……代理关系因可归责于代理人的事由而取消的,代理人不享有请求权。"此外,在法国、意大利、奥地利、荷兰等国的法律中均有类似的规定。[①]

欧盟于1986年通过的《关于协调成员国间有关独立商事代理人法律的指令》(以下简称《指令》)对此有更加详细的规定。《指令》第8条规定:"商事代理人有权对在代理合同终止后所达成的商业交易取得佣金:(a)如果交易主要归因于该商事代理人在合同期间内所做的努力,并且交易是在代理合同终止后的合理期限内达成的;或者(b)按照第7条所列举的条件,如果第三人的订单是在代理合同终止前到达委托人或该商事代理人之处。"根据《指令》第17条第2款的规定,商事代理人在代理合同终止后,基于下述情况有权获得补偿:

第一,他为委托人带来新的客户,或与已有的客户极大地增加了生意量,而委托人从与这些客户的生意中继续得到大量的利益;

第二,考虑到所有的情况,特别是与这些客户的交易本可为代理人带来的佣金,这种补偿的支付是公平的。

商事代理人除有权对自己付出的劳动获得补偿外,还可以要求赔偿由于终止其与委托人的关系而遭受的损害,尤其在以下情况下终止代理关系,这种损害应视为发生:剥夺商事代理人在代理合同恰当履行时应获得的佣金,而同

① *Clive M. Schmitthoff's Select Essays on International Trade Law*, Springer, 1988, pp. 349—345;〔美〕汉斯·史密特主编:《国际合同》,刘歌、姜凤纹、白仁杰译,中国社会科学出版社1988年版,第59—60页。

时委托人却由于商事代理人的活动而大量获利;而且/或者这已使商事代理人无法取回根据代理人指示履行代理合同所发生的费用和支出(《指令》第17条第3款)。

在中东地区,《科威特代理法》规定,除非代理协定因代理商的过失而终止,或代理商在不恰当的时候,并且无正当理由放弃委托,在代理商与其本人的商业关系终止时,不论代理协定是否规定期限,或当定期合同期满时本人不想延期,甚至当本人因不可抗力而终止协定时,代理商均有资格得到特殊的合理的补偿金,并禁止当事人通过双方协议排除这一规定的适用。当代理商原则上有资格获得补偿时,他必须证明自己的获得已使本人取得了很大的成功,客户数目有增加。[①]

(2) 在英美法系国家,意定代理权的产生是基础法律关系的外部表现,因而代理权的消灭就意味着基础法律关系的消灭。不过,这一效果并不产生溯及力,双方当事人在代理权限终止以前通过合同确定的权利义务不受代理权限终止的影响,同时,双方当事人就代理人在其权限终止前实施的行为而产生的权利义务也不受代理权限终止的影响。具体来说,有以下一些情形:

第一,因代理人或被代理人的死亡导致代理权终止的,所产生的法律效果是将业已存在的代理关系凝固在一方当事人死亡之时。因此,如果被代理人死亡,代理人无权就其代理报酬在被代理人死亡后实施的行为请求被代理人的遗

---

① 布朗克·武克朱尔:《代理销售——三个中东市场的代理法》,载《国际贸易译丛》1985年第3期。

产管理人予以偿还,即使代理人不知道被代理人死亡的消息也是如此,但遗产管理人有义务向代理人支付合理的劳务费用;如果代理人死亡,代理人的遗产管理人也没有义务继续履行代理人的代理职责。

第二,因代理人或被代理人的破产导致代理权终止的,其财产转归破产财产信托人所有,除当事人在破产裁定作出前出于善意而缔结的合同债务受到相同的保护外,在破产裁定作出后实施的任何行为均不受保护。

第三,因被代理人的关闭营业导致代理权终止的,被代理人是否有义务就代理人理应取得的报酬而对代理人负赔偿义务?这里应区分两种情况:一是如果代理协议中没有约定被代理人负有维持营业的义务,也没有约定代理期限,被代理人不因关闭营业而对代理人承担违约责任。例如,代理人根据代理合同的约定,代表被代理人售煤,四年后,被代理人出售了自己的煤矿,并彻底退出了该行业。法院认为,被代理人不对代理人承担违约责任。二是如果代理协议中约定了代理期限,即使被代理人停止营业是因为破产等客观原因,被代理人也要支付代理人在代理期限内应得的报酬。[1]

第四,因被代理人的撤销导致代理权终止的,被代理人有权对代理人在代理权限撤销之前的违约行为或者其他过错对代理人提起诉讼;同时,代理人也有权就其在代理权限撤销之前应当获得的报酬对被代理人提起诉讼。有时代理

① 徐海燕:《民商法总论比较研究》,中国人民公安大学出版社 2004 年版,第 404 页。

人还有权就其在被代理人不撤销代理权的情形下本应获得的报酬而对被代理人提起给付之诉。易言之,只要被代理人撤销代理权限的行为缺乏正当理由,被代理人就要赔偿代理人的期待利益损失。①

为了贯彻欧盟于1986年颁布的《关于协调成员国间有关独立商事代理人法律的指令》,英国颁布了《1993年英国商事代理条例》(以下简称为《条例》),按照该《条例》的规定,代理合同②终止后,代理人可以行使以下权利:

第一,报酬请求权。该《条例》第8条③规定:"除第9条规定的情形外,在下列情况下,代理合同终止后,代理人有权就其所促成的交易获取代理费:(a) 交易的达成主要取决于在代理合同期间代理人的努力,且交易是在合同终止后的合理期间内达成的;或者(b) 根据上述第7条所提及的情形,代理合同终止前,第三方之要约已经到达委托人或代理人。"④

---

① 徐海燕:《英美代理法研究》,法律出版社2000年版,第304—305页。

② 英国法院在 Moor v Piretta Ltd. 一案的判决中指出,(条例第17条中规定的)"代理合同"不是指某一特定合同,而是指整个商事代理关系,[1999]1 ALL ER 174. 转引自向玉兰:《〈1993商事代理条例〉与英国商事代理的权利和义务》,载《河北法学》2003年第7期。

③ 该条参照了欧盟《指令》第8条:商事代理人有权对在代理合同终止后所达成的商业交易取得佣金:(a) 如果交易主要归因于该商事代理人在合同期间内所做的努力,并且交易是在代理合同终止后的合理期限内达成的;或者(b)按照第七条所列举的条件,如果第三人的订单是在代理合同终止前到达委托人或该商事代理人之处。

④ 《1993年英国商事代理条例》,刘月译,汪渊智校,载《三晋法学》(第5辑),中国法制出版社2010年版。

第二,补偿请求权。为了贯彻《指令》第 17 条[①]的规定,该《条例》第 17 条第 3—5 款规定,代理人为其委托人带来新客户或对增加与现有客户的交易额方面起到重要作用,并且委托人继续从此客户的交易中获得巨大利益,相反代理人本该在此宗交易中获得的代理费而未获得,尽管代理合同已经终止,代理人仍然有权获得补偿,补偿数额不得多于 1 年的报酬,该报酬为商事代理人过去 5 年中所获得的年平均报酬,并且如果合同履行不足 5 年则赔偿额应以所涉及期间的平均额计算。代理人获得补偿后,不妨碍其提出损害赔偿的请求。合同终止后给予商事代理人获得补偿的权利是基于以下考虑:在代理关系存续期间,双方都能从其共同经营而发展起来的市场交易中获利,而当合同解除以后,只有委托人继续得益于已经建立起来的市场和商业信誉,这显然有失平衡,因此,这种补偿的支付是公平合理的。该规定有效地防止了恶意委托人利用签订连续性定期合同的做法逃避法定义务或减轻他们对代理人应负的责任的情形。[②]

第三,损害赔偿请求权。该《条例》第 17 条第 6 款规定,由于代理人与其委托人终止代理关系所遭受的损失,代

---

① 根据欧盟《关于协调成员国间有关独立商事代理人法律的指令》第 17 条的规定,通过代理人的前期努力,为委托人带来新的客户,或与已有的客户极大地增加了生意量,并且委托人从与这些客户的生意中继续得到大量的利益,代理人本该获得的佣金因代理合同的终止而未能获得,委托人对此损失应当予以补偿。此外,代理人有权要求委托人赔偿由于其终代理合同而遭受的损害,如因履行代理合同所发生的费用和支出。

② 向玉兰:《〈1993 商事代理条例〉与英国商事代理的权利和义务》,载《河北法学》2003 年第 7 期。

理人应有权获得赔偿。根据同条第 7 款的规定，损失赔偿的范围包括：(a) 委托人所获得的主要利益与商事代理人的代理活动有关，代理合同终止后，将剥夺商事代理人通过正常履行有偿商事代理合同而获得的佣金；或者(b) 解除代理合同后，代理人将不能收回按照合同中委托人的要求履行合同所发生的成本和开支。但是，代理人在以下三种情形下无权要求赔偿：第一，由于代理人的过错，委托人终止代理合同；第二，代理人无正当理由自行终止代理合同。此之所谓正当理由是指：一是由可归责于委托人的原因，代理人终止合同二是因代理人年老、体弱、疾病而不能根据合理的要求继续从事代理行为。第三，根据委托人的许可，代理人根据代理合同把代理权利和义务转让给其他人。

2. 对外部关系产生的效果

代理权消灭后，本人将不再受代理人实施的行为的约束，也即代理人从此以后实施的任何行为，将不会在本人与第三人之间产生效力。但是，代理权终止后由于本人或代理人的原因，使得代理人实施的行为对第三人的利益产生影响时，应当由本人或代理人对第三人负责，否则将会损害善意第三人的利益，并对交易安全构成威胁。可见，代理权消灭对外部关系产生的法律效果主要涉及的问题是，如何保护第三人的利益。围绕这一问题，两大法系国家的立法与判例普遍确认，代理权终止，只有在第三人知晓或应当知晓代理权终止时，方可对第三人产生终止的效力，否则本人或第三人不得以代理权终止为由对抗第三人。

早在《法国民法典》第2005条就规定："仅仅向受委托人通知撤销委托，对不知道此项撤销事由，仍与受委托人进行业务往来的第三人，不具对抗效力，但委托人对受委托人有求偿权。"按照这一规定，不知撤销事由的第三人仍然有权要求委托人对受委托人的行为负责，委托人不得拒绝，但该条只限于因撤销而消灭代理权的情形。《德国民法典》第170条则扩大到了一切消灭代理权的情形，规定代理权消灭后在未向第三人通知之前，代理权对第三人继续有效。《日本民法典》第112条的规定更为明确："代理权的消灭，不得以之对抗善意第三人。但是，第三人因过失不知其事实时，不在此限。"《意大利民法典》第1396条也规定："代理权的变更和消灭应当通过适当的方式使第三人知道。在未告知的情况下，如果不能证明第三人在缔结契约时已知道该情况，则不得对抗第三人。利害关系人授予的代理权消灭的其他原因不得对抗不知代理权消灭而无过错的第三人。"此外，《瑞士债务法典》第34条、《葡萄牙民法典》第266条、《荷兰民法典》第3:76条、《俄罗斯联邦民法典》第189条、《阿根廷共和国民法典》第1966—1968条、我国台湾地区"民法"第107条等均有类似的规定。按照上述规定，代理权消灭后，如果第三人不知情，对第三人不产生消灭的后果，可能会产生表见代理的后果。

由此可见，代理权消灭的通知，不是代理权消灭的要件，只是对抗第三人的要件，即代理权消灭的事实发生后，依照法律的规定代理人的代理权已经终止，如果授权人不对第三人为消灭通知，则对第三人不产生对抗力。我国《民法通则》对此无明确规定，只是《合同法》第49条中规定，代理权终止后，行为人以被代理人的名义订立合同，第三人有理由相信行为人有代理权的，该代理行为有效。学界普遍认为，此为表见代理之一。

英美法虽然没有像大陆法那样抽象地规定代理权消灭后对第三人的影响，但根据其判例以及相关制定法的规定，代理权因被代理人的死亡、丧失行为能力、期限届满、任务完成、契约受挫、代理权的撤销等原因终止后，为了保护第三人的利益，必须将代理权限终止的事实通知第三人，否则将会根据不容否认代理的法理，要求被代理人或遗产管理人就代理人在代理权限终止后实施的代理行为对第三人负责。例如，如果代理关系因被代理人的死亡而终止，而且第三人也知道被代理人死亡的消息，被代理人的遗产管理人或继承人不必对代理人的行为负责。但是，如果第三人不知道被代理人死亡的消息，代理人的行为就要继续约束被代理人。英美判例法还表明，代理关系因被代理人丧失行为能力而终止，但只要第三人没有得到代理关系终止的通知，被代理人仍应对代理人的行为向第三人负责，此时被代理人承担责任的理论依据不是明示的实有权限，而是表见代理权限。①

另外，根据英国1985年的《持久授权书法》的规定，尽管被代理人在授权后丧失了行为能力，只要被代理人的授权委托书符合法定的要求，代理权限仍然有效。这一规定

① 徐海燕：《英美代理法研究》，法律出版社2000年版，第309页。

彻底改变了普通法中的代理关系在被代理人丧失行为能力后效力不确定的状态,有效地保护了善意代理人和第三人的利益。在被代理人撤销代理权限的情形下,英美代理法学说与判例认为,被代理人固然可以撤销代理权限,但不能撤销代理人的表见代理权限。只要被代理人的言语或行为继续表现出代理人具有代理权限时,代理人的表见代理权限将继续存在下去,被代理人就必须受代理人和第三人所订合同的约束,直到第三人知道代理关系结束为止。因为被代理人撤销代理权限的行为并不比被代理人私下地指示代理人去实施某种民事法律行为更具法律效力①。被代理人摆脱这一责任的唯一途径便是,将代理权限终止的事实告知第三人。至于在什么情形下被代理人负有通知的义务,通说认为,当代理人根据默示权限或表见权限实施代理行为时,被代理人就有义务向第三人通知代理权限终止的事实。但是,当代理人拥有推定的代理权限时,比如因同居而产生的代理权,代理权限撤销后,除非被代理人明确地表明代理人拥有代理权限,否则对第三人来讲,代理人就不具有相应的代理权限。也就是说,如果被代理人事实上撤销了代理人的推定权限,即使不为通知也不再对代理人的行为负责。

此外,某种情况表明,第三人确切地知道了代理权限终止的事实真相时,无需被代理人亲自通知,也产生通知的效果。比如,被代理人的死亡是众所周知的事实,第三人即被

① Stoljar SJ, *The Law of Agency*, Sweet & Maxwell, 1961, p. 166.

推定已知终止的事实真相。又如,在第三人委托自己的代理人和被代理人的代理人订立合同的情形下,如果第三人的代理人收到了被代理人的代理人代理权限已经终止的通知,就应当推定第三人已经收到了这一通知。[1] 当代理人在接到代理权限撤销的通知后,仍然与第三人实施代理行为时,该行为就不再拘束被代理人,只能由代理人自负责任,其负责的法理根据,一是代理人代表自己与第三人订立合同;二是代理人对第三人负有代理权限的默示保证义务。

① G. H. L. Fridman, *The Law of Agency*, Butterworths, 1983, p. 375.

第六章
代理关系的公开性：显名主义与非显名主义

代理人实施代理行为时，是否应当公开代理关系，两大法系存在明显的差异。大陆法系强调代理行为必须以被代理人的名义进行，否则代理行为的后果不得直接归属于被代理人，此即显名主义；英美法系则强调只要是在代理权限范围内，无论代理人是否以被代理人的名义实施代理行为，均可以产生代理的效果，此即非显名主义。从国际代理立法的发展趋势来看，非显名主义是其主流。我国《合同法》突破显名主义的传统，规定了本人身份不公开的代理，形成了非显名主义的立法格局，虽然顺应了国际代理法的发展趋势，但尚有许多问题需要完善。

一、大陆法上的显名主义

显名主义，也就是代理的显著性[①]，具体是指代理人实施代理行为时应当以被代理人名义为之，即让相对方明白法律行为的后果归属于被代理人，而不是自己。大陆法系国家普遍要求代理关系的显著性是有效代理的要件之一。如果说代理权是代理行为的后果归属于被代理人的实质要件的话，那么代理关系的公开性就是代理行为的后果归属于被代理人的形式要件。换言之，代理人以被代理人名义实施代理行为，是代理行为效果之所以能够直接归属于本人的逻辑根据。[②]

代理权的存在，意味着被代理人应接受代理人行为后果的约束，而代理关系的公开，则表明相对人知道自己在和谁建立了法律关系，应当向谁主张权利和履行义务。所以，前者着眼于对被代理人利益的保护，后者则着眼于对相对人利益的保护。

（一）显名主义的立法例

显名主义的立法，在大陆法系国家之间略有差异，主要有两种立法例：

---

① 陈卫佐：《德国民法总论》，法律出版社 2007 年版，第 348 页。

② 尹田：《民事代理之显名主义及其发展》，载《清华法学》2010 年第 4 期。

一是明确强调“以本人名义为之”，《德国民法典》第164条第1款、《荷兰民法典》第3:66条第1款、《瑞士债务法典》第32条第1款、《意大利民法典》第1388条、《葡萄牙民法典》第258条、《俄罗斯联邦民法典》第182条第1款等均作了如是规定。

二是不明确强调“以本人名义为之”，而是规定“明示为本人而进行”，此即《日本民法典》第99条的规定：“（一）代理人于其权限内明示为本人而进行的意思表示，直接对本人发生效力。（二）前款规定，准用于第三人对代理人所进行的意思表示。”《韩国民法典》第114条也作了相同规定。

对《日本民法典》的规定，有学者认为易陷于为谋本人利益之误解，因而不予赞同。我国台湾地区“民法”仿照《德国民法典》，在第103条中规定：“代理人于代理权限内，以本人名义所为之意思表示，直接对本人发生效力。前项规定，于应向本人为意思表示，而向其代理人为之者，准用之。”我国《民法通则》也采用第一种立法例，在第63条第2款中规定：“代理人在代理权限内，以被代理人的名义实施民事法律行为。被代理人对代理人的代理行为，承担民事责任。”此所谓“以本人名义为之”，即表示依其行为取得权利、负担义务之人为本人是。因而，如果以本人名义实施代理行为，即使事实上无为本人谋利益之意思，甚至滥用代理权而为自己图谋一定的利益，亦不失其为代理行为也。[1] 代理人必须以本人名义为之，故如以行为人自己之名义为之，即使法律上的效果归属于本人，亦非代理行为，如质权人、抵押人等，对于质物、抵押物所为之处分行为。又如，债权人行使代位权，虽然其效果归属于债务人，但仍然是债权人行使自己权利的行为，不属于代理行为。

代理之显名，可以有多种形式，代理人可以明确地说他为另一个人从事交易，也可以在代理签名时使用“代理”或“代”等字样，也可以根据其他特殊情况而定。如商店售货员之售货行为即使没有明言，也被视为有代理之公示。又如，一位教师自己报名并且将他全班同学报名参加一次集体游览活动的，该教师也是以学生的名义从事行为。当然，如果代理人直接以自己的名义实施法律行为时，则不构成代理，其行为后果不由本人承担，而应由代理人自己承担。有时代理人的代理意思并不明确，如果让代理人自己承担行为后果，代理人就可能会以自己并无自为法律行为的意思为由，提出自己的意思表示有错误而请求撤销，从而为代理人逃避责任留下机会。为了防止这一现象的发生，《德国民法典》第164条第2项规定：“如无法辨识系以他人名义作为之意思时，应视为以自己名义而作为之意思。”

（二）显名主义的例外——隐名代理

代理须以本人名义为之者，学者称之为显名代理。与此相对者，则为隐名代理。所谓隐名代理，是指代理人所为

---

① 胡长清：《中国民法总论》，中国政法大学出版社1997年版，第297页。

之意思表示，即使未明示为本人为之，如相对人明知或可得而知其为本人为之，也直接对本人发生效力之代理也。由于代理关系的公开性并不像需要有代理权那样是一种实质要件，而仅是一种形式要件，更何况，显名主义的目的在于保护相对人，如果对相对人来说，表意人是为自己还是为他人出面都无所谓，那么代理关系公开性的要求就可以降低。因此，即使不是以本人名义为之，只要情况表明代理人应是以被代理人名义作出的或者代理人不是为自己实施行为的，也可以产生代理的效果。

所以，《德国民法典》第164条第1款后段规定："其意思表示无论系明示以被代理人名义而为之者，或按情况可断定系以被代理人名义而为之者，并无区别。"《瑞士债务法典》第32条第2款规定："代理人在订立合同时未公开代理关系的，则合同对委托人不具有法律约束力。但依据客观情况合同的另一方当事人默示已知代理关系的存在或者订立合同当事人的身份对其没有影响的除外。"《日本民法典》第100条规定："代理人未明示为本人而进行的意思表示，视为为自己所为。但是，相对人已知其为本人或可得而知其为本人时，准用前条第（一）款的规定。"此所谓"准用前条第（一）款的规定"，即是指代理行为对本人发生效力。《日本商法典》第504条也规定："商行为的代理人虽未表明为本人所为，其行为也对本人发生效力。但是，相对人不知其为本人所为时，无妨对代理人提出履行请求。"我国台湾地区"民法"虽未规定，但在司法实践中予以承认，如1993年"台上字第672号判决"指出："代理人虽未以本人之名义为法律行为,而实际上有代理之意思,且为相对人所明知或可得而知者,即难谓不发生代理之效果,此即所谓之'隐名代理'。"[①]实践中,以下一些情形应属于隐名代理:

1. 被代理人之保留

此即代理人虽向相对人表明,其非为自己行为,而是为他人行为,但未表明是为何人行为,此人有可能尚未确定,无法告知姓名(如一买卖商手头有几个人对某一物件感兴趣,他为其中一人购买了物件,但保留事后指出该人是谁的权利),或本人不欲让第三人知道其真实身份(如在艺术品的拍卖中,拍卖商为不愿透露姓名的委托人拍卖一件艺术品),或代理人保留于订立合同后,才能决定是何人为行为,如第三人同意为此种保留,同样适用代理之规定,此行为直接对被代理人生效。不过,如果代理人于约定期限内或相当期限内,未提示其授权人时,应负无权代理人责任。[②]

2. 现金交易行为

在日常生活中立即履行之现金交易,交易双方对当事人之同一性并不感兴趣,对他们而言,谁与之交易,效果及于何人均无关紧要,因为此种行为"显名主义"并无必要,即使行为人未以他人名义为之,仍对本人生效。[③] 因为在投诉时,谁能出示商品和付款收据,谁就被当作合同当事人。

---

① 陈自强:《民法讲义Ⅰ:契约之成立与生效》,法律出版社2002年版,第243页。

② 〔德〕迪特尔·梅迪库斯:《德国民法总论》,邵建东译,法律出版社2000年版,第699页。

③ 黄立:《民法债编总论》,中国政法大学出版社2002年版,第146页。

3. 为事所关涉之人作出的行为

例如，M委托儿子S买两匹马，并把买马的钱交给了他。S到商人H那里买了两匹马，一手交钱，一手交货，但S并未提到为他的母亲M购买。S将两匹马带回，还未来得及送交母亲，就被S的债权人通过强制执行程序扣押。对此，M可否对两匹马主张权利，取决于两匹马的所有权转移给了谁。很显然，如果仅仅依据S在买马时没有向H商人表明自己是为M作出行为，就认定两匹马的所有权转移给了S，从而使S的债权人得益，是欠缺正当性的，因为事实上在S的财产中是不包括这两匹马的。结论只能有一个是正当的，那就是两匹马的所有权属于M所有。其理由是，虽然S对外并没有明显可知地以其母亲的名义出面，但S仍旧是作为M的代理人作出行为。

由此可见，这种隐名代理行为的构成要件是：

（1）行为人内心具有有效地为他人作出行为的意思；

（2）行为人得到了隐藏的被代理人的相应授权；

（3）行为人是为自己还是为他人作出行为，对于法律行为的相对人来讲无关紧要。①

尽管如此，对隐名代理的认可，并不是对显名主义的修正，它在大陆法系国家只是作为显名代理的例外情形而存在，并不是普遍认可，此点应当注意。

---

① 〔德〕迪特尔·施瓦布：《民法导论》，郑冲译，法律出版社2006年版，第533页。

(三) 显名主义区别于冒名行为

显名主义不同于行为人在作出表示时冒用他人的名义的行为。如果给出的姓名旨在指向某个特定的人,并且恰恰要使这个人接受私法上的约束,这种情形称为“冒用他人姓名从事行为”。[①] 冒名行为与代理行为的区别在于,前者称我就是 A,后者则称我为 A 从事行为。

在冒名情况下,行为人并没有声明是为被冒用姓名的人活动,而是声明为自己活动,同时把他人的名字作为自己的名字告诉人们,从而欺骗人们相信他就是该人。此时,意思表示是对行为人产生效力,还是对被冒用姓名的人产生效力?

第一种观点认为,应类推无权代理的规定,即被冒用姓名的人可以追认,行为后果由被冒用姓名的人承担;若不予追认,则由行为人自己承担。

第二种观点认为,在非当面的行为,由于行为人未碰面,没有相对人信赖利益的保护,不能直接视为冒名者自己的行为,只能视为无权代理行为,并根据被冒用人是否追认来确定行为后果的归属;但在当面实施行为时,基于相对人保护立场,应由相对人选择是行为人自己的行为还是无权代理行为。

第三种观点认为,若行为人虽然冒用他人的姓名,且有意将该行为后果归属于被冒用人的,则适用无权代理的规

---

① 〔德〕迪特尔·梅迪库斯:《德国民法总论》,邵建东译,法律出版社 2000 年版,第 694 页。

定；若行为人虽然冒用他人名字，却没有将该行为后果归属于该他人的意思者，应视为冒用人自己的行为，不适用代理的规则。[①]

第四种观点认为，如果名义载体（被冒用姓名的人）同意他人冒用自己姓名从事行为，那么他就直接承担他人从事的行为所产生的法律后果。名义载体的这种同意，没有必要涵盖由行为人选择的从事行为的方式。如果名义载体授予了被授权人代理权，但是被授权人却冒用授权人的姓名，如他用授权人的姓名签名，那么，名义载体也因此享有权利、承担义务。相反，如果没有名义载体的同意，则准用《德国民法典》第177条及以下条款的规定，即名义载体可以通过追认，将冒用他姓名从事的行为归属于自己。[②] 德国学者布洛克斯与瓦尔克教授认为，行为人使用他人名义实施法律行为，对于名义载体而言，存在一个"他人实施的法律行为"。该名义载体通常无须承担责任，除非其在一开始就允许或者事后追认了行为人的行为。[③] 换言之，如果名义载体允许行为人使用其名义与第三人实施法律行为，名义载体应对承担作为法律行为的主体。

拉伦茨教授认为，对于冒名行为的效果，应当区别对待。

其一，在下列情形，冒名行为的后果应当归属于冒

① 李永军：《民法总论》，法律出版社2006年版，第697页。

② 〔德〕迪特尔·梅迪库斯：《德国民法总论》，邵建东译，法律出版社2000年版，第694—695页。

③ 〔德〕汉斯·布洛克斯、沃尔夫·瓦尔克：《德国民法总论》，张艳等译，杨大可校，中国人民大学出版社2012年版，第319页。

名人：

(1) 冒名人当面作出意思表示，而第三人并非只想与被冒名人进行该行为；

(2) 冒名人经常使用他人名义实施法律行为，该他人的名义就相当于冒名人自己的名义。

其二，在下列情形下，冒名行为的后果应当归属于被冒名人：

(1) 冒名人主观上想为被冒名人实施法律行为，并以被冒名人的名义实现了这一意愿，且相对人也想与被冒名人实施法律行为，在此情形，应该将冒名人与委托代理人同样对待，该行为对被冒名人有效；

(2) 如果冒名人并不想为被冒名人，而是为自己实施法律行为，而且相对人只想与被冒名人进行该法律行为，在此情形，应将该法律行为视为为其被冒名人实施的，被冒名人可以依据《德国民法典》第177条的规定追认。①

我国台湾学者王泽鉴先生则认为，冒名行为应当分别以下两种情形处理：

第一，如果行为人系为自己订立契约而冒用他人的姓名，相对人也愿意与该行为人订立契约，而对其法律效果归属何人在所不问时，该契约对冒名的行为人仍发生效力。

第二，如果相对人对被冒用姓名之人有一定的联想，而意在与其发生法律关系时，原则上应类推适用无权代理之

① 〔德〕卡尔·拉伦茨：《德国民法通论》（下册），王晓晔、邵建东等译，法律出版社2003年版，第843—844页。

规定。[①] 比如，甲冒用某名收藏家乙之姓名向丙订购某画，丙因仰慕乙之名而同意出售该画，此时应以无权代理规定决定其效果。

本书同意王泽鉴先生的观点，因为显名主义意在保护相对人的利益，行为人冒用他人的姓名而实施法律行为，得否适用代理的规定，应当以相对人的认知状态为准，即如果相对人并不看重与他交易的当事人是谁时，法律关系直接在冒用人与相对人之间发生，不适用代理制度之规定；如果相对人看重的是被冒用人的个人特性，愿意与之建立法律关系时，即可适用无权代理之规定。

此外，显名主义不同于以虚假的姓名实施的行为。如果当事人在行为时给出虚假的姓名，他并不是想使这个姓名的载体承担法律后果，而是想使自己在匿名状态下参与法律关系。根据当事人的意思，姓名的标示不具有私法上的意义时，不视为代理行为，法律后果应当由行为人单独承担，真正的名义载体不能通过追认取得被代理人的地位。[②]

---

① 王泽鉴：《债法原理》（第 1 册），中国政法大学出版社 2001 年版，第 274 页。

② 〔德〕迪特尔·梅迪库斯：《德国民法总论》，邵建东译，法律出版社 2000 年版，第 693 页。

二、英美法上的非显名主义

(一) 代理的类型与非显名主义

与大陆法系国家的显名主义相反,英美法并不强调代理行为必须以被代理人的名义为之,只要是在代理权限内的行为,原则上均可产生代理的效果,由被代理人接受该效果的约束,理论上称之为非显名主义。在英美代理法理论上,根据代理关系的“公开的程度”为标准,将代理划分为三种:

一是显名代理(named agency),即代理人在与第三人缔结法律关系时,既公开本人的存在,又以本人的名义所为的代理;

二是本人身份公开但本人姓名不公开的代理(unnamed but disclosed agency),即代理人在与第三人缔结法律关系时,公开本人的存在,但并不以本人的名义与第三人为法律行为,仅以“代表我的本人”的姿态出现,在这种代理中,第三人知道存在一个代理人以外的本人,但不知道该本人的姓名;

三是本人身份不公开的代理(undisclosed agency),即代理人在与第三人缔结法律关系时,没有公开本人的存在,而是以自己的名义与第三人所为的代理,在这种代理中,第三人不知道存在一个代理人以外的本人。

其中，第一种显名代理（named agency）与大陆法上的显名代理相同，第二种本人身份公开但本人姓名不公开的代理（unnamed but disclosed agency）相当于大陆法上的隐名代理，而第三种本人身份不公开的代理（undisclosed agency）则是英美法上特有的制度，从外表上看，与大陆法上的行纪制度相似，都是以代理人自己的名义实施法律行为，但在制度构造上二者大相径庭。本人身份不公开的代理（undisclosed agency）直接产生代理的效果，即代理人以自己名义实施的法律行为在一定条件下直接约束被代理人，而行纪制度并不产生代理的效果，行纪人以自己名义实施的行为先由自己承受其效果，随后再将该后果依据合同移转于委托人。所以，在大陆法上，行纪虽然在理论上被称之为间接代理，但在实质上不属于代理。

英美法上的以上三种代理形式，实际上可以归为两类：一是本人身份公开的代理（disclosed principal），其中包括显名代理（named agency）和本人身份公开但本人姓名不公开的代理（unnamed but disclosed agency）；二是本人身份不公开的代理（undisclosed principal）。所以，英国学者鲍斯泰德（Bostead）认为：

> 只要第三人在进行商事活动时意识到存在一个被代理人，而不认为自己是单独和代理人进行商事活动，被代理人的身份就被认为是公开的，至于被代理人究竟是谁，被代理人的姓名是否告知第三人，第三人能否

查清被代理人的姓名，都无关紧要。①

按照《美国代理法重述（第三次）》第6.01、6.02、6.03条的规定，根据被代理人身份公开的程度，也将代理分为本人身份公开的代理（agent for principal disclosed）、本人身份不明的代理［agent for unidentified principal，在1958年的《美国代理法重述（第二次）》中，称之为“principal partially disclosed”，即“本人身份部分公开”的代理］和本人身份不公开的代理（agent for principal undisclosed）三种。代理人代表委托人，依实际授权或表面授权订立合同的，在身份公开代理中，合同的当事人是委托人与第三人；在本人身份不明的代理中，合同的当事人是委托人和第三人，或者除非代理人和第三人另有约定，代理人属于合同的当事人。而在身份不公开代理中，代理人代表委托人，依实际授权订立合同的，除非合同中明确约定排除，委托人属于合同的当事人，或者代理人和第三人属于合同的当事人。如果委托人属于合同的一方当事人，则该合同如同委托人亲自订立一样，委托人与第三人互有权利义务、享有对等的抗辩权。

由此可见，在英美代理法上，代理关系的公开性并不是代理行为的必备要件。此外，对于行为人利用虚假姓名从事的行为，明确规定不适用代理制度，由行为人自担责任。因为，当代理人声称为被代理人订立合同，而实际上被代理人是虚拟或不存在时，法律推定代理人是为自己订立合同。如《美国代理法重述（第三次）》第6.04条规定：“除非第三

① F. M. B. Reynolds, *Bostead on Agency*, Sweet & Maxwell, 1985, p. 22.

人同意,如果一人伪称以代理人的名义代表委托人与第三人订立合同,并且此人知道或有理由知道被假名代理的委托人不存在或缺乏作为合同当事人能力的,此人就应当是所订立合同的当事人。"即使代理人代表设立中的公司或非法人组织与第三人订立合同的,该合同也对代理人产生约束力,对此,英国 1985 年的《公司法》第 36 条第 4 款规定:"在公司还没有设立之前,如果某人意图为公司签订某项合同,或者某人作为公司的代理人而签订某项合同,除非有相反的约定,那么该合同对于旨在为公司订立合同的人或者代理人具有法律约束力,他们应当对该合同自负其责。"

(二) 非显名主义立法的演变

本人身份不公开的代理(undisclosed agency)是英美代理法上最具特色的代理形式,其产生具有独特的历史原因。

早在 18 世纪的英国,商品交换节奏缓慢,被代理人往往委托代理人直接占有自己的货物,代理人直接与第三人订立即时交货的合同。第三人只关注代理人,对于被代理人的身份是否公开则不感兴趣。在这种情况下,被代理人与代理人都各自与代理人单线联系,被代理人与第三人根本不必建立任何合同关系。但是,到了 19 世纪,随着贸易活动的频繁,商品流转的加快和信用交易的增多,商业代理人被迫承担越来越大的商业风险,商业代理人陷于破产的情况极为普遍。在这类案件中,代理商接受被代理人委托向第三人出卖货物,第三人已经向代理人支付了货款,但代理人在把价款转交给被代理人之前陷于破产。于是就产生了这样一个问题，即货款的所有权是属于被代理人，还是属于代理人或代理人的债权人？英国法院的态度是，当代理人破产时，被代理人就其委托代理人出卖货物所得价款的所有权优先于代理人破产程序中的债权人的债权。后来，法院判例确认，被代理人有权就代理人签订的合同起诉第三人，不管该合同是否已经部分履行。因为，代理人是表面上和名义上的合同当事人，而身份不公开的被代理人才是实质上的合同当事人。与此同时，第三人起诉被代理人的权利也骤然出现。

自此，在19世纪初期，身份不公开的被代理人起诉第三人的权利以及第三人起诉身份不公开被代理人的权利最终得以确立，后来演变为实体法中被代理人的介入权和第三人的选择权。[①] 被代理人通过行使介入权，可以使自己直接进入代理人与第三人所签订的合同中，成为合同当事人；同样，第三人也可以通过行使选择权，使身份不公开的被代理人直接向第三人承担合同责任。对于这一代理现象的合理性，英美代理法学者一直争论纷纭。赞成者认为，被代理人身份不公开的代理不仅允许第三人与代理人之间的起诉与应诉，而且允许第三人与幕后的被代理人之间起诉和应诉，对于把合同由双方关系转化为多方关系作出了有益的贡献。由于代理人的代理权是被代理人授予的，被代理人不仅引发了合同的缔结，而且最终承受合同的利益和不利益。因此，身份不公开被代理人与合同之外的一般陌生人

① 徐海燕：《英美代理法研究》，法律出版社2000年版，第160页。

还是有区别的。从合同法的角度看,以自己名义订立合同的当事人不仅有可能为自己设定权利义务,而且有可能为他人设定权利义务。允许身份不公开被代理人与第三人之间互相起诉与应诉,就可以更加公平合理地、简便快捷地协调被代理人、代理人与第三人之间的利益关系。[①]

还有赞成者认为,允许身份不公开的被代理人向第三人直接付款至为公平,特别是在代理人是代理商不能向第三人支付价款时尤为如此。在这种情况下,如果代理人破产,被代理人又不被允许直接从第三人那里获得价款,被代理人只能从代理人的破产财产中获得微薄清偿。毫无疑问,第三人愿意直接向被代理人付款,代理人的其他债权人没有任何理由从被代理人自己的货款中受益。[②] 对此种代理形式予以反对者也不乏其人。英国的波洛克爵士认为,有关身份不公开被代理人的权利义务关系的所有法律,与合同法的基本理论背道而驰。不是缔约人的当事人竟然有权起诉合同的一方当事人,除了在英国和美国,都是闻所未闻的。霍姆斯大法官指出:"我本来以为与一个好友订立合同,但法律允许一个我从未听说过的陌生人冒出来与我建立合同关系,这显然与常理相悖。"[③]

① W. Muller-Frienfels, The Undisclosed Principal, *The Modern Law Review*, Vol. 16,1953.

② B. S. Markesinis & R. J. C. Munday, *An Outline of the Law Agency*, Butterworths, 1986, pp. 127—128.

③ Oliver Wendell Holmes, The History of Agency, in *Select Essays in Anglo-American Legal History*, Vol. 6, p. 404. 转引自徐海燕:《英美代理法研究》,法律出版社 2000 年版,第 160 页。

然而，反对者的主要理由是，既然第三人对被代理人的存在一无所知，那么按照逻辑，合同的相互关系只能建立在第三人和代理人之间。

本书认为，尽管本人身份不公开的代理构成了对合同相对性理论的威胁，但从现实性来看，它所体现的高效、快捷的法律价值是不容否认的，否则这一代理形式在英美法上不会呈现出如此顽强的生命力。

（三）非显名主义立法的影响

国际统一私法协会委员会在1952年批准的《代理统一法公约》，规定了显名代理和隐名代理，但没有规定不公开本人身份的代理，所以，1952年批准的《代理统一法公约》坚持的是显名主义。1960年批准的《代理合同统一法公约》奉行非显名主义，第5条规定："佣金代理人是以佣金代理为职业，以自己名义，为他人（本人）利益而买卖商品和有价证券的人。"代理人虽以自己的名义从事行为，但依照第19条、第20条的规定，假如在买卖合同中或签订合同时的种种情况中可以看出，买方或卖方的身份是佣金代理人……本人即可以向作为第三人的买方或卖方行使请求权，第三人也有权向本人主张该买卖合同项下的利益。

由罗马统一法协会起草并于1983年通过的《国际货物销售代理公约》也实行非显名主义，不强调代理人必须以本人的名义实施法律行为，第12条规定："代理人于其权限范围内代理本人实施行为，而且第三人知道或理应知道代理人是以代理身份实施行为时，代理人的行为直接约束本人与第三人,但代理人实施该行为时只对自己发生拘束力时,不在此限。”同时,第 13 条又规定,如果第三人不知道、亦无从知道代理人是以代理人身份实施行为时,其行为只拘束代理人和第三人。《国际货物销售代理公约》一方面借鉴了本人身份不公开的代理,另一方面又对其作出了不同于英美法的规定,即本人或第三人只有在出现违约事由时,方可行使介入权和选择权。2004 年通过的《国际商事合同通则》与《国际货物销售代理公约》一样,没有坚持显名主义,第 2.2.1 条第 1 款规定:“本节调整某人(代理人)通过与第三方之间的一项合同的订立或相关事项,影响另一人(本人)法律关系的权限,而不论代理人是以自己的名义还是以本人的名义行事。”第 2.2.3 条规定了显名代理(agency disclosed),第 2.2.4 条第 1 款规定了隐名代理(agency undisclosed),但没有规定本人身份不公开的代理。此外,《国际商事合同通则》第 2.2.4 条第 2 款还规定了冒名行为,即“代理人当代表一个商业与第三方达成合同时,声称是该商业的所有人,则第三方在发现该商业的真实所有者后,可以向后者行使其对代理人的权利”。

在欧盟地区,虽然主要是大陆法传统,但摒弃了大陆法上的显名主义,吸收了英美法上的非显名主义。早在 1986 年通过的《关于协调成员国间有关独立商事代理人法律的指令》第 1 条第 2 款就规定:“本指令所称‘商事代理人’系指独立经营的中间人,其具有代表另一人(以下称‘委托人’)谈判货物的销售或购买的连续性授权,或者有此授权代表委托人和以他的名义谈判并达成这类交易。”1996 年欧洲合同法委员会通过的《欧洲合同法原则》第3:102条规定:“(一)代理人以委托人的名义行为者,适用直接代理(direct representation)的规则(第二节)。在代理人行为时或者以后是否透露了委托人的身份,则是无关紧要的。(二)中间人依委托人的指令并为委托人的利益行事,但并非以委托人的名义者,或者第三人既不知道也没有理由应知道中间人系作为代理人而行为者,适用间接代理(indirect representation)的规则(第三节)。”此处所指的“间接代理”(indirect representation),实际上是借用大陆法上的概念而“装入”了英美法上的内容,因为依据第3:302条和3:303条的规定,代理人破产或不能履行义务时,委托人或第三人可行使介入权或选择权,使得该合同直接在委托人与第三人之间产生效力。

三、我国非显名主义立法的冲突与消解

(一)法律冲突的起因

我国《民法通则》第63条第2款规定了直接代理,即“代理人在代理权限内,以被代理人的名义实施民事法律行为。被代理人对代理人的代理行为,承担民事责任”。《合同法》在第二十二章中将大陆法上传统的行纪制度植入我国的同时,又在第二十一章“委托合同”中将英美法上的代理制度大胆地引入,这就是备受争议的第402条和第403

条的规定。

我国《合同法》第 402 条引入了英美法上的不公开本人姓名的代理，即“受托人以自己的名义，在委托人的授权范围内与第三人订立的合同，第三人在订立合同时知道受托人与委托人之间的代理关系的，该合同直接约束委托人和第三人，但有确切证据证明该合同只约束受托人和第三人的除外”。第 403 条规定了英美法上的被代理人身份不公开的代理，即“受托人以自己的名义与第三人订立合同时，第三人不知道受托人与委托人之间的代理关系的，受托人因第三人的原因对委托人不履行义务，受托人应当向委托人披露第三人，委托人因此可以行使受托人对第三人的权利，但第三人与受托人订立合同时如果知道该委托人就不会订立合同的除外。受托人因委托人的原因对第三人不履行义务，受托人应当向第三人披露委托人，第三人因此可以选择受托人或者委托人作为相对人主张其权利，但第三人不得变更选定的相对人。委托人行使受托人对第三人的权利的，第三人可以向委托人主张其对受托人的抗辩。第三人选定委托人作为其相对人的，委托人可以向第三人主张其对受托人的抗辩以及受托人对第三人的抗辩”。根据上述两条的规定，代理人以自己的名义与第三人订立合同时，如果第三人知道代理人背后存在委托关系的，该合同就直接在委托人与第三人之间产生效力；如果第三人不知道代理人背后存在委托关系时，也可能会因为委托人行使介入权或者第三人行使选择权而导致该合同直接约束委托人与第三人，即该合同在委托人与第三人之间产生效力。由于

《合同法》上第402条和第403条的规定，都有可能使未签订过合同的委托人也成为合同的当事人，使得合同的相对性原理受到冲击，由此引发了我国代理制度在相关的法律规则上存在很大的冲突，这就是《合同法》与《对外贸易法》的冲突、《合同法》与《仲裁法》的冲突以及《合同法》自身的冲突三种。

（二）法律冲突的类型

严格地讲，法律冲突，是国际私法上的专门术语，它是指涉及两个或两个以上不同法域的民事法律对同一民事法律关系的规定各不相同，却又竞相要求适用于该民事关系，从而造成的该民事关系在法律适用上的冲突现象。然而，此处所指的法律冲突并不具有国家私法上的意义。在我国，只是由于《合同法》第402条、第403条的适用，将导致《对外贸易法》关于部分货物实行国营贸易管理的规定、《仲裁法》关于自愿仲裁原则的规定以及《合同法》自身关于行纪合同的规定受到冲击，使得相应的法律规范被软化；相反，如果要坚持上述法律的相关规定，必然会使《合同法》第402条、第403条的规范功能大打折扣。正是从这个意义上讲，相互之间在适用上存在“法律冲突”。

1. 我国《合同法》与《对外贸易法》的冲突

我国《对外贸易法》虽然一改过去外贸经营权的审批制为备案登记制，使得自然人、法人、合伙企业等都有平等的从事外贸经营的权利。但是，《对外贸易法》第11条第1款规定：“国家可以对部分货物的进出口实行国营贸易管理，实行国营贸易管理货物的进出口业务只能由经授权的企业经营;但是,国家允许部分数量的国营贸易管理货物的进出口业务由非授权企业经营的除外。实行国营贸易管理的货物和经授权经营企业的目录,由国务院对外贸易主管部门会同国务院其他有关部门确定、调整并公布。"依据该条规定,我国针对部分货物实行国营贸易管理,即国家通过授权对外贸易经营者在特定贸易领域从事贸易的专营权或特许权的方式,对特定产品的进出口实施管理。[①] 国营贸易管理的实质,就是针对部分货物授权特定的企业从事进出口专营,未被授权的企业一般不得从事此类货物的进出口业务。

既然针对部分货物只有国营贸易企业才有外贸经营权,那么,如果非国营贸易企业委托国营贸易企业从事此类货物的进出口业务时,就有可能发生《合同法》第402条或第403条规定的委托人成为合同当事人的情形。例如,甲是非国营贸易企业,委托国营贸易企业乙从外商丙处购买植物油,乙以自己的名义与丙签订了买卖合同。此时,依照《合同法》第402条的规定,如果在订立合同时丙知道甲与乙是委托关系,那么该合同就直接在甲与丙之间产生效力,甲就可以依据这一合同向丙主张权利或对丙履行义务。换言之,甲通过这一合同就避开了《对外贸易法》第11条的规定,直接享有了只有国营贸易企业才能享有的外贸经营权。同样,依据《合同法》第403条的规定,无论是委托人甲行使介入权,还是第三人丙行使选择权,其结果均是导致委托人

---

① 沈四宝:《法律的真谛是实践——沈四宝教授作品集》,法律出版社2008年版,第205页。

甲进入合同,行使本来只属于受托人乙的外贸经营权。按照委托合同理论,所有签订合同的代理人均要得到委托人之委托或客观环境能表明这一委托方有缔约能力,当事人不得通过委托代理人完成他们本身没有权利或能力的事项,或者说当事人不能通过代理人来扩大其缔约能力。[①] 然而,依据我国《合同法》的上述规定,不具有国营贸易经营权的委托人也拥有了相应的资格,从而在实质上导致国营贸易经营权的泛化。这样一来,一方面国家实行部分货物的国营贸易管理,另一方面又允许通过《合同法》第402条和第403条的规定对这一限制打开缺口,这在法律逻辑上是矛盾的。由此可见,《合同法》第402条、第403条在实践中,有可能与《对外贸易法》发生冲突,其冲突的结果是规避了《对外贸易法》第11条规定的适用,使其成为一纸空文。

2. 我国《合同法》与《仲裁法》的冲突

我国《仲裁法》第4条规定:"当事人采取仲裁方式解决纠纷,应当双方自愿,达成仲裁协议。没有仲裁协议,一方申请仲裁的,仲裁委员会不予受理。"仲裁协议是双方当事人之间达成的将已经发生或可能发生的争议提交仲裁解决的意思表示,它包括合同中的仲裁条款以及单独的仲裁协议书。仲裁协议是排除法院管辖权、授予仲裁庭仲裁权的法律依据,由于事关当事人利益至巨,因而必须有双方当事人达成一致的仲裁协议方可,任何一方不同意,另一方均

---

① Henry R. Cheeseman, *Business Law*, Prentice Hall, 1992.

不得提请仲裁,仲裁庭也不得受理。仲裁协议从本质上讲就是一种合同,既是一种合同,就要坚守合同的相对性原则。所谓相对性原则,是指非合同当事人不能请求合同权利,也不必承担合同义务,因为只有把因意思约定而产生的效力严格限制在参与约定的人之间,才会被认为是符合法律程序的,才会被赋予自治与自由。①

但是,由于我国《合同法》第402条、第403条的规定,将会破坏仲裁协议的相对性原则,从而对《仲裁法》第4条形成很大的冲击或挑战。比如,国内甲企业,委托乙外贸公司与外商丙签订进口合同,乙以自己的名义与外商丙签订了进口棉花的合同,在该合同约定了仲裁条款。此时,如果外商丙在订立合同时知道乙是受甲的委托,那么,依据《合同法》第402条的规定,该合同就应该在甲与丙之间直接生效,同理,其中的仲裁条款也应在甲与丙之间产生效力。按照《合同法》第403条的规定,如果委托人行使了介入权或者第三人行使了选择权,也会发生同样的情形。在此情形下,未签订仲裁协议的甲,由于《合同法》上述两个条文的规定,都要受该仲裁协议的约束,即使不同意仲裁,也得接受仲裁,这无疑破坏了合同的相对性原则,扩张了仲裁协议的效力范围,违背了仲裁法上的自愿仲裁原则。

3. 我国《合同法》内部的冲突

我国《合同法》在第二十二章专章规定了大陆法上的行纪合同,其中第414条规定:“行纪合同是行纪人以自己的

① 李永军:《合同法原理》,中国政法大学出版社1995年版,第251页。

名义为委托人从事贸易活动,委托人支付报酬的合同。”行纪合同的本质是“二人合同结构”①,即它通过两个合同构成,一是委托人与行纪人的“行纪合同”,二是行纪人与第三人的“执行合同”。② 此种合同具有明显的封闭性特征,主要表现在两个方面:一方面,行纪人以自己的名义与第三人签订合同,委托人不能加入其中;另一方面,行纪人直接承受与第三人所签合同的后果,然后再依据行纪合同将其结果移转于委托人。行纪合同的作用在于:

(1) 委托人得享受与他人进行交易的利益而不暴露其身份,从而保护其商业秘密;

(2) 第三人只需信赖行纪人而无需虑及幕后的委托人的信用及支付能力,有利于交易的安全和便捷;

(3) 委托人得利用行纪人的信用、资产及知识经验;

(4) 行纪人以自己的责任从事行纪活动,能够灵活行使其权利,并使委托人的商业风险降到最低;

(5) 由于行纪人对第三人直接承担责任,故委托人不会因代理人之过失或者滥用代理权而遭受损害;

(6) 委托人和行纪人之间的关系准用委托合同的规定,故能发生与代理权的授予相同的功效。③

我国《合同法》在规定行纪合同时,在涉及行纪合同的法律适用上,其第423条规定:“本章没有规定的,适用委托

---

① 〔英〕施米托夫:《国际贸易法文选》,赵秀文译,中国大百科全书出版社1996年出版,第393页。

② 范健:《德国商法》,中国大百科全书出版社1995年出版,第253页。

③ 史尚宽:《债法各论》,中国政法大学出版社2000年版,第482页。

合同的有关规定。”依据这一规定，在委托合同中规定的第402条以及第403条就可以堂而皇之被转致适用了，其适用的结果便是行纪合同无法独立存在了。行纪合同与第402条、第403条规定的相同之处在于，受托人是以自己的名义而不是委托人的名义与第三人签订贸易合同，按照行纪合同的封闭性要求，该合同只能在受托人与第三人之间产生效力。但是，依据《合同法》第402条的规定，如果在订立合同时，第三人知道受托人与委托人之间的代理关系的，该合同直接约束委托人和第三人，在此情形下，行纪合同就有可能转化为直接代理。同样，依据《合同法》第403条的规定，如果法律规定的原因出现，委托人行使介入权或者第三人行使选择权后，委托人也进入了这一合同，成为当事人一方，主张该合同上的权利或承担该合同上的义务，此时，行纪合同也转变成了直接代理了，行纪合同自身就没有存在的必要了。

由此可知，《合同法》第402条、第403条的规定适用于行纪合同后，将直接导致行纪合同的消灭，并转变成了直接代理，从而使我国《合同法》上关于行纪合同的规定全部架空，行纪合同独特的法律功能也难以发挥了。

（三）法律冲突的消解

前述三种类型的法律冲突，归根结底在于我国《合同法》第402条和第403条中引入了英美法中的隐名代理以及不公开本人身份的代理，这两种代理形式集中反映了英美法上灵活的代理制度和不同于大陆法传统的英美法律文化。所以,这种冲突在本质上是两大法系不同法律文化的冲突。然而,这种冲突并不意味着不可消解。

本书认为,任何法律制度的设计都是基于一定的法律价值的支配下进行的,而法律价值的选择总是受到文化背景、社会背景以及法律氛围等诸多因素的制约的。所以,上述三种类型的法律规则的冲突,也是一种法律价值的冲突,这种冲突完全可以通过利益衡量的方法,运用各种措施予以消解。

1. 我国《合同法》与《对外贸易法》冲突的消解

如上所述,我国《合同法》与《对外贸易法》之间的冲突,就是指《合同法》第 402 条、第 403 条与《对外贸易法》第 11 条之间的规范冲突,冲突的结果是导致《对外贸易法》第 11 条的规定被软化,委托人可借此机会逃避该条的适用,从而使国家对部分货物的国营贸易管理落空。《合同法》规范属于私法规范,《对外贸易法》规范属于公法规范,二者既不属于同一法律领域,也不属于对同一事项进行不同规定的法律规范。所以,二者之间的冲突不能适用普通法与特别法的规则来化解。那么如何消除这一冲突呢?这里首先需要我们对这两处规范所体现的利益进行一下分析。

从我国《合同法》第 402 条、第 403 条的规定的立法背景来看,在《合同法》颁布之前,原有外贸代理制度对外贸公司利益的保护不够,外贸合同当事人之间利益不平衡。由于当时外贸合同只存在于受托的外贸公司与外商之间,一旦发生委托人违约导致外贸公司对外商的违约,外贸公司往往是“收取1%—3%的佣金，承担100%的风险”，正是基于保护外贸公司利益的考虑，在制定《合同法》时引入了英美法的隐名代理制度和不公开本人身份的代理制度，形成了第402条和第403条的规定。[①] 由此可见，《合同法》这两个条文的规定，其立法目的是为了保护外贸企业的利益而设立的，体现的是个体利益。

从《对外贸易法》第11条的立法宗旨来看，实行国营贸易管理，其目的在于确保国家在关系国计民生和国家安全的关键贸易领域享有直接的控制权，从而可以维护国家经济安全、保障人民群众生活。[②] 只有真正确保国家在这些关键领域中的控制权，我国才能在复杂的国际竞争中充分利用世贸规则来维护国家的根本利益、保证国民经济的安全和人民生活的稳定。由此可见，《对外贸易法》第11条的规定，体现的是国家利益和社会公共利益。

既然《合同法》第402条、第403条体现的是个体利益，而《对外贸易法》第11条体现的是国家利益和社会公共利益，那么，当二者发生冲突时，个体利益就要让位于国家利益和社会公共利益。对此，我国《合同法》第7条也规定：“当事人订立、履行合同，应当遵守法律、行政法规，尊重社会公德，不得扰乱社会经济秩序，损害社会公共利益。”基于这样的指导思想，在实践中需要对《合同法》第402条、第

---

① 全国人大法制工作委员会民法室编著：《〈中华人民共和国合同法〉立法资料选》，法律出版社1999年版，第266—268页。

② 沈四宝、王秉乾：《中国对外贸易法》，法律出版社2006年版，第58页。

403 条作出合理的解释,以化解冲突。

先讨论《合同法》第 402 条的规定。该条规定:“受托人以自己的名义,在委托人的授权范围内与第三人订立的合同,第三人在订立合同时知道受托人与委托人之间的代理关系的,该合同直接约束委托人和第三人,但有确切证据证明该合同只约束受托人和第三人的除外。”依据上述指导思想,该条规定的合同直接约束委托人和第三人时还应该有一个例外,那就是“不得违反法律、法规的规定,不得损害社会公共利益或国家利益”,这也是《合同法》第 7 条的当然之理。

再讨论《合同法》第 403 条的规定。按照该条的规定,委托人行使介入权或者第三人行使选择权,其结果都是导致委托人进入了合同关系,成为了合同当事人,受托人从此跳出了合同关系。但是,本书认为,此种解释结论不符合立法宗旨。事实上,无论是基于委托人行使介入权的原因导致委托人直接向第三人主张合同权利,也还是基于第三人行使选择权的原因导致委托人向第三人承担合同义务,均未使委托人成为合同当事人,该合同的当事人仍然是受托人与第三人,只不过在这些情形下,由委托人取得了受托人的权利(委托人行使介入权的情形),或者是由委托人承受了受托人的义务(第三人行使选择权的情形)。行使合同上的权利,或者承担合同上的义务,并不意味着就必然成为合同当事人了。比如,为第三人利益的合同、由第三人利履行的合同以及在合同债权或债务转让的情况下,第三人或者受让人并不是该合同的当事人,《合同法》第 403 条的规定也是如此。既然委托人没有成为合同当事人,那么所谓由委托人取得了只有受托人才会拥有的国营贸易经营权的结论就是错误的。通过这样解释,《合同法》第 403 条的规定就与《对外贸易法》第 11 条的规定就不矛盾了,二者是和谐一致的。

2. 我国《合同法》与《仲裁法》冲突的消解

我国《仲裁法》第 4 条规定的是自愿仲裁原则,而自愿仲裁的标志就是双方当事人达成一致的仲裁协议。如前所述,《合同法》第 402 条、第 403 条规定的适用,将会出现未签订合同的委托人被迫接受合同中的仲裁条款的问题,由此就出现了与自愿仲裁原则相冲突的现象。如何消解这一冲突,最高人民法院在 2006 年 8 月发布的《关于适用〈中华人民共和国仲裁法〉若干问题的解释》也没有作出明确规定。有学者提出要引入民事诉讼中的诉讼第三人制度,建立仲裁第三人制度,这样委托人即使没有参加合同的签订,但作为第三人是可以参加到仲裁程序中来的。但是,本书认为,这只是一种理论设想,至少目前我国的仲裁制度中还没有认可仲裁第三人,更何况仲裁第三人制度是否可行还需要进一步商榷,主要理由是:

第一,实行仲裁第三人制度,使得未签订仲裁协议的委托人直接进入仲裁程序,必然使仲裁管辖蒙上一层诉讼化的色彩,具有非契约性和强制性,从而与仲裁的本质相悖。

第二,如果在仲裁实践中,将为签订仲裁协议的第三人纳入仲裁而产生的仲裁裁决有可能被法院裁定撤销或者判决不予执行,因为根据我国《仲裁法》第 58 条、第 63 条的规定,没有仲裁协议的,裁决的事项不属于仲裁协议的范围或者仲裁委员会无权裁决的,被请求执行的法院可以依据被申请人的请求,拒绝承认和执行判决。所以,为了保证日后仲裁裁决的可执行性,仲裁庭也不会轻易将未签订仲裁协议的第三人纳入仲裁。①

本书认为,委托人是否受合同中仲裁条款的约束,不可一概而论,应当区分情况,分别对待:

第一,如果发生《合同法》第 402 条的情形时,委托人应当接受仲裁条款的约束。因为按照第 402 条的规定,受托人是在委托人的指示下在授权范围内所签的合同,而且委托人与受托人的关系是公开化的,作为委托人理应知道这种委托关系的公开化按照《合同法》的规定将会产生什么样的后果,也就是说,此时委托人承受该合同是在其预料中的。可见,在这种情况下,让委托人受合同中仲裁条款的约束并不违背其意愿,因为委托人对由此产生的后果是有思想准备的,否则,他将不会同意公开自己的身份的。

第二,如果发生《合同法》第 403 条的情形时,也要区分两种情况:一是在委托人行使介入权的情形,委托人应当接受合同中仲裁条款的约束。因为在此时,是委托人主动介入合同关系的,通过他的这一行为完全可以推定,他将接受该合同中的包括仲裁条款在内的所有条款,也就是说,他的行使介入权的行为就是对仲裁条款的承认,除非他在介入合同时申明他将不受该仲裁条款的约束。二是在第三人行

① 苏浩:《小议外贸代理中仲裁条款落空风险问题》,载《人民司法》2003 年第 6 期。

使选择权的情形,委托人不应当受合同中仲裁条款的约束。很明显,在这种情况下,委托人是被迫进入合同的,除非他在进入合同之前明确表示同意其中的仲裁条款,否则他不应当受到约束。如果在这种情况下强迫委托人接受该仲裁条款,自愿仲裁原则将会受到摧残。

3. 我国《合同法》内部冲突的消解

如前所述,《合同法》的内部冲突主要表现在第402条、第403条与行纪合同规定的冲突,这些内部冲突,可以分为两种情形:一是第402条与行纪合同的冲突,二是第403条与行纪合同的冲突。其冲突的结果是行纪合同的存在受到威胁,行纪制度的法律价值得不到彰显,这是当初立法者没有预料到的。所以,如何化解这些冲突,显得极为重要。以下分别予以阐述。

首先,第402条与行纪合同冲突的消解。对于《合同法》第402条的规定,其原形是《国际货物销售代理公约》第12条的规定,所以,理解它的原形对于准确地理解我国《合同法》第402条的规定具有重要作用。《国际货物销售代理公约》第12条规定:"代理人于其权限范围内代理本人实施行为,而且第三人知道或理应知道代理人是以代理身份实施行为时,代理人的行为直接约束本人与第三人,但代理人实施该行为只对自己发生拘束力时(例如所涉及的是行纪合同),不在此限。"[①]我国《合同法》在规定第402条时,尽管在表述上与之不完全相同,但在立法宗旨上是一致

① 引自曹建明、陈治东、朱榄叶编:《国际公约与惯例(国际经济法卷)》,华东理工大学出版社1994年版,第43页。

的,即都是为了保护受托人的利益。二者的差异在于:(1)《国际货物销售代理公约》规定,即使第三人属"理应知道"代理人是以代理身份实施行为时,也构成隐名代理,而我国《合同法》第402条没有规定"理应知道"的情形;(2)《国际货物销售代理公约》明确地通过例示的方法将行纪合同作为本条适用的例外情形,而我国《合同法》第402条采用了"但书"的形式做了较为抽象的例外规定,即"但有确切证据证明该合同只约束受托人和第三人的除外"。按照法意解释的方法,我国《合同法》上的规定,应该将行纪合同包括在"但书"的情形中。这样一来,《合同法》第402条规定的适用,已将行纪合同排除在外了。此种解释结果,不仅符合立法者的本意,而且也化解了第402条与行纪合同的冲突。

其次,第403条与行纪合同冲突的消解。《合同法》第403条的规定是来源于《国际货物销售代理公约》第13条,该条规定,"(1)代理人于其权限范围内代理本人实施行为,在下列情形,其行为只拘束代理人和第三人:(a)第三人不知道、亦无从知道代理人是以本人身份实施行为;或者(b)代理人实施该行为只对自己发生拘束力(例如所涉及的是行纪合同)。(2)但是,(a)当代理人无论是因第三人不履行义务或是因其他原因而未履行或无法履行其对本人的义务时,本人可以对第三人行使代理人代理本人所取得的权利,但应受到第三人可能对代理人提出的任何抗辩的限制。(b)当代理人未履行或无法履行其对第三人的义务时,第三人可对本人行使该第三人对代理人的权利,但应受到代理人可能对第三人提出的任何抗辩的以及本人可能对代理人提出的任何抗辩的限制……”。与此相比，我国《合同法》第403条对于委托人行使介入权或第三人行使选择权的条件局限在“受托人因第三人的原因对委托人不履行义务”以及“受托人因委托人的原因对第三人不履行义务”的情形，显然要比《国际货物销售代理公约》上的规定限制得严格。但是，无论是《国际货物销售代理公约》的规定，还是《合同法》第403条的规定，其目的都是为了保护受托人的利益，因为通过介入权或选择权的行使，最后均导致受托人有机会得以解脱困境。

然而，行纪合同的“二人合同结构”，严格地奉行合同相对性原则，其目的是为了保护委托人的利益，使得委托人可以利用行纪人的知识、信用、资产等来实现利益最大化的目的，同时也使自己的损失降到最低。所以，这一制度的宗旨与第403条的宗旨是不同的，二者难以相容。在这种情况下，如果根据《合同法》第423条的规定，行纪合同也可以适用委托合同中第403条的规定，那么行纪合同也就失去了存在价值，这显然不是立法者的本意。对此，我国有学者认为，《合同法》第414条将行纪合同定义为“行纪人以自己的名义为委托人从事贸易活动，委托人支付报酬的合同”，其中，依行纪的特点，将“贸易活动”按照惯例解释为“动产买卖或其他交易”而不包括不动产交易，自可成立。该条文虽未对“行纪人”的含义作出阐明，但根据其“为委托人从事贸易活动并收取报酬”的行为性质，并基于“贸易”一词在我国通常指商业经营行为而非一般民间交易，可将“行纪人"解释为"以行纪为营业的企业或者个体商人"。由此得出的结论便是,我国《合同法》第 403 条的规定仅适用于非行纪的间接代理;反之,行纪行为不适用该第 403 条的规定。[①]

本书认为,这一结论是正确的,但其理由是本末倒置的。事实上,《合同法》第 423 条所讲的"适用委托合同的有关规定",应该是指与行纪合同的性质、内容不矛盾的那些规定,如果在性质上、内容上与行纪合同相矛盾,比如第 402 条、第 403 条就不能适用。这种解释结论不仅符合立法者的本意,而且也使《合同法》内部冲突得以消解,从而消除了体系违反的现象,所以,应该是一种最为科学、合理的解释。

四、对我国《合同法》第 402 条、第 403 条的修改建议

大陆法系代理法整体上注重对交易安全的保护,例如,在代理权的产生上,承认代理权授予行为的独立性与无因性;在实施代理行为时,强调代理人必须以被代理人的名义实施代理行为,这一显名主义的要求,其实质是向社会公开代理关系,从而确保与代理人进行交易的第三人能够根据这一信息预先安排交易风险;在无权代理时,被代理人对善

① 尹田:《民事代理之显名主义及其发展》,载《清华法学》2010 年第 4 期。

意第三人承担表见代理责任，或者无权代理人对第三人承担无权代理责任。可以说，大陆法系国家的立法以第三人利益为本位，对交易安全的保护贯穿了代理制度的全部，秩序与安全是其首要的价值取向。

然而，过度地保护交易安全，必然是以牺牲效率价值为代价。例如，严格奉行显名主义，将公开代理关系作为代理行为的后果归属于被代理人的形式要求，其结果导致代理制度过于封闭和死板，不具有灵活性，如果代理人实施代理行为时未以被代理人的名义进行，其行为后果要想归属于被代理人，必须借助行纪合同的二元结构才能达到目的，这样极大地提高了交易成本，降低了交易效率。

因此，本书认为，在无权代理时，代理权的有无，纯属代理人与被代理人内部的事情，善意第三人无从得知，代理制度的重心应当偏向于第三人。但是，在有权代理下，应当优先考虑被代理人的利益，注重交易效率，使得代理的法律效果能够通过灵活、便捷的途径归属于被代理人，唯有如此，方可实现代理的目的。对此，英美代理法以被代理人利益为本位，通过不公开本人姓名的代理（unnamed but disclosed agency）和不公开本人身份的代理（agent for principal undisclosed）较好地发挥了代理的功能，体现了效率这一价值取向。我国《合同法》第 402 条、第 403 条也规定了这两种代理形式，未来民法典应当继续保留，但应当进一步完善。

（一）第 402 条的修改意见

我国《合同法》参考《国际货物销售代理公约》第 12 条

的规定,在第 402 条规定了不公开本人姓名的代理:“受托人以自己的名义,在委托人的授权范围内与第三人订立的合同,第三人在订立合同时知道受托人与委托人之间的代理关系的,该合同直接约束委托人和第三人,但有确切证据证明该合同只约束受托人和第三人的除外。”对于该条规定,建议我国未来民法典将“受托人以自己的名义”修改为“受托人非以委托人的名义”,理由在于:

其一,从理论上看,不公开本人姓名的代理无须是“受托人以自己的名义”为之。所谓不公开本人姓名的代理是指代理人所为的意思表示,即使未明示为本人为之,如相对人明知或可得而知其为本人为之,也直接对本人发生效力之代理也。立法之所以认可这种代理,是因为“以本人的名义”只是告知相对人将来承受合同后果的是本人,而不是代理人,相对人据此可知道自己的交易对象以及因此决定采取的措施,一句话是为了保护相对人的利益。但是,如果代理人没有以本人的名义,但相对人根据情况已经知道或应当知道对方当事人是谁,或者对方当事人是谁对他来讲并不重要时,该合同同样在本人与相对人之间产生效力。

其二,从比较法上看,不公开本人姓名的代理在大陆法上与之相近的代理形式为隐名代理,是显名代理的例外情形,只不过因有行纪制度而未受到重视。比如,《德国民法典》第 164 条第 1 款后段规定:“其意思表示无论系明示以被代理人名义而为之者,或按情况可断定系以被代理人名义而为之者,并无区别。”《瑞士债务法典》第 32 条第 2 款规定:“代理人在订立合同时未公开代理关系的,则合同对委托人不具有法律约束力。但依据客观情况合同的另一方当事人默示已知代理关系的存在或者订立合同当事人的身份对其没有影响的除外。"《日本民法典》第100条也规定:"代理人未明示为本人而进行的意思表示,视为为自己所为。但是,相对人已知其为本人或可得而知其为本人时,准用前条第(一)款的规定。"我国台湾地区"民法"虽未规定,但在司法实践中予以承认,如1993年度"台上字第672号判决"指出:"代理人虽未以本人之名义为法律行为,而实际上有代理之意思,且为相对人所明知或可得而知者,即难谓不发生代理之效果,此即所谓之'隐名代理'。"[①]上述规定都是关于隐名代理的规定,但并没有强调是"受托人以自己的名义",只要是"非以委托人的名义为之"即可。

其三,从立法渊源上看,我国《合同法》第402条的规定是直接来源于《国际货物销售代理公约》第12条,该条规定:"代理人于其权限范围内代理本人实施行为,而且第三人知道或理应知道代理人是以代理身份实施行为时,代理人的行为直接约束本人与第三人,但代理人实施该行为时只对自己发生拘束力时,不在此限。"该条既包括显名代理,也包括隐名代理,都没有要求必须是"受托人以自己的名义"为之。

其四,从实践来看,在不公开本人姓名的代理中,受托人(代理人)可能会直接以自己的名义(如张某某)进行,也可能只表明自己的代理身份(如代理人张某某),但不公开

① 转引自陈自强:《民法讲义Ⅰ:契约之成立与生效》,法律出版社2002年版,第243页。

被代理人的具体姓名，还有可能是张某某直接声称自己就是被代理人王某某①，这三种情形都会产生隐名代理的效果。如果立法上必须强调"受托人以自己的名义"，将会使后两种情形排除在外。基于上述考虑，建议将该条的"受托人以自己的名义"一语修改为"受托人非以委托人的名义"。

（二）第 403 条的修改意见

由于本人身份不公开代理极具灵活性，可以高效、快捷地建立交易关系，同时又能极大地降低履约成本，我国《合同法》第 403 条也引入了英美法上不公开本人身份的代理（agent for principal undisclosed），该条规定："受托人以自己的名义与第三人订立合同时，第三人不知道受托人与委托人之间的代理关系的，受托人因第三人的原因对委托人不履行义务，受托人应当向委托人披露第三人，委托人因此可以行使受托人对第三人的权利，但第三人与受托人订立合同时如果知道该委托人就不会订立合同的除外。受托人因委托人的原因对第三人不履行义务，受托人应当向第三人披露委托人，第三人因此可以选择受托人或者委托人作为相对人主张其权利，但第三人不得变更选定的相对人。委托人行使受托人对第三人的权利的，第三人可以向委托人主张其对受托人的抗辩。第三人选定委托人作为其相对人

---

① 《国际商事合同通则》第 2.2.4 条第 2 款规定："代理人当代表一个商业与第三方达成合同时，声称是该商业的所有人，则第三方在发现该商业的真实所有者后，可以向后者行使其对代理人的权利。"

的，委托人可以向第三人主张其对受托人的抗辩以及受托人对第三人的抗辩。”对于这一规定，需要在以下三个方面进行完善：

（1）应将第403条中使用的“受托人以自己的名义”一语修改为“在代理权限范围内非以委托人的名义”。理由在于：

首先，英美代理法中本人身份不公开的代理，并不要求“受托人以自己的名义”为之，无论以何种方式实施，只要本人的身份没有公开，而且第三人无从得知其真实身份的，就可以适用本人身份不公开的代理规则。

其次，我国《合同法》第403条直接来源于《国际货物销售代理公约》第13条的规定，而该规定也没有要求“受托人以自己的名义”为之，只要代理人于其权限范围内代理本人实施行为，第三人不知道、亦无从知道代理人是以代理人身份实施行为的，或者代理人实施该行为只对自己发生拘束力（如所涉及的是行纪合同）的，都有可能产生本人身份不公开的代理效果。

再次，《欧洲合同法原则》在第3：301条规定的本人身份不公开的代理中，也只是要求“基于委托人的指令和为了委托人的利益，但并非以委托人的名义”即可。

最后，如果只强调“受托人以自己的名义”订立合同，将会限制这一代理现象的适用范围。所以，应将第403条中使用的“受托人以自己的名义”一语修改为“在代理权限范围内非以委托人的名义”。

（2）应当修改委托人行使介入权或第三人行使选择权

的法定条件。关于委托人行使介入权或第三人行使选择权的法定条件,目前有五种立法模式:

其一,英美代理法的模式。按照英美代理法的规定,委托人行使介入权或第三人行使选择权没有任何条件限制。

其二,《国际货物销售代理公约》模式。根据《国际货物销售代理公约》第13条的规定,委托人行使介入权的前提条件是,代理人因第三人不履行义务或是因其他理由而未履行或无法履行其对委托人的义务。第三人行使选择权的前提条件是,代理人未履行或无法履行其对第三人的义务。

其三,《荷兰民法典》模式。依据《荷兰民法典》第7:420条、第7:421条的规定[①],委托人行使介入权或第三人行使选择权的条件是相同的,即受托人没有履行义务或者陷入破产。

其四,《欧洲合同法原则》模式。依据《欧洲合同法原则》第3:302条、第3:303条的规定,委托人行使介入权或第三人行使选择权的条件均为受托人破产,或者根本不履行,或者在履行期到来之前情况表明将会发生根本不履行。

其五,我国《合同法》的模式。依据《合同法》第403条的规定,委托人行使介入权或第三人行使选择权的条件均为因对方的原因导致受托人不履行义务。

五种模式各有特点,英美法较为自由,荷兰法较为宽

① 徐海燕:《从两大法系间接代理制度的融合趋势谈我国代理立法的完善》,载沈四宝主编:《国际商法论丛》(第5卷),法律出版社2003年6月版,第420—478页。

松，《欧洲合同法原则》较为严格，中国法偏向于代理人，《国际货物销售代理公约》则区别对待，差别如此之大，不是孰优孰劣的问题，而是立法价值的取向问题。在本人身份不公开的代理中，无论是委托人行使介入权，还是第三人行使选择权，其实真正发生利益冲突的是在委托人与第三人之间，代理人的利益只是过渡利益，法律无需专为保护代理人的利益而设置委托人的介入权或第三人的选择权，我国《合同法》的规定就是为了保护具有外贸代理权的企业专门设立的，这是基于部门利益的考虑而设置的不合理制度。[①] 本人身份不公开的代理，多数情形是由于本人不愿意公开的原因而引发的，这样在对交易信息的获取上二者是不平等的，本人是知情者，第三人则是不知情者，前者处于暗处，后者则在明处。信息获取上的不平等，就意味着交易地位的不平等，法律为了体现公平正义，应当将保护的重心放在不知情的第三人身上。

所以，参考《国际货物销售代理公约》与《荷兰民法典》的规定，提出如下修改意见：委托人行使介入权的条件是，受托人破产或因第三人的原因不能向委托人履行义务；第三人选择权行使的条件是，受托人破产或者未履行或无法履行其对第三人的义务。理由在于：破产作为行使两项权利的共同条件，是因为受托人只是中间人，不是最终利益的享有者，受托人破产后，允许委托人或第三人越过受托人向对方主张权利，就是要贯彻利益与风险相一致的原则。除

① 方新军：《对我国合同法第402—403条的评说——关于两大法系代理理论差异的再思考》，载《北大法律评论》2001年第2辑，第534—552页。

此之外，委托人必须在受托人因第三人的原因不能向自己履行义务时方可行使介入权，因为引发本人身份不公开代理的是委托人自己，如果无条件地允许委托人行使介入权，将会使不知情的第三人有更多的机会遭到委托人的突然袭击，所以，应限制在因第三人的原因不能向委托人履行义务时，才能行使介入权。至于第三人的选择权，其行使条件应当宽松，因为他是处于明处的，比较被动，只要是受托人不能向自己履行义务时，均可直接行使选择权，向委托人主张权利。

（3）应当修改委托人行使介入权的除外情形。在本人身份不公开的代理中，第三人是不知情的，如果委托人在具备法定条件的情况下，突然对第三人行使介入权时，法律为了保护第三人的利益，通常为其提供两种救济渠道：一是第三人可以向委托人主张自己对受托人的抗辩权，二是第三人可提出委托人行使介入权的除外事由作为抗辩。对于前者，我国《合同法》第 403 条第 3 款参照《国际货物销售代理公约》作出了正确的规定；但对于后者，我国《合同法》第 403 条第 1 款的“但书”规定：“但第三人与受托人订立合同时如果知道该委托人就不会订立合同的除外。”考察英美代理法的规定，委托人行使介入权的除外情形有三种：一是当事人在合同中明示或默示地排除了委托人的介入权；二是第三人特别看重代理人的个人因素，需要代理人亲自履行合同的；三是第三人对身份不公开的委托人特别反感，如果知道其身份就绝对不愿与其订立合同。根据《国际货物销售代理公约》第 13 条第 6 款、第 7 款的规定，在两种情形下委托人不得行使介入权,即第三人若知道本人的身份就不会订立合同以及代理人与第三人在合同中明示或默示排除了委托人的介入权。

相比之下,我国的规定较为单一,应当增加规定其他事由,具体条文应为:“但下列情形例外:(一)代理人与第三人在合同中明示或默示地排除了委托人的介入权的;(二)第三人特别看重代理人的个人因素,需要代理人亲自履行合同的;(三)第三人与受托人订立合同时如果知道该委托人就不会订立合同的。”

综上所述,《合同法》第403条应当修改为:

> 受托人在代理权限范围内非以委托人的名义与第三人订立合同时,第三人不知道受托人与委托人之间的代理关系的,受托人破产或因第三人的原因不能向委托人履行义务时,受托人应当向委托人披露第三人,委托人因此可以行使受托人对第三人的权利,但下列情形例外:
>
> (一)代理人与第三人在合同中明示或默示地排除了委托人的介入权的;
>
> (二)第三人特别看重代理人的个人因素,需要代理人亲自履行合同的;
>
> (三)第三人与受托人订立合同时如果知道该委托人就不会订立合同的。
>
> 受托人破产或者未履行或无法履行其对第三人的义务时,受托人应当向第三人披露委托人,第三人因此可以选择受托人或者委托人作为相对人主张其权利,

但第三人不得变更选定的相对人。

委托人行使受托人对第三人的权利的，第三人可以向委托人主张其对受托人的抗辩。第三人选定委托人作为其相对人的，委托人可以向第三人主张其对受托人的抗辩以及受托人对第三人的抗辩。

第七章
代理权行使之合理限制

无论是法定代理权，还是意定代理权，都赋予代理人某种为被代理人设定负担的权利。这就不可避免地存在着代理人为了自己的利益滥用这种权利的危险，亦即代理人牺牲被代理人的利益，为自己的利益从事各种活动，包括经营活动。对于这种危险，被代理人往往只有很有限的监控可能性，而且即使被代理人要采取监控措施也为时已晚。

因此，法律需要对那些滥用危险特别大的、滥用情形较为常见的行为，预先规定代理权行使之限制。这些限制在立法上主要有自我行为（即自己代理与双反代理）之限制与代理权滥用之禁止。

一、自我行为之限制

代理人实施代理行为完全是为了被代理人的利益进行

的,如果在代理过程中与代理人自己的利益发生了冲突,必然会损害被代理人的利益,这样就违背了代理制度的本旨,因而法律通常规定,代理人不得以被代理人的名义与自己从事法律行为,也不得以被代理人的代理人、同时又作为第三人的代理人从事同一法律行为,此类行为在理论上称之为“自我行为”。[①]

在自我行为中,除了代理人外,并不存在其他人作为表意人或意思表示受领人。尽管该行为对外具有可识别性,但法律行为完全是在代理人的大脑中进行的,行为双方当事人只是在理念上,即在代理人的大脑中相互接触[②],未能真实、充分地反映双方当事人的意愿,因而一般受到各国立法之限制。

(一) 自我行为的类型

自我行为表现为以下两类:

1. 自己代理

自己代理即代理人以本人的名义与自己从事法律行为。实践中主要存在两种情况:一种是代理人以自己的名义向被代理人发出要约且代理人以被代理人的名义予以承诺;另一种情况是代理人以被代理人的名义向自己发出要约且以自己的名义进行承诺。

---

① 〔德〕迪特尔·梅迪库斯:《德国民法总论》,邵建东译,法律出版社2000年版,第723页。

② 同上。

2. 双方代理

双方代理即代理人同时代理本人和相对人为同一法律行为。双方代理的特点是：

（1）代理人同时获得了本人和相对人的授权，如果仅有一方的授权，不构成双方代理；

（2）双方授权的内容是相同的，如果授权的内容、代理事项等不同，也不发生双方代理；

（3）代理人同时代理双方为同一法律行为。[①]

无论是自己代理，还是双方代理，代理人都必须为本人的利益而行为，如果违反了代理人负有的忠实义务和善良管理人的注意义务，使自己的利益与被代理人的利益发生冲突，自应受法律的限制。

（二）自我行为的立法

大陆法系各国的立法大都明文限制自我行为。

例如，《法国民法典》第1596条规定："下列诸人，不得自己买受，或以他人之介入，而为买受下列财产，违反之者其行为无效：1. 监护人对于受监护人之财产；2. 受监护人对于受托出卖之财产。"《德国民法典》第181条规定："代理人无特别许可，不得以本人名义与自己为法律行为，亦不得为第三人之代理人与本人为法律行为；但法律行为系专以履行义务为目的者，不在此限。"《日本民法典》第108条也规定："无论何人，不得就同一法律行为，为其相对人之代

① 王利明：《民法总则研究》，中国人民大学出版社2003年版，第648页。

理人或双方当事人之代理人,但债务之履行,不在此限。”《荷兰民法典》第3:68条规定:“除另有规定外,代理人仅在所拟实施的与本人之间的法律行为的内容十分确定,足以排除双方之间的利益冲突时,方可与本人实施此种法律行为。”《瑞士债务法典》第464条专门针对经理人的自我行为作出了限制:“负责经理之责的雇员与授权的经理人被任命为整个企业的经理,或者为其自己利益或者为第三人利益受雇于其他企业所有人的,所达成的交易在委托人的商事范围之内的无效。违反本规定的,委托人有权请求赔偿,为自己利益接管有争议的交易。”

此外,大陆法系国家或地区如《俄罗斯联邦民法典》第182条第3项、《韩国民法典》第124条、《越南民法典》第153条第5项、我国台湾地区“民法”第106条[①]等均有规定。我国早在1981年制定的《经济合同法》第7条第1款第(三)项就规定:“代理人超越代理权限签订的合同或者以被代理人的名义同自己或者同自己所代理的其他人签订的合同无效。”1993年修订的《经济合同法》,仍保留了这一规定,但1999年颁布的统一的《合同法》又放弃了这一规定。

---

① 《俄罗斯联邦民法典》第182条第3项规定:“代理人不得以被代理人的名义与其本人实施法律行为,也不得以被代理人的名义与他同时所代理的其他人实施法律行为,但商业代理的情形除外。”《韩国民法典》第124条规定:“代理人非经本人的许诺,不得为本人与自己实施法律行为,或就同一法律行为代理双方当事人。但可以履行债务。”《越南民法典》第153条第5项规定:“代理人不得以被代理人的名义同自己进行民事交易,也不得以被代理人的名义同自己所代理的第三人进行民事交易。”我国台湾地区“民法”第106条规定:“代理人非经本人之许诺,不得为本人与自己之法律行为,亦不得既为第三人之代理人,而为本人与第三人之法律行为。但其法律行为,系专履行债务者,不在此限。”

与自己利益冲突的代理，在英美法系国家也同样受到禁止。英美代理法认为，代理人不得从事双方代理行为，除非代理人已经向双方被代理人全面披露了各种重要的事实，并且征得了他们的同意。如英国，代理人对于本人具有广泛的“信托”义务，意即代理人必须不使自己的利益与他对本人所负的义务相冲突。因此，本人可以不承认代理人与他自己、指定的人、亲戚或当他亦为他人的代理人时与自己或者在他自己利益与本人的利益相冲突的其他情况下所进行的任何交易。唯一的例外是，代理人已将拟议的交易全部通知本人，并且已获得他的同意。即使在交易实际上有利于本人或代理人认为有利于本人的情况下，也是这么要求的。[①] 所以，作为借款人的代理人在参与合同谈判时，不得担任贷款人的代理人；作为被保险人的代理人，不得担任保险人的代理人出具保险评估报告，因为这种评估报告直接影响到被保险人对保险人的赔偿请求权。

《美国代理法重述（第三次）》第5.04条规定：

> 以判定委托人与第三人之间的法律关系为目的，如果在某项交易或事件中，代理人仅以自己或第三人之外的人的利益为目的，并以不利于委托人的方式实施代理行为的，代理人知道或有理由知道的某一事实的通知，对委托人不产生效力。但有下列情形的，该通知仍对委托人有效：(a) 为保护与委托人善意交易的

① 〔德〕海因·克茨：《欧洲合同法》（上卷），周忠海等译，法律出版社2001年版，第330页。

> 第三人的利益而为必要时;或者(b)委托人追认或有意保留了基于代理人的行为而获得的一项利益的。通过代理人与委托人进行交易的第三人,知道或有理由知道代理人以不利于委托人的方式实施代理行为的,该第三人不属于上述条款中的善意。

但需要指出的是,英美法院认为,在双方被代理人存在利益冲突的情况下,如果代理人对其中任何一方被代理人履行代理职责,都会导致代理人对另一方被代理人所负忠实义务的违反,那么法院不得根据一方被代理人的请求,判决代理人向自己履行代理职责。之所以这样,是为了确保法院"一碗水端平"。[①] 作为代理人不能把自己的利益置于和被代理人利益相冲突位置的理念的延伸,英美代理法还认为,代理人不得利用自己作为代理人的地位从第三人处谋取利益,也不得在未经被代理人同意的情况下,擅自利用被代理人的财产或者在代理关系中获得的商业秘密,为自己谋取私利。凡是代理人通过上述方式取得的任何利益都应如数返还被代理人,而且此种返还责任十分严格:即使代理人在谋取私利的过程中承担了风险,支出了成本和费用时,也必须如数返还;即使被代理人在代理人谋取私利的过程中没有遭受丝毫的损失,也是如此。

在国际代理立法中,也针对代理人与本人的利益冲突情形予以限制,如《国际商事合同通则》第 2.2.7 条规定:"(1) 如果代理人缔结的合同涉及代理人与本人存在利益

---

① 徐海燕:《英美代理法研究》,法律出版社 2000 年版,第 203 页。

冲突,而且第三方已知或应知这一情况,则本人可主张合同无效。主张无效的权利由第3.12条和第3.14条至第3.17条调整。(2)但是,本人在以下情况不得主张合同无效:(a)本人已经同意,或已知或应知代理人涉及利益冲突;或(b)代理人已经披露与本人的利益冲突,但本人在合理时间内并未提出反对。”根据《国际商事合同通则》第2.2.7条评论1的归纳,可能导致本人利益同代理人利益或其他人利益存在冲突的情形有三种:一是代理人同时为两位本人行事,即双方代理;二是代理人与自己订立合同,即自己代理;三是代理人与同自己存在利益关系的实体订立合同。《欧洲合同法原则》第3:205条也规定:“1. 如果代理人订立的合同涉及为第三方所了解的或不可能不知道的与本人有冲突的利益,本人可依据本原则第4:112条和4:116条的规定终止此合同。2. 在下列情况下视为与本人有冲突的利益:(1)代理人同时作为该第三人的代理人;或(2)代理人与他自己订立合同。3. 在下列情况下,本人不得终止合同:(1)本人已经同意或不可能不知道该代理人的上述行为;或(2)代理人向本人披露了有关利益的冲突情况,而本人未能在合理的时间内对此提出异议。”

(三)禁止自我行为的法理依据

自我行为之所以为各国立法所禁止,在学界有两种观点:

一是当然规定说。该说认为,契约以有当事人二人以上为必要,而自己代理或双方代理系一人而兼双方当事人之资格，故与契约之性质不合，当然不得为之。

二是便宜说。该说认为，自己代理或双方代理在理论上虽非不可能，但因契约当事人双方利害互异，代理人之公正甚难自处，而代理人之狡黠者，又不免厚己薄人，故法律为保护本人之利益计，为谋代理人之便宜计，遂设有此种禁止规定。①

本书同意便宜说的观点。因为无论在何种代理关系中，有一点是内在不变的，即代理人在履行自己所受指令时，即使在其自身利益和本人利益存在冲突时，将代表本人而不是自己或其他人的利益行事。② 自己代理或双方代理虽说在理论上是可行的，但这种认可并不是毫无边际的，如果此种代理将会产生与本人的利益冲突的危险时，基于公平正义的考量，法律不得不限制这一代理权。

（四）自我行为的法律后果

自我行为的效力如何？学说意见不一，主要有两种观点：其一，无效说。该说认为，自己代理与双方代理之禁止，是保护公益之强行规定，苟有违反，应为无效。其二，无权代理说。该说认为，自己代理与双方代理之禁止，是保护私益之任意规定，纵有违反，亦属无权代理行为，而非当然无效。

在各国的立法例中，有三种类型：

---

① 胡长清：《中国民法总论》，中国政法大学出版社 1997 年版，第 311—312 页。

② 张玉卿主编：《国际商事合同通则 2004》，中国商务出版社 2005 年版，第 235 页。

第一，法国、美国以及国际代理立法中规定自己代理与双方代理属于无效代理行为。如根据《国际商事合同通则》第2.2.7条的规定，本人可宣告上述合同无效，其条件是：

（1）代理人签订的合同使得代理人与本人之间产生利益冲突。这是本人宣告合同无效的实质条件。

（2）第三人知道或者应当知道该利益冲突，此条件主要是为了保护善意第三人。

需要说明的是，在一般情况下，本人必须同时具备上述两个条件方可宣告合同无效。但如果是自己代理，本人只需满足第一个条件。但是，如果本人事先同意代理人或事后追认代理人在利益冲突下行事或者本人知道或应当知道代理人将如此行事，则本人将丧失宣告合同无效的权利。同样，如果代理人订立合同时将利益冲突的情况通知本人，而本人不表示反对的，则本人也将无法行使宣告合同无效的权利。

第二，意大利、葡萄牙以及我国澳门地区的民法典则规定为可撤销的代理行为。[①]

---

① 《意大利民法典》第1394条规定："由代理人缔结的、与被代理人利益相冲突的契约，在第三人知道或者可知道的情况下，得根据被代理人的请求而撤销。"第1395条又规定："代理人为自己的利益或者作为另一方的代理人与自己缔结的契约得被撤销，但是，经被代理人特别授权的或者契约的内容被确认排除了利益冲突可能的不在此限。"《葡萄牙民法典》第261条规定："一、对于代理人与自己作成之事务可予撤销，不论在有关事务中该代理人之另一身份为其本人或为第三人之代理人，但被代理人曾就该事务之订立特别给予同意，又或基于该事务之性质而排除出现利益冲突之可能性者除外。二、为着上款规定之效力，由具有复代理权之人所作之法律事务，视为由代理人作出。"《澳门民法典》第254条也与《葡萄牙民法典》第261条作出了相同的规定。

第三，多数的大陆法系国家和地区如德国、日本、荷兰、俄罗斯、韩国、越南以及我国台湾地区没有明确规定其效力，只是在法律上宣示“不得”实施或“禁止”实施。

本书认为，自我行为应属于无权代理行为。无效说将被代理人的利益归之为公益，显然不妥。因为无论是自己代理还是双方代理，发生冲突的只是代理人与被代理人之间的利益冲突，而代理人和被代理人的利益是特定的个体利益，难以上升为不特定的多数人的利益，因而不属于社会公共利益，因此这一结论的逻辑前提就是错误的。至于意大利、葡萄牙等国规定的可撤销说，与无权代理人相比，对被代理人的保护不利。原因是，无权代理行为所签的合同为效力待追认的合同，是否生效取决于被代理人的追认，此时被代理人掌握主动权；而在可撤销的场合，合同已对相对人生效，只是被代理人享有合同撤销权，如果被代理人已受有不利益时即可行使撤销权予以否定合同的效力，此时被代理人只是被动地享有撤销权，不占据主动地位，所以无权代理的效果更有利于对被代理人利益的保护。

（五）自我行为的例外

法律禁止自己代理和双方代理，其目的是为了防止本人与代理人的利益发生冲突，但这种冲突仅仅是一种可能性，如果不会发生冲突或者本人愿意承受这种不利益时，法律没有必要强行干预，毕竟这种冲突只是个人利益之间的冲突。

所以，基于意思自治原则和进一步保护被代理人利益的考虑，各国立法均设立一些例外情形，承认这种自我行为的效力：

（1）本人预先对自己代理或双方代理作出许可，允许代理人实施此种代理行为，排除适用法律的禁止性规定。

（2）代理行为系专为履行债务。虽未经本人许诺，但其所代为之法律行为，如系专履行债务时，不属于禁止之列。因为债务已届清偿期，代理人虽然一方面代理给付，另一方面又代理受领，但并不是新创设利害关系，只是完成已成立的利害关系而已，因而不发生利害冲突，法律对此例外地不加以禁止。当然，此之所谓清偿乃专指单纯的清偿而已，如果是代物清偿，属于重新交换利益，故不应允许。此外，抵销是相互清偿之简易方法，而非重新交换利益，因此解释上应当被许可。

（3）使本人纯获利益的代理行为。代理行为于本人纯获法律上利益，本人与代理人之间不仅无利益冲突，反而使本人利益增加，自当允许该种行为。

（4）法律规定的其他情形。比如大陆法系各国立法规定的行纪人的介入权情形，即行纪人按照委托人的指示，实施行纪行为时，有权以自己作为买受人或者出卖人与委托人进行交易活动。除上所述，自己代理或双方代理行为，如果相对人善意地相信了代理人的这一代理权，本人无论主张无效，还是行使撤销权，均不得损害善意相对人的利益。因为善意相对人的利益比本人的利益更值得保护，他代表的是交易安全与交易秩序的稳定。

最后需要指出的是，自己代理或双方代理从表面上看存在着当事人的同一性,但在本质上却是利益冲突,因而判断是否构成自我行为仅仅根据表面现象是不够的,有些代理行为外表上不存在同一性,但在实质上存在被代理人与代理人之间的利益冲突时,也应适用自我行为的禁止规定。例如,代理人通过某种计谋排除当事人同一性的行为,即如他任命一个复代理人并与该复代理人订立合同,或者为自己任命一个代理人并与该代理人订立合同。具体来说,在前者,代理人同时是被代理人 A 和被代理人 B 的代理人,此时代理人为 A 任命一个复代理人 C,然后代理人就以 B 的名义与 C 订立合同,此种情形实质上还是双方代理。在后者,代理人 A 为自己任命了一个代理人 B,然后 A 以被代理人的名义与代理人 B 签订合同,此种情形实质上也是自己代理。但是,如果代理人选任复代理人,而为自己与复代理人间之法律关系,非自己代理或双方代理,原则上应为有效。[①]

二、代理权滥用之禁止

(一) 代理权滥用之含义

代理人超越代理权实施代理行为,在构成权利外观责任时,由本人负授权人责任,如果不构成权利外观责任时,则属于无权代理,应产生无权代理人责任。但是,代理人的

① 史尚宽:《民法总论》,中国政法大学出版社 2000 年版,第 536 页。

行为未逾越代理权限，但却违反因内部关系而生的义务时，尽管明显有损于本人的利益，基于对交易安全保护的需要，如果代理行为的相对人为善意时，该代理行为仍然有效，本人必须受其约束。然而，如果相对人是恶意的，无信赖保护之必要时，代理人违反内部关系之义务的行为，依然允许其产生代理行为的有效后果，将风险分配于被代理人则有失公平，因而，代理法应对此种情形下的代理权滥用行为予以禁止。

由此可见，所谓代理权的滥用，是指代理人于从事代理行为时，虽未超过其代理权限，但违反其内部关系的义务的行为。[①] 例如，经理人将公司的款项划至他女友的账户上；监护人以被监护人的名义，不与他的妻子订立合同（此种行为属于法律明确禁止的行为），而与他的情妇订立合同。应当说，代理权作为一种资格，其内容仅涵盖“可以”，这一“可以”依法独立于“应该”。代理人“可以”在代理权力范围内为被代理人有效实施法律行为，即使他不“应该”这样做。“可以”仅仅意味着代理人的法律行为之行为对被代理人产生法律效力。[②] 违反“可以”属于超越代理权，但违反“应该”则属于滥用代理权。

（二）代理权滥用之情形

滥用代理权的情形，最严重者莫过于代理人与第三人

① 王泽鉴：《债法原理》（第 1 册），中国政法大学出版社 2001 年版，第 297 页。

② 〔德〕维尔纳 · 弗卢梅：《法律行为论》，迟颖译，法律出版社 2013 年版，第 938 页。

合谋损害被代理人的利益的行为，如监护人和他的情妇意欲侵夺被监护人财产的行为。此类行为，根据《德国民法典》第138条的规定，直接构成违反善良风俗的恶意串通行为，应为无效。我国《民法通则》第66条第2、3款规定：“代理人不履行职责而给被代理人造成损害的，应当承担民事责任。代理人和第三人串通，损害被代理人的利益的，由代理人和第三人负连带责任。”然而，大多数的滥用代理权的行为都比较隐蔽，行为也并非如此恶劣，因为通常情况下并不是双方都具有明显损害被代理人利益的意图。例如，甲委托乙出售某物，授予代理权，表示售价不低得低于5万元。丙表示愿以6万元购买该物，乙拒绝其要约，但以5万元的价格出售于丁，而丁明知其事。此例中，丁明知甲乙之间有最低售价的约定，乙曾拒绝丙6万元的要约时，甲得主张乙滥用代理权而否认其效力。又如，意定代理人，从相对人处收受贿赂，以廉价出卖本人之物品。法定代理人无为本人借款之必要，而为自己之用，向他人借钱。无论何种滥用代理权的情形，在结果上必须是损害了被代理人的利益，该利益可以是主观利益，也可以是客观利益。法定代理作为意思自治的补充，应尊重本人的客观利益。意定代理作为意思自治的扩张，应尊重本人的主观的利益，即应尊重其本人的意思，如果代理人的行为即使不违反本人的利益，只是违反本人之意愿而行使代理权，仍应构成代理权的滥用。相反，只要符合本人的意愿，即使在客观上为本人带来了不利益，也不构成意定代理权的滥用。[1]

（三）代理权滥用之判断

判断代理权滥用的标准是什么？有人主张，应以代理人的恶意行为作为基准，但是如果代理人没有恶意时，就无法处理滥用案件。主流观点认为，应当以相对人是否值得保护之要求为标准[2]，即只有在相对人不应当受到法律的保护时，否认代理权的行使才具有合理性。但如何确定相对人是否值得保护，有三种观点：第一种观点认为，相对人必须积极地知道了代理权的滥用，才能认定为相对人不应受法律的保护；第二种观点认为，只要相对人应当知道代理权的滥用即可，而不论他是否实际知道，即可认定为不应受法律的保护；第三种观点认为，代理权的滥用必须具有明显性，即相对人根据其知悉的一切情形，只要不是熟视无睹，就不可能不知道这种滥用[3]，换言之，在任何一个人看来，代理人的行为显然在滥用代理权时，就可以认定相对人不应受法律的保护了。

上述三种观点中，第一种观点的不足是，积极地知道几乎是无法证明的；第二种观点会给法律交易增加过重的负担，因为它给相对人设定了调查内部关系或者甚至探究被代理人真实利益的义务。第三种观点受到多数人的支持，

---

① 史尚宽：《民法总论》，中国政法大学出版社2000年版，第537页。

② 黄立：《民法债编总论》，中国政法大学出版社2002年版，第150页。

③ 〔德〕迪特尔·梅迪库斯：《德国民法总论》，邵建东译，法律出版社2000年版，第729页。

占据主导地位。因为如果代理人以显属有疑的方式行使其代理权，以致合同相对人对之非产生合理的疑虑不可，即怀疑代理人对被代理人有有违诚信的行为，那么，被代理人应当受到保护，以免受滥用代理权行为的危害。

（四）代理权滥用之后果

代理人滥用代理权的行为，其后果如何？有人主张，代理行为仍然有效成立，但如果相对人知道其滥用之事实或因为自己的过失而不知道其滥用的，被代理人可以恶意之抗辩对抗相对人；还有人主张，代理行为原则上有效，但相对人知道代理人之有瑕疵的意思或可得而知者，代理行为应无效；也有人主张，既是权利之滥用，则不应认为有权利或权限，此时应为无权代理。学界多赞同后一种主张，因为代理权的滥用只要不是双方恶意串通损害被代理人的利益，法律没有必要完全否认此类行为的效力，只要不使不利于被代理人的效果发生，或者是否发生效果由被代理人的追认来决定就可以了。

德国学者海因里希·施托尔将代理权的滥用划分为代理人所实施的背离目的的行为、违反义务的行为和不忠诚行为。当背离目的的行为没有为授权的本意涵盖时，该行为不生效力；违反义务的行为，特别是违反指示而实施的行为，不影响代理行为的效力；不忠诚的行为应当无效，这是因为，行为相对人应对被代理人负有保护义务。[1] 德国帝国

---

① 〔德〕维尔纳·弗卢梅：《法律行为论》，迟颖译，法律出版社 2013 年版，第 943 页。

法院在1902年作出如下判决："基于意定代理权的概念和法律性质……意定代理人原则上不应在明知将会违反授权人意思的情况下作出意思表示，意定代理人不能基于该意思表示相对于授权人享有权利，同样地，知道授权人具有不同意思且可以认识到意定代理权被滥用的第三人也不能相对于授权人主张权利。"[①]《葡萄牙民法典》第269条规定："上条之规定适用于代理人滥用其权力之情况，但以他方当事人明知或应知悉该滥用代理为限。"根据这一条文，尽管《葡萄牙民法典》未对什么是代理权的滥用作出规定，但滥用代理权的后果即为第268条规定的无权代理的后果。

① 《帝国法院判例集》15，第96页以下，第99页。转引自〔德〕维尔纳·弗卢梅：《法律行为论》，迟颖译，法律出版社2013年版，第940页。

第八章
共同代理与复代理

本人向数个代理人同时授予一项代理权，由数个代理人共同行使该代理权的现象，属于共同代理。共同代理的核心问题是如何共同行使代理权及其与单独代理的区别。代理人为处理权限内事务之全部或一部，而以代理人自己之名义另选他人予以代理的现象，属于复代理。在法定代理下，代理人原则上有权选任复代理人，例外情况下不得选任；而意定代理正好与之相反，代理人原则上无权选任复代理人，只在例外情形下（如被代理人的同意）可以选任。

一、共同代理

（一）共同代理的构成

所谓共同代理，也叫复数代理，是指两个以上的代理人共同行使一项代理权的代理。构成共同代理的要件是：

(1) 须有数个代理人,若只有一个代理人则为单独代理,而非共同代理;(2) 须只有一个代理权,如果数个代理人有数个代理权,此乃集合代理,亦非共同代理;(3) 须数个代理人共同行使一个代理权,如果可以各自单独行使时,亦为单独代理,而非共同代理。此之所谓共同行使,是指代理权平等地属于数个代理人,由数个代理人共同享有,只有经过全体代理人的同意,才能行使代理权。如果其中一个代理人未经其他代理人的同意而擅自行使代理权,均属于逾越权限的无权代理,该代理行为无效。共同代理可以有效防止各代理人之专擅,也可以免去各代理人间之矛盾,对于本人甚属有利。正是从这一意义上讲,共同代理是对代理权的限制。

理解共同代理,需注意以下几个问题:

第一,代理有积极代理(表示意思)与消极代理(受领意思)之分,而共同代理的宗旨是要求数个代理人积极地为意思表示,以防止专擅,所以共同代理应当止于积极代理,如果消极地受领意思表示也要求必须是共同受领,未免产生许多不便。

第二,共同代理中的一人不参加代理行为时,或者一人的行为存在意思表示的欠缺及其瑕疵时,整个代理行为本身也发生瑕疵。[①]

第三,在共同代理中,为构成法律行为之意思表示,应由数个代理人共同为之,但无须同时,先后为之也可。有先

---

① 〔日〕我妻荣:《新订民法总则》,于敏译,中国法制出版社2008年版,第318页。

后时，只在最后一人为意思表示时发生效力。

第四，共同代理人先由内部协议，然后推举一人对外代表行使代理权者，其效力如何，有否定说与肯定说两种。[①]本书赞同肯定说，因为虽是内部协议，但已形成共同的意思，只不过由被推举者代为表示罢了，无妨共同代理的构成。

第五，如果实施代理行为给被代理人或第三人造成了损失，应由全体代理人负连带责任；如果其中一个或数个代理人未与其他代理人协商而行使代理权，该代理权无效，给被代理人造成的损失，由实施该行为的代理人承担民事责任。

第六，并不是代理人为数人时，就一定是共同代理。如果一个委托人同时委托了数人为代理人，但各个代理人是相互独立的，各自行使代理权，这种情况下，只是存在数个单独代理，而不是共同代理。

（二）共同代理的适用范围

共同代理，可以是法律的明确规定，也可以是本人的授权表示，实践中以后者居多。

通常情况下，特别代理以共同代理的方法、概括代理以单独代理的方法进行。此外，共同代理可以适用于法定代理，也可以适用于意定代理。如《日本民法典》第 818 条第 3 项规定："父母于婚姻中，亲权由父母共同行使。但是，父

① 王泽鉴：《债法原理》（第 1 册），中国政法大学出版社 2001 年版，第 296 页。

母一方不能行使亲权时,则由他方行使。”此即法定代理权的共同行使。《瑞士债务法典》第460条第2款规定:“经理权可以授予数个人共同行使,未与约定的其他经理人合作的单个经理人的行为对委托人不具有拘束力。”我国台湾地区“民法”第556条规定:“商号得授权于数经理人。但经理人中有二人之签名者,对于商号即生效力。”此即意定代理权的共同行使。

我国《民法通则》对共同代理未作规定,只是最高人民法院在《关于贯彻执行〈中华人民共和国民法通则〉若干问题的意见(试行)》第79条第1款规定:“数个委托代理人共同行使代理权的,如果其中一人或者数人未与其他委托代理人协商,所实施的行为侵害被代理人权益的,由实施行为的委托代理人承担民事责任。”该条只对擅自单独行使代理权之责任进行了规定,未明确单独行使代理权的后果如何,解释上应为无权代理。

(三)共同代理的认定

就同一代理权有数个代理人时,究竟是共同代理还是单独代理不明确时,各国的立法态度不一致:

1. 推定为单独代理

例如,依照《法国民法典》第1857条的规定,合伙事务执行者有数人时,只有在合伙契约另有订定时,始为共同代理。《意大利民法典》第1716条第2款规定:“如果在委任没有申明诸受任人共同进行活动的情况下,他们中的每一个人均得完成该事项。在该情形下,被告知结果的委任人应当立即通知其他委任人;在没有立即通知的情况下,委任人要承担因疏忽或迟延而导致的损害赔偿责任。"《荷兰民法典》第3:65条规定:"除另有规定外,代理权被一并授予两个或者两个以上的人的,每个代理人均有权独立实施代理行为。"此外,《欧洲民法典草案》在第二编第6:110条也规定:"数个代理人有代理权限为同一本人为法律行为的,得单独为代理行为。"

2. 推定为共同代理

例如,《奥地利民法典》第1011条规定:"数个受任人如同时受任处理事务时,除委任状明白授与其中一人或数人以全权者外,对有效处理该项事务,与对委任人成立一项义务,需要全体受任人之共同行为。"《瑞士债务法典》第403条第2款规定:"数人接受一个委任的,数个受任人应当承担连带责任,只有他们共同的行为对委任人有约束力,但他们依授权派代表对第三人行为的除外。"我国台湾地区"民法"第168条也作了相同规定:"代理人有数人者,其代理行为应共同为之。但法律另有规定或本人另有意思表示者,不在此限。"

3. 不作任何规定

例如,德国、日本等国民法典并未作任何规定。

针对上述三种立法例,本书支持第一种立法,因为共同代理既系代理权之限制,如果法律强行规定为共同代理,可能会违背本人的意愿。第二种立法推定为共同代理,一方面增加了相对人调查的难度,费时费力,另一方面,数代理人之间不免彼此"扯皮",贻误事功。至于第三种立法,容易产生纠纷，也不宜采纳。

二、复　代　理

（一）复代理的法律特征

所谓复代理，又叫转代理、再代理或次代理，是指代理人为处理权限内事务之全部或一部，而以代理人自己之名义另选他人予以代理之代理也。换言之，复代理人根据代理人的再授权，为本人所为的代理。通过复代理，形成了所谓多层代理。复代理的产生以代理人是否拥有复任权为前提，而复任权的有无，取决于代理人的代理权限。

复代理的法律特征在于：

第一，复代理以本代理的存在为前提。本人授予代理人以代理权后，由于代理人在专业知识或精力方面的限制，或者基于规模经济的考虑，也或者因为在紧急情况下代理人客观上无法或者很难亲自实施代理行为，代理人不得不为被代理人另外寻找他人，而由该他人（即复代理人）代理本人实施代理行为。所以，复代理的产生必须以本代理的存在为前提，否则就成为无源之水、无本之木。

第二，复代理人是本人的代理人，不是代理人的代理人。复代理人是以本人的名义而不是代理人的名义实施代理行为的，同时代理效果也直接归属于本人，因此复代理人是本人的代理人，不是代理人的代理人，否则应属于一般代理。此外,复代理人也不是代理人的辅助人,其作为本人的代理人,是独立地表示意思或接受他人的意思。

(二)复代理人的法律地位

关于复代理人的法律地位,在各国的立法、学说与判例中主要有以下几种观点:

其一,德国早期通说及联邦最高民事法院曾区分两种复代理:一是本代理人以被代理人名义任命复代理人,称为直接复代理;二是本代理人以自己的名义任命复代理人,称为间接复代理。基于上述分类,一般认为前者的复代理人是本人的代理人,后者的复代理人是代理人的代理人。在后一种情形下,复代理人发出的法律行为上的意思表示的效果依据两种代理权关系,即原代理关系与再代理关系,仿佛穿过了代理人,然后归属于本人承担。就结果而言,这一做法受到学界的肯定,但对法律效果的"穿过说"持否定态度,因为代理人与这些法律效果无关,他并非作为通道站与这些效果有什么关系。[①] "透过"之说,无非将间接复代理人之本代理人视作游魂而已,富含想象,却无实益。[②]

其二,《美国代理法重述(第三次)》认为,复代理人既是被代理人的代理人,同时也是原代理人的代理人。其第3.15条第1款规定:"复代理人是指由代理人指定的,在代理人向委托人承诺的代理范围内,为代理人的本人的利益

---

① 〔德〕迪特尔·梅迪库斯:《德国民法总论》,邵建东译,法律出版社2000年版,第721页。

② 朱庆育:《民法总论》,北京大学出版社2013年版,第339页。

实施代理行为,并且由原代理人对其行为向委托人承担责任的代理人。复代理人与代理人之间,以及复代理人与代理人的委托人之间,属于第1.01条规定的代理关系。”依此规定,复代理人既为本人的利益实施代理行为,应是本人的代理人;既然原代理人对复代理人的行为向被代理人负责,说明复代理人又是原代理人的代理人。所以,根据第1.01条的规定,复代理人与代理人之间,以及复代理人与代理人的委托人之间均是一种代理关系。

其三,英国代理法学者认为,复代理人是原代理人的代理人。英国学者鲍斯泰德(Bostead)指出,代理人选任复代理人的行为如果得到了被代理人的事先授权或事后追认,那么复代理人的行为能够拘束被代理人,就像代理人的行为拘束被代理人一样。但是,复代理人的行为拘束被代理人,并不是因为代理人是被代理人的代理人,而是因为被代理人要受代理人行为的拘束,而代理人的行为恰恰是通过复代理人实施的。复代理人与被代理人之间没有直接的合同关系,因此,被代理人与代理人之间、代理人与复代理人之间应分别由双方当事人之间的合同调整。①

本书赞同大陆法系的通说,即复代理人是被代理人的代理人。原因在于:

(1)代理人代被代理人以被代理人之名义对于第三人为授权时,第三人直接取得被代理人的代理人之地位,第三人与为授权之代理人之间,不发生任何法律关系,授权行为

① F. M. B. Reynolds, *Bostead on Agency*, Sweet & Maxwell, 1985, p. 130.

之撤回亦得由被代理人为之。[①]

(2)复代理人以被代理人的名义与第三人进行交易,对于第三人而言,复代理人就是被代理人的代理人,第三人既没有必要、也没有能力知道复代理人是经被代理人授权而由代理人指定的。

(3)如果复代理人是代理人的代理人,那么复代理人与第三人签订合同的法律后果在逻辑上应先归属于代理人,然后再根据被代理人与代理人之间的委托关系间接移转于被代理人,这样徒增不少麻烦,而且一旦发生纠纷,又增加了处理纠纷的难度。所以,将复代理人视为被代理人的代理人,可以减少代理人的中间环节,降低代理成本。[②]

(4)复代理人是代理人以被代理人的名义所选任的代理人。复代理人的选任行为,并非代理行为。代理人处于被代理人的地位作出授权,且该授权的效力及于被代理人。[③] 换言之,代理人以本人名义对于第三人为授权时,第三人直接取得本人代理人的地位,第三人与为授权之代理人之间不发生任何法律关系,授权行为之撤回亦得由本人为之。代理人原则上未经本人之授权,不得将此种代理人解任。[④]

(5)复代理人的代理权不得大于代理人的代理权。由于代理人是为处理自己权限范围内的受托事务才另选他人

---

① 史尚宽:《民法总论》,中国政法大学出版社 2000 年版,第 507 页。

② 徐海燕:《英美代理法研究》,法律出版社 2000 年版,第 200 页。

③ 〔德〕卡尔·拉伦茨:《德国民法通论》(下册),王晓晔、邵建东等译,法律出版社 2003 年版,第 858 页。

④ 史尚宽:《民法总论》,中国政法大学出版社 2000 年版,第 564 页。

为复代理人，因而复代理人所取得的代理权限只能等于或小于代理人的代理权限，而不能超出这一范围，否则即构成无权代理。

（三）复代理的立法例

复代理在大陆法系国家或地区的立法中主要有以下两种立法例：

一是未设明文规定，如德国、瑞士以及我国台湾地区。这些国家或地区的立法不仅没有规定复代理，而且在委任契约中还明文禁止。如《德国民法典》第664条第1项规定："在发生疑问时，受托人不得将处理委托事务转托于第三人。转托得到同意的，受托人仅对在转托时可归责于自己的过失负责。对其助手的过失，受托人根据第278条的规定负责。"另外，根据《德国商法典》第48条第1款的规定，经理权的转授予不被允许[①]。《瑞士债务法典》第398条第3款也规定："受任人应当自己完成委任任务，但其被授权或者由于客观情况不得不由第三人执行的或者劳务关系依习惯可以由第三人替代履行的除外。"我国台湾地区"民法"第537条规定："受任人应自己处理委任事务。但经委任人之同意或另有或有不得已之事由者，得使第三人代为处理。"第484条又规定："雇用人非经受雇人同意，不得将其劳务请求权让与第三人，受雇人非经雇用人同意，不得使第三人代服劳务。当事人之一方违反前项规定时，他

① 〔德〕C. W. 卡纳里斯：《德国商法》，杨继译，法律出版社2006年版，第372页。

方得终止契约。”根据上述规定，学者普遍认为，在有疑义时代理人无复任权。[①]

二是设有明文规定，如法国、荷兰、日本、韩国以及我国澳门地区。这些国家或地区的立法明文规定了代理人的复任权，其中尤以日本的规定为典型。《日本民法典》第 104 条规定：“委托代理人除非经本人许诺或有不得已事由，不得选任复代理人。”第 106 条规定：“法定代理人可以以其责任选任复代理人，但是，有不得已事由时，只负前条第（一）款所定的责任。”依照日本的上述规定，法定代理人原则上有复任权，而意定代理人仅在例外情形拥有复任权。《韩国民法典》第 120 条、第 122 条与日本的上述规定相同。《荷兰民法典》第 3:64 条规定：“代理人仅在下列情形可以将被授予的代理权授予他人：a. 转托的权力是被实施法律行为性质的必然结果，或者符合习惯；b. 将代理权转托确为保障自己不能实施法律行为的本人的利益所必须；c. 代理权涉及位于代理人拥有住所的国家以外的财产。”葡萄牙、俄罗斯和我国澳门地区的民法典中关于复代理权的规定只限于意定代理，对于法定代理没有明文规定。如《澳门民法典》第 257 条第 1 款规定：“仅在被代理人容许受权人可由他人替代之情况下，又或按照授权之内容或导致授权之法律关系，受权人具有由他人替代自己之权能，受权人方得由他人替代。”《俄罗斯民法典》第 187 条第 1 款规定：“被授予委托书的人，应亲自实施授权给他的行为。如果委托书授权

---

① 胡长清：《中国民法总论》，中国政法大学出版社 1997 年版，第 323 页。

可将委托事项转委托他人或者为了维护委托人的利益而迫不得已时,可以转委托他人实施这些行为。”在我国,《民法通则》明文规定了委托代理人的复任权,第68条规定:“委托代理人为被代理人的利益需要转托他人代理的,应当事先取得被代理人的同意。事先没有取得被代理人同意的,应当在事后及时告诉被代理人,如果被代理人不同意,由代理人对自己所转托的人的行为负民事责任,但在紧急情况下,为了保护被代理人的利益而转托他人代理的除外。”依此规定,委托代理人为被代理人的利益需要转托他人代理的,应征得被代理人的同意,或者虽事先来不及请示但在事后获得了被代理人的追认。除此之外,在紧急情况下无需征得被代理人的同意也可以转托他人代理。

在英美法系国家,代理人选任复代理人的权限较为宽松,被代理人可以授权或者追认代理人选任的复代理人。如《美国代理法重述(第三次)》第3.15条规定:

> (1)复代理人是指由代理人指定的,在代理人向委托人承诺的代理范围内,为代理人的本人的利益实施代理行为,并且由原代理人对其行为向委托人承担责任的代理人。复代理人与代理人之间,以及复代理人与代理人的委托人之间,属于第1.01条规定的代理关系。(2)只有代理人有实际授权或表面授权时,代理人才可以委任复代理人。

除此之外,在下列情形,代理人选任复代理人无需获得被代理人的授权或追认:

（1）代理人委托复代理人是代理人所在行业的惯例，而且与代理协议的明示条款不发生冲突；

（2）在设立代理关系时，被代理人知道代理人会把自己的代理权限转托他人，但没有提出异议；

（3）从具体的案情和当事人的行为中能够推定，代理人应当有权再行委托他人；

（4）代理人只有借助他人的协助，才能完成被代理人委托事务的全部或一部；

（5）代理人委托复代理人的事务是纯粹事务性工作，不涉及被代理人和代理人之间的信任关系，也不要求复代理人行使自由裁量权；

（6）因为发生了不可预见的情况，致使复代理成为必要。①

一些国际代理立法中也承任意定代理人的复任权，如2004年的《国际商事合同通则》第2.2.8条规定："代理人有指定次代理人履行那些非合理预期代理人本身履行的行为的默示权力。"《欧洲合同法原则》第3:206条规定："如果代理人有默示授权可指定另一复代理人为非属个人性质的行为，且要求代理人自己完成此项任务是不合理的，本章的规则适用于此项复代理。复代理人在代理人授权范围内所为的行为直接约束本人和第三人。"

据此，代理人在两种情况下有权选任复代理人：第一，本人明确授权代理人可以委任复代理人，如果本人对选任

---

① 徐海燕：《民商法总论比较研究》，中国人民公安大学出版社2004年版，第198页。

复代理人作了一定限制，代理人应当遵守。第二，本人授权时没有明确代理人是否有权委任复代理人的，代理人亲自履行代理行为构成不合理期待时，代理人有权任命复代理人代为履行。例如，完成特定工作距代理人的业务地点遥远。根据上述国际立法的规定，关于代理权的规定适用于复代理。换言之，如果复代理人在其代理权限范围内行事，则复代理人的行为约束本人及第三人。

（四）代理人的复任权

1. 意定代理人的复任权

在委托代理中，由于代理是一种基于一定的人身信任关系而产生的，而代理人又可以随时辞任，因此原则上不得将受托事务转托给他人完成。但是在征得被代理人同意的情况下，可以由代理人将代理事务转托他人。如果没有经过被代理人的同意，代理人不得擅自转委托。因此，在委托代理中，委托代理人原则上不享有复任权，只是在法律规定的例外情况下，符合法定的条件，代理人才享有复任权。[①]这些例外情形一般是：被代理人的同意；情况紧急，不选任他人完成受托事务将会损害本人的利益；对受托事务的处理不具有人身性质；依照习惯可以将受托事务转委托给他人；代理权涉及位于代理人拥有住所的国家以外的财产。

按照我国《民法通则》第 68 条的规定，代理人在紧急情况下有复任权，最高人民法院在《关于贯彻执行〈中华人民

① 王利明：《民法总则研究》，中国人民大学出版社 2003 年版，第 626 页。

共和国民法通则〉若干问题的意见(试行)》第 80 条规定:“由于急病、通讯联络中断等特殊原因,委托代理人自己不能办理代理事项,又不能与被代理人及时取得联系,如不及时转托他人代理,会给被代理人的利益造成损失或者扩大损失的,属于《民法通则》第 68 条中的‘紧急情况’。”经过被代理人的同意或者在符合法律的例外规定的情况下,代理人可以行使复任权,将受托事务转托给他人办理。但是,本人对于代理人选任的复代理人并不了解,为了维护被代理人的利益,立法上有必要设定代理人对于复代理人的选任和监督义务,以及违反该义务时应承担的责任。所以,《日本民法典》第 105 条规定:“(一) 代理人依前条情形选任代理人时,就选任及监督,对本人负责;(二) 代理人按本人指名选任复代理人,除非知其不适任或不诚实,而又怠于通知本人或将其解任,则不负其责任。”《韩国民法典》第 121 条也作了上述相同规定。《葡萄牙民法典》第 264 条第 3 款规定:“替代经许可后,受权人仅在其选择替代人或对替代人作出指示方面有过错时,方对被代理人负责。”《澳门民法典》第 257 条第 3 款的规定与此相同。

根据上述规定,意定代理人在以下几种情况下对本人负选任复代理人的责任:(1) 选任的复代理人不胜任此项事务;(2) 对所选任的复代理人监督不力;(3) 对复代理人的指示错误;(4) 复代理人虽然是按照本人的指定所选任,但对复代理人的不胜任或不诚实情况未向本人通知或者将其解任的。发生上述事项,给被代理人造成损失的,代理人应对自己的过错承担责任。

然而,《俄罗斯民法典》第187条第2款的规定与此不同:“将代理权限转给他人的人,应将此情况通知原委托人并向他说明转受托人的必要情况。不履行这项义务,则对转受托人的行为,转委托人应作为他自己的行为负责。”按照这一规定,只要未履行通知或告知义务的,代理人应对复代理人的一切行为如同自己的行为一样负责,显然要比日本、荷兰等国家规定的责任严苛。相比之下,日本、荷兰等国家的规定较为合理,这是因为,一方面选任复代理人是在本人同意或法律规定的特殊情形下进行的,其责任自然不能与擅自选任的责任相同;另一方面,依照俄罗斯的规定,代理人只要履行了通知或告知义务即可摆脱选任责任,结果将会使代理人懈怠自己对复代理人的监督或谨慎指示的义务,如此一来,反而不利于对被代理人利益的保护。

我国《民法通则》未规定代理人的选任责任,但最高人民法院在《关于贯彻执行〈中华人民共和国民法通则〉若干问题的意见(试行)》第81条规定了代理人转托不明给第三人造成损失时的责任:“委托代理人转托他人代理的,比照《民法通则》第65条规定的条件办理转托手续。因委托代理人转托不明,给第三人造成损失的,第三人可以直接要求被代理人赔偿损失;被代理人承担民事责任后,可以要求委托代理人赔偿损失,转托代理人有过错的,应当负连带责任。”后来颁布的《合同法》第400条规定:“受托人应当亲自处理委托事务。经委托人同意,受托人可以转委托。转委托经同意的,委托人可以就委托事务直接指示转委托的第三人,受托人仅就第三人的选任及其对第三人的指示承担责任。转委托未经同意的,受托人应当对转委托的第三人的行为承担责任,但在紧急情况下受托人为维护委托人的利益需要转委托的除外。"

2. 法定代理人的复任权

在法定代理的情况下,根据《日本民法典》第106条的规定,法定代理人原则上有复任权,其他国家未见明文规定,但学界主流观点持肯定态度。如史尚宽先生认为,关于身份行为,应解释法定代理人无复任权,关于财产上之行为,可与日本民法采取相同之解释。本书同意这一观点,理由如下:

(1) 法定代理权与意定代理权的不同之处在于,前者具有全面性、概括性、综合性的特点,而后者往往具有针对性、特定性、部分性的特点。法定代理人对于如此广泛全面的代理事务,基于有限的精力和专业知识不可能事必躬亲。

(2) 委托代理是基于本人与代理人之间的信赖而产生,而法定代理多数是基于本人与代理人之间的特殊身份关系而由法律直接规定,所以,法定代理人在许多情形下不能辞去代理职务,因此如果法定代理人一旦不能亲自实施代理行为时,而又不允许代理人另选他人予以代理,将不利于本人利益的保护。

(3) 在委托代理的情形下,被代理人就复代理人的选任作出同意、追认或者拒绝的意思表示,而在法定代理的情形下,被代理人无法就复代理人的选任作出同意、追认或者拒绝的意思表示。既然如此,立法不妨直接授权法定代理人可本于自己的善意判断，以其责任选任复代理人。[①]

当然，为了保护本人的利益，依照代理制度之本旨，代理人应当亲自完成受托事务，但如果代理人选任复代理人，并因复代理人的行为给本人造成损害时，不论代理人对复代理人的选任、监督或指示有无过失，均应对该损害承担责任，即以自己的责任对本人负责。惟有如此，才能使代理人尽心尽力地为本人履行代理职责。不过，如果是因为不得已的事由选任复代理人的，应当减轻代理人的责任，即代理人应只对选任、监督或指示有过失时对本人负责，与意定代理人的转代理责任相同。对此，《日本民法典》第 106 条的规定可资借鉴。

（五）复代理的法律效果

复代理产生的法律效果从以下几个方面分析：

第一，复代理人在代理权与再代理权限范围内，以被代理人的名义实施的法律行为，其效果直接归属于被代理人。即复代理人不仅要在复代理权的范围，同时还要在代理人的权限范围内实施代理行为，否则构成无权代理。同时，复代理人必须以被代理人的名义而不能以代理人的名义实施代理行为，否则就不构成复代理，而是普通代理。当然，如果复代理人虽以代理人的名义，但同时又表明代理人是代理被代理人时，复代理的后果也应直接归属于被代理人，而

---

① 徐海燕：《民商法总论比较研究》，中国人民公安大学出版社 2004 年版，第 382—383 页。

无需经由代理人。[①]

第二,代理人选任复代理人并授予复代理权后,并不意味着自己代理权的转让,他仍然拥有原代理权,并从此之后与复代理人一起共同代理本人。[②] 而代理权的转让,是指代理人经授权后,如其长期无法代为作为,以相同内容之代理权,经本人同意转授予替补代理人,此时实际上为代理权的重新授予,原代理人退出代理关系,不再是本人的代理人。

第三,复代理权虽然是由代理人的授权而产生,但其存续依赖于两个彼此联系的授权,即被代理人对主代理人的授权以及主代理人对复代理人的授权。因此,复代理权既随被代理人与主代理人之间基础关系的终止而消灭,也随主代理人与复代理人之间基础关系的终止而消灭。[③]

第四,复代理人对于本人或第三人,拥有在授权范围内与代理人相同的权利和义务,即代理人如为意定代理人时,其复代理人亦为意定代理人,与意定代理人有同一的债法上的权利和义务;代理人如为法定代理人时,其复代理人亦为同种之法定代理人,就复任权限内之事项,与该法定代理人有同一之权利和义务。所以,《日本民法典》第 107 条第 2 项规定:"复代理人对本人及第三人,有与代理人同一的权利义务。"

第五,复代理人虽是本人的代理人,但在理论上除代理

---

① 黄立:《民法总则》,中国政法大学出版社 2002 年版,第 136 页。

② 〔日〕我妻荣:《新订民法总则》,于敏译,中国法制出版社 2008 年版,第 333 页。

③ 〔德〕迪特尔·梅迪库斯:《德国民法总论》,邵建东译,法律出版社 2000 年版,第 720 页。

关系外，复代理人与本人不发生任何内部关系。代理人对本人既是代理人，同时又处于受托人、受雇佣者等的关系上，而复代理人与本人之间没有发生同样关系的理由。但是，本人因复代理人的代理行为，取得了与代理人亲自实施代理行为所产生的相同的法律后果，因而对于复代理人，也成立与代理人同样的内部关系，这对本人或复代理人无疑都是有益的。比如，代理人如果是受托人，复代理人对本人也负有以善良管理人的注意义务实施代理行为的义务，反之，代理人若为有偿受托人，复代理人亦有接受与代理人之间约定的报酬的权利。[①]

第六，复代理权授予后，代理人仍然拥有其代理权，同时本人对于同一事项之行为也有权实施，如此一来，本人、代理人、复代理人三者分别或同时向相对人进行不同的意思表示或接受意思表示，究竟按照谁的行为发生效力？理论上有三种观点，即均为无效说、均为有效说以及代理人的意思优于复代理人、本人的意思优于代理人说，本书赞同第三种观点。因为此三个意思表示在本质上都是本人同时为之，为尊重本人的意思，应以本人的意思为准。[②]

---

① 〔日〕我妻荣：《新订民法总则》，于敏译，中国法制出版社 2008 年版，第 334 页。

② 史尚宽：《民法总论》，中国政法大学出版社 2000 年版，第 571 页。

第九章 代理行为的效力

代理行为作为一种特殊的法律行为，要想产生代理的法律效果，首先应当具备法律行为成立和生效的一般要件，其次应当具备特殊的有效要件，这些特殊要件主要是：代理人具有代理资格、行为的可代理性、代理人独立进行意思表示。上述三个特殊要件的要求，不是对代理人作为普通行为人实施法律行为的要求，而是对代理人进行有效代理的特殊要求，这些要件旨在解决一个问题，即找到代理人实施的法律行为的后果在法律上归属于被代理人的正当理由。

代理行为一旦具备了生效要件，就立即对被代理人产生了法律效力，由被代理人承受该行为的一切后果，包括因代理产生的合同之债或物权变动，甚至在一定条件下也可产生侵权责任。不过，在无权代理下，代理行为是否对被代理人产生效力，取决于被代理人的追认，追认在性质上属于事后授权。

一、代理行为之生效要件

（一）代理人适格

代理人适格，是代理行为生效的主体要件，具体包括两个方面：一是代理人必须具有代理权，这是产生有权代理的法律基础，也是代理行为后果归属于被代理人的实质要件；二是代理人必须具有意思能力，即代理人要有一定程度的理智和判断力，并能独立地表达自己的意思或意愿。以下分别加以讨论。

1. 代理人的代理权能

代理行为能否直接对本人发生效力，首先应考察行为人是否具有代理人的权能，这一权能就是代理权。前已述及，代理权既不是一种权利，也不是一种能力，而是一种法律上的权能，它非常接近于以授权为基础的处分他人权利的处分权能或者债权人授权受领给付的第三人所享有的“受领资格”，也或者接近于进行诉讼的权能，即就特定的权利或法律关系进行诉讼的资格。[①] 拥有这一资格，其实施的行为才有可能归属于本人，否则属于无权代理，而无权代理行为的后果除法律的特别规定外，一般由行为人自负责任。代理资格的要件要求，其目在于贯彻意思自治、保护本

① 〔德〕卡尔·拉伦茨：《德国民法通论》（下册），王晓晔、邵建东等译，法律出版社2003年版，第828页。

人的利益。

行为人虽有代理权,但如果不在代理权限范围内行为,也同样意味着没有实施这一行为的资格。所以,《德国民法典》第164条第1款前句规定:“代理人于其代理权限范围内,以本人名义所为之意思表示,直接为本人之利益或不利益,发生效力。”《荷兰民法典》第3:66条第1款也规定:“代理人在其权限范围内以本人名义实施的法律行为对本人具有约束力。”《日本民法典》第99条第1款也有相同的规定:“代理人于其权限内明示为本人而进行的意思表示,直接对本人发生效力。”我国《民法通则》第63条第2款规定:“代理人在代理权限内,以被代理人的名义实施民事法律行为。被代理人对代理人的代理行为,承担民事责任。”同时,第64条第2款又规定:“委托代理按照被代理人的委托行使代理权,法定代理人依照法律的规定行使代理权,指定代理人按照人民法院或者指定单位的指定行使代理权。”当然,代理人当时没有代理权或者超越代理权,但在事后获得了本人的追认时,视为代理人自始具有代理资格。

代理人虽在代理权限范围内行为,但亦应遵循诚实信用原则,尽善良管理人的义务,并不得与被代理人的利益发生冲突,否则其代理资格也会随时被否定,从而丧失其资格。比如,在自己代理或双方代理的情况下,如果行为人的利益与被代理人的利益不相容时,各国的法律往往会将其宣布为无权代理。因为在这种情况下,代理人可以使其权限为自己利益服务而不是像其被指示的那样为被代理人的利益服务,代理制度的功能在这里完全被抵消。①

2. 代理人的意思能力

代理人的代理资格,除需具有代理权外,是否还要求具有相应的法律能力?这要从两个方面来谈:

其一,是否需要具有权利能力?通说认为,代理人无需具有权利能力,因为代理人不因代理而享有权利或负担义务。所以,外国人虽在我国不享有某种权利,其权利能力受到限制,但仍然可以作为我国企业的代理人,为该企业取得此项权利。代理人固然无需具有权利能力,但被代理人一定要有权利能力,因为被代理人才是因代理而取得权利、负担义务的主体。

其二,是否需要具有行为能力?大陆法系各国民法一般均规定意定代理人无需具有完全行为能力,限制行为能力人也可以担任代理人。如《德国民法典》第 165 条规定:“代理人所为或所受意思表示之效力,不因代理人为限制行为能力人而受影响。”《法国民法典》第 1990 条也规定:“未解除亲权的未成年人,得受选任作为受委托人(委托代理人);但是,委托人仅在按照有关未成年人的义务的规则范围内,对未成年受委托人(委托代理人)享有诉权。”《荷兰民法典》第 3:63 条第 1 款也规定:“不能为自己实施法律行为的人,并非不能担任他人的代理人。”按照《意大利民法典》第 1389 条的规定,在意定代理的情况下,代理人只要对契约的性质和内容有理解能力和意思能力,该契约即可生

① 〔德〕海因·克茨:《欧洲合同法》(上卷),周忠海等译,法律出版社 2001 年版,第 330 页。

效,而无须要求代理人必须具有行为能力。《日本民法典》第102条也同样规定:“代理人无需为能力人。”由此可见,法定代理人必须具有行为能力,但意定代理人应至少具有限制行为能力。之所以要求代理人至少必须具备限制行为能力,是因为要使被代理人免受损害。因为至少在被代理人不知道其代理人不具有完全行为能力的情况下,被代理人是应该受到保护的。在法律上,保护被代理人的思想源自下列事实:代理人被授予代理权以后,即获得了一项特别的权限,他有权作为表示媒介人构建他人意思表示的内容。行使此项具有信托性质的权限,要求行为人具备一定程度的理智和判断力。正是在此意义上,代理人必须具有意思能力。[①] 不要求代理人必须具备完全行为能力,是因为代理行为的后果由被代理人而不是代理人承受,被代理人应对授予不完全行为能力人以代理权的风险负责。所以,为了使代理人的行为对本人和第三人产生拘束力,代理人只要能够充分理解其所将要完成的行为即已足矣,尽管他可能不具备以自己的名义实施行为的行为能力。

英美法对代理人的行为能力没有明确规定,但在英美代理法学者看来,代理人仅仅是本人的一种工具,本人在选择代理人时有极大的自主性,他可以选择限制行为能力人或无行为能力人作为自己的代理人,只要他愿意承担因代理人行为能力的欠缺而发生的风险。英国学者鲍斯泰德(Bostead)认为,任何精神正常的当事人,包括未成年人、无

① 〔德〕福·博伊庭:《〈德国民法典〉中的代理理论》,邵建东译,载《南京大学法律评论》1998年秋季号。

行为能力人和限制行为能力人，都可以作为代理人代表本人实施某种法律行为或签订合同。[①]《美国代理法重述(第三次)》第3.05条规定："通常情况下，任何人都可以接受授权实施代理行为，并以此影响他人的法律关系。行为人的能力决定了他因实施上述代理行为，对法律关系受其影响的当事人或第三人所承担的赔偿责任的范围。"由此看来，关于代理人的行为能力，英美法比大陆法的要求更为宽松，即使是无行为能力人也可以担任代理人。

代理人无需具备行为能力，有学者对此提出质疑：

> 公民以被代理人名义实施民事行为，与公民以自己名义实施民事行为相比，除其行为效果归属不同之外，在其他方面具有完全相同的性质。根据法律行为的基本原则，实施法律行为的行为人(无论是为自己实施行为或为他人实施行为)，均须具有相应的行为能力。因此，代理人显然应当具备与其代理实施的法律行为相适应的行为能力，即无行为能力人完全无意思能力，故不能充当委托代理人；限制行为能力人具有部分行为能力，故在其意思能力范围内，可以充当代理人，但对超出其意思能力范围之外的行为，无权进行代理；同时，鉴于代理行为的效果由被代理人直接承受，故限制行为能力人，也不能因限制行为能力人的法定

① F. M. B. Reynolds, *Bostead on Agency*, Sweet & Maxwell, 1985, p.33.

代理人的承认而为有效。[①]

本书认为，大陆法系各国的立法较为可取，主要理由是：

（1）行为能力制度的目的是为了保护未成年人或精神病人的利益，使其不因自己无能力实施的行为受到损害。但是，在代理制度中，代理行为的法律后果全部归属于被代理人，对于代理人而言，这是一种“无关紧要的法律行为”，因为该行为既不会给他带来利益，也不会给他造成损害，因此没有必要采用对未成年人或精神病人那样的保护方式予以保护。

（2）在意定代理情况下，被代理人既然授予代理权给未成年人，他自己就应当承担该未成年人由于缺乏经验可能产生的风险，所以，此时的被代理人也不需要保护。而在法定代理的情况下，根据各国法律的规定，监护人必须是完全行为能力人[②]，因而无上述风险问题。

（3）被代理人之所以选择限制行为能力人作为自己的代理人，一定是经过利益权衡的，根据意思自治的要求，法

① 尹田：《民事法律行为与代理制度研究》，重庆大学出版社1993年版，第192—193页。

② 如《德国民法典》第1780条规定：“无行为能力者，或者因精神耗弱、挥霍浪费、酗酒或吸毒成癖被宣布为禁治产者，不得被选任为监护人。”《意大利民法典》第352条规定：“患有永久性精神病的人根据申请可以免于担任监护人。”《日本民法典》第864条规定：“下列人不得为监护人：1. 未成年人；2. 禁治产人及准禁治产人；3. 被家庭法院免职的法定代理人和保护人；4. 破产人；5. 对被监护人提起诉讼或曾提起诉讼的人及其配偶和直系血亲；6. 去向不明的人。”我国台湾地区“民法”第1096条规定：“未成年人及禁治产人，不得为监护人。”

律没有强行干预的必要。[①]

(4) 代理人虽不必具有权利能力和完全行为能力，但不可无意思能力，因为代理人实施代理行为必须独立进行意思表示，因而无行为能力人不得为代理人。

我国《民法通则》虽然没有对代理人的行为能力作出明确规定，但依据第 69 条、第 70 条的规定，代理人丧失民事行为能力时，代理关系终止，对之进行反面解释即是，代理人不能是无行为能力人，最低应为限制行为能力人。不过，限制行为能力人作为代理人，仅是对于代理行为而言，不因其能力有限制而受影响，至于其与被代理人之间的内部关系，应分别而论：

第一，如果代理权的授予无基础法律关系时，仅是给予代理人以代理资格，代理人并不因之而负担义务，则授权应为有效；

第二，如果代理权的授予有基础法律关系存在时，因授予代理权而使代理人负有义务者，则非得其法定代理人之许可或承认不生效力。换言之，在此种情形下本人欲授权于限制行为能力人，而使之为代理人时，尚应征得法定代理人之同意始可。[②]

(二) 行为的可代理性

代理行为生效的第二个要件是，被代理人的行为具有可代理性。换言之，可以由代理人代为实施的行为，也即属

---

① 龙卫球：《民法总论》，中国法制出版社 2002 年版，第 598 页。

② 郑玉波：《民法总则》，中国政法大学出版社 2003 年版，第 421 页。

于代理行为的适用范围。

在英美法系,代理行为所适用的范围较为宽泛,一般认为凡是可以由被代理人做的事均可以通过代理人办理。[①]究其原因,有两个方面:一是英美法上没有抽象的法律行为制度;二是英美法中委托与代理不加区分,凡是产生委托的情况下,必然存在代理。在英美代理法中,以下行为不得代理:

(1)专属于被代理人的权利或优先权;

(2)专属于被代理人的义务;

(3)需要被代理人亲自行使自由裁量权或者需要被代理人特殊技能的行为;

(4)成文法要求被代理人亲自实施的行为。

在实践中,代理人可以实施的行为主要是订立和履行合同。被代理人可以通过代理人订立任何合同,除非该合同强调被代理人的个人因素(personal attributes)。被代理人也可以委托代理人履行合同,但合同条款明示或默示地排除他人替代履行(vicarious performance)的情况不在此限。英美代理法学者虽然没有详细论述与签订合同有关的行为是否适用代理,但从法解释学上看,只要与订立合同有关的行为既不违法,又不必由被代理人亲自实施,原则上都可由代理人代为实施。[②]

在大陆法系国家,并不是任何行为都可以通过代理人实施的,各国普遍将代理行为的适用范围确定为财产性的

---

① 何美欢:《香港代理法》(上),北京大学出版社1996年版,第15页。

② 徐海燕:《英美代理法研究》,法律出版社2000年版,第22—23页。

法律行为，具体而言：

1. 可被代理的行为只能是私法行为

代理行为的适用范围，就是代理人可以代替被代理人实施的行为有哪些，如果代理人的行为不在这些范围内，将不会产生代理法上的效果。可见，代理行为的适用范围决定着代理制度的适用范围。

从广义上讲，依照代理制度所适用的法律为划分标准，可将代理分为公法上的代理和私法上的代理两种。公法上的代理，如税务代理、商标代理、专利代理、诉讼代理等，这种代理的相对方一般为公权力机关或审判机关，所代理的事务通常不属于民事活动，所产生的后果也不是在被代理人与相对人之间发生的民事关系之变动。比如，依照我国《注册税务师资格制度暂行规定》第 12 条的规定，税务代理的范围包括：

(1) 税务登记、变更税务登记和注销税务登记；

(2) 普通发票领购手续；

(3) 纳税报告和扣缴税款报告；

(4) 制作涉税文书；

(5) 缴纳税款和申请退税；

(6) 审查纳税情况；

(7) 建账、建制、办理账务；

(8) 税务征收行政复议；

(9) 税务咨询，受聘税务顾问；

(10) 国家税务总局规定的其他业务。

又如，根据《我国专利代理条例》第 8 条的规定，专利代理的范围是：

（1）提供专利事务方面的咨询；

（2）代写专利申请文件，办理专利申请；请求实质审查或者复审的有关事务；

（3）提出异议，请求宣告专利权无效的有关事务；

（4）办理专利申请权、专利权的转让以及专利许可的有关事务；

（5）接受聘请，指派专利代理人担任专利顾问；

（6）办理其他有关事务。

依据这一规定，专利代理的事务如果属于第(2)项和第(3)项规定的范围时，也要适用《专利法》中有关专利申请方面的规定，这种代理属于公法上的代理。

又如，诉讼代理具有如下特征：

（1）在代理的内容上，诉讼代理的代理人代委托人为民事诉讼行为，所代行的是诉讼权利，属公权；

（2）在代理关系上，诉讼代理为四方面的民事诉讼关系，涉及原告、被告、代理人及法院，其中法院为审判机关，它与原告、被告、代理人非平等的关系；

（3）在对代理人所要求的资格上，诉讼代理的代理人须有诉讼行为能力，并且法人不可以担任诉讼法上的代理人。

私法上的代理就是民商事代理，这种代理的事务均为民商事法律行为，而且当事人之间都属于平等的民事主体，代理所产生的后果均导致民事关系的变动。典型意义上的代理仅指此而言，至于公法上的代理，虽名为代理，但不具有代理的实质，与代理相去甚远。所以，对代理行为适用范围的界定，就是对私法上代理范围的确定。

即使在民事代理中，其代理行为的适用范围也是特定的，而不是漫无边际的。在商品经济高度发达的现代社会，代理制度的运用极为广泛，代理形式日趋多样，代理的业务范围也日益扩大。对于各种性质不同的代理活动的法律调整，往往不一定受单一法律部门的限制，而是具有各法律部门在适用上相互交叉、相互渗透的发展趋势。也就是说，对于民事代理活动的调整，有可能涉及其他法律部门；相反，民事代理制度的基本原则，也有可能被运用于民事代理之外的其他代理活动。然而，作为民事法律制度之一的民事代理制度，毕竟有其特有的性质、特征和调整方法，因而其适用范围只能是特定的。

2. 可被代理的行为在私法行为中只能是适法行为

在私法领域内，能够导致民事法律关系变动的事实有两种：一是人的行为，二是自然事实。只有人的行为才可能发生代理的问题，自然事实与代理无缘。

在人的行为中，首先区分为适法行为和违法行为两种；前者是指法律所容许的行为，应受法律之保护也，后者是指法律所不容许的行为，应受法律之制裁也。违法行为是侵害他人利益的行为，包括违约行为、侵权行为、缔约上的过失行为以及其他债务不履行行为，这些行为是任何人都不得实施的行为，不仅本人不得实施，而且也不允许本人利用代理人去实施。违法行为之后果，不由当事人意思决定，而是基于法律的直接规定而发生。使他人代自己为违法行为,应依法承担法律责任,这与代理制度无关。即使违法行为人表示系代理他人为之,甚至该他人承认是其授意行为人为之,也不能免除行为的责任。由此可见,在人的行为中,只有适法行为才有可能发生代理,违法行为则被排除在外。

3. 可被代理的行为在适法行为中只能是表示行为

在适法行为中,又可分为表示行为和非表示行为两种。表示行为是将人的心理状态表达于外的行为,非表示行为是指与人的心理状态无关的行为,又称之为事实行为。[①] 由于事实行为不以意思表示为要素,即行为人是否表达了某种心理状态,法律不予考虑,因而在事实行为中不能贯彻意思自治,立法者基于某种立法政策将当事人的某类行为直接赋予其相应的法律效果,不允许当事人意思的介入,由法律直接为当事人作出安排。[②] 换言之,只要有某种事实行为存在,法律便直接赋予其法律效果。

所以,关于事实行为的规定是强制性规定,且都是类型化的规定。如无主物的先占、埋藏物的发现、遗失物的拾得、加工、自然孳息的收取等,在这些事实行为中,有的具有偶然性,无法预期,因而依其性质不适宜代理,如埋藏物的发现、遗失物的拾得等;还有的事实行为,本人如果不方便实施或者无法实施的,可以直接借助其他制度来实施,比如通过雇佣工人直接实施加工、自然孳息的收取等行为,而无

① 郑玉波:《民法总则》,中国政法大学出版社 2003 年版,第 292 页。

② 汪渊智:《民法总论问题新探》,人民法院出版社 2005 年版,第 184 页。

需再通过代理,以免烦劳之苦。既然非表示行为不适用代理,那就只有表示行为可以适用代理了。

除法定代理外,意定代理在多数情况下与委托有关联。委托人与受托人建立了委托关系后,是否会产生代理关系,取决于受托事务通过何种途径去完成:

(1)如果受托事务需要通过法律行为才能完成时,就需要委托人另外授予代理权于受托人,此时便在当事人之间就会产生代理关系;

(2)如果受托事务仅需要通过事实行为完成时,就无须由委托人授予受托人以代理权,此时当事人之间就不会产生代理关系。

由此可见,委托与代理并不等同,有委托关系存在,可能会产生代理,但不是必然的。在民事活动中,有些称之为代理的现象,根本不属于代理,究其原因,则是混淆了代理与委托两个不同的概念。比如广告代理,广告商接受委托后发布广告,只是对产品或服务所作的宣传,属于要约邀请,不属于意思表示,不产生法律上的效果,因而不能称之为代理。广告商的行为只是在完成委托合同上的义务,而这一义务的履行行为是通过事实行为进行的。所以,界定代理行为的范围,还要注意根据受托事务的性质区分是否会产生代理关系的问题,不能认为有委托必有代理,委托与代理混而不分。

4. 可被代理的行为在表示行为中只能是法律行为

表示行为又可分为三种:

一是"知"的表示(观念通知),即表示对于某种事项之观念的行为，如承诺迟到通知、发生不可抗力通知、瑕疵通知、债权让与通知、债务的承认等。

二是“情”的表示（感情表示），即表示某种感情的行为，如被继承人的宽恕。

三是“意”的表示，尚可分为两种，即意思通知和意思表示。其中，意思通知是表示内心某种欲望或意思的行为，如要约拒绝、履行催告、选择权行使催告等；意思表示是行为人将自己期望发生法律效果的意思通过表示行为表达于外的行为，是构成法律行为的核心要素，如设立遗嘱、订立合同、成立合伙等。

上述表示行为中，意思表示属于法律行为，而观念通知、感情表示、意思通知三者，总起来被称为准法律行为。由于代理行为的内容就是代理本人代为意思表示或代受意思表示，所以，代理行为所适用的范围主要是法律行为。至于准法律行为，因为在法律效果上是由法律直接规定，而不是按其表示内容产生，换言之，是因为有了这一表示行为才由法律赋予其法律效果的，因而与法律行为不同。但由于准法律行为在外观上与法律行为相似，均是表达某种意思，因此可类推适用有关法律行为中的意思表示和行为能力方面的规定，正是基于这一相似之处，除感情表示外，代理制度可扩张适用于准法律行为。[①] 因为情感的产生是行为人独有的，任何人都不能代替某一个人表达自己的感情，所以代理制度不适用之。

---

① 〔日〕我妻荣：《新订民法总则》，于敏译，中国法制出版社 2008 年版，第 308 页。

5. 可被代理的行为在法律行为中只能是财产行为

法律行为以其产生效果的种类为标准，可分为财产行为与身份行为两种，前者乃发生财产上效果的行为，后者乃发生身份上效果的行为。

财产行为依照其效力为标准，又可分为负担行为和处分行为。负担行为，是指以发生债权债务关系为内容的法律行为，亦称债务行为或债权行为，主要包括单独行为（如捐助行为）及契约（如买卖、租赁等），其特征在于因负担行为的作成，债务人负有给付的义务。处分行为，是指直接使某种权利发生、变更或消灭的法律行为。处分行为包括物权行为和准物权行为，其中物权行为指发生物权法上效果的行为，如所有权的转移、抵押权的设立等；准物权行为指以债权或知识产权作为标的之处分行为，如债权或专利权之让与、债务之免除等。财产行为中，无论是负担行为，还是处分行为，均可以通过代理人实施。

身份行为又可分为亲属行为和继承行为两种，前者如结婚、离婚、收养、认领等，后者如继承的承认或抛弃、遗嘱、遗赠、遗赠扶养协议等。在这些行为中，行为人的义务与其主观的意识状态不可分离，如果允许代理，行为人的义务履行能力若发生变化，可能会影响权利人的利益。因此，对于亲属行为和继承行为，依据相关法律的规定只能由本人亲自实施，不得适用代理。所以，亲属法和继承法上的具有高度人身性质的意思表示不得代理。对此，《德国民法典立法理由书》认为:“代理制度主要属于财产法上的制度。”[①]这一认识得到了大陆法系国家的普遍认可。例如,《俄罗斯联邦民法典》第182条第4款规定:“按其性质只有本人亲自才能实施的法律行为,以及法律规定的其他法律行为,均不得通过代理人实施。”我国《民法通则》第63条第1款规定:“公民、法人可以通过代理人实施民事法律行为”;同条第3款又规定:“依照法律规定或者按照双方当事人约定,应当由本人实施的民事法律行为,不得代理。”最高人民法院《关于贯彻执行〈中华人民共和国民法通则〉若干问题的意见(试行)》第78条也规定:“凡是依法或者依双方的约定必须由本人亲自实施的民事行为,本人未亲自实施的,应当认定行为无效。”

通过以上分析可知,代理行为的适用范围原则上只限于法律行为中的财产行为。当然,有些财产行为依其性质不适宜代理,如公司设立行为,此乃例外。就可代理的财产行为而言,在实践中最主要的是合同以及与合同密切相关的法律行为。此所谓“与合同密切相关的法律行为”,是指合同的变更、合同的解除、可撤销合同的撤销。如将代理的适用范围限定于合同及与合同密切相关的法律行为,势必不能充分发挥代理制度的功能,且在实际生活中也不便实行。所以,《国际货物销售代理公约》第1条第2款规定:“本公约不仅适用代理人订立此种合同,也适用代理人以订立该合同为目的或有关履行该合同所从事的任何行为。”依

① 〔德〕维尔纳·弗卢梅:《法律行为论》,迟颖译,法律出版社2013年版,第909页。

照这一规定，公约中的代理行为，不仅是订立合同的行为，还包括有关履行该合同所从事的任何行为。因此，我国必须对《民法通则》第 63 条的规定再作扩张解释，将下面的行为包括在代理的适用范围内：

（1）构成合同的意思表示，即要约和承诺。

（2）与合同密切相关的准民事法律行为。例如，要约邀请、要约撤回、承诺撤回、承诺迟到的通知、债权的主张和承认、解除合同通知、瑕疵通知、履行催告等。

（3）与合同密切相关的事实行为。由于法律行为常具有于意思表示之外，以事实行为为要素者，此时之代理，应就法律行为全部而成立，如保管合同等要物行为，物之交付虽为事实行为，也能成立代理。此之事实行为主要有订约时样品的交付与受领、实践合同标的物的交付与受领、合同履行时标的物的交付与受领、标的物的检验等。

（4）与合同密切相关的程序行为。例如，合同的公证、以不动产为标的的合同向登记机关办理登记等。既然合同是通过代理人签订的，与合同密切相关的程序行为当然也可由代理人一并办理。[①]

上述行为中，除法律行为和准法律行为外，有的属于事实行为，有的属于程序性的登记行为，严格地讲，它们不能成为单独的代理对象，只有作为一个完整的合同行为的辅助性行为时，才可以发生代理。

此外，虽然是财产性法律行为，但如果存在下列情形

---

① 梁慧星：《民法总论》（第 3 版），法律出版社 2007 年版，第 225 页。

时，也不得由代理人代为实施：

（1）被代理人不能实施的行为，不得授权代理人实施①，如违法行为或其他损害他人利益的行为。

（2）被代理人虽然可以实施，但不得通过代理人代替实施的行为，代理人也不得代为之，如事实行为、身份行为等。

（3）虽然可以由代理人代替为之，但如果存在代理人的利益与被代理人的利益发生冲突的情况时，代理人也不得实施。比如自我交易行为中的自我缔约或多方代理即是。

（4）尽管不存在代理人与被代理人的利益冲突，但代理人在代理权限范围内实施的行为，如果违反其内部义务时，即存在代理人滥用代理权的情形时，也会阻碍代理的有效性。比如代理人与相对人恶意串通损害被代理人利益的行为。

（三）代理行为中的意思表示

代理行为之所以是一种特殊的法律行为，只在于其行为后果不是由行为人承受，而是由他所代理的被代理人来承受，除此之外，与一般法律行为无异。因而，代理行为具有法律行为的一般特征，即以意思表示为核心要素。不过，该意思表示必须由代理人独立进行，也即由代理人独自代为或代受意思表示。

---

① 法谚有云："我自己不得为之事，亦不得依他人为之。"郑玉波：《法谚（二）》，法律出版社 2007 年版，第 171 页。

1. 代理行为中意思表示的归属

代理行为中的意思表示在性质上究竟是代理人的意思，还是被代理人的意思，大陆法系的学者对此一直存在争议，主要有以下几种观点：

（1）本人说（Geschaeftshermtheorie）

又称为意思表示拟制说，该说认为，代理是基于本人的授权行为而实施，代理人所表示的意思，是本人的意思。虽然本人并不发出意思表示，但是法律拟制由代理人发出的意思表示是由本人自己发出的。换言之，本人的意思表示被储存在代理权之中，代理人通过行使代理权将其传达给第三人。作为意思表示的工具，本人使用了代理人，而代理人的行为仅仅是本人对第三人实施法律行为的手段。所以，在代理行为中，真正的行为人不是代理人，而是本人，代理人属于本人的法律上的机构。[①] 此说为萨维尼（Savigny）、赫尔曼（Hellman）主张。本人行为说是法律意思主义的产物，其目的在于从法律上将代理拟制为一种本人自身的法律行为，从而恪守"意欲法律关系只能在行为人之间发生"的原则。

该说非常直观地阐明了代理人的行为归属于本人的原因，但存在以下几方面的缺陷：

第一，拟制是一种法律技术上的权宜之计，拟制作为概念上的最后应急措施，只有在找不到思想上更为简便、更符合法律体系以及实质上更为明白易懂的解决方案的情况

① 顾祝轩：《民法概念史·总则》，法律出版社 2014 年版，第 379—380 页。

下，才能考虑适用。

第二，该说抹杀了代理人独立的意思能力，使代理人沦为本人的一种工具，从而丧失其独立法律主体的价值。如果说代理行为的意义仅止于此，代理制度并无独立的必要，且事实上传达已足以完成这一“本人行为”之意义。[①]

第三，该说忽视了代理制度存在的宗旨，即扩张或弥补本人实施民事法律行为之不足或缺陷，如果认为代理行为就是本人行为的话，那么代理制度本身是否有存在的必要也就成了疑问。

所以，该说已为现代学说所不采。

（2）代理人说（Reprasentationtheorie）

又称代理人行为说，或效力及于他人的意思表示说。该说认为，将代理拟制为本人的行为是不必要的。既然代理与否以及代理的意思表示完全由代理人决定完成，就应该承认代理行为是代理人自己的行为，只不过代理人在实施这一行为时表达了要为他人的意思，因此法律才将其后果归属于本人。所以，代理行为的后果归属于本人是基于行为人的意思，即代理人表示将行为的结果归属于本人。此说为耶林（Jhering）、温德夏特（Windscheid）等学者所倡，为现今之通说[②]，并被《德国民法典》所采纳，后为意大利、瑞士等国民法承袭之。代理人行为说之所以能被多数学者接受并得到立法的承认，归根结底还是受当时法律行为理论中的表示主义的影响。所以，基于对交易安全的保护，本

① 江帆：《代理法律制度研究》，中国法制出版社 2000 年版，第 105 页。

② 郑玉波：《民法总则》，中国政法大学出版社 2003 年版，第 404 页。

人行为说要求考虑隐藏在代理人背后的本人的意思有可能会为交易相对人带来无法预测的风险。

（3）共同行为说

该说认为，法律行为中的意思表示，未必不可分割开来，也可以合作地加以实施。在代理中，并非代理人单独地，也并非被代理人单独地和排他地在法律上从事行为，而是代理人与被代理人一起从事行为，他们都是法律行为的实施者。换言之，本人通过授权行为，实施了一部分意思表示，代理人则通过代理行为，实施另一部分意思表示。代理不过是本人与代理人的共同行为而已。此说主要为图尔（Thöl）、米泰斯（Míttеís）等人主张。[①] 依据图尔的见解，在代理人与第三人之间一般不发生权利义务关系，所有的法律关系在源头上是在本人与第三人之间发生。本人的权利义务并非基于代理人的契约，而是源自以代理契约为媒介的本人自己的意志。在此，权利义务经由两个契约而产生：一是代理人依据本人的意思和意思表示，以对外显示代理权的形式与第三人缔结契约，此为基本契约（Grundvertrag）；二是本人经由代理人的基本契约与相对人缔结契约，此为主要契约（Hauptvertrag）。基本契约以代理权为媒介产生主要契约，两种契约几乎在瞬间同时成立。[②]

共同行为说的价值在于：一是肯定了代理人与被代理人在法律上处于相互作用的关系，代理制度作为一个整体

① 张俊浩：《民法学原理》（上册），中国政法大学出版社2000年版，第312页。

② 顾祝轩：《民法概念史·总则》，法律出版社2014年版，第383页。

来研究；二是强调了代理行为的独立性，并对代理行为后果的归属找到了原因。该说的不足之处是：首先，否定了授权行为与代理行为的区别，授权行为是本人的行为，是产生代理权的前提，但并非当然发生代理关系的后果。代理行为是代理人的行为，与被代理人的授权行为是两个不同的行为，将二者强行揉合到一起，较为牵强。其次，在法定代理中，根本就不存在被代理人的授权行为，何谈二者的共同呢？

（4）统一要件说

该说进一步发展了共同行为说，认为代理由授权行为与代理行为共同构成，其中，本人授予代理权的行为，既含有效果意思，又含有表示意思和表示行为，因而属于法律行为；代理人的代理行为因欠缺为自己取得法律效果的意思而不能成为法律行为，因此，代理行为只有与授权行为相结合，才能构成统一的法律行为。代理的统一要件是"本人的效果意思（经授权行为）+代理人的补充和具体化+代理人的表示意思+代理人的表示行为"。

由此可见，在代理中，代理人不是简单地传达本人的意思表示，而是为着本人计算的宗旨，使本人的意思得以具体形成，因而属于效果意思的一个形成阶段。代理行为的效果意思乃本人意思融合代理人之补助意思（为本人意思具体化所需之补充意思）而成之为统一意思。此项统一意思以直接对本人发生全部效果意思为内容，丝毫无发生效果意思于代理人之意思，故仅对本人发生代理之法律效果。[①]该说主要为穆伦·佛莱茵费尔斯(Mullen Freinfers)于1955年提出，后来受到维尔纳·弗卢梅(Werner Flume)、柯因(Coing)等人的支持。

统一要件说与共同行为说在本质上是一致的，无非是为了说明对代理行为的判断，部分以代理人、部分以被代理人为准，但其缺陷与共同行为的缺陷是相同的。

(5) 媒介说

又称为本人行为说，该说认为，代理不是代理人行为之效力及于他人的行为，而是被代理人的自我行为，换言之，是被代理人借助代理人的表示辅助间接实施的自我行为。代理人是被代理人的表示媒介人，代理人虽然表示了一定内容的意思，但由于是以他人的名义从事行为，因此其表示行为对他自己来说并不是意思表示。只有在代理人以自己的名义，针对他人发出意思表示，才存在代理人自己的意思表示行为。而在代理行为中，代理人从事的恰恰不是这种行为。在代理行为中，代理人明显是针对另一个人从事行为，代理人不过是被代理人的表示辅助人而已。所以，被代理人在法律交易中借助其代理人发出了意思表示。代理人发出的意思表示，在法律上作为被代理人自己的意思表示，全部归属于被代理人。[②] 此说为德国学者福·博伊庭所主张。

---

① 陈元雄：《民法总则新论》，台湾三民书局1982年版，第675页。

② 〔德〕福·博伊庭：《〈德国民法典〉中的代理理论》，邵建东译，载《南京大学法学评论》1998年秋季号。

本人间接的自我行为说在本质上也是本人行为说的翻版，虽然舍弃了意思拟制的路径，但将代理人视为被代理人意思表示的辅助人，仍然不能说明代理人实施代理行为时是一种独立的意志行为，代理人的独立性无法反映。所以，这种观点虽然解决了代理行为的效果归属问题，但却无法解决代理制度的独立性问题。

我国有学者赞成共同行为说，认为代理人的行为首先应是本人意志的体现，代理之所以在最终的法律效果上要归属于本人，根本原因在于代理人是基于本人的意思在从事代理行为。在具体的代理行为中，代理人又应当独立地作出或接受意思表示，因为授权行为不可能十分具体，需要由代理人根据具体情况作出判断。[①] 还有学者赞同统一要件说，主要理由是：代理中的目的是以本人为主形成的，然而代理人也予以必要的助力，即"本乎代理权，参以己意"，在行为的时空条件和相对人意思表示的制约下，使本人的目的得以具体化。具体化含有决断的意思，因而对意思形成不是可有可无的。正是在这一点上，代理与传达清晰地区别开来。此外，代理中关于为本人计算的表示，对于说明代理效果的归属，也具有不可或缺的价值。[②] 我国学界多数

① 王利明：《民法总则研究》，中国人民大学出版社 2003 年版，第 651 页。

② 张俊浩：《民法学原理》（上册），中国政法大学出版社 2000 年版，第 313 页。

学者赞同代理人行为说[①]，本书同之，理由如下：

第一，代理行为作为一种表示行为，包括两个方面的意思表示：一是作为普通法律行为内容的意思表示，如代人出售货物，关于买卖行为的表示；二是作为代他人实施行为的意思表示，即代理后果不属于自己而是归属于被代理人的意思表示，如代人出售货物中，关于为他人订立出售合同的表示。前一个意思决定买卖的具体内容，后一个意思决定买卖的后果归属，但无论哪一个意思表示，都是由代理人根据具体情况独自决定、独立表示的。

第二，代理行为的后果之所以会归属于被代理人，乃是法律为尊重代理人的意思而直接规定的结果，因为代理人在实施代理行为时具有明确的效力归属意思。所以，代理行为说并不破坏"意欲法律关系只能在行为人之间发生"的理念。

第三，从大陆法系各国的规定来看，自《德国民法典》以来，都是秉持了代理人行为说。《德国民法典》第 166 条第 1 款规定："意思表示在法律上的效力，因受意思瑕疵或对特定情形的知道或应该知道而受影响时，应以代理人为判断标准，而不应以被代理人为判断标准。"对意思表示的判断既以代理人的意思为准，那么代理行为究竟是谁的行为则不言自明。通观我国《民法通则》第四章第二节关于代

---

① 梁慧星：《民法总论》(第 3 版)，法律出版社 2007 年版，第 226 页；胡长清：《中国民法总论》，中国政法大学出版社 1997 年版，第 299 页；龙卫球：《民法总论》，中国法制出版社 2002 年版，第 570 页；江帆：《代理法律制度研究》，中国法制出版社 2000 年版，第 107 页。

理制度的规定,可知中国民法代理制度之立法思想,系采代理人行为说。按照《民法通则》第63条第2款的规定,所谓代理行为,是代理人在代理权限内,以本人名义实施的法律行为。

第四,代理人行为说将动的行为与静的效果分别归属于不同的人,正是代理制度的特色之所在。

第五,将代理行为定性为代理人的行为,符合生活常情,无须通过种种路径将代理行为归结到本人头上,其实这些无谓的努力无非只有一个目的,就是为代理行为的结果归属于被代理人找到理由,殊不知,代理权的存在就是代理结果归属的依据,只要代理人拥有代理权,代理行为的法律后果就当然移转于被代理人。所以,代理权的设计,就是代理行为效果归属于被代理人的法律技术手段。

2. 代理人独立进行意思表示

如前所述,代理行为非本人行为,而是代理人的行为,因此应由代理人实施。此所谓由代理人“实施”法律行为,是指由代理人决定该法律行为意思表示的内容,或者受相对人之意思表示并决定是否接受(承诺),即代理人自为意思表示。假使该意思表示之内容已由本人决定,而代理人仅予以表示,或者代理人受意思表示而无权决定是否接受(承诺),这种情形属于本人实施法律行为,而非代理人实施法律行为,该代理人只起辅助本人实施法律行为的作用,法律上称为使者或辅助人,而非真正代理人。如果一个人以使者身份传达他人的一项指示,却根本未经该他人授权(即无传达权的使者),或者使者虽有权传达但有意篡改后予以传达的，尽管属于自为意思表示，不属于法律行为之代理，原则上该意思表示对该他人不发生效力，只是在效果上可类推适用无权代理的规定。

3. 代理行为中意思表示效力的判断

（1）以代理人为判断标准

虽然代理行为的效果归属于被代理人，但代理行为是由代理人实施，代理行为的意思表示由代理人根据自己的利益分析自行决定或接受，因而意思表示的有效要件原则上应以代理人为判断，不能以被代理人为判断。对此，大陆法系国家或地区的民法大多作了明确规定。

在法国法中，关于意思瑕疵、善意或恶意，都以代理人（作为表示自己意思的行为人）作为判断标准，而不以被代理人作为判断标准。例如，根据法国最高法院的判例，委托代理人在其权限范围内所表示的同意有瑕疵时，即告委托人的同意有瑕疵；委托代理人在实施欺诈行为时，委托人应承担责任。[①] 在奥地利，就意思瑕疵以及知悉或因疏忽而不知某项事实而言，理论上主张应根据代理人、被代理人对实施法律行为的影响大小，来决定应以代理人还是应以被代理人，抑或应以两者一起，作为判断的标准。[②]《德国民法典》第166条第1款规定："意思表示在法律上之效力，因意思之欠缺或明知其事情或可得而知其事情受影响时，应根

① 《法国民法典》（下册），罗结珍译，法律出版社2005年版，第1439页。

② 〔德〕福·博伊庭：《〈德国民法典〉中的代理理论》，邵建东译，《南京大学法学评论》1998年秋季号。

据代理人之情况决定,而非根据被代理人之情况决定。”之所以作如此规定,《德国民法典立法理由书》指出:“可能出现的意思瑕疵,仅可于作出意思决定的地方寻找。”①既然被代理人就代理人实施的行为而言不能形成自己的、具有法律意义的意思(即如法定的被代理人是不具有完全行为能力的人),或者没有形成自己的意思(因为他对具体的行为未作设想),那么,当然就只能以代理人为判断标准了。德国的这一规定,大陆法系其他国家也纷纷效仿。在瑞士法中,关于意思瑕疵以及知情或不知情,原则上以代理人作为判断标准,因为代理人实施着与第三人的谈判行为。然而,瑞士法中明确强调,被代理人本身不得是恶意的,即被代理人如知道事实真相,就不得主张代理人的错误。被代理人不得撤销执行行为,如果仅仅是被代理人发生了错误,而代理人并没有发生错误,则亦不得行使撤销权。《日本民法典》第101条第1款规定:“意思表示的效力,因意思欠缺、诈欺、胁迫,或知其情事,或因过失不知而受影响时,其事实之有无,就代理人予决之。”《意大利民法典》第1390条前句也规定:“如果代理人的意思有瑕疵,则契约是可撤销的。”第1391条第1款又规定:“在考虑善意或恶意、对特定情况知道或不知道时,要考虑代理人自身的状态,但是涉及被代理人预先确定的要素不在此限。”《葡萄牙民法典》第259条第1款也规定:“就导致意思表示之无效或得予以撤销而言,关于意思之欠缺或瑕疵,以及对可影响法律事务

① 《立法理由书》(第1卷),第227页。转引自〔德〕迪特尔·梅迪库斯:《德国民法总论》,邵建东译,法律出版社2000年版,第683页。

效力之事实之知情或不知情，应根据代理人本人之情况予以决定；但涉及取决于被代理人意思之要素者除外。”我国台湾地区“民法”第105条也有与《德国民法典》第166条相同的规定。

根据上述国家及地区的规定，意思表示的瑕疵，只就代理人的情况予以判断，即使被代理人无此事实而代理人有之者，其意思表示为无效或可撤销，原因是其意思表示由代理人所决定，并且由代理人所表示。

在英美法上，《美国代理法重述（第三次）》也有相似的规定，即第6.11条规定：

> （1）当身份公开代理或本人身份不明代理中的代理人，向第三人作出了与代理权有关的虚假意思表示的，委托人不负赔偿责任。但如果代理人是依实际授权或表面代理权的形式作出意思表示，并且第三人没有注意到该意思表示是虚假的除外。（2）当代理人依实际授权或表面授权，代表身份公开代理或本人身份不明代理中的委托人订立合同或财产转让协议而作出的一项意思表示，与委托人亲自作出的意思表示具有同等效力，但第三人知道或有理由知道该意思表示不真实或者代理人没有代理权的除外。（3）当发生下列情形时，代理人为身份不公开代理中的委托人订立合同或财产转让协议而作出的意思表示，与委托人亲自作出的意思表示具有同等效力：(a) 代理人是依实际授权作出意思表示的，或者(b) 代理人虽非依实际授权作出意思表示，但在相同事项上，代理人曾经有过作

> 出真实意思表示的实际授权。当第三人知道或有理由知道代理人的意思表示不真实时,代理人的意思表示对委托人无效。(4)代理人代表身份不公开代理中的委托人订立合同或财产转让协议时,对第三人作出其并非代表委托人进行代理活动的虚假意思表示的,如果委托人或者代理人已经通知了第三人不得同委托人进行交易的,第三人可以撤销合同或者财产转让协议。

而《欧洲合同法原则》第1:305条规定:"如果某人在缔约一方当事人同意的情况下参与了合同的缔结,或者被缔约一方当事人委托履行或者在其同意的情况下履行了合同,该人(1)知道或预见到了某事实,或应当知道或预见到该事实;或者(2)故意地或具有重大过失地或者不符合诚实信用和公平交易地行为,这些知晓、预见或行为归咎于该方当事人本人。"①

此外,在代理情况下,善意或恶意与否如果对意思表示的效力产生影响时,其事实之有无,也应以代理人的情况予以判断。如善意取得、债权人撤销权之受益人、买卖之瑕疵担保等之取得行为、受益行为、买受行为之善意或恶意,根据前述德国、日本、意大利、葡萄牙的民法典以及我国台湾

① Article 1.305—Imputed Knowledge and Intention: If any person who with a party's assent was involved in making a contract, or who was entrusted with performance by a party or performed with its assent: (a) knew or foresaw a fact, or ought to have known or foreseen it; or (b) acted intentionally or with gross negligence, or not in accordance with good faith and fair dealing, this knowledge, foresight or behaviour is imputed to the party itself.

地区“民法”的规定，均应就代理人决之。如在无权处分的情况下，只有善意买受人方可取得所有权，假若买受人授权代理人代买时，其善意之有无，应当就代理人的情形予以判断。又如，代理人为被代理人购买了某物，代理人在买卖时知道权利或货物有瑕疵，那么，出卖人对权利瑕疵或货物瑕疵就不负责任。很显然，代理人的恶意，作为被代理人自己的恶意，归属于被代理人。

还需注意，代理人有二人以上时，意思表示瑕疵或善意与否应就全体代理人为判断，还是只就其中之一人为判断？按照通说，如果代理行为是共同为之者，则应就一人为判断；如果代理行为是各自分担为之者，则其中一人事实之有无，对于其他代理行为不发生影响。换言之，共同代理时，一个代理人的意思有瑕疵或为恶意，推及全体代理人有之；而在分别代理时，一个代理人的意思有瑕疵或为恶意，不能推及其他代理人的行为也有瑕疵或为恶意。

（2）以代理人为判断标准的例外

代理行为之意思表示的效力虽以代理人为判断，但也存在以下例外：

第一，在意定代理的情况下，如果代理人在从事行为时遵循了被代理人的指示，那么，知道或应当知道有关对自己不利情形的被代理人，就不得主张代理人的善意。盖法律行为既系经被代理人之指示而为，则代理人几乎与使者同其地位，已无考虑之自由，故该事实之有无，应就被代理人决之。对此，《德国民法典》第 166 条第 2 款规定：“代理人之代理权系以法律行为授予者，代理人之意思表示如依代理权授予人所指示之意思而为时，本人不得就自己明知之情事，主张代理人不知其事。”之所以如此规定，是因为“被代理人的知悉和应该知悉，必须与代理人的知悉和应该知悉具有相同的效果”，从而防止通过给不知情的第三人授予代理权，而规避法律行为有瑕疵之法律后果。德国法院着眼于该条规定的保护意旨，对“所指示之意思而为”作出扩张解释，只要被授权人在代理权的范围内从事了某项特定的法律行为，而授权人正是想要被授权人从事此项行为，即可认定被授权人是在依指示行事。如果被代理人虽然知悉情况并且可以采取措施，但是他却袖手旁观，则视作他向代理人发出了指示。例如，被授权人在授权人在场的情况下实施法律行为，而授权人对此不表示任何异议。在法国法中，如果被代理人自己对代理人的意思形成产生了影响，以被代理人的想法为准。《日本民法典》第 101 条第 2 款规定：“代理人受委托实施特定的法律行为，依本人的指示实施该行为时，本人不得就自己已知的情事，主张代理人的不知。关于因过失而不知的情事，亦同。”《意大利民法典》第 1390 条“但书”规定：“当瑕疵涉及被代理人预先确定的要素时，仅在被代理人的意思有瑕疵时契约得被撤销。”第 1391 条第 2 款又规定：“无论如何，恶意的被代理人均不得主张代理人的不知或善意。”《葡萄牙民法典》第 259 条第 2 款也规定：“恶意之被代理人不因代理人之善意而得益。”我国台湾地区“民法”第 105 条但书也有类似规定。

上述国家或地区的规定，旨在强调意定代理的授权人

“不得就自己明知的事情，主张代理人不知其事”。[①] 简言之，被代理人明知或者应当知道某种情事，但却指示不知情的代理人为此行为，这时法律就不再以代理人为判断是否善意的对象，而是适用实质性标准否定被代理人关于善意的主张。[②] 因为既然被代理人自己策划了代理人从事的行为，被代理人就是该项行为的当事人，因此必须将该项行为如同其自己实施的行为那样归属于自己。

此外，如果被代理人虽然知悉情况并且可以采取措施，但是他却袖手旁观，则视作他向代理人发出了指示，如代理人在被代理人在场的情况下实施法律行为，而被代理人不表示任何异议。[③]

第二，代理行为之内容和目的是否违法，应就代理人与本人双方决定之，只要其中一方有违法目的，代理行为即应无效。[④] 我国《民法通则》第 67 条规定：“代理人知道被委托代理的事项违法仍然进行代理活动的，或者被代理人知道代理人的代理行为违法不表示反对的，由被代理人和代理人负连带责任。”根据这一规定，无论是代理人还是被代理人，只要其中有一方具有违法的原因，均可导致代理行为的无效，并应承担连带责任。

第三，如果交易对方当事人欺诈了被代理人，然后被代

---

① 〔德〕卡尔·拉伦茨：《德国民法通论》（下册），王晓晔、邵建东等译，法律出版社 2003 年版，第 848 页。

② 李永军：《民法总论》，法律出版社 2006 年版，第 694 页。

③ 〔德〕福·博伊庭：《〈德国民法典〉中的代理理论》，邵建东译，《南京大学法学评论》1998 年秋季号。

④ 梁慧星：《民法总论》（第 3 版），法律出版社 2007 年版，第 228 页。

理人基于错误的认识指示代理人的具体行为时,应当允许被代理人撤销该项法律行为,因为代理人的意思表示实际上是基于被代理人的交易意愿而为的。如果代理人在进行交易时欺诈了交易对方当事人,该对方当事人可以如被代理人本人欺诈了他一样而撤销他所作的意思表示。

综上所述,代理行为在性质上属于代理人的行为,代理行为的后果之所以会归属于被代理人,乃是法律为尊重代理人的意思而直接规定的结果,因为代理人在实施代理行为时具有明确的效力归属意思表示。代理之所以区别于传达,就在于代理人根据自己的判断独立决定意思表示的内容。代理人虽不需要具有完全行为能力,但必须具有意思能力,无行为能力人由于无意思能力,故不能充任代理人。代理人根据自己的利益衡量自行作出意思表示,如果代理行为中的意思表示有欠缺或者是否善意或恶意而导致其效力受影响时,原则上应以代理人为判断。但是,如果代理人在实施代理行为时遵循了被代理人的意思,法律不应当允许恶意被代理人主张代理人的善意。基于上述认识,建议我国未来民法典中关于代理行为中的意思表示规定如下:

> 第 X1 条:代理行为的效力,不因代理人为限制行为能力人而受影响。
>
> 第 X2 条:代理行为因意思表示的瑕疵或是否知情而受有影响时,应以代理人的情况进行判断。但是,如果该行为是受被代理人指示的意思而为时,应以被代理人的情况为判断。

二、有效代理行为之法律效果

代理行为就是代理人为本人实施的法律行为,具体而言,是代本人为意思表示或接受意思表示,而意思表示的法律后果归属于他所代理的本人。这一法律后果,就对本人而言,可以是利益也可以是不利益,可以是取得权利也可以是负担义务;就法律效果的内容而言,可以是债权变动的后果,也可以是物权变动的后果。总之,因代理人所代理实施的法律行为,无论产生何种后果,均不及于代理人,一律由被代理人即本人承受。以下就因代理所产生的合同之债、物权变动以及侵权责任三个方面分别述之。

(一)因代理产生的合同之债

如果代理人代替本人实施的是合同行为,虽然最终的法律后果全部归属于本人,但是由于代理人在进行代理行为时,因对代理关系是否公开而产生不同的法律效果。

在大陆法系,理论上将代理分为直接代理与间接代理,直接代理属于公开代理关系的代理,间接代理就是行纪合同。由于大陆法系各国奉行严格的显名主义,因而行纪在立法上专门设置了行纪制度予以规范,不适用关于代理制度的规定。相反,在英美法系,无论代理关系是否公开,都将产生代理的效果,适用代理法的有关规定。所以,公开代理关系的代理,在大陆法系中包括显名代理与隐名代理两种,在英美法系则包括本人身份公开的代理和本人身份不明(即本人身份公开但姓名不公开)的代理两种。至于不公开代理关系的代理,在大陆法中不予承认,但在英美法中则属于本人身份不公开的代理。

1. 公开代理关系的代理效果

公开代理关系的代理,无论在大陆法系还是在英美法系,无论是以本人的名义,还是不显示本人的姓名但只显示代理关系,如果代理人实施的是合同行为,均产生一致的法律效果,即由本人取得合同当事人的地位,承受合同上的一切法律效果。因为代理人是处于被代理人的位置进行法律行为的,从而该法律行为就如同本人亲自实施的一样,直接对本人产生法律效力。

所以,当合同生效后,由本人享有合同权利、承担合同义务;当合同为可撤销或效力待定时,由本人享有撤销权或追认权,决定该合同的命运;当合同具备解除条件时,也由本人享有解除权。当然,如果本人不履行合同,也由本人向对方当事人承担违约责任。甚至在缔约阶段,代理人未依诚实信用原则履行先合同义务,比如违反协助义务、注意义务、保护义务、保密义务等,致使交易对方的信赖利益受到损害时,也应由本人承担缔约上的过失责任。此种责任,即使后来没有成立合同或者成立的合同无效、未生效、被撤销或被解除时,本人也不能逃避。[①] 但是,对于隐名代理,要想对隐名被代理人产生效力,必须披露被代理人。如《荷兰民

① 〔德〕卡尔·拉伦茨:《德国民法通论》(下册),王晓晔、邵建东等译,法律出版社 2003 年版,第 852 页。

法典》第3:67条规定:“1. 以尚未指明的本人的名义签订合同的人,必须在法律、合同或者习惯所要求的期间,或者无此种要求时,在合理的期间,披露本人的名称。2. 代理人未及时披露本人的名称,则视为为自己签订合同,但合同能够产生不同结果的情形除外。”

我国《民法通则》第63条第2款规定了显名代理的法律后果:“代理人在代理权限内,以被代理人的名义实施民事法律行为。被代理人对代理人的代理行为,承担民事责任。”此之所谓“承担民事责任”,应为承担代理行为的法律后果。我国《合同法》第402条规定了隐名代理的法律后果:“受托人以自己的名义,在委托人的授权范围内与第三人订立的合同,第三人在订立合同时知道受托人与委托人之间的代理关系的,该合同直接约束委托人和第三人,但有确切证据证明该合同只约束受托人和第三人的除外。”代理行为对被代理人产生效力的相反含义是它不对代理人产生效力。尽管代理人实施了法律行为,但他不是交易当事人,他不因该法律行为享有权利或承担义务。但是,如果代理人以自己的名义同时也以他人的名义缔结合同时,代理人也是合同当事人。例如,甲为自己同时也为被代理人乙承租一间房,则甲和乙都是承租人。

如前所述,尽管大陆法系只在代理人以本人名义行事时才将代理视为代理关系的公开,该代理效果才归属于本人,但这并不意味着在交易结束时必须指明特定本人的准确的名字,只要根据当时所有的情况使第三人明白权利和责任是属于本人而不是代理人就够了。同样在英美法系中,代理关系的公开并不总是存在于本人的姓名被实际指明的情况下,还存在于大家同意代理人以后再指出本人姓名或其身份随此后形势的发展将会显现的情况下。所以,英国法认为,在隐名代理情形下,代理人与第三人所订合同仍是被代理人与第三人之间的合同,应由被代理人而不是代理人对合同负责。[①] 根据 1971 年英国的《授权委托书法》的规定,只要在授权委托书中所载明的权限范围内,代理人可以按照他认为合理的方式,以自己的签名和印章签署任何法律文件,以及以自己的名义实施任何法律行为,其结果如同被代理人自己亲自签署或实施的法律行为一样。一般说来,只要代理人在隐名被代理人授权范围内缔约,隐名被代理人就能够取得合同权利、负担合同义务,并参加有关合同的诉讼活动。可见,隐名被代理人与显名被代理人在法律地位上并没有严格的区别。但是,在代理人代表本人实施票据行为的场合或者采取契据形式订立合同的场合下,必须以本人的名义进行方可对本人产生效力。公开代理关系的目的,是为了让交易相对人知道或应当知道其合同义务由何人承担,也即代理效果将归属于谁。然而,有时合同对方的身份对他无关紧要的情况下,该合同也是由本人承受合同的后果,比如现金交易。

需要指出的是,在英美法上,代理人在代表身份公开的被代理人订立合同时,如果把自己列为合同的一方当事人,法院允许第三人可以选择代理人、也可以选择被代理人向

① 徐海燕:《英美代理法研究》,法律出版社 2000 年版,第 179 页。

自己履行义务，而不是由代理人与被代理人连带承担责任。[1] 所以，《美国代理法重述（第三次）》第 6.09 条规定："代理人代表委托人与第三人订立合同的，除非合同明确规定，否则(1)如果委托人或代理人对第三人负有义务的，当第三人获得一项判决对抗其中（委托人或代理人）一方时，则另一方的义务不被免除；并且(2)如果委托人或代理人对第三人负有义务，这一义务应在（委托人或代理人）其中一方满足了判决的范围内得以免除。"如果行为人以代理人的身份和第三人订立合同，而且事后查清行为人自己就是被代理人，行为人就要对第三人承担责任；如果代理人实际上为自己实施法律行为，但声称代表显名被代理人，而实际上并未获得被代理人的授权时，被代理人不必基于表见代理权限的理论对第三人负责。在这种情况下，代理人应当对第三人承担违反代理权限默示保证义务的责任，或者侵权责任。[2]

此外，当被代理人与第三人之间建立了合同关系之后，与代理人有关的债权或债务如何处理？这里要区分以下两种情况，分别处理：

第一，委托人或第三人向代理人为给付，可否导致对对方当事人债务的履行？对此，《美国代理法重述（第三次）》第 6.07 条第 2、3 款作了如下规定：

---

① S. Markesinis, R. J. C. Munday, *An Outline of the Law of Agency*, Butterworths, 1986, pp. 122—123. 转引自徐海燕：《英美代理法研究》，法律出版社 2000 年版，第 249 页。

② F. M. B. Reynolds, *Bostead on Agency*, Sweet & Maxwell, 1985, p. 474.

> (1)代理人代表委托人与该第三人订立了合同的，只有当委托人基于对第三人的行为所表现出的合理信赖，而非受代理人的虚假陈述所诱使，认为代理人已经对第三人进行了结算的，在委托人对代理人支付或与代理人之间结算之后，委托人对第三人的赔偿义务就被解除。(2)如果代理人根据实际授权或以表面授权的形式接受了第三人对他的支付或结算，第三人对委托人的赔偿义务就被解除。

根据这一规定，如果第三人的行为使得被代理人相信，被代理人对第三人所负的债务可以通过向代理人付款而得到免除，那么被代理人向代理人付款后就可以解除被代理人对第三人所负的债务。当然，如果被代理人授权代理人代表自己接受第三人的履行给付时，第三人向代理人的履行也可以解除第三人对被代理人所负的债务。

第二，代理人对委托人或第三人所负的个人债务，第三人或委托人可否以此与自己对对方当事人所负的合同债务抵销？也就是说，代理人对委托人所负的个人债务可否与第三人对委托人所负的合同债务相抵销，或者代理人对第三人所负的债务可否与委托人对第三人所负的合同债务相抵销？《美国代理法重述(第三次)》第6.06条第1款作了明确规定：

> 代理人代表身份公开代理中或者身份不明代理中的委托人订立合同的，除非委托人和第三人同意，否则，(a)第三人不得将应由代理人对第三人独立承担

的任何债务用于抵销第三人基于合同对委托人承担的债务；并且(b) 委托人不得将应由第三人对代理人独立承担的债务用于抵销委托人基于合同对第三人承担的债务。

由此可知，只要是代理人个人所负的债务，由于与代理所产生的权利义务无关，因而任何一方均不得与此相抵销。

2. 不公开代理关系的代理效果

在英美法系国家，代理人不公开本人身份而以自己的名义与第三人订立的合同，原则上也不对本人发生效力，应当由代理人向第三人负责，因为代理人在交易时根本没有披露代理关系的存在，他实际上是把自己置于当事人的地位。但英美代理法并不严格坚持显名主义，在不公开本人身份的代理(agent for principal undisclosed)中，即使代理关系没有公开，如果在具备一定条件之下，也可以直接对本人产生效力。也就是说，如果第三人同一个实际上在其授权范围内行事的人订立合同，在一定条件下，本人可以据此合同对该第三人起诉，即使该第三人并不知道代理的存在；反之，第三人一旦知道本人存在后，也可以起诉本人。① 依据英美法的实践，只要存在下列情况之一即可对本人产生效力：

(1) 委托人通过行使介入权，直接介入代理人与第三人之间的合同关系。在英国，身份不公开的被代理人有权

① 〔德〕海因·克茨：《欧洲合同法》(上卷)，周忠海等译，法律出版社 2001 年版，第 348 页。

以自己的名义，直接介入代理人与第三人所订立的合同，并对第三人行使请求权。据此，只要代理人在身份不公开的被代理人授权的范围内缔约，被代理人就可以通过介入权的行使而直接取得该合同的权利和义务。当然，身份不公开的被代理人享有介入权必须具备以下两个前提条件：一是有证据证明合同中确实存在着不公开身份的被代理人，二是代理人以自己的名义所签的合同是在被代理人授权的范围内完成的。

不过，被代理人在以下情形不得行使合同介入权：

第一，如果当事人在其所订立的合同中明示或默示地排除了身份不公开的被代理人的介入权，被代理人就不得介入。实践中，对于明示的排除条款容易认定，但对默示排除条款的认定就比较困难。一般而言，当代理人默示地表明他是作为唯一的被代理人而缔约时，未公开身份的被代理人就不享有介入权。例如，当代理人以物主或所有权人的身份缔约时，可以推定他默示地承诺，在他身后不存在尚未公开身份的被代理人。

第二，如果第三人基于信赖代理人的个人因素而与其缔约时，比如自身技能、支付能力等，那么未公开身份的被代理人就不得行使介入权。[①] 换言之，如果第三人特别看重代理人自身的因素，而且这些因素诱使第三人只与代理人订立合同，而不愿与被代理人或其他人订立合同，未公开身份的被代理人就无权介入。类似的一些人身性质较强的合

① 〔英〕施米托夫：《国际贸易法文选》，赵秀文译，中国大百科全书出版社 1993 年版，第 396 页。

同,如合同利益不可让渡、合同履行必须由缔约方亲自完成的合同,都不允许被代理人行使介入权。

第三,如果第三人对身份不公开的被代理人十分反感,若其知道被代理人的身份或者知道代理人是代表被代理人而实施法律行为,就绝对不愿与其缔约时,身份不公开的被代理人就不能行使介入权。本人介入权的行使,使得本人突然出现在第三人面前,致使第三人措手不及,因而在此情况下如何保护第三人的利益,就成为这一制度设计的中心。根据英美国家的司法实践,当未公开身份的本人行使介入权时,第三人除了可以依照上述三种例外情形作为抗辩事由外,还可以对本人提出他对代理人享有的一切有效的抗辩权。

由此可见,本人的介入权,犹如代理人将其请求权转让给本人而由本人作为受让人对第三人提出诉讼一样。所以,英美法学者指出,未公开身份的被代理人其诉权是基于转让,这是法律直接规定的后果,而不是代理人行为的后果。还有法官认为,关于本人介入权的设计,是为了简化诉讼程序,避开本人对代理人起诉的必要性,使代理人同意本人对第三人的诉讼。①

(2)第三人在发现代理人背后的被代理人时,可以通过行使选择权,直接选择被代理人作为自己的债务人,并向其请求履行债务。当然,第三人也可以不行使选择权,坚持要求代理人对自己履行债务。第三人一旦选定其中一人承

① 〔德〕海因·克茨:《欧洲合同法》(上卷),周忠海等译,法律出版社2001年版,第350页。

担债务,就不能改弦易辙,对另外一人再行主张权利。换言之,在第三人已经取得了对本人或代理人的判决后,该判决具有终止其选择权的效力,不论他是否满意判决的内容,均无权再向另一人主张权利。[①] 构成有效的选择,需要具备两个要件:一是第三人完全了解所有的相关事实,二是第三人的意思表示足以表明,他已经选择了被代理人或代理人中特定的一方作为履行债务的当事人。

《美国代理法重述(第三次)》虽然没有明确规定委托人的介入权和第三人的选择权,但是第6.03条的规定:"在身份不公开代理中,代理人代表委托人,依实际授权订立合同的,(1)除非合同中明确约定排除以外,委托人属于合同的当事人;(2)代理人和第三人属于合同的当事人;并且(3)如果委托人属于合同的一方当事人,则该合同如同委托人亲自订立一样,委托人与第三人互有权利义务、享有对等的抗辩权。"按照这一规定,在本人身份不公开的代理中,代理人当然是合同当事人,而委托人只要不存在例外约定也可以成为合同当事人,如同自己亲自订立的一样,对第三人享有权利、承担义务。

此之例外约定,是指代理人与第三人在合同中的约定,而不是委托人与代理人之间的内部约定,内部约定对第三人不产生对抗力。委托人作为合同一方当事人的根据在于:

第一,委托人既然授予代理人以代理权,就意味着对于

① 江帆:《代理法律制度研究》,中国法制出版社2000年版,第125页。

代理人在授权范围内订立的合同获得了委托人的同意。

第二,将身份不公开的本人直接作为合同的一方当事人,可以省去由代理人转手的麻烦,使交易更加快捷、简便,同时也使本人可以避免因转手可能产生的风险和不必要的损耗。

第三,由委托人直接向第三人履行合同义务,可以使第三人得到足够的保护,因为此时的委托人与代理人都有义务向第三人履行合同义务,合同的履行更有保障。

当然,委托人直接成为合同当事人不是无条件的,在下列情形中,委托人不是合同的一方当事人:代理人的行为没有获得实际授权的;代理人的行为不是为了委托人的利益实施的;要求第三人直接向委托人履行合同,将会实质性地增加第三人的责任或风险,或者减少第三人获得对待履行的机会。

由于在不公开本人身份的代理中,委托人处于暗处,第三人处于明处,因此当委托人突然从暗处杀出来行使介入权时,如何保护第三人的利益,就成为至关重要的问题。

首先,当身份不公开的被代理人起诉第三人时,倘若第三人在确切知道被代理人存在之前,已经取得了对抗代理人的权利,那么他也可以对被代理人行使这些抗辩权(包括与代理人相互抵销债权),而不论这些抗辩是否专门针对代理人个人。比如《美国代理法重述(第三次)》第 6.06 条第 2 款第 1 项规定:“代理人为身份不公开代理中的委托人订立合同的,第三人可以抵销:(i) 在代理人订立合同时,代理人对第三人独立承担的任何债务,并且(ii) 代理人订立合同之后直到第三人获知代理人是为了委托人的利益而进行的代理行为之前,可以将代理人对第三人独立承担的任何债务,用于抵销第三人基于合同对委托人所应承担的债务。”但是,第三人获知代理人是为了委托人的利益而进行代理行为以后,不得将应当由代理人对第三人独立承担的债务与第三人基于合同应当对委托人承担的债务相抵销,但委托人同意的除外(第6.06条第2款第2项)。与此同时,委托人不得将应当由第三人对代理人独立承担的债务,与委托人基于合同应当对第三人承担的债务相抵销,但委托人和第三人同意的除外(第6.06条第2款第3项)。

其次,如果第三人在发现身份不公开的被代理人存在之前,已经向代理人履行了债务,那么此种履行对于被代理人也产生债务履行的效力。因为第三人既然不知道代理人与被代理人之间的代理关系,也不知道有任何被代理人存在,就有权把代理人视为被代理人,并与之了结债权债务关系,从而解除自己对被代理人的责任。即使第三人在了结债权债务关系之后发现了被代理人的存在,也不再对被代理人承担责任。这对被代理人来说也是公平的,因为被代理人既然允许代理人以被代理人或合同当事人的身份出现于第三人面前,第三人就有权对代理人行使权利、履行义务。[①] 对此,《美国代理法重述(第三次)》第6.07条第3款规定:“当代理人代表身份不公开代理中的委托人订立合同时,(a)在第三人获知委托人的存在之前,第三人对代理人

① 徐海燕:《英美代理法研究》,法律出版社2000年版,第175页。

的支付或结算将解除第三人对委托人的赔偿义务;(b) 第三人获知委托人的存在之后,代理人根据实际授权或表面授权接受了第三人对他的支付或结算的,第三人对委托人的赔偿义务就被解除;(c) 在接到委托人存在的通知后,第三人可以要求委托人身份的合理证明以及委托人与代理人之间关系的证明。在收到此证明之前,第三人向代理人的善意支付或结算将解除第三人对委托人的赔偿义务。"

再次,如果代理人也属于合同一方当事人的,不得将应当由委托人对代理人独立承担的债务,与代理人基于该合同对第三人承担的债务相抵销。但是,经过委托人同意的,代理人也可以将委托人所承担的任何可抵销的债务,用于抵销委托人基于该合同对第三人承担的债务(第 6.06 条第 3 款)。

代理的实质就是通过他人的行为直接在本人与第三人之间建立合同关系,从而省去了中间人转手的环节,节约了交易时间,降低了交易成本。为了达到这一目的,大陆法系国家由于固守"意欲法律关系只能在行为人之间发生"的原则,在逻辑上要求代理人必须在代理权范围内以本人的名义实施的法律行为,才能产生代理的效果。所以,如果行为人为了他人的利益而以自己的名义订立的合同,只约束行为人与相对人,对他人(即本人)不产生任何效力,除非行为人将该合同上的权利义务移转于该他人。有时第三人知道行为人是以代理人的身份而行事,甚至有时知道本人是哪一个人,但根据双方都熟悉的商业习惯,行为人仍然是合同一方。这一法律现象,在大陆法系国家的立法中称之为“行纪合同”。采民商合一的国家如瑞士、意大利等国则规定于民法典中，而采民商分立的国家如德国、日本等国则规定于商法典中。在理论上，之所以将“行纪”称之为“间接代理”，是因为行纪人与第三人订立的合同，其后果通过行纪人间接地移转于委托人，因而在客观结果上产生了与代理相似的后果。但由于在行纪行为，委托人无需授予代理权于行纪人，行纪人也不以委托人的名义订立合同，因而在本质上与代理相去甚远，不属于代理，不能适用代理制度的有关规定。

值得注意的是，荷兰也是大陆法系传统的国家，但在1992年通过的《荷兰民法典》第七编中的“委任合同”吸收了英美法上的不公开本人身份的代理，其中第7:420条规定了委托人的介入权：“(1)如果受托人以自己名义与第三人缔结了合同，之后没有履行对委托人所负的义务或者陷入破产，委托人可以行使受托人对第三人所享有的权利，而委托人受让权利的方式是对受托人与第三人发出书面通知。但是，在委托人与受托人之间的相互关系中专属于受托人的权利不在此限。(2)如果第三人没有向受托人履行合同义务，委托人也可以向第三人主张权利，除非受托人已经向委托人履行了合同义务，就象第三人已经向受托人履行合同义务一样。(3)在本条规定的情形下，受托人必须根据委托人的请求，提供第三人的姓名或名称。”第7:421条规定了第三人的选择权：“(1)如果受托人以自己名义与第三人缔结了合同，之后没有履行对第三人所负的义务或者陷入破产，第三人在书面通知委托人与受托人之后，有权在受托人所负义务的限度内、向委托人主张合同权利。（2）在本条规定的情形下，受托人必须根据第三人的请求，提供委托人的姓名或名称。”①

不公开代理关系的代理，在欧盟法以及国际条约中也有规定。《国际货物销售代理公约》第12条规定，代理人于其权限范围内代理本人实施行为，第三人不知道、亦无从知道代理人是以代理人身份实施行为，或者代理人实施该行为只对自己发生拘束力（例如所涉及的是行纪合同）时，其行为只拘束代理人和第三人，但是在下列情形例外：

其一，当代理人无论是因第三人不履行义务或是因其他理由而未履行或无法履行其对本人的义务时，本人可以对第三人行使代理人代理本人所取得的权利，但应受到第三人可能对代理人提出的任何抗辩的限制。

其二，当代理人未履行或无法履行其对第三人的义务时，第三人可对本人行使该第三人对代理人所有的权利，但应受到代理人可能对第三人提出的任何抗辩以及本人可能对代理人提出的任何抗辩的限制。

由以上规定可知，《国际货物销售代理公约》显然是吸收了英美法上的不公开本人身份的代理制度，突破了大陆法上代理制度适用范围的狭隘性。

不过，《国际货物销售代理公约》的规定与英美代理法上的规定相比，也有很大的变化，那就是委托人行使介入权

① 徐海燕：《从两大法系间接代理制度的融合趋势谈我国代理立法的完善》，载沈四宝主编：《国际商法论丛》（第5卷），法律出版社2003年版，第420—478页。

和第三人行使选择权增加了前提条件的要求。在英美代理法中，委托人行使介入权、第三人行使选择权几乎没有条件限制，但在《国际货物销售代理公约》中，委托人行使介入权的前提条件是，代理人因第三人不履行义务或是因其他理由而未履行或无法履行其对委托人的义务；而第三人行使选择权的前提条件是，代理人未履行或无法履行其对第三人的义务。这些前提条件的要求，无疑是为了保护不知情的第三人的利益。上述各项权利的行使须具备两个要件：

（1）代理人须尽披露义务，即当代理人因本人未履行义务而未履行或无法履行其对第三人的义务时，代理人应将本人的名称通知第三人；或者当第三人未履行其对代理人的合同义务时，代理人应将第三人的名称通知本人。

（2）只有在意欲行使这些权利的通知视情况送达代理人与第三人或本人时才可行使。一旦第三人或本人收到该项通知，即不得再与代理人进行交涉而解除自己的义务。此外，依照该条的规定，如果按照当时情况，第三人若知道本人的身份就不会订立合同时，本人不得对第三人行使代理人代理本人所取得的权利。当然，代理人可按本人明示或默示的指示与第三人约定排除上述权利的行使。

如果说《国际货物销售代理公约》的规定更主要地是借鉴了英美代理法上的规定的话，那么，《国际商事合同通则》对英美代理法上的规定则采取了相当谨慎的态度，甚至是有意地退回到大陆法系的代理制度上来。《国际商事合同通则》第2.2.4条规定，当代理人在其权限范围内行事，但第三方既不知道也不应知道代理人是作为代理人行事时，则代理人的行为将仅影响代理人与第三方之间的关系。然而，代理人当代表一个商业与第三方达成合同时，声称是该商业的所有人，则第三方在发现该商业的真实所有者后，可以向后者行使其对代理人的权利。依据该条的规定，不仅没有规定委托人的介入权，而且对于第三人的选择权也只是限制在代理人声称是该商业的所有人的情形下，与英美法上的不公开本人身份的代理差别很大。可以说，几乎没有吸收英美代理法中非显名主义的原则。

出乎意料的是，在大陆法系传统的生长地——欧盟，借鉴了英美法和《国际货物销售代理公约》的规定，在《欧洲合同法原则》中也确立了不公开本人身份的代理。《欧洲合同法原则》第3:301条第1款规定，如果中间人从事行为系基于委托人的指令和为了委托人的利益，但并非以委托人的名义，或者基于委托人的指令，但第三人对此并不知道而且没有理由知道，那么中间人与该第三人互相受有拘束。根据这一规定，《欧洲合同法原则》同样也坚持不公开代理关系的代理原则上只在代理人与第三人之间产生效力，但也有例外，此即第3:302条和第3:303条的规定的两种情形：

第一，如果中间人破产，或者对委托人根本性不履行，也或者在履行期到来之前的情况表明中间人将会发生根本性不履行，那么基于委托人的请求，中间人应将第三人的名字和地址告知委托人，委托人即可行使中间人为委托人的利益而对第三人取得的权利，但应承受第三人可得对中间人提出的抗辩。

第二,如果中间人破产,或者它对第三人根本性不履行,或者在履行期到来之前情况表明中间人将会发生根本性不履行,基于该第三人的请求,中间人应将委托人的名字和地址告知该第三人,第三人即可对委托人行使该第三人对该中间人拥有的权利,但应承受中间人可得对第三人提出的抗辩以及委托人可得对中间人提出的抗辩。

与《国际货物销售代理公约》的规定相比,《欧洲合同法原则》关于委托人的介入权和第三人的选择权在行使条件上的规定更为严格和具体。

在我国,虽然《民法通则》没有规定代理关系不公开的代理,但原外经贸部于 1991 年 8 月 29 日颁布实施的《关于对外贸易代理制度的暂行规定》承认了这一代理形式,第 1 条规定:“有对外贸易经营权的公司、企业(代理人)可在批准的经营范围内,依照国家有关规定为另一有对外贸易经营权的公司、企业(被代理人)代理进出口业务。如代理人以被代理人名义对外缔约,双方权利义务适用《中华人民共和国民法通则》有关规定。如代理人以自己名义对外缔约,双方权利义务适用本暂行规定。”第 15 条规定:“受托人根据委托协议以自己的名义与外商签订进出口合同,并应及时将合同的副本送交委托人。委托人与外商修改或变更进出口合同时不得违背委托协议。受托人对外商承担合同义务,享有合同权利。”

此外,1996 年中国人民银行发布的《贷款通则》在第 7 条规定了贷款的种类,其中规定:“委托贷款,系指由政府部门、企事业单位及个人等委托人提供资金，由贷款人（即受托人）根据委托人确定的贷款对象、用途、金额期限、利率等代为发放、监督使用并协助收回的贷款。贷款人（受托人）只收取手续费，不承担贷款风险。”按照这一规定，委托贷款行为是金融机构根据委托人的委托，在委托贷款协议书所确定的权限内，按照委托人确定的金额、期限、用途、利率等，以金融机构自己的名义，同委托人指定的借款人订立借款合同的行为。金融机构虽然是以自己的名义同借款人签订借款合同的，但事实上金融机构完全是按照委托人的旨意，并根据委托贷款协议书所确定的权限范围办理放款手续的。1996 年，最高人民法院在《关于如何确定委托贷款协议纠纷诉讼主体资格的批复》中指出，“在履行委托贷款协议过程中，由于借款人不按期归还贷款而发生纠纷的，贷款人（受托人）可以借款合同纠纷为由向人民法院提起诉讼；贷款人坚持不起诉的，委托人可以委托贷款协议的受托人为被告、以借款人为第三人向人民法院提起诉讼”。可见，委托贷款无论在实务操作中，还是司法实践中都十分接近于本人身份不公开的代理形式。对于这一特殊的代理形式，最终确立于我国《合同法》第 403 条，该条第 1 款规定了委托人的介入权：“受托人以自己的名义与第三人订立合同时，第三人不知道受托人与委托人之间的代理关系的，受托人因第三人的原因对委托人不履行义务，受托人应当向委托人披露第三人，委托人因此可以行使受托人对第三人的权利，但第三人与受托人订立合同时如果知道该委托人就不会订立合同的除外。”第 2 款规定了第三人的选择权：“受托人因委托人的原因对第三人不履行义务，受托人应当向第三人披露委托人，第三人因此可以选择受托人或者委托人作为相对人主张其权利，但第三人不得变更选定的相对人。”该条规定主要是借鉴了《国际货物销售代理公约》第13条的规定，但与《国际货物销售代理公约》相比，我国《合同法》中规定的委托人的介入权和第三人的选择权，其适用范围更窄，只限于非因代理人的原因致使代理人对委托人或第三人不履行义务的情形，除此之外，合同只在代理人与第三人之间产生拘束力。另外，《合同法》第403条第3款还规定了委托人和第三人的抗辩权，即“委托人行使受托人对第三人的权利的，第三人可以向委托人主张其对受托人的抗辩。第三人选定委托人作为其相对人的，委托人可以向第三人主张其对受托人的抗辩以及受托人对第三人的抗辩”。

此外，还需要注意的是，被代理人应当对代理人的缔约过失就像自己的过失那样承担缔约过失责任。之所以要求被代理人为其代理人的过错承担责任，并不是因为代理人是为其完成法律行为或应为其完成法律行为的代理人，而是因为被代理人在履行其自身所负有的照顾和说明义务时使用代理人。被代理人不仅为其代理人，而且也为那些为履行自己在合同谈判过程中承担照顾和说明义务所使用的、未被指定为代理人的辅助人员，如传达人等，承担上述责任。[①]

---

① 〔德〕维尔纳·弗卢梅：《法律行为论》，迟颖译，法律出版社2013年版，第951页。

（二）因代理产生的物权变动

如前所述，得为代理的行为只能是财产法律行为，而财产法律行为有负担行为和处分行为之分。所以，如果代理实施的行为是负担行为时，只产生债权债务关系的变动，而不发生物权变动的问题，只有代理实施的行为是处分行为时，才可发生物权变动的问题。代理人只要在代理权限范围内，为被代理人出售货物或购买货物，由于交易当事人为被代理人和第三人，因此，如果已具备物权变动的要件，第三人或被代理人即可从对方那里取得货物的所有权，也即在被代理人与第三人之间产生物权变动的效果。

因代理产生的物权变动，需要探讨的有两个问题：

（1）代理人未经授权，擅自处分了被代理人的财产，其法律效果如何？没有代理权却以被代理人的名义处分被代理人的财产，当然属于无权代理。在大陆法系中，无权代理不同于无权处分，二者的区别在于：

第一，无权代理行为，是行为人以他人名义实施的行为；而无权处分，是行为人以自己的名义实施的行为。

第二，在无权代理中，如果得到被代理人的追认时，就产生有权代理的后果；而在无权处分中，如果得到了权利人的追认，或者行为人事后取得了处分权，也会发生有权处分的后果。

第三，在无权代理情形下，如果构成表见代理时，发生与有权代理相同的效果，即能够发生有效的物权变动；而在无权处分情形下，如果构成善意取得时，第三人也可取得所有权。

二者的相同之处是，都是处分他人的财产，无权代理在被代理人没有追认、也不构成表见代理的情况下，应由行为人承担责任；无权处分在没有经过权利人的追认、行为人事后也没有取得处分权以及也不构成善意取得的情况下，也应当由行为人承担责任。这种责任对于被代理人或权利人而言，属于侵权责任；如果是恶意的第三人，行为人与第三人可能构成共同侵权。在大陆法系国家，对于善意第三人利益的保护，除了代理制度中的表见代理外，在物权法中尚有善意取得制度，在《德国民法典》、我国台湾地区“民法”的规定中还有物权行为的无因性与独立性理论，对交易安全予以全面的保护。

在英美法上，如果代理人在明示或默示的代理权限内处分了被代理人的财产，不管被代理人的身份是否公开，第三人都可以对取得的财产享有完整的所有权。即使代理人在没有或者超越代理权限的情况下处分了被代理人的财产，被代理人也可以追认代理人的处分行为，从而使得第三人获得完整的所有权。但在代理人未经授权的情况下，第三人能否取得所有权？丹宁勋爵在1949年的一个判例中指出：“在英国法制史上，有两条法律原则一直在竞相称雄。一条是强调静态财产所有权的保护，另一条是强调动态商事交易的保护。善意第三人在支付对价的情况下，应当能够取得完整的财产所有权。”①

由于英美法上奉行“任何人均不得让渡自己没有的物”

---

① Bishopsgate Motor Finance Corp. v. Transport Brakes (1949) 1 KB 332.

的法律格言，加之其代理行为的范围十分广泛，尤其是没有明显地区分物权与债权，不存在物权法中的善意取得制度。所以，只要是处分他人的财产，在保护善意第三人的问题上，主要依靠以下途径解决：

第一，表见所有权理论。该理论主张，在被代理人身份公开的场合，如果被代理人的行为导致第三人相信代理人拥有代理权限时，即可产生表见代理的效果。但是，在被代理人身份不公开的情况下，不会发生表见代理的问题，只要在第三人看来，代理人就是被代理人交付财产的“所有权人”，便会发生表见所有权的规则。根据这一规则，如果被代理人给代理人涂上了一层所有权人的色彩，并且使得代理人在第三人看来是财产所有权人，那么代理人处分该财产的所有权就对被代理人产生拘束力，第三人也可依法获得完整的财产所有权。[①] 虽然英国法院对具备何种条件才能适用表见所有权理论并没有发展出一套成熟的理论，但实践中都要求具有明确的证据表明被代理人使得代理人在第三人看来，似乎是财产所有权人。例如，被代理人将自己的债券交给代理人，并办理了登记手续，委托其出售，但代理人却把该债券抵押给了第三人，此时被代理人就无权否认代理人的抵押行为。英国的一些法院还认为，表见所有权理论是不容否认理论的一种，其效果是，使得表见所有权人把自己没有所有权的被代理人的财产让渡给第三人，并

① S. Markesinis & R. J. C. Munday, *An Outline of the Law of Agency*, Butterworths, 1986, pp. 142. 转引自徐海燕：《英美代理法研究》，法律出版社 2000 年版，第 253 页。

使第三人获得真正的所有权。

第二,默示代理权限理论。该理论为英国 1889 年的《代理商法案》所采纳。根据该法案第 2 条第 1 款的规定,如果商业代理人在征得所有权人(被代理人)同意的情况下,占有了被代理人的财产或其所有权文件,代理人根据本法在商事代理人的正常营业中,出售、质押或者以其他方法处分上述财产的行为,与代理人在获得被代理人相应明示授权的情形下的行为具有相同的法律效力。当然,前提条件是,取得财产的第三人必须是出于善意,即在代理人处分财产时,不知道其缺乏相应的处分权。

由此可见,特定种类的商业代理人具有依法处分被代理人财产的默示权限,即使他们缺乏相应的明示代理权限,也可以转让给善意第三人以完整的财产所有权。其构成要件是:① 代理人必须是《代理商法案》中规定的代理商人;② 代理商人须经过被代理人的同意而占有被代理人的财产或所有权文件;③ 代理商人必须是在其从事正常的商业代理业务中处分被代理人的财产;④ 第三人必须出于善意。

第三,第三人从公开集市上从代理人的销售行为中取得的财产受法律保护。英国 1979 年的《货物销售法》第 22 条第 1 项规定,按照集市惯例,在集市上购买货物的买主只要出于善意,而且不知道卖主对于出售货物的所有权存在瑕疵,就获得了对该货物的完整所有权。虽然该条款没有提到未经授权出售被代理人财产的代理人,但理论通说认为,善意第三人在公开集市上从未经授权而出售被代理人财产的代理人那里所取得的财产所有权受法律保护。[①]

（2）在本人身份公开但姓名不公开的代理以及本人身份不公开的代理的情况下，代理人占有的货物的所有权归属于谁？本人身份公开但姓名不公开的代理，是英美法上的代理类型，又叫本人身份不明的代理，大陆法称之为隐名代理，在此种代理下，代理人接受委托出售被代理人的财产，在未出售或未交付第三人之前，一般认为财产的所有权人为被代理人，代理人只是受委托而直接占有该财产，而被代理人对自己所有的财产只是间接占有，对此在理论上没有疑问。有问题的是，代理人被授权从第三人处购入财产但在转交被代理人之前，代理人所占有的这部分财产，其所有权归属于谁？可能有两种答案：一是代理人取得所有权，因为第三人并不知道代理人背后的真正的委托人是谁，在他看来与他交易的人就是买受人，因而所有权就移转于代理人；二是被代理人取得所有权，因为虽然第三人并不知道被代理人的真实姓名，但已经知道代理人是受委托为他人购买的，只不过第三人不关心真正的买主是谁罢了。这两种答案都有一定的道理，但本书同意后一种观点，即由被代理人取得所有权，主要理由是：

第一，虽然被代理人处于隐蔽状态，但是代理关系已经公开化，也就是说，此时与第三人进行交易的人是以代理人身份进行的，对此第三人是知道的。

---

① S. Markesinis & R. J. C. Munday, *An Outline of the Law of Agency*, Butterworths, 1986, pp. 150. 转引自徐海燕：《英美代理法研究》，法律出版社2000年版，第259页。

第二，从逻辑上讲，如果在被代理人的真实姓名确定之前，货物的所有权归属于代理人，那么当被代理人的真实姓名确定之后，需要代理人将该货物的所有权移转于被代理人，如此一来，徒增法律上的麻烦；相反，如果货物的所有权已经转移到被代理人头上时，当被代理人的真实姓名确定后，代理人只需移转占有即可。

第三，如果货物的所有权归属于代理人，而代理人在交付被代理人之前破产，该货物将会并入代理人的破产财产中，供代理人的债权人受偿，但事实上这些货物显然不属于代理人的财产，代理人的债权人意外受益，与此同时，被代理人却无故受损。

第四，在交付被代理人之前，如果货物的所有权属于代理人所有，那么该货物的瑕疵担保请求权当然应归属于代理人，但是从代理人来讲，由于他并不关心该货物上的利益，因而不会像所有权人那样积极地主张权利，从而为被代理人带来不利益。

以上是在本人身份公开但姓名不公开的代理的情况下货物所有权的归属问题。

这里还需要讨论的是，在本人身份不公开的代理中，在委托人行使介入权或第三人行使选择权之前，代理人购入的但未交付给被代理人的货物所有权归属于谁？这一问题与前述情形就不同了，因为在本人身份公开但姓名不公开的代理的情况下，买卖合同的当事人存在于被代理人与第三人之间，真正的交易主体是被代理人，因而所有权应归属于被代理人，这也符合生活常情。但是，在本人身份不公开的情况下，代理人占有的货物应当归属于代理人自己，当委托人行使介入权或第三人行使选择权后，代理人再将货物的所有权移转于被代理人。因为在此种代理下，如果委托人不行使介入权或者第三人不行使选择权，该笔交易在形式上只能发生在代理人与第三人之间，在逻辑上只能由代理人取得所有权，并向第三人承担买受人的义务。否则，货物的所有权归属于被代理人，但合同当事人仍然是代理人，代理人继续负有交付货款的义务，权利与义务不对等，有违公平原则。同时，也不利于对第三人利益的保护。

（三）因代理产生的侵权责任

代理人根据其与被代理人之间存在的内部关系性质的不同，可以分为两种：一是作为被代理人的辅助人的代理人[①]，二是作为独立承揽人的代理人。在前者中，代理人与被代理人通常存在雇佣关系，代理人是被代理人的雇员，代理人的行为往往受被代理人的监督与控制，不具有独立性；在后者中，代理人与被代理人通常具有委托关系，代理人是独立从事代理业务的商人，可以自由决定自己的活动和自由支配自己的时间，可以拥有自己的营业所，自己承担营业费用，使用自己的商号和息票单，编织自己的商业账簿，并通过自己的营业活动来收取佣金，以及可以同时是几个企

① 《欧洲侵权法原则》第6:102条规定："(1)任何人都应对其辅助人在职权范围内违反必需的行为标准造成的损害承担责任。(2)依据本条的规范目的，独立承揽人不视为辅助人。"此之所谓"辅助人"，涵盖了雇佣合同中的雇员，包括经营活动与家事活动中的雇佣。它也包括长期的和临时的帮工人，而无论他们是否获取报酬(莫尔多评注)。欧洲侵权法小组编著：《欧洲侵权法原则：文本与评注》，于敏、谢鸿飞译，法律出版社2009年版，第167页。

业主的代理人[1],因而具有独立性。由于作为独立承揽人的代理人,其代理行为不受被代理人的监督与控制,因此,为完成受托事务致人损害时,由代理人独自承担责任,与被代理人没有关系。但是,作为被代理人的雇员的代理人,往往受到被代理人(雇主)的监督与控制,其在授权范围内实施代理行为时致人损害的,雇主应对受损害的第三人承担侵权损害赔偿责任,称之为雇主责任。然而,由于此时的雇主与被代理人重合,代理人与雇员重合,雇员执行职务的行为与代理人实施代理行为重合,雇佣关系与代理关系重合,所以,使得侵权法上的雇主责任与代理制度中被代理人的责任也发生重合。可见,与其说是因代理产生的侵权责任,还不如说因雇员执行职务致人损害时由雇主承担雇主责任。对此,在大陆法系国家由于严格区分了代理关系与雇佣关系,因此,如果因为雇员的行为产生侵权责任时,由侵权责任法予以规定[2],在代理制度中并不涉及。[3]

但是,在英美法上并没有把代理关系与雇佣关系严格

---

① 范健:《德国商法》,中国大百科全书出版社 1993 年版,第 100 页。

② 我国《侵权责任法》第 34 条规定:"用人单位的工作人员因执行工作任务造成他人损害的,由用人单位承担侵权责任。劳务派遣期间,被派遣的工作人员因执行工作任务造成他人损害的,由接受劳务派遣的用工单位承担侵权责任;劳务派遣单位有过错的,承担相应的补充责任。"第 35 条又规定:"个人之间形成劳务关系,提供劳务一方因劳务造成他人损害的,由接受劳务一方承担侵权责任。提供劳务一方因劳务自己受到损害的,根据双方各自的过错承担相应的责任。"

③ 值得注意的是,《荷兰民法典》除了在第 6:170 条规定了雇主责任外,还在第 6:171 条规定:"非雇员在他人的指示下为该他人的营业从事活动的,应当因其在活动中的过错对第三人承担责任,该他人也应当对该第三人承担责任。"依据该条规定,被代理人应对非雇员的代理人实施的侵权行为负责。

加以区分开来，而是将雇佣关系视为代理关系的一个组成部分。因此，雇主对其雇员在执行受雇职务时所为侵权行为是否承担责任的问题，便成为美国代理法所要解决的一个重要问题。《美国代理法重述（第三次）》第 2.04 条规定，"雇主应对雇员在雇佣关系范围内的侵权行为承担责任"，同时在第七章专章规定了"委托人与代理人的侵权责任"。同样在英国，也是将雇佣关系与代理关系联系在一起，甚至有些学者极力主张抛弃雇主与雇员的概念，建立以权限为基础的法律标准，共同适用于合同法与侵权法。①

除此之外，英美代理法对代理活动性质的认识也与大陆法有所不同。大陆法将代理行为的适用范围界定为法律行为，而在英美法上，由于没有抽象的法律行为制度，因而对于代理行为的适用范围十分广泛，除了订立合同，还适用于与事实行为相关的其他情况，其中最重要的就是雇主对雇员在雇佣关系存续期间所实施的民事侵权行为承担替代主任。同时，本人还有可能对其代理人在代理权限范围内所谓的诈欺或因疏忽而作的错误陈述或某些其他类型的陈述承担替代责任。这种责任在某些方面类似于大陆法上的缔约上的过失责任。②

在英美代理法中，因代理产生的侵权责任，主要发生在以下情形：

① Powell Raphaed, *The Law of Agency*, Sweet & Maxwell, 1961, pp. 184—194.

② 郑自文：《国际代理法研究》，法律出版社 1998 年版，第 113 页。

1. 代理人对第三人承担的侵权责任

当代理人代表被代理人实施民事行为，由于其过错给第三人造成损害时，代理人个人必须对第三人承担侵权责任，而不论代理人的行为是否在被代理人的授权范围之内。《美国代理法重述(第三次)》第7.01条规定："代理人应当对因其侵权行为而受损害的第三人承担责任。除法律另有规定外，行为人依实际授权或表面授权并以代理人身份实施代理行为，或在雇佣关系范围内以雇员身份行为的，该行为人仍应对上述侵权损害承担责任。"当然，代理人违反对委托人所承担的义务，不构成代理人向第三人承担侵权责任的根据。仅在代理人的行为违反了对第三人所承担的义务时，代理人才对因其行为而受损害的第三人承担侵权责任(第7.02条)。代理人不得以自己获得被代理人的授权对第三人行使抗辩权，尽管代理人不知道自己的行为构成侵权，即使被代理人就同一行为免于对第三人承担侵权责任，代理人也不能因被代理人的免责而使自己替代免责(vicarious immunity)。但在下列情形下不必对第三人承担侵权责任：

(1) 代理人实施的未经授权的违法行为经过被代理人的追认变成合法行为；

(2) 代理人作出了没有过错的不真实陈述，即使被代理人知道代理人的行为构成了不真实陈述，代理人也不承担责任；

（3）代理人个人被第三人免除了侵权责任。①

当代理人与被代理人对第三人的损害承担连带责任时，根据英国1978年的《民事责任法》的规定，受害人可以对代理人或被代理人中的任何一人起诉，如果对判决不满意，还可以对原先没有列为被告的人再行起诉。但是，如果受害人通过契据、和解和清偿而免除了被代理人和代理人中任何一方的责任时，也就等于同时免除了被代理人和代理人双方的侵权责任。

2. 委托人对第三人承担的侵权责任

在英美法上，委托人应当对受雇人的侵权行为向第三人负责，此即"让雇主回答"原则（let the master respond or let the master answer）。这种责任在《美国代理法重述（第三次）》中分为两种情况：

（1）委托人对第三人承担的直接责任（direct liability）。此种责任是委托人就自己的过失行为对第三人承担责任的情形。

① 如果代理人的行为是在实际授权范围内实施，或由委托人追认的，并且有下列情形之一的，委托人应当对代理行为所侵害的第三人承担侵权责任：（i）代理人的行为是侵权行为的，或者（ii）当代理人的行为被视为本人的行为时，将导致委托人承担侵权责任的。（第7.04条）

② 代理人在从事代理行为时对他人造成侵害的，若侵害是因本人对代理人选任、培训、聘用、监督或其他管理行

① G. H. L. Fridman, *The Law of Agency*, Butterworths, 1983, p. 296.

为上的过失所致，则本人对该侵害行为承担责任。（第7.05条第1款）

③ 委托人与另一人之间存在特别关系的，委托人应当对此人承担基于特别关系所产生的风险的合理注意义务，该风险包括委托人的代理人可能对此人实施的侵害。（第7.05条第2款）

④ 合同约定或法律规定委托人对他人负有保护义务的，委托人不得通过委托代表人履行的方式逃避该义务，而不论该代表人是否为代理人，否则即构成侵权。（第7.06条）

（2）委托人对第三人承担的替代责任（vicarious liability），即雇主对雇员在雇佣关系范围内的侵权行为承担替代责任。（第7.07条）

① 须该雇员在雇佣关系范围内完成雇主指派的工作或参与管理的过程中，受雇主支配。雇员在实施一项与雇主的目的无关的独立行为时，该行为不属于雇佣关系的范围。

② 雇员属于代理人，且委托人可以控制或有权控制雇员的工作方式和方法，而不论该雇员的行为是否有偿。

至于如何判断雇员的行为是属于雇佣范围内的行为，在理论上有以下三种观点：

其一，“萨孟德”检验法（“Salmond”Test）。该方法由英国法学家萨孟德所创，认为所谓雇员在雇佣过程中实施的侵权行为包括：由雇主授权雇员实施的侵权行为；雇员以违法的且未经授权的方式实施雇主授权他实施的行为。

也就是说,雇主不仅对其授权雇员实施的侵权行为承担责任,而且还对雇员在实施其授权的合法行为时采用的违法的而且未经授权的方式承担责任。

其二,“密切联系”检验法(The Close Connection Test)。该方法认为如果雇主授权雇员实施的行为实质性地增加了侵权发生的危险性,或雇主授权雇员实施的行为给侵权行为的实施提供了特殊的非常便利的机会,那么雇员的侵权行为与其受雇行为就有非常密切的联系,雇主就应当承担雇主责任。该规则主要适用于雇员故意侵权的情况下,它有助于解释何时以及为什么雇主应对雇员实施的与其目标相对立的行为承担雇主责任。

其三,“三要素”检验法。该方法是在美国著名的“Wang Laboratories, Inc. v. Business Incentives, Inc.”一案中确立的。“三要素”检验法认为雇员的行为必须符合下列三要素,才属于雇佣范围内的行为:雇员的行为属于受雇履行的行为(“工作”要素);雇员的行为实质性地发生在授权的时间和空间内(“时间与空间”要素);雇员行为的动机(至少一部分)是为了雇主的利益(“动机”要素)。[①]

除以上检验法外,有的国家还对雇佣职务范围或雇佣职务过程作了成文法上的界定。如澳大利亚新南威尔士(New South Wales)的地方立法规定:“如果雇员的行为发生在为他的雇主服务的过程中,或属于服务的附属行为,或是

---

① Thomas H. Seymour, Scope of employment, *Western New England Law Review*, Vol. 20, issue 1, 1998. 转引自毛瑞兆:《论雇主的替代责任》,载《政法论坛》2004 年第 3 期。

为了雇主事务的执行,那么不管该行为是否属于雇佣合同中的事项,雇主都应对雇员在履行该事务时实施的侵权行为承担替代责任。”这一规定破除了雇佣合同对履行职务事项、时间及地点的限制,使雇佣职务范围或雇佣职务过程的概念更加宽泛。除雇主对雇员在雇佣关系范围内的侵权行为承担替代责任外,委托人还在下列情形承担替代责任,即代理人在代表或声称代表委托人与第三人进行交易或磋商时,当其依表面授权实施的行为构成侵权或者隐藏了不法行为时,委托人应对代理人的侵权行为承担替代责任(第7.08条)。

需要注意的是,英美法上的替代责任在近年来有逐渐扩大其适用范围的趋势,主要表现在:

(1)本人须为在紧急情况下帮助其雇员完成代理事务的陌生人的过失承担责任。

(2)英美法上有时还将无偿为别人尽力的人视为雇佣关系范围内的一名“雇员”,即如果行为人使自己服从于其服务对象的指示和控制,如果该义务行为的初始目的是为别人服务,则该雇主须为这个义务“雇员”的侵权行为负责。此点类似于被帮工人对无偿帮工人的侵权行为负责。

(3)“家庭用车规则”(family-car doctrine or family purpose car doctrine),即如果某汽车通常供家庭使用,则可以推定,该家庭的任何成员在为了自己的方便或快乐使用该汽车时,都是该汽车所有人的代理人,因此该汽车所有人(通常是父母)对于任何家庭成员经其允许开车而造成他人损害的，均应负损害赔偿责任。[1] 美国的一些州走得更远，甚至规定，只要经车主允许而驾车的任何人均是车主的代理人，车主对该驾车人致第三人的损害承担替代责任。

三、无权代理行为之追认

代理的法律意义在于，代理人处于本人的地位为本人实施法律行为，其法律后果被视为与本人所实施法律行为相同。[2] 所以，代理是为了本人的利益，扩张意思自治的法律途径。但是，无权代理人没有代理权却以被代理人的名义签订合同，如果不构成表见代理，依照代理制度的宗旨是不能对该被代理人产生法律效力的，否则就是对被代理人事务的侵犯，破坏了意思自治原则。然而，有时无权代理行为对被代理人而言可能是有利的，被代理人如果得知这一行为也愿意接受，如果立即使之无效，反而不利于被代理人的利益保护；同时，法律的目的是鼓励交易，尽量促成当事人之间的交易，而不是使交易无效，从而限制交易；尤其是，只要是无权代理行为，就立即产生无效的后果，然后迫使无权代理人来承担该行为的后果，未免操之过急。[3] 因此，大陆法系各国的立法，均规定无权代理行为为效力待定的行

---

① 郑自文：《国际代理法研究》，法律出版社 1998 年版，第 116 页。

② 〔德〕卡尔·拉伦茨：《德国民法通论》（下册），王晓晔、邵建东等译，法律出版社 2003 年版，第 815 页。

③ 〔德〕迪特尔·梅迪库斯：《德国民法总论》，邵建东译，法律出版社 2000 年版，第 738 页。

为，允许本人根据自己利益的考量追认该行为，使之确定地发生法律效力，此即无权代理的追认。无权代理的追认，在大陆法系国家或地区的立法中均有明确规定。[①] 在英美法中，行为人没有代理权或超越代理权，以他人名义实施的代理行为，要想对本人产生法律效力，也需要经过本人的追认，使得代理人获得事后的追认授权，此即英美法上的追认代理。

我国对无权代理之追认早在《民法通则》中就有规定，第 66 条第 1 款规定："没有代理权、超越代理权或者代理权终止后的行为，只有经过被代理人的追认，被代理人才承担民事责任。未经追认的行为，由行为人承担民事责任。本人知道他人以本人名义实施民事行为而不作否认表示的，视为同意。"后来颁布的《合同法》第 48 条也作出了如下规定："行为人没有代理权、超越代理权或者代理权终止后以被代理人名义订立的合同，未经被代理人追认，对被代理人不发生效力，由行为人承担责任。相对人可以催告被代理人在一个月内予以追认。被代理人未作表示的，视为拒绝追认。合同被追认之前，善意相对人有撤销的权利。撤销应当以通知的方式作出。"

由上述规定可知，无论是《民法通则》还是《合同法》，对于无权代理之追认只是进行了笼统的规定，至于如何进

---

① 如《德国民法典》第 177 条第 2 款、《瑞士债法典》第 38 条第 1 款、《日本民法典》第 113 条第 1 款、《葡萄牙民法典》第 268 条第 1 款、《荷兰民法典》第 69 条第 1 款、《意大利民法典》第 1399 条第 1 款、《俄罗斯民法典》第 183 条、《韩国民法典》第 130 条、我国台湾地区"民法"第 170 条第 1 款等都有明确的规定。

行追认、追认的主体、追认的范围、追认的方式、追认的期限以及追认的效果等问题都不是很明确，不具有可操作性，实践中极容易发生争议，因此有必要在理论上予以阐明，以期有助于司法实践，进而推动我国代理法律制度的完善。

（一）追认的实质是事后授权

由于法律传统的不同，两大法系对无权代理之追认的认识存在差异。

在英美法中，代理关系是通过当事人之间的协议产生的[①]，而追认代理是由被代理人的单方行为使被代理人与代理人之间建立代理关系，这在英美代理法的理论上引起了争论，争论的焦点在于追认是单方授权行为，还是双方合意行为？有人认为，追认与事前授权一样，是一种合意行为，不是一种单方行为。因为代理人在实施无权代理行为时，既向第三人表明自己代表被代理人行事，也向被代理人表明自己愿意担任其代理人，而被代理人的追认就是对代理人愿意担任其代理人这一要约的承诺。[②] 反对者则认为，在追认代理下，被代理人与代理人之间不是由追认创设的，因为这种关系依赖于协议，而被代理人对代理人未经授权行为的单方接受不能产生协议。于是，追认的全部意义在于，

① 如《美国代理法重述（第三次）》第1.01条规定，代理是一种受托信义关系，这种关系由一方（委托人）向另一方（代理人）作出的要求代理人接受委托人的控制、代表委托人实施代理行为的意思表示，和代理人同意接受该意思表示的约束而产生。

② G. H. L. Fridman, *The Law of Agency*, Butterworths, 1990, pp. 96—97.

产生未经授权的行为予以授权的效果。[①] 根据这一观点，追认只是对无权代理人的一种授权，追认的合理根据在于，法律的角色是满足当事人尤其是第三人的合理期待。对此，《美国代理法重述（第三次）》第 401 条第 1 款明确规定："追认是本人对他人先前行为的确认，赋予该行为具有与经过实际授权的代理人的行为相同的法律效力。"

英美法上的追认代理是与协议代理相对而言的，是作为有权代理的一种特殊形式，但是在大陆法系国家或地区的立法中，无权代理不产生代理的法律后果，因而不属于任何代理形式，只是在例外情形下，为了保护本人的利益，经过本人的追认才可以产生有权代理的后果。因为无权代理行为首先涉及的是本人的利益，应当由本人来决定该行为的效力。本人可以通过追认，使该行为溯及于行为成立时发生法律效力，如同代理人最初获得授权一样；也可以拒绝追认，使该行为注定对自己不发生法律行为的效力，而由无权代理人承受这一行为的后果。是否作出追认，乃是本人的自由，无权代理人或第三人不得强迫其追认或不追认，因而追认为本人的一项权利，在性质上为形成权。追认就是将无权代理行为的后果归属于自己的意思表示，因而行使追认权的行为，属于有相对人的单方法律行为，追认的意思表示一经作出即可发生法律效力，无需相对方同意或不同意。

由此可见，同样是追认，在英美法上追认影响的是被代理人与代理人的关系，而在大陆法上追认影响的则是被代

---

① Powell Raphaed, *The Law of Agency*, Sweet & Maxwell, 1961, pp. 121—122.

理人与第三人之间的关系。究其原因，在英美法上代理与委托混而不分，代理的内部关系与外部关系是等同的，但在大陆法系，代理独立于委托，代理关系区分为内部关系和外部关系。不过，无权代理行为经过本人的追认后，无论是英美法还是大陆法，都产生有权代理的后果，就此而言，追认行为的实质上都是对无权代理人的事后授权。①

（二）追认的主体只能是被代理的本人

英国法官瑞特（Wright）在“佛斯”一案②中指出，要构成有效的追认，必须符合三个条件：第一，代理人必须声称为委托人采取行动；第二，代理人采取行动时，必须有一个有行为能力的委托人；第三，在追认时，委托人必须具备自己采取那项行为的行为能力。在这些要件中，核心要件是追认的主体资格问题。《美国代理法重述（第三次）》第 4.04 条规定：“（1）具备下列条件时，当事人即可进行追认：（a）行为发生时，该当事人存在；（b）进行追认时，该当事人具备第 3.04 条③所要求的资格。（2）行为发生后或追认后，如果委托人不具有第 3.04 条所要求的委托人资格的，即可撤销在先前无委托人资格时所作的追认行为。”大陆法

① 史尚宽：《债法总论》，中国政法大学出版社 2000 年版，第 53 页。

② Firth v. Stains, (1897) 2 QB at 75.

③ 《美国代理法重述（第三次）》第 3.04 条（委托人的资格）规定：（1）代理人实施代理行为时，如果某一自然人具有独立行为能力，该自然人就具有了作为第 1.01 规定的代理关系中的委托人资格。（2）适用于非自然人的当事人的法律，可作为判断此当事人是否有资格作为第 1.01 规定的代理关系中的委托人，以及判断上述当事人缺少或丧失资格时，对于与它相互关联的当事人的法律效力的依据。（3）如果一项行为的实施未经授权，那么代理人实施的这一行为对委托人没有约束力。

系各国的立法对此没有明确规定,参照英美判例,结合我国的代理法实践,追认人必须具备以下条件:

第一,有权追认无权代理行为的人,必须是被代理的本人。也就是说,当代理人实施代理行为时,声称自己是他人的代理人,那么只有该他人才享有追认权。身份公开的被代理人享有追认权毫无疑问,至于身份不公开的被代理人是否也享有追认权,虽然在英美法上一直有争议,但一些判例坚持认为,只有身份公开的人才享有追认权,如果行为人没有披露自己正在为被代理人而实施行为的事实,被代理人的追认便是无效的。因为民事义务不得由未披露的意图创设,或者建立于未披露意图的基础上。不过,反对者认为,不允许身份不公开的被代理人追认,过于泛化了合同观念,进而否认了追认代理制度与被代理人身份不公开的代理制度存在的基础。《国际货物销售代理公约》第 15 条共有 8 个条款专门对追认代理作了详尽的规定,但由于《国际货物销售代理公约》并未明确规定本人的追认仅限于以本人名义所实施的无权代理行为,因而按照马尔科姆·埃文斯先生的解释,《国际货物销售代理公约》所确立的追认原则,是一条普遍适用的原则,无论是公开本人的代理还是不公开本人的代理,无论是直接代理还是间接代理,这一原则均应适用。①

本书认为,我国虽然也存在显名代理、隐名代理(《合同法》第 402 条)和身份不公开的代理(《合同法》第 403 条)

---

① Malcom Evans, The Geneva Convention on Agency in the International Sale of Goods, 1983. 转引自郑自文:《国际代理法研究》,法律出版社 1998 年版,第 147 页。

三种情形,前两种由于代理人在实施代理行为时,第三人已知道被代理人的存在,因而被代理人可以对无权代理行为追认,这样不仅不会给第三人带来风险,而且也是第三人所希望的。但是,对于身份不公开的代理而言,本人的突然追认将会使不知情的第三人立即陷入不利境地,给第三人带来风险,因此,不应当允许身份不公开的本人追认。换言之,代理人在实施某项行为时,被代理人必须为第三人所知或者可以被确定,否则,被代理人无权追认。

第二,无权代理人在实施代理行为时,其意欲代理的人必须存在。任何人不得声称为将来某日存在的人而实施行为,即使他能合理地期待自己的行为被追认。因此,公司发起人在公司尚未成立时,只能以发起人自己的名义而不能以公司的名义缔结契约,该公司成立之后,亦不能追认该发起人缔结的契约。因为该契约在缔结时,公司尚未成立。不过,目前大多数英美法系国家的公司立法已进行了修改,允许公司追认发起人在公司成立前代表设立中的公司所签订的契约。[①] 在我国,最高人民法院《关于适用〈中华人民共和国公司法〉若干问题的规定(三)》第 3 条规定,发起人以设立中公司名义对外签订合同,公司成立后合同相对人请求公司承担合同责任的,人民法院应予支持(第 1 款)。但是,公司成立后有证据证明发起人利用设立中公司的名义为自己的利益与相对人签订合同,公司以此为由主张不承担合同责任的,人民法院应予支持,但相对人为善意的除

---

① 徐海燕:《英美代理法研究》,法律出版社 2000 年版,第 101 页。

外(第2款)。由此可见,我国在司法实践中认可公司可以追认发起人在公司成立前代理设立中的公司所签订的合同,除非该合同是为了发起人自己的利益所签。

第三,对无权代理的追认,被代理人必须具备亲自实施该行为的行为能力。英国1874年的《未成年人保护法》第2条规定,代理人为未成年人订立合同时,未成年人即使达到了法定年龄也不得承认,除非该合同对未成年人是必须的或可享有利益的,或可撤销的。[①] 根据这一规则,享有追认权的本人不能是未成年人或精神病患者,成年人或精神恢复正常的人不得对在未成年时或患精神病期间由代理人实施的无权代理行为进行追认。同理,如果某一无权代理行为在公司拟追认时属于越权行为,公司也无权追认。委托人对于在自己不是敌国人的情形下由行为人实施的无权代理行为也不能追认。[②] 本书认为,由于追认属于单方法律行为,依照法律行为理论,法律行为的主体必须是具有行为能力的人,否则不能独立实施法律行为,因而不具有行为能力的人不是合格的追认主体。

第四,被代理人在追认时必须知情。追认行为要生效,被代理人在追认时就必须知道与无权代理行为有关的所有重要情况,除非被代理人明确表示,愿意追认在任何情况下实施的无权代理行为,并承担相应责任。所以,《美国代理法重述(第三次)》第4.06条规定:"如果追认是在当事人

① 郑自文:《国际代理法研究》,法律出版社1998年版,第60页。

② 何美欢:《香港代理法》(上册),北京大学出版社1996年版,第38页。

对与最初行为有关的重要事实不知情且没有意识到不知情的,该当事人不受追认的约束。”知情必须是完全知情,而不能是只了解其中的一部分,同时,所知道的情况还必须是重要的事实,而不能是细枝末节。所以,追认权的行使,以本人对此行为知道或应当知道为前提。但是,如果代理人虽有代理权,而其行为逾越代理权限范围,本人未注意及之,长期以来视为有效行为,本人在发觉代理人逾越代理权前的行为,虽不得视为默示之承认,但若其相对人由本人之行为必然推断,本人已承认此一行为时,本人就其引起之外观,自应负责,若拒绝承认,则有悖诚信原则。[①]

(三)追认的客体为法律行为

在英美法上,追认代理所适用的范围非常广泛,任何能够通过代理人实施的行为,都可以由被代理人予以追认,不仅合法行为可以追认,违法行为甚至侵权行为也可以追认。所以,《美国代理法重述(第三次)》第 4.03 条规定:“如果行为人代表一方当事人或以代理人的名义声称代表该当事人实施代理行为的,该当事人即可对该行为进行追认。”但是在大陆法系国家的立法中,所谓代理是指代理人以被代理人的名义代为意思表示或代受意思表示,其意思表示的后果归属于被代理人,因而代理所适用的范围只能是以意思表示为核心要素的法律行为,这样就决定了本人能够追认的行为只能是法律行为,事实行为或违法行为一律不能

① 黄立:《民法债编总论》,中国政法大学出版社 2002 年版,第 152 页。

追认。根据代理法原理及其司法实践的要求，追认的范围受到以下几个方面的限制：

第一，无效的行为不得追认。如果无权代理人所实施的行为本身就是无效行为，它将确定地产生无效的后果，不仅没有追认的必要，即使进行了追认也不能对自己产生任何法律效果。但是，无权代理人所实施的行为如果属于效力待定的行为如无权处分行为，是可以追认的，不过经过追认后的行为并不因此由效力待定的行为转变为有效行为，被追认的行为仍然是效力待定的行为，只不过经过追认后，该行为的法律后果应由本人承受，即只有本人才能享有效力待定行为的权利或负担其上的义务，如催告对方追认的权利。同理，可撤销的法律行为也可以被追认，但是经过追认后，行为的性质也不会发生改变，只是将可撤销法律行为的后果归属于自己而已，如从此享有了撤销权或催告权等。

第二，无权代理人冒用他人名义的行为，该他人是否可以追认？冒名行为与代理行为是有区别的，前者称我就是A，后者则称我为A从事行为。在冒名情况下，行为人并没有声明他是为被冒用姓名的人活动，而是声明为自己活动，同时把他人的名字作为自己的名字告诉人们，骗取人们相信他就是该他人。此时，被冒用的名义人是否可以追认，应当以相对人的认知状态为准：如果相对人并不看重与他交易的当事人是谁时，法律关系直接在冒用人与相对人之间发生，不适用代理制度之规定，当然不发生追认的问题；如果相对人看重的是被冒用人的个人特性，愿意与之建立法律关系时，即可适用无权代理之规定，应当可以追认。此外,伪造签名或盖章的行为不得追认。因为伪造签名或盖章的行为,之所以不能被追认,最根本的原因在于,冒签行为不是以代理人的身份,而是以事主(即交易者)的身份去实施的。[①]

第三,追认必须是对整个合同的追认,而不能是一部分予以追认,另一部分予以拒绝,或者只追认对自己有利的部分,而对其余部分置之不理。否则,便是将一个第三人没有同意的合同强加于第三人。凡追认一种行为,即有认其行为全体之效力,一部分之追认,或者加以部分变更后追认,通常可视为追认之拒绝。所以,《美国代理法重述(第三次)》第4.07条规定:“除非对整个行为、合同或其他单独交易行为进行追认,否则追认无效。”《荷兰民法典》第69条第4款后句也规定:“该直接利害关系人(即第三人)不必接受部分的或附条件的追认。”不过,包含于契约中之事项,有可与他部分分离者,则视为有效亦无不可[②]。《国际商事合同通则》的起草者也认为,第三人可以拒绝本人对无权代理行为的部分追认,因为允许部分追认,无疑是肯定本人有权修改代理人与第三人已经签订好的合同[③]。

第四,追认必须是无权代理人已经实施的行为,即追认只适用于过去的行为,未来的行为不能预先进行追认。如

---

① 何美欢:《香港代理法》(上册),北京大学出版社1996年版,第42页。

② 〔日〕富井政章:《民法原论》(第1卷),陈海瀛等译,中国政法大学出版社2003年版,第305—306页。

③ 张玉卿主编:《国际私法统一协会UNIDROIT——国际商事合同通则2004》,中国商务出版社2005年版,第245页。

果委托人预先声明,将追认行为人企图实施的任何行为时,并不能阻止他事后仍然有权利拒绝行为人的越权行为,除非他的声明构成了表见代理。

需要讨论的是,无权代理人以他人的名义实施的单方法律行为,是否可以追认?《德国民法典》第180条规定:"对于单方的法律行为,不允许无代理权的代理。但如单方法律行为的相对人,在为法律行为的当时,对代理人所主张的代理权没有提出异议,或同意代理人为无代理权的行为,则准用关于契约的规定。在对无代理权的代理人为得到其许诺的单方法律行为时,亦同。"根据这一规定,无权代理人作出单方法律行为原则上是禁止的,这种规定的目的在于使得被动接受意思表示的第三人的利益以及本人利益得到保护。

但是,下列两种情形例外:

其一,单方法律行为的相对人在为单方行为时,对于无权代理人所主张的代理权表示同意或者没有提出异议,或者同意代理人为无权代理的行为,则适用契约的规定。因为如果作为代理人出现的人声称自己具有代理权,而第三人对此没有提出异议,甚至同意与无权代理人从事行为,则由第三人承受由被代理人之追认权所产生的不确定后果,并无不当。

其二,相对人在征得无权代理人的同意后实施的行为,也适用如上相同的规则。前一种情形更多时候在于保护第三人利益,而第二种情形则保护着本人利益。[①]《日本民法典》第118条也规定:"关于单方行为,以其行为当时,相对人对称代理人者无代理权而实行代理表示同意,或对其代理权不予争执情形为限,准用前五条的规定。对无代理权人实施的、经其同意的单方行为,亦同。"《韩国民法典》第136条也有同样的规定。依照上述规定可知,单独行为的无权代理原则上是不许为之,否则将因违背法律的规定而无效。被代理人对此不能追认,如果希望得到其效果,只能重新为之。当然,对于相对人而言,也无需催告或撤销。之所以这样规定,是因为无代理权人所为的单方法律行为,对于第三人而言是毫无抵御能力的。[②]

(四) 追认意思表示的形式要求

追认就是对无权代理人的事后授权,同原始授权一样,追认不受任何形式的限制。追认是有相对人的单方意思表示,可以通过文字或行为的形式作出,也可以是通过明示或默示的形式作出。所以,追任可以通过所有反映委托人确切的认可意思的行为、事实和情况作出。[③]《美国代理法重述(第三次)》第4.01条第2款明确规定:"本人追认的方式:(a) 明确同意该行为对其产生法律效果;(b) 通过本人

---

① 曾文远:《无权代理法律后果分析——以德国法和中国法的比较为视角》,载《法制与社会》2007年第2期。

② 〔德〕迪特尔·梅迪库斯:《德国民法总论》,邵建东译,法律出版社2000年版,第741页。

③ 〔德〕海因·克茨:《欧洲合同法》(上卷),周忠海等译,法律出版社2001年版,第337页。

的行为,有理由推定本人是同意的。”

默示的追认,可分为积极的默示追认和消极的默示追认两种。前者是指从被代理人的行为和周围的环境中得出被代理人已经作出追认的结论,后者是指缄默。积极的默示追认,在司法判例中常见的行为有以下几种:

第一,知情的被代理人自愿地接受或保留根据无权代理人代签的合同所取得的利益,例如接受出卖的价款或收取交付的货物;

第二,被代理人在其与无权代理人或第三人为对方当事人的诉讼中,以无权代理人实施的行为作为合法依据提起诉讼或者应诉的;

第三,被代理人履行无权代理人代签的合同。

我国最高人民法院《关于适用〈中华人民共和国合同法〉若干问题的解释(二)》第 12 条规定:“无权代理人以被代理人的名义订立合同,被代理人已经开始履行合同义务的,视为对合同的追认。”

消极的默示追认即缄默,是否构成有效的追认,在理论上存在争议,英美法院在判例中的态度也不一致。有的判例认为,缄默构成追认。例如,原告是船主之一,也是管理船只的经理。他就被告(其他船主)包括自己在船上的全部权益投保,保费记录在账簿上,被告也曾审阅过账簿。法院判决认为,原告的行为经过了被告的追认,因为从知情的默许可以得到同意。也有的判例认为,缄默本身不构成追认。比如,母亲与三个女儿共同拥有一块地产,并由母亲管理。母亲在未征得三个女儿同意的情况下,签订了土地转让合同,三个女儿知道这件事,但保持缄默。后来被要求签署土地转移契据时,她们拒绝签署。法院判决认为,缄默及不行动不是赞同或采纳合同的证据,而是不安、不赞同和对权利无知的证据。[①] 我国《民法通则》第 66 条第 1 款后句规定:"本人知道他人以本人名义实施民事行为而不作否认表示的,视为同意。"可见,我国在立法上承认消极的默示追认。

追认行为应与代理权授予的形式相同。如《葡萄牙民法典》第 268 条第 2 款规定:"追认须以就授权所要求之方式作出,且具有追溯效力,但不影响第三人之权利。"《荷兰民法典》第 69 条第 2 款也规定:"对实施法律行为的代理权的授予有特定形式要求的,也适用于追认的情形。"追认既可以向代理人或相对人作出,也可以采取公告的方式向社会公众作出,但是如果相对人催告被代理人作出追认的,则追认的表示只能向相对人作出。追认既为法律行为,除本人外,本人还可以委托其他代理人代为追认。

(五) 追认的期限限制

由于无权代理行为处于效力不确定的状态,本人是否予以追认、何时追认,对于第三人而言并不清楚,此种状态的长期存在极不利于第三人,这是因为:一方面,第三人无法得知自己处于何种法律位置,难以决定自己的行为,以致丧失良好的商机;另一方面,本人可能会利用拖延追认的机

① Crampsey v. Deveney (1969) 2 DLR (3D) 161. 转引自徐海燕:《英美代理法研究》,法律出版社 2000 年版,第 112 页。

会,以第三人的成本为代价进行投机活动。所以,为了早日结束这种悬而未决的状态,平衡本人与第三人的利益关系,法律通常对本人的追认予以期限限制。

英美代理法倾向于根据不同的情况,对追认的时间给予不同的限制。如果当事人约定了追认的有效期限,那么对该行为的追认必须在约定的期限内作出;如果当事人没有对追认的时间限制作出约定,那么对该行为的追认必须在合理的时间内作出。至于什么是合理的时间,依据具体情况而定。一般认为,追认应当在合同履行之前的一段合理时间内进行。因此,超过确定的履行期限的合同不能追认,如果没有确定履行期限,追认必须在知悉该未经授权行为的一段合理时间内追认。《美国代理法重述(第三次)》第4.05条规定:"除非追认行为先于某些可能对第三人的权利产生不利或不公平后果的情形而实施,否则该追认行为无效。这些情形包括:(1)第三人作出的撤销交易的意思表示;(2)可使第三人受到不公平约束的重大情况变化,但第三人自愿受此约束的除外;以及(3)能够决定第三人是否被剥夺权利或承担义务的特定期间。"依据这一规定,追认必须是在不损害第三人利益的前提下进行,任何因为拖延期限导致对第三人的权利产生不利或不公平后果的情形而实施的追认都将是不被允许的。

英美法的上述规定,固然有利于迅速结束这种不稳定状态,但是对于第三人而言毫无主动性,只能是被动地、消极地等待,不能通过积极作为尽早结束这一局面。对此,大陆法国家的民法通过赋予第三人以催告权来弥补这一缺陷。第三人的催告权是指在本人追认或拒绝承认无权代理行为之前，第三人可以确定一个合理的期间，催告本人在此期间内答复是否追认该行为。可见，所谓催告权，实质上是期限限定权。[①]《德国民法典》第177条第2款规定："相对人对本人催告为承认之表示者，仅得向相对人为承认之意思表示。在此催告前向代理人所为之承认或拒绝即失其效力。承认仅得于受催告后二周内为之。在此期间内不为承认，视为拒绝。"《瑞士债务法典》第38条第2款规定："相对人得对本人催告于一定期间内为追认之意思表示。在其催告之期间内，本人不为追认者，免其义务。"《日本民法典》第114条也规定："前项情形相对人得定相当期间，催告本人于该期间确答是否追认。若本人于期间内不为确答者，视为拒绝追认。"《葡萄牙民法典》第268条第3款规定："如追认未在他方当事人所定之期间内作出，视为拒绝追认。"此外，《意大利民法典》第1399条第4款、《荷兰民法典》第69条第4款、《韩国民法典》第131条等也做了相同的规定。催告为要求本人答复是否追认无权代理行为的通知，但催告后的法律效果，即使催告人并不知晓，也同样产生规定的效果，所以催告不属于法律行为，应为准法律行为中的意思通知。催告的目的在于要求本人追认或拒绝追认无权代理行为，经催告后如果本人在期限内作出追认或拒绝追认的表示的，无权代理行为的效力得以确定；如果本人未在规定的期限内作出答复的，一般视为拒绝追认。

---

① 傅翠英：《无权代理的内涵与效力分析——兼评〈合同法〉第48条》，载《法学论坛》2002年第3期。

《国际商事合同通则》的规定吸收了大陆法上的催告权制度，分两种情形区别处理，即在第三人知道代理人的行为是无权代理之前，本人原则上可在任何时间追认，但在第三人知道代理人的行为是无权代理之后，本人的追认不能是无限期的，否则将使无权代理行为的效力长期处于悬而不定的状态，所以，《国际商事合同通则》赋予了第三人以主动权，即第三人可以通知本人在一段合理的时间内追认，本人如未在该时间内追认，则不能再予追认（第 2.2.9 条第 2 款）。如果在代理人实施无权代理行为时，第三人既不知也不应知代理人无权代理，则第三人可在本人追认前，随时通知本人表示拒绝受追认的约束（第 2.2.9 条第 3 款）。授予无辜第三人此项权利的原因是，为了避免本人成为唯一根据市场变化推测并决定是否追认的情况。[①] 这一规定无疑是正确的。

值得注意的是，欧盟在已经完成的《欧盟民法典草案》中也规定了第三人的催告权，第 6:111 条第 3 项规定："第三人知道该行为系无权代理的，得以通知形式为本人确定合理的追认期间。未在该期间内追认的，不得再为追认。"我国《合同法》第 48 条第 2 款规定："相对人可以催告被代理人在一个月内予以追认。被代理人未作表示的，视为拒绝追认。"在这里，将被代理人的沉默，推定为拒绝追认的意思，属于推定式拟制。推定式拟制不在于当事人在相当期间内未为意思表示，而在于当事人在一定情况下被法律规

① 张玉卿主编：《国际私法统一协会 UNIDROIT——国际商事合同通则 2004》，中国商务出版社 2005 年版，第 245 页。

范期待应有某种意思表示或意欲通知，但却未为之，因而法律为之拟制有被期待之意思表示或意欲通知的存在。[①] 之所以如此，在于早日结束无权代理行为的效力未定状态。沉默视为拒绝追认的意思，如有错误时，不得撤销。若允许撤销，效力待定的行为仍是悬而不决。不过，如果第三人以欺诈或胁迫之手段，使本人不为追认之表示时，仍得撤销之，此时本人较第三人而言更值得保护。[②] 需要指出的是，既是催告权，就应当由催告权人来确定一个合理的期限。然而，我国《合同法》第 48 条第 2 款却直接规定为 1 个月，这实质上是对催告权的限制，违背了意思自治原则。同时，不论何种情形一律规定为 1 个月，显然不合情理。催告权人所限定的时间是否合理，应当依据交易行为的性质及交易习惯予以确定，如果第三人所定期间不合理时，于合理期间经过后，本人不予答复者，仍视为拒绝追认。[③]

（六）追认的法律效果

被代理人的追认行为符合上述要求后，即可产生追认的效力，但在下列情形下追认无效：第一种情形，如无权代理是因某人的虚假陈述或其他行为造成的，而追认行为又有利于该人的；第二种情形，当本人为避免损失而进行的追认有利于代理人对抗本人的；第三种情形，使非交易人在追

---

① 汪渊智：《民法总论问题新探》，人民法院出版社 2005 年版，第 25 页。

② 黄立：《民法债编总论》，中国政法大学出版社 2002 年版，第 153 页。

③ 王泽鉴：《债法原理》（第 1 册），中国政法大学出版社 2001 年版，第 303 页。

认前基于标的物所获得的权利或利益减少的(《美国代理法重述(第三次)》第4.02条第2款)。例如,同一批货物,先由无权代理人卖给C,随后由本人卖给另一人D,在此情况下,如果本人追认了无权代理行为,必然会对后一买受人造成损害,依照该条规定,追认无效。当追认的通知送达第三人或为其所知时,该项追认发生法律效力,且追认一旦生效便不得再行撤回(《国际货物销售代理公约》第15条第5款)。无权代理行为,经过被代理人的追认后,将产生以下三个方面的效力:

第一,就被代理人与第三人的关系而言,一旦经过被代理人的追认,无权代理行为将溯及于该行为成立之时产生约束力,相互之间可以请求对方履合同,如同该合同在一开始就获得授权一样。《欧洲合同法原则》第3:207条第2项规定,基于追认,在不使他人的权利受有损害的情况下,代理人的行为即被认为是已经授权了的。追认所产生的溯及力包括物权效力,例如,就出卖之物,在追认前、法律行为成立后之中间,由代理人所收取之孳息,应归属于相对人。又如,因出卖物与他人之物附合、混合,依法应共有合成物时,此共有权因追认而属于相对人。其因附合、混合、加工而出卖物之所有权灭失者,本人之不当得利请求权因承认而属于相对人。[1] 当然,溯及效力之有无,当事人可以另外约定,法律应认可其约定的效力。

第二,就代理人与第三人的关系而言,由于被代理人的

---

① 史尚宽:《债法总论》,中国政法大学出版社2000年版,第54—55页。

追认，使得代理人被免除了对第三人所负的无权代理责任。如果被代理人对于无权代理行为不予追认或视为拒绝追认时，并且第三人对于行为人缺乏代理权不知情，该善意的第三人就非常被动，并有可能造成损失，此时法律责令由引起这一交易的无权代理人向无辜的第三人承担责任，此即无权代理人对第三人的责任。此种责任既以被代理人不予追认为前提，当被代理人追认的情况下当然不会发生。

第三，就被代理人与代理人的关系而言，无权代理行为经过被代理人的追认后，一方面，被代理人有义务向代理人支付合理的报酬，并偿还其遭受的一切损失；另一方面，代理人对超过授权范围的行为原则上不再向被代理人负责。"虽然委托人作出追认，可以被普遍地视为表示不追究代理人的过错而愿意付给酬劳，犹如代理人事前获得授权一样。但委托人有可能只为了商业需要而追认，在这种情况下，代理人仍须向委托人为他越权的事负责。"①如果无权代理人与被代理人之间尚无委托、雇佣或无因管理关系，因被代理人之追认，还可能会发生两者间的无因管理关系。

以上三个方面是追认产生的积极效果，其消极效果是：

其一，追认不得用来剥夺或限制第三人在追认时已经享有的财产权或准财产权。

其二，追认仅限于被追认的无权代理行为，而不授予行为人任何新的权利②，换言之，追认行为本身仅就被追认的

---

① 何美欢：《香港代理法》（上册），北京大学出版社 1996 年版，第 56 页。

② 徐海燕：《英美代理法研究》，法律出版社 2000 年版，第 117 页。

无权代理行为创设代理关系，而不授予将来采取同样行为的普遍权利。

其三，无权代理行为一经追认，除非第三人同意或者第三人并没有因此而采取行动，被代理人不得撤销其追认。对此，《美国代理法重述（第三次）》第4.08条明确规定："如果当事人对另一方的行为作出了追认的意思表示，并且第三人基于对该意思表示的合理理解，对其法律处境作了不利变化的，禁止前述当事人拒绝其追认。"

第十章

无权代理之规制：以保护交易安全为重心

在无权代理的情形下，为了保护本人的利益，法律赋予被代理人追认权予以救济。但是，在被代理人不予追认时，如果第三人对于代理人的代理权的瑕疵不知情，让其承受无权代理的后果，不仅是无辜的，而且因其所代表的利益是不特定的多数人的利益，将会有害交易安全，所以，世界各国的立法通过利益衡量，认为善意第三人的利益比被代理人或无权代理人的利益更值得的保护，因此将保护的重心偏向于第三人，以适度地牺牲被代理人或无权代理人的利益，来换取交易秩序的稳定与安全。体现这一价值取向的制度，就是被代理人对第三人的表见代理责任和无权代理人对第三人的责任。我国未来民法典应当在现行立法的基础上，进一步健全和完善相关制度。

一、本人对第三人的表见代理责任

（一）大陆法中的表见代理

无代理权人，以本人名义为法律行为，是为无权代理，非经本人承认，对本人不发生效力，相对人不能以善意信赖代理人有代理权为理由，主张代理行为应直接对本人发生效力。就此原则言，实属正当合理。因为本人不应因他人擅以其名义为法律行为，而须负责也。

然而，有无代理权及代理权之范围如何，原属本人与代理人之间的内部关系，实际上不易为第三人所知悉，但在若干情形，本人因其行为（作为或不作为）创造了代理权存在的表征（权利外观），引起善意相对人信赖时，为维护交易安全，自应使本人负其责，因而产生表见代理制度。[①] 由此可见，所谓表见代理，本属于无权代理，但因本人的行为造成了足以使他人相信某人具有代理权的外部表征，致使相对人信赖其有代理权而与之为法律行为，法律为保护善意相对人的信赖，而使本人负授权人的责任。所以，表见代理在本质上是无权代理，但基于特定的理由，法律要求本人对善意相对人承担授权人的责任，即相当于有权代理的责任。

法律体系是由逻辑判断方法与价值判断方法构成的，

---

① 王泽鉴：《债法原理》（第1册），中国政法大学出版社2001年版，第313页。

在两者发生冲突时，逻辑判断就要让位于价值判断。表见代理理论就体现了这种冲突的选择结果。通常情况下，如果代理人没有代理权而与第三人达成了一项交易，则第三人不能对本人提出请求。但是，如果本人追认了代理人的行为，此种请求是成立的。同样，如果本人创造出一种表象，使代理人表现得具有代理权，第三人基于对此表现的正当信赖而与之签订合同，则第三人对本人的请求是成立的。在这种情况下，如果第三人能够证明代理人具有明显的代理或表见代理，尽管实际上不存在授权，但本人应当像他在此种情况下已实际授权那样承担责任。① 正如法国学者所指出的："表见理论的法律表明了法律对事实的某种屈从，为了照顾事实情况，一些合乎法律逻辑的方法弃之不用，有悖于法律的事实状态可能直接成为主观权利的渊源。因此，这一具有一般意义的理论对法律规则运行机制起着矫正作用，它构成了防止法律自身弊病的一种重要方法。"②

1. 表见代理的法律功能

代理制度的特点就在于将法律行为本身与其效果分离，其目的是为了扩张或补充意思自治。因此，任何代理行为本应尊重被代理人的意思，考虑被代理人的利益。

在表见代理的情形下，既然被代理人未作实际授权，自应不使发生代理之效力，以免使本人利益受不测之损害。

① 〔德〕海因·克茨：《欧洲合同法》（上卷），周忠海等译，法律出版社2001年版，第339页。

② 〔法〕雅克·盖斯旦：《法国民法总论》，陈鹏等译，法律出版社2004年版，第776页。

但代理制度关系本人与相对人利益,若完全尊重本人的意思,势将置相对人利益于不顾,则世人皆不与代理人为交易,不仅社会交易受其影响,代理制度也将有名无实,难以实行。故对于本人与行为人之间有特殊关系或有授权之表象的情形,承认表见代理。这样一来,代理制度之运用,一方面应承认无权代理有时得发生与有权代理相同之效果,以维护交易安全;另一方面,也应限于本人之行为(作为或不作为)足使一般人相信无代理权人为有权代理之事实存在时,始赋予此项效果,以注重本人利益。可见,表见代理制度的法律功能在于,使个人的静的安全与社会的动的安全之协调。①

2. 表见代理的法理依据

在通常情况下,权利的外观表象与权利的实际存在是相符合的,但有时二者也会发生错位,甚至相互冲突,此时法律应如何取舍?应当从最终发现的法律真实中得出全部逻辑性后果,还是赋予与可见的外观相应的虚幻权利以法律效力呢?表见代理制度选择了后者,那么这种取舍的依据何在?对此有不同的学说。

(1) 交易安全说

该说认为,表见代理制度的设置,主要是为了保护交易安全,即在客观上有代理权存在的外观情形下,保护无过失地信赖该外观的相对人利益。法国学者也指出,表见代理顺应了法律关系安全的需要,因为只有当事人确信,在审视

---

① 梁慧星:《民法总论》(第3版),法律出版社2007年版,第232—233页。

事实后并可以合理地信任法律状态的情况下所取得的权利没有危险时,他们才会放心地行动。这样获得的安全是行动的动力,是对行为人的一种激励。[1]

（2）合理信赖利益保护说

该说认为,表见代理制度的存在理由,是为了保护合理信赖利益。也许会有人认为,合理信赖是交易安全的另一种说法,但二者并不相同,合理信赖比交易安全更具体更客观,更容易判断以利于司法适用。[2] 拉伦茨指出,法律保护这种信赖,即对于那种在正常情况下由法律行为而发生的有效的拘束或者授权（如意定代理）的发生或者存续的信赖,这种信赖的根据并不是或不仅仅是某种可归责的意思表示,其所根据只是由其他方式产生的、存在某种相应的权利状态的表象。[3]

（3）权利外观说

该说认为,表见代理的正当化依据在于权利外观理论,该理论是信赖保护思想的体现。[4] 构成权利外观的要件是:

第一,代理权外观之存在,即存在代理权的外部表征;

第二,可归责于本人,即本人对此权利外观的存在具有可归责性;

---

① 〔法〕雅克·盖斯旦:《法国民法总论》,陈鹏等译,法律出版社 2004 年版,第 707 页。

② 李永军:《民法总论》,法律出版社 2006 年版,第 707 页。

③ 〔德〕卡尔·拉伦茨:《德国民法通论》（下册）,王晓晔、邵建东等译,法律出版社 2003 年版,第 886 页。

④ 陈自强:《民法讲义Ⅰ:契约之成立与生效》,法律出版社 2002 年版,第 265 页。

第三，相对人正当信赖，即相对人信赖此外观并与之为法律行为。

有学者还指出，如果仅仅从“动态安全“的角度来说明表见代理的合理性，就等于说动态安全优于静态安全。然而，任何一个交易的相对方在交易完毕后就会由动态变为静态，其立即会从一个制度的受益者变为该制度的受害者。因为静态是目的，而动态仅仅是手段。[①] 所以，交易安全说不予采信。

本书认为，上述诸说各有道理，同时在本质上并不存在矛盾，而是从不同的角度去寻找表见代理制度的正当化理由。交易安全是从社会交易的宏观层次上去看待问题，合理信赖利益保护则是从具体交易中的相对人利益去分析，当每个具体的相对人的信赖利益得到了保护，社会交易安全也就得以实现。至于权利外观说，其实是从表见代理的操作层面去论证的，或者说借用拟制理论将代理权的外部假象推定为真实权利的存在，然后再赋予其逻辑上的结论。这一理论，一方面维护了代理制度的逻辑体系，另一方面也灵活地体现了立法者所要实现的价值目标，同时也指出了表见代理的构成要件。

3. 表见代理的构成

表见代理，除欠缺代理权要件外，有效代理的其他要件均具备，即代理人以被代理人的名义实施代理行为、代理人自为意思表示、代理行为具有容许性，但仅此还不能与狭义

① 李永军：《民法总论》，法律出版社 2006 年版，第 708 页。

的无权代理相区别，构成表见代理尚需具备以下特别要件：

（1）须有代理权的外部表象

即在客观上存在足以使第三人相信无代理权人具有代理权的外部表象，或“外表授权”，这是成立表见代理的根据。换言之，本人通过言语或行为创造出一种表象，使第三人有理由推定表见代理人得到授权而在交易中作为一个代理人而行为。[①] 这一要件以无代理权人与本人之间具有某种事实上或法律上的联系为基础。这种联系是否存在或者是否足以使第三人相信具有代理权之表象，应以一般交易情况而定。[②] 法国学者指出，适用表见理论，应当具备观察者认为是显示了法律状态的可见事实。这些事实所表达的意义应当是无需复杂的分析，就可以自然地被人领会。这就是为什么表见的客观要素很少由单一事实构成，而是由一系列的情况构成。这些事实相互印证而使观察者对他们的意义不会产生任何怀疑。[③] 具体到表见代理，就必须具有代理权的外观，而这些外观由一系列的情况构成，这些事实使一个正常人会毫不犹豫地相信代理人具有代理权。[④]

（2）须是第三人合理信赖

即第三人必须已经对该表象产生合理的信赖，并且在此基础上与无权代理人进行了交易。虽有外部假象，但未

---

① 〔德〕海因·克茨：《欧洲合同法》（上卷），周忠海等译，法律出版社2001年版，第339页。

② 江帆：《代理法律制度研究》，中国法制出版社2000年版，第152页。

③ 〔法〕雅克·盖斯旦：《法国民法总论》，陈鹏等译，法律出版社2004年版，第797页。

④ 李永军：《民法总论》，法律出版社2006年版，第708页。

获得相对人的信赖,也不成立表见代理。此之所谓合理的信赖,学者一般认为是第三人主观善意并且无过失。如果第三人已经看穿了表面现象并且意识到事实真相,则不属于合理信赖。

(3) 须是被代理人具有可归责性

即由于被代理人的行为(作为或不作为)引起了代理权外部表象的产生。德国学者梅迪库斯将表见代理责任看作是被代理人对自己的违反义务行为的责任①,很显然在他看来,被代理人承担表见代理责任是因为自己违反义务的行为所致。例如,被代理人知道无权代理人以自己的代理人身份出面进行活动,而自己有意容忍,不表示反对;或者被代理人虽然不知道无权代理人的行为,但被代理人本来可以通过可合理期待的注意知道或预见这一现象并采取措施阻止代理人以此身份出面或者澄清代理权欠缺的情况,但他却未尽到这一注意义务。

4. 表见代理的类型

表见代理的类型,在大陆法系各国的学说与立法中各有不同。

拉伦茨将德国的表见代理类型分为两类②:

(1) 授予委托代理权的权利表象。该类又有三种情形:

---

① 〔德〕迪特尔·梅迪库斯:《德国民法总论》,邵建东译,法律出版社2000年版,第732—734页。

② 〔德〕卡尔·拉伦茨:《德国民法通论》(下册),王晓晔、邵建东等译,法律出版社2003年版,第887—896页。

第一,"个别通知"或"公开告示"型。

《德国民法典》规定,某人通过个别通知或者通过公开告示宣布,他授予另一人委托代理权,那么该另一人在第一种情况下对于受通知人,在第二种情况下对于一切第三人,依照通知或公告的内容得行使代理权(第171条第1款)。尽管在个别情况下,这种宣布也具有外部授予委托代理权的意义,但是在大多数情况下委托代理权都是内部授予的,而通知或公开告示只具有使被通知人或公众知悉这一情况的意义。它并不具有有效表示的特征,它的作用在于告知已经产生的法律后果,而不是创立经过它方才有效的法律后果。但是,如果由于未进行委托代理权的授权或者授权无效,从而使通知或公告与事实不符,那么它们依据法律规定仍然创立了代理权,其理由在于通知人或公示人以此种可归责的方式制造了授予委托代理权的表象。

第二,"容忍授权"型。

某人允许他人重复地作为他的代理人出现,从而使第三人可以认为该他人享有委托代理权,那么对该某人应视为他业已授予代理权对待。为此所需要的前提条件在于该某人知道未被授予委托代理权的代理人的行为,而未予干预,虽然他是可以进行这种干预的。在此情形下,就存在应归责于被代理人的在他知晓的情况下所作出的存在代理权的权利表象。该类型的表见代理,之所以由被代理人承担责任,主要是通过被代理人的容忍行为,可推知其具有默示的授予代理权的意思表示。所以,其法律构造是意思表示论。[①]

第三,“表见代理”型。

如果被代理人尽管不知道代理人的代理行为,因而并不是容忍这种行为,但是若他小心谨慎,如对其雇员进行必要的监督,那么他便可以且应该注意到,且第三人因此认为他知道并容忍代理行为时,便属于这种情形。因为随着交易的大量化及交易机构的复杂化,在进入正式交易之前,要求当事人对左右交易效力的所有事项实施调查已不现实。相反,相信那些足以让人产生信赖的外观成为交易中的常态,所以,因信赖构成一定权利的法律关系之外部事实(如各种登记簿、证书等)而实施法律行为的人,当该外部事实由特定的人(如本人)引起时,其信赖应被保护。可见,该种类型的表见代理,在法律构成上是权利外观论。

(2) 委托代理权继续存在的权利表象。外部授权的委托代理权对于被授权的人而言,其“效力”保持至委托代理权的授权人向他们作出委托代理权消灭的通知为止。只要没有向他们作出撤回或消灭授权的表示,尽管已在内部撤回或消灭了代理权,但第三人在获知代理权业已消灭的通知或通过其他渠道知晓这种情况之前,都可以信任委托代理权是继续存在的。对此,《德国民法典》第 170 条规定:“代理权以意思表示通知第三人者,在授权人向第三人通知代理权消灭前,其代理权对于第三人仍然有效。”第 171 条

① 顾祝轩:《民法概念史·总则》,法律出版社 2014 年版,第 406 页。

第2款规定:“代理权在未依代理权授予之同一方式撤回前,代理权继续有效。”第172条第2款规定:“在授权书应交还授权人或宣告无效前,代理权继续有效。”

《日本民法典》规定了三种表见代理:一是授权表示型,即“对第三人表示授予他人以代理权意旨者,于代理权范围内,就该他人与第三人之间实施的行为,负其责任”(第109条);二是权利逾越型,即”代理人实施权限外的行为,如果第三人有正当理由相信其有此权限时,准用前条规定”(第110条);三是继续存在型,即“代理权的消灭,不得以之对抗善意第三人。但是,第三人因过失不知其事实时,不在此限”(第112条)。

《法国民法典》虽然没有明确规定表见代理制度,但法院的判例予以认可,法国最高法院第一民事庭于1965年3月30日的判决中指出:“虽然说,委托人原则上对受委托人(委托代理人)超越受委托的权力所实施的行为不对第三人承担义务,但是,当具体情况表明,第三人可以合理相信受委托人(委托代理人)是在依据委托并且是在该委托权限范围内行事时,不在此限。”①

《荷兰民法典》规定了两种表见代理的类型:一是授权表示型,即“法律行为已经以他人名义实施的,如果另一方当事人基于该他人的意思表示或者行为,已经推定且在该特定情形下能够合理地推定存在充分的代理权,则不得以此种推定的错误对抗另一方当事人”(第61条第2款);二

① 《法国民法典》(下册),罗结珍译,法律出版社2005年版,第1448页。

是权利逾越型，即“如果一项依照法律或者习惯已被公开的代理权，包含另一方当事人应不能预见到的非常见的限制，则除非该当事人事实上知道此种限制，其不得被援引以对抗该当事人”（第61条第3款）。

《葡萄牙民法典》只就表见代理的继续存在型做了规定，即第366条规定：“一、授权之变更或废止，均应通过适当方法知会第三人，否则不能以之对抗第三人，但显示第三人于有关法律事务作出时已知情者除外。二、不得以其他导致授权终止之原因，对抗在无过错下对该等原因不知情之第三人。”

《意大利民法典》规定的表见代理与《葡萄牙民法典》的规定基本上是相同的，都是关于代理权变更或消灭后可能产生的表见代理的规定：“代理权的变更和消灭，应当通过适当的方式使第三人知道。在未告知的情况下，如果不能证明第三人在缔结契约时已知道该情况，则不得对抗第三人。利害关系人授予的代理权消灭的其他原因不得对抗不知代理权消灭而无过错的第三人。”

《瑞士债务法典》对表见代理也未作较为完整的规定，只是在第34条第3款规定了代理权撤回时可能会产生的表见代理情形：“本人显系授予代理权，或事实上已为公告，其全部或一部撤回，以通知其撤回时为限得对抗之。”

我国台湾地区的“民法”明确规定了表见代理制度，王泽鉴教授总结为两种表见代理类型[①]：

---

① 王泽鉴：《债法原理》（第1册），中国政法大学出版社2001年版，第313—322页。

一是代理权继续存在的表见代理,此即"民法"第107条的规定:"代理权之限制及撤回,不得以之对抗善意第三人。但第三人因过失而不知其事实者,不在此限。"据此规定,善意第三人主张代理权未受限制或撤回,代理行为直接对本人发生效力时,本人不得以代理人欠缺代理权限对抗。

二是授予代理权的表见代理,此即"民法"第169条的规定:"由自己之行为表示以代理权授予他人,或知他人表示为其代理人而不为反对之表示者,对于第三人应负授权人之责任。"这一规定实际上包含两种情形:一是以自己行为表示以代理权授予他人的表见代理,二是知他人表示为其代理人而不为反对之表示的表见代理(亦即容忍代理)。

5. 表见代理的效力

表见代理的效力如何?《德国民法典》第170条规定:"代理权以意思表示通知第三人者,在授权人向第三人通知代理权消灭前,其代理权对于第三人仍然有效。"《日本民法典》第109条规定:"对第三人表示授予他人以代理权意旨者,于代理权范围内,就该他人与第三人之间实施的行为,负其责任。"我国台湾地区"民法"第169条规定:"由自己之行为表示以代理权授予他人,或知他人表示为其代理人而不为反对之表示者,对于第三人应负授权人之责任。"可见,在构成表见代理的情况下,被代理人应当对第三人负授权人责任,或者被代理人应当承担与有权代理相同的责任,就像他在此种情况下已实际授权那样承担责任。

(二)英美法中的不容否认的代理

1. 不容否认代理的含义

在英美法上,代理关系除因实际授权发生外,还可以因为需要、表见授权和职业等原因产生。在某些情况下,虽然双方当事人之间并不真正存在创设代理关系的合意,但是法律认为他们之间存在代理关系,并把他们的行为视同创设代理关系的意思表示。这些情况因为是由法律"推定"本人若有可能指示代理人便会同意代理人的行为,所以可被称为"由法律实施而产生的代理"(authority by operation of law),又因当事人之间事先并无协议而可以被称为"没有协议的代理"(agency without agreement),不容否认的代理(agency by estoppel)就是其中之一。

所谓不容否认的代理,又称禁止反言的代理,具体是指,如果一方当事人的言论或行为使得善意第三人理解为,与第三人缔结法律关系的另一方当事人是自己的代理人,那么对于信赖这一代理关系的第三人来说,假定的被代理人不得否认其与假定代理人之间的代理关系,即使客观上不存在代理权授予的事实也是如此。[①] 由于不容否认代理关系的存在依赖于行为人的表面代理权限,所以在英美法系中有时又被称为表见代理(aparent agency)。[②] 与大陆法中的表见代理相比,不容否认的代理强调本人对这种行为的后果不容否认,应承担相应的责任,而大陆法中的表见代

---

① F. M. B. Reynolds, *Bostead on Agency*, Sweet & Maxwell, 1985, p.90.

② 徐海燕:《英美代理法研究》,法律出版社 2000 年版,第 122 页。

理强调善意第三人有足够的理由相信行为人有代理权。不过，二者的功能相同，即都在保护善意第三人免受不测损害，确保交易安全。

2. 不容否认代理产生的理论依据

不容否认代理是英美法上不容否认理论在代理法领域的延伸，因此，不容否认代理的理论基础在于不容否认法理。[①] 该理论的主要原则是："假如某人（声明人）以言语或行动向别人（受声明人）作声明，又或声明人有义务说话或采取行动而不履行义务，因此以缄默或不行动作出声明，而声明人的实际或推定的意向是，而结果亦是：导致受声明人基于该声明改变（坏的改变）了处境，日后在任何声明人与受声明人之间的诉讼中，假如受声明人在适当的时刻，用适当的方法反对，声明人不得作任何与他事前作的声明有实质上不同的陈词，亦不得举证证明该不同的陈词。"[②]

简言之，如果某人的作为或不作为引起了他人的信赖，并在此基础上改变了自己的法律处境，该某人不得作出与先前行为相反的抗辩。该理论运用于代理法中，即是被代理人以语言或行动使第三人相信另一方当事人是自己的代理人，第三人基于这种信任而与表见代理人建立法律关系后，被代理人不能以第三人相信的事实与实际情况迥异而否认这种表见代理，推翻业已建立起来的法律关系。不容

---

① 徐海燕：《民商法总论比较研究》，中国人民公安大学出版社 2004 年版，第 332 页。

② *Bower on Estoppel by Representation*, Butterworths, 1911, p. 9. 转引自何美欢：《香港代理法》（上册），北京大学出版社 1996 年版，第 69 页。

否认理论不仅被法院引以解释独特的不容否认代理现象，而且使用“不容否认代理”这一术语也十分科学，符合逻辑。不容否认代理的目的在于保护善意第三人的利益，而不是调整被代理人与代理人之间的法律关系，这也是不容否认代理与合同型代理的一个重要区别。[①] 此外，不容否认的代理，其重要的后果是打断了委任与代理之间的联系，意味着某人可能要对抽象的代理行为承担责任，即使他从未向为他工作的人作出委任状。

3. 不容否认代理的构成要件

关于不容否认代理的构成要件，斯莱德（Slade）法官在“莱玛公司”一案中作了精炼的概括：“表面代理权只不过是不容否认的一种形式而已，被称为不容否认代理。构成不容否认代理必须同时具备以下三个要件：（1）被代理人的声明；（2）第三人对声明的信赖；（3）第三人基于这种信赖而改变了自己的法律地位。”[②]

据此表述，不容否认代理的构成须具备以下三个要件：

（1）被代理人的声明

被代理人的声明，既可以是明示的（如口头或书面形式），也可以是默示的。默示的形式，如安排代理人担任具有通常权限的合伙人、执行董事、经理等，又如直接向第三人或社会公众通过署名、广告等方式声明授权他人，或者通

---

① G. H. L. Fridman, *The Law of Agency*, Butterworths, 1983, p. 107.

② Rama Corp v. Proved Tin and General Investments Ltd (1952) 2 QB 147 at 149—150. 转引自徐海燕：《英美代理法研究》，法律出版社 2000 年版，第 127 页。

过连续雇佣代理人的方式声明他已经被授权。被代理人的声明既可以是积极的行为,也可以是消极的行为。消极行为构成不容否认代理的情形有两种:一是被代理人事先已经以语言或行动作了正面陈述,而事后又对"代理人"违反其陈述的行为保持缄默或不作为;二是在某些场合下,被代理人有义务对代理人的行为作出声明,但被代理人保持缄默或不作为,便构成错误引导。

例如,在1857年的Summers v. Solomon一案中,被告曾雇佣一名经理经营一家珠宝行,并定期为该经理从原告处订购的用以在商店转售的珠宝付款。该经理辞职后,继续以被告名义从原告处订购珠宝,并携珠宝潜逃。判决认为,被告应对被该经理拿走的珠宝承担付款责任,理由是他通过自己过去的行为使原告相信该经理享有利用其信用的权利,而且他没有通知原告该权利已经终止。[①]

此外,被代理人的声明必须向第三人作出,声明的内容必须是所谓的代理人被授权以代理人身份缔结合同。否则,如果行为人以合同当事人身份与第三人缔结合同,而且第三人也相信对方是合同当事人,则不构成不容否认的代理。[②] 需指出的是,不容否认声明必须由被代理人作出,或者由被代理人授权的代理人作出,而不能由表见代理人自己作出,"所有'表面'权利都牵涉委托人的声明,说明代理人的权利范围。任何(表面)代理人本身的权利的声明都

① 郑自文:《国际代理法研究》,法律出版社1998年版,第52页。

② 徐海燕:《民商法总论比较研究》,中国人民公安大学出版社2004年版,第332页。

不构成委托人的声明”。[1]

（2）第三人必须信赖被代理人的声明

被代理人的声明必须是导致第三人错误判断的直接原因,即因为被代理人的声明,使得不知情的第三人对该声明产生了信赖,并基于该信赖形成错误的判断。所以,只有产生信赖的第三人才可以提出不容否认的代理。如果第三人不是基于对被代理人声明的信赖而与代理人缔结合同,则第三人不得提出不容否认的代理。构成此项信赖,首先是第三人必须知道“委托人”的存在,否则,仅安置某人于容许他行骗的位置是不足以产生不容否认代理的;其次,第三人的信赖必须是实际的,而不是推定的。[2]

（3）第三人的法律地位必须已经发生改变

第三人必须因信赖被代理人的声明而改变了自己的法律地位,这是构成不容否认的代理的实质要件。英美国家的一些判例把这一要件表述为,第三人必须因信赖被代理人的声明而遭受了损害。也有的判例则认为,只要第三人因信赖被代理人的声明而与代理人订立了合同就满足了该要件,而不管第三人的利益是否受到损害或者法律地位是否得以改变。

4. 不容否认代理的类型

英国学者鲍斯泰德(Bostead)把不容否认代理分为两种情形:

---

① Attorney General for Ceylon v. AD Silva (1953) AC 461, p.479.

② 何美欢:《香港代理法》(上册),北京大学出版社 1996 年版,第 82—83 页。

一是真正表见授权的情形(genuine apparent authority),即被代理人以口头、书面、持续性交易等方式,就代理人的代理权作出了真正的意思表示,而且第三人也信赖了这种意思表示。

二是非真正表见授权的情形,即被代理人把代理人置于具备通常代理权限的位置,如使其为合伙人、指定其为执行董事等。[①]

弗里德曼(Fridman)也把不容否认代理分为两种情形:

一是被代理人和代理人之间事先不存在代理关系的不容否认的代理。在这种情形下,代理人没有代理权限,但被代理人的行为却向第三人表明代理人具有代理权限。

二是被代理人与代理人之间已存在代理关系,但代理人实施的行为超越了其代理权限。在代理人超越代理权限实施法律行为时,代理人的表见权限能够填补他的实际权限,从而扩大他的代理范围,以覆盖代理人未获授权的行为。如果被代理人在这种情形下未作否认表示,那么被代理人便受不容否认法理的拘束,从而就代理人的行为向第三人负责。在上述两种情形中,第一种是根据不容否认法理创设了代理关系,第二种是根据不容否认法理扩大了代理关系。[②]

《美国代理法重述(第三次)》明确规定了不容否认的代理,并将其分为两种情形:

---

① F. M. B. Reynolds, *Bostead on Agency*, Sweet & Maxwell, 1985, p. 285.

② 徐海燕:《英美代理法研究》,法律出版社 2000 年版,第 122 页。

一是表面授权(apparent authority)。第2.03条规定:“表面授权是代理人或其他行为人享有的一种权力。当第三方依据委托人的言行而合理信赖行为人有权代表委托人实施代理行为时,这种权力即可影响委托人与第三方之间的法律关系。”这一规定表明,如果被代理人通过明确表示的方式使第三人信赖代理人具有代理权限的,即可产生表面授权。

二是不容否认的代理(estoppel to deny existence of agency relationship)。第2.05条规定:“一方当事人没有作出行为人有代理权的意思表示,并且据此而不对行为人虚称为该当事人实施的交易承担责任,但是,第三方因信赖上述交易是为前述当事人的利益而实施,并受此诱导而对自己的法律处境作出不利改变时,如果有下列情形的,上述当事人应当对第三人承担责任:(1)因上述当事人的故意或过失而导致了上述信赖;或者(2)上述当事人已察觉到上述信赖有可能导致他人改变法律处境,但并未采取合理措施对这一情况进行通知的。”依据该条规定,被代理人虽然没有明确的授权表示,但被代理人的故意或过失行为,或者是被代理人的容忍行为,引起第三人的信赖并改变了自己的法律地位时,即可构成不容否认的代理。

5. 不容否认代理的法律效果

不容否认代理的法律效果是,委托人受到代理人与第三人所签订的合同约束,但只有在第三人向被代理人主张合同上的权利时,被代理人才对第三人负责,而被代理人不得主动对第三人提起诉讼,他要想主动对第三人提起诉讼,必须预先追认无权代理人与第三人所签订的合同。

另外,构成不容否认的代理时,原则上只对被代理人与第三人的关系产生影响,而对被代理人与代理人之间的关系则不受影响。当然,如果因为无权代理人的行为构成不容否认的代理后,被代理人对第三人承担了责任,被代理人可以向无权代理人追偿;反过来,如果代理人依表面授权实施的行为导致第三人利益受到损害时,被代理人应当承担替代责任。对此,《美国代理法重述(第三次)》第7.08条明确规定:"代理人在代表或声称代表委托人与第三人进行交易或磋商时,当其依表面授权实施的行为构成侵权或者隐藏了不法行为时,委托人应对代理人的侵权行为承担替代责任。"

(三)国际代理法中的表见代理

1.《国际货物销售代理公约》

《国际货物销售代理公约》规定了三种表见代理的形式:

一是代理人未经授权,但因本人的行为使第三人合理地、善意地相信代理人具有代理权的;

二是代理人虽经授权,但其行为超越授权范围,第三人因本人的行为合理地、善意地相信其具有该权限为某种行为的;

三是代理权消灭后,在第三人知道或应当知道代理权消灭的事实之前,代理权仍然能够约束被代理人的。

在这三种情形中,前两种在《国际货物销售代理公约》

第14条中已明确规定:“(1)当代理人未经授权或超越授权范围而为某种行为时,其行为对本人和第三人无拘束力。(2)但是,若本人的行为使第三人合理地并善意地相信代理人有权代理本人为某种行为,并且相信代理人是在该项授权范围内为某种行为时,本人不得以代理人无代理权而对抗第三人。”第三种情形,在第19条已明确规定:“代理权的终止不影响第三人,除非第三人知道或能知道代理权的终止或造成终止的事实。”

2.《国际商事合同通则》

《国际商事合同通则》所作的规定,与《国际货物销售代理公约》的规定是一致的,都是规定了三种表见代理形式,具体表现在两个法条中。第2.2.5条规定:“(1)代理人没有代理权或超越代理权行事时,其行为不影响委托人和第三方之间的法律关系。(2)但是,当本人造成第三方合理地认为代理人有权代表本人行事,且代理人是在该权限范围内行事时,则本人不得以代理人无代理权为由对抗第三方。”第2.2.10条规定:“(1)代理权的终止对第三方不产生效力,除非第三方已知或应知这一情况。(2)尽管代理权终止,但代理人仍有权为防止损害本人利益采取必要的行为。”

3.《欧洲合同法原则》

《欧洲合同法原则》对表见代理的规定较有特色,表现在以下几个方面:

(1)对表见代理的类型有较为抽象的规定,这就是第3:201条第3款的规定:“如果委托人的言语或行为导致第三人合理地且善意地相信代理人已被授权从事其所从事的行为,则视为委托人已经授权。”依照这一规定,代理人无代理权或超越代理权的表见代理情形均包括在内。

(2) 第三人虽有理由相信代理人从事授权的行为是经过授权的,但仍然持怀疑态度时,可以要求本人予以确认。对此,第3:208条有明确规定:“在委托人的言语或行为使第三人有理由相信由代理人从事的行为是经过授权的场合,但第三人仍怀疑该授权,它可以向委托人发出一份书面的确认书要求其确认。如果委托人没有表示反对或不曾迟延地回答,则代理人的行为被视为已经授权。”

(3) 代理权因各种原因消灭后,在第三人不知道代理权已经消灭的情况下,代理权继续对本人产生约束力,此即第3:209条的规定:“(一) 代理权持续至第三人知道或应当知道:1. 代理权已被委托人、代理人或二者终止;2. 授权从事的行为已经完成,或者授权的期间已经届满;3. 代理人已破产或在自然人之场合已死亡或无能力;4. 委托人已破产。(二) 如果本条第一款第一项的情况已被以与当初授权采取的通知或公布的方式相同的方式加以通知或公布,则第三人被视为知道了代理权已被终止。(三) 不过,在一段合理的时间内,代理人仍然有权从事那些为保护委托人或其继承人的利益所必要的代理行为。”

(四) 对我国《合同法》第49条的解释

我国《民法通则》第65条第3款规定:“委托书授权不明的,被代理人应当向第三人承担民事责任,代理人负连带责任。”第66条第1款后段规定：“本人知道他人以本人名义实施民事行为而不作否认表示的，视为同意。”有学者解释，这两条是关于表见代理的规定。[①] 此外，有学者还认为《民法通则》第66条第4款也暗含了表见代理的规定：“第三人知道行为人没有代理权、超越代理权或者代理权已终止还与行为人实施民事行为给他人造成损害的，由第三人和行为人负连带责任。”[②]

本书认为，《民法通则》规定表见代理较为明显的是第66条第1款，该条是对容忍授权的规定，与我国台湾地区“民法”第169条的规定是一致的，至于其他条文是否有表见代理的规定不太明确。我国《合同法》第49条明确规定了表见代理：“行为人没有代理权、超越代理权或者代理权终止后以被代理人名义订立的合同，相对人有理由相信行为人有代理权的，该代理行为有效。”但是，表见代理的构成要件是什么？是否要求被代理人主观上存在过失？相对人“有理由相信”是否指“善意无过失地”相信？我国民法上表见代理的类型有几种？表见代理的法律效果是什么？“代理行为有效”与有权代理行为的效力有何区别？被代理人承受了表见代理的后果后，在何种情况下可以对无权代理人追偿？这些问题，在该条文中规定得并不明确，因而在学界一直存有争议，本书从解释论的角度对《合同法》第

① 参见章戈：《表见代理及其适用》，载《法学研究》1987年第6期；梁慧星：《中国民法经济法诸问题》，法律出版社1991年版，第105页。

② 张俊浩：《民法学原理》（上册），中国政法大学出版社2000年版，第328—329页。

49条作一解读，以期有助于司法实践。

1. 是否需要被代理人具有过失？

表见代理本属于无权代理，但因本人的行为造成了足以使人相信某人具有代理权的外部表征，致使相对人信赖其有代理权而与之为法律行为，法律为保护善意相对人的信赖，使本人负授权人的责任。表见代理的构成，是否需要被代理人具有过失？理论上一直有争论。

有学者认为，表见代理的发生应以被代理人的过失为要件，或者说被代理人以自己的过失行为而使第三人确信无代理权人具有代理权是表见代理发生的必要条件。如果被代理人对于代理权表象的产生没有过错，让他承担与有权代理相同的后果，尤其是让无过失的本人为故意制造代理权假象的无代理权人承担责任是不公平的。[①] 也有学者反对这一观点，认为表见代理的成立，不以本人主观上具有过失为必要条件，即使本人没有过失，只要客观上有使第三人对于代理权存在陷于错误判断的客观情形，即可成立表见代理。[②] 表见代理既为本人利益与第三人利益之价值选择，并因为第三人利益中包含了交易安全的因素而以保护第三人利益为重，就只能以牺牲本人利益为表见代理制度之代价。[③] 还有学者认为，将被代理人具有过错作为表见代

① 尹田：《民事法律行为与代理制度研究》，重庆大学出版社1993年版，第223页；李开国：《民法基本问题研究》，法律出版社1998年版，第257页。

② 章戈：《表见代理及其适用》，载《法学研究》1987年第6期；史浩明：《论表见代理》，载《法律科学》1995年第1期。

③ 江帆：《代理法律制度研究》，中国法制出版社2000年版，第153页。

理的构成要件是不妥的，因为如果采用这一要件，被代理人就会千方百计地证明自己没有过错从而阻碍表见代理的成立，这显然会使设立表见代理制度的目的落空，不利于保护具有合理信赖的第三人。基于此，不应以被代理人的过错作为表见代理的构成要件，不过，表见代理的成立仍应当以代理权外观的形成与被代理人具有关联性为要件，即要求代理权外观是因为被代理人的某种行为（不论是否有过错）引起的。[①]

还有的学者更进一步认为，表见代理不必以被代理人有过错作为构成要件，只要代理权表象是由其风险范围内的因素造成即可。其主要理由在于，以被代理人具有过错作为表见代理的构成要件，对于相对人而言过于苛刻。从利益——价值衡量的角度看，在无权代理情形中，对被代理人有利的因素是其未授权代理人实施某项法律行为，即该法律行为不在其自由意志范围之内，对相对人有利的因素是其对代理权具有正当的信赖。权衡之下，相对人这一方的价值分量略轻一些，因为与信赖相比，自由在法价值体系中处于更为重要的位置。为了使双方的价值分量保持平衡，要么需要加重相对人这一方的价值分量，要么需要减轻被代理人这一方的价值分量。相对人这一方的价值分量已无上升空间，因为其已经是善意的，没法做到比这更好。唯一可以做的是减轻被代理人这一方的价值分量，即认定被代理人这一方存在某种负面因素。可供选择的包括三种负

① 王利明：《民法总则研究》，中国人民大学出版社 2003 年版，第 674—675 页。

面因素，即被代理人客观上引发了代理权表象，代理权表象是由被代理人风险范围内的因素造成的以及被代理人主观上具有过错。相较之下，第三种负面因素的分量更重，以之抵销被代理人原有的价值分量属于矫枉过正，并不能使双方当事人的价值分量保持平衡。如果采用过错主义，将会大大降低构成表见代理的可能性，对相对人过于苛刻。第一种负面因素欠缺必要的伦理内涵，将导致纯粹的结果主义。而且，参与引发代理权表象的因素可能有很多，被代理人的行为、物件或信息只是其中的一个，它与代理权表象之间的距离或远或近，二者究竟是否存在法律上的因果关系，有时难以断定。以第二种负面因素作为表见代理的构成要件可以使被代理人与相对人之间实现价值平衡，而且更契合现代社会的整体情势。据此提出，表见代理的构成既不应以被代理人的过错作为表见代理的构成要件，也不应以代理权外观的形成与被代理人具有关联性为要件，而应该以代理权表象是被代理人风险范围内的因素导致的为要件。[①]

本书认为，表见代理的成立不应以被代理人的过错作为构成要件，但应当以代理权外观的形成与被代理人具有关联性为要件。因为表见代理是为了协调因无权代理行为引起的本人利益与第三人利益发生冲突而设立的法律制度，严格表见代理的条件，目的是为了保护本人的利益，不使任何无权代理行为都由本人承担授权人责任；同时，在构

---

① 杨代雄：《表见代理的特别构成要件》，载《法学》2013 年第 2 期。

成表见代理的情况下，让本人对第三人承担授权人的责任，目的是为了保护第三人的利益。所以，表见代理不是毫无条件地保护第三人的利益，而是在本人与第三人利益之间找到一个平衡点，使二者的利益都能兼顾。基于这一认识，表见代理的构成不应以本人的过失为要件，以防止本人以自己无过失为由拒绝向第三人承担责任。但是，表见代理的后果是由被代理人对无权代理人的行为向第三人承担授权人的责任，而这一责任的承担除了具有代理权的外部表象和第三人的合理信赖之外，还应当是被代理人对于造成这一表象具有可归责性。若因归责于他人的原因也可以构成表见代理，无异于要求被代理人对他人的行为负责，其中的道理，与善意取得以委托物而非脱离物为前提同出一辙。[①] 更何况，从《合同法》第 49 条的文义来看，“相对人有理由相信”并未排除本人可归责性要件。[②] 至于，将“以代理权表象是被代理人风险范围内的因素导致的”作为表见代理的构成要件，在理论上是合理的，但在实践中较难把握，何谓“风险范围内的因素导致”，不具有操作性，因而不采纳。

所谓“被代理人的可归责性”，是指被代理人的某种行为与代理权外观之间具有联系，或者说，代理权的外部表象是因被代理人的行为所引起，该行为可以是积极的行为（如以自己的行为对外表示以代理权授予他人，但实际上并未

---

① 朱庆育：《民法总论》，北京大学出版社 2013 年版，第 360 页。

② 王建文、李磊：《表见代理判断标准重构：民商区分模式及其制度构造》，载《法学评论》2011 年第 5 期。

授予代理权；又如，限制或撤回代理权未为善意第三人所知），也可以是消极的行为（如容忍授权，即明知他人表示为自己的代理人而不作反对表示）。可归责性主要强调，当事人一方以可以归责于他自己的方式引发了表象事实，或者他具有消除表象事实的能力而未消除已产生的表象事实[①]。可归责性是将表见代理责任归属于被代理人的法律上的原因，至于其实施的原因行为是否具有过失则在所不问，只要该原因存在就足够了。所以，可归责性并不等同于过失，它只是从结果出发，认定其应承担不利后果的一种根据[②]。

德国有学者认为，如果被代理人以其积极行为引发了代理权外观的发生，不需要被代理人有过错即可构成表见代理，但是，如果被代理人具有消除代理权外观而不去消除，则需要其主观上存在过错方可构成表见代理。[③] 其实，既然被代理人的行为引发了代理权外观的假象，就已经具备了负担表见代理不利后果的原因，无需再去探究产生这一原因的行为人主观上是否存在过错了。对此，戴修瓒先生所言极是："……但自本人方面言之，全无关系之他人，苟自称代理人，仅因表面上足信为有代理权，自己即应负责，

① 朱广新：《信赖责任研究——以契约之缔结为分析对象》，法律出版社2007年版，第81页。

② 吴国喆：《表见代理中本人可归责性的认定及其样态》，载《法学杂志》2009年第4期。

③ 〔德〕C. W. 卡拉里斯：《德国商法》，杨继译，法律出版社2006年版，第147—151页。

亦未免过刻。故须与自己之间,有一定关系,始负责任也。"[①]

如果没有可归责性这一要件的要求,一方面让本人承担授权人的责任缺乏正当性,另一方面将会使第三人获得不应该获得的利益。所以,有学者指出,如果说现在本人有无过错已无关紧要的话,那么,仍然必要的是,本人造成了引起表见代理产生的表象,或该表象是在他的控制领域和风险范围内产生的,本人必须不"与表见代理毫不相关"。[②]从大陆法的许多判例和一些学说来看,只要本人的行为与权利外观的形成具有一定的联系,无论本人是否具有过错都应承担表见代理的责任。例如,在德国法中,对归责事由的内容,权利外观学说形成时期的学者们认为,只要权利外观因当事人而形成就认定责任。这就是关于归责性标准的所谓"惹起主义"(Anlassungsprinzip)或"与因主义",此种主张的核心便是"有与因即有责任"。[③] 据此,对法律外观的形成造成原因的人应无条件地承担责任。德国帝国法院的判例强调外观责任的客观性:本人的过失并非外观成立必备的归责条件,只需证明本人自己为外观的形成提供了原因[④]。我国《澳门民法典》第261条规定:"一、无代理权之

---

① 戴修瓒:《民法债编总论》,台湾三民书局1978年版,第90页。

② 〔德〕海因·克茨:《欧洲合同法》(上册),周忠海等译,法律出版社2001年版,第341页。

③ 吴国喆:《权利表象及其私法处置——以善意取得和表见代理制度为中心考察》,商务印书馆2007年版,第122页。

④ 李井杓:《韩国商法上的表见责任制度之研究》,载王保树主编:《商事法论集》(第3卷),法律出版社1999年版。

人以他人名义订立之法律行为,如未经该他人追认,不对该人产生效力。二、然而,如基于考虑有关具体情况而断定在客观上存在应予考虑之理由,以致善意第三人信任该无代理权之人具有作出上述法律行为之正当性,且被代理人曾有意识地促使此第三人对该无代理权之人产生信任,则由该无代理权之人作出之法律行为,不论是否经被代理人追认,均对被代理人产生效力。"可见,《澳门民法典》中明确规定了被代理人的可归责性是表见代理的构成要件。

在英美法上,与表见代理相似的制度是不容否认的代理(agency by estoppel),又称禁止反言的代理,其构成同样也强调被代理人的可归责性,对此,克兰沃兹大法官指出:

> 如果一个人的行为使另一个人相信他已委任某人为他的代理人,而且他也明知该人凭借此观念而行事,除非他当即提出异议,否则他将一般被认为由于其放任而不得否认该某人的代理权,即使事实上代理关系不存在。[①]

可归责性要件的要求,在国际代理立法中也得到了承认。例如,根据《国际货物销售代理公约》第 14 条的规定,若本人的行为使第三人合理地并善意地相信代理人有权代理本人为某种行为,并且相信代理人是在该项授权范围内为某种行为时,本人不得以代理人无代理权而对抗第三人。《国际商事合同通则》第 2.2.5 条也规定,当本人造成第三方合理地认为代理人有权代表本人行事,且代理人是在该

① 郑自文:《国际代理法研究》,法律出版社 1998 年版,第 52 页。

权限范围内行事时，则本人不得以代理人无代理权为由对抗第三方。这两部立法都强调，第三人的信赖是由本人的行为引起时，才能构成表见代理。此外，《欧洲合同法原则》第3:201条第3款规定："如果委托人的言语或行为导致第三人合理地且善意地相信代理人已被授权从事其所从事的行为，则视为委托人已经授权。"上述立法表明，虽然不能以本人是否具有过错作为表见代理的构成要件，但应考虑到权利外观的形成与本人是否具有关联性，只要本人的行为与权利外观的形成具有一定的牵连性，本人就应当承受表见代理的后果。[1]

2. 相对人"有理由相信"是指什么？

按照《合同法》第49条的规定，表见代理的构成还需具备"相对人有理由相信行为人具有代理权"这一要件，何谓"有理由相信"？本书认为，"有理由相信"是指第三人合理信赖，此之所谓合理的信赖，按照法国学者的解释，包括两个方面：一是作为交易相对人的第三人属于"善意"，二是客观环境免除了善意第三人的核实义务。[2] 其中，免除核实义务就是指对代理权假象的认知不存在未履行核实义务的情况，也即无过失。所以，合理信赖是指第三人主观善意并且无过失。善意与无过失必须同时具备，不能互相取代，主要理由是：

---

① 王利明：《民法总则研究》，中国人民大学出版社2003年版，第675页。

② 罗瑶：《法国表见代理构成要件——兼评我国〈合同法〉第49条》，载《比较法研究》2011年第4期。

第一,善意与无过失是有区别的。善意是与恶意相对应的,它要求相对人保持诚实的心态,排除欺诈与胁迫,是一切法律行为的有效要件,并非表见代理所独有。无过失则是要求相对人谨慎从事,不能懈怠和疏忽大意。

第二,相对人只有善意还不足以区分表见代理与狭义无权代理,须同时具备无过失才可以区分表见代理与狭义无权代理,因为相对人具有过失,就是其未尽到交易上的注意义务,法律对其没有保护的必要。

第三,在相对人有过失的情形下,如果允许其构成表见代理,则会造成相对人与本人利益的严重失衡,对本人极不公平。[①]

第三人主观善意,是指第三人对于代理权状态发生了认识上的错误,即本来行为人没有代理权,但却错误地将其信赖为拥有代理权。当然,如果第三人已经看穿了表面现象并且意识到事实真相,仍然与之交易,则属于恶意。至于如何认定"善意",法国学者曾以"共同错误"或"合理错误"作为判断标准。[②] 所谓"共同错误",是指人人都可能犯的错误,并且是不能克服的、在正常情况下无人能够避免的错误。如果相对人对代理权假象的认识和判断是任何一个人都能得出的结论,就属于共同的错误,此时的信赖就是合理的、善意的。不过,共同错误可能过于严格,因为它要求共

---

① 李秀平:《关于表见代理理解与适用的几个疑难问题》,载《学习论坛》2011 年第 12 期。

② 马铭、肖江波:《法国表见代理制度研究及启示》,载《兰州大学学报》(社会科学版)2010 年第 1 期。

同的和不可避免的错误，加之表见代理涉及的通常是商务关系，需要某种速决性，不允许进行深入调查。因此，法国判例又创造了另外一种判断标准——“合理错误”。合理错误的灵活性表现在：一是它只涉及个人的错误，其他人的错误并不重要；二是它不要求错误不可能被消除，即虽然利害关系人只要进行某些调查就可以发现真相，但进行此项调查是不合常情的。[1] 据此，对一种假象（代理权的外部表象）以合理错误加以信赖，即可构成正当的信赖或善意。之所以如此，就是要解决一个问题，即通过中间人进行交易的内在风险是应当由本人承担还是由第三人承担，法律制度倾向于将其施加于能够以较低代价避免风险的一方，因此刺激他避免风险。

第三人对代理权假象的错误认识是否存在过失，判断标准就是看第三人是否尽到了代理权的核实义务。从逻辑上讲，第三人在与无权代理人交易时负有核实对方是否拥有代理权的义务，但在特定情况下，强行要求第三人核实对方是否具有代理权显得极为苛刻，换言之，此时第三人即使不履行核实义务而信赖代理权之外观也是合理的，那么就可以免除第三人核实的义务。对此，法国最高法院商事庭于 1999 年 3 月 9 日的判例中指出：“如果第三人可以‘合理相信’受委托人（委托代理人）的权限范围，即使没有可以归咎于被代理人的过错，被代理人也可以因表见代理而承担义务。所谓“合理相信”，其特点是：第三人视具体情形

---

① 〔法〕雅克·盖斯旦：《法国民法总论》，陈鹏等译，法律出版社 2004 年版，第 786 页。

可以不对代理人的权力的确切范围进行审查而相信其有代理权。”①

至于在何种情况下可以免除其核实义务，应当视情形而定，诸如第三人的身份与职业、交易行为的性质与重要程度、行为人与被代理人之间的关系等。②

我国有学者提出：“信赖合理性要件可将不合理信赖排除到保护范围之外，而信赖合理与否之判断，需要面向个案相对人及其所处场景来具体作出判断。法技术上可采理性人标准之判断模式，通过理性人标准的构建、理性人所处场景的重构，进而透过法官认知模式，来判断相应的理性人在所重构的场景中，对个案中呈现的代理权外观会不会产生合理的信赖，从而得出结论。当然，信赖合理性判断之结论，并非呈合理和不合理的截然两立状态，而是表现为合理性程度的判断。并且，此处得出的合理性程度尚需和本人归责性程度进行比较权衡，从而在冲突的利益中选择应保护的一方。这样，信赖合理性要件、归责性要件判断之中，可将各自背后的个案重要因素引入，个案实践中因而可导出符合个案情境的妥当判决。”③

最高人民法院《关于当前形势下审理民商事合同纠纷

① 《法国民法典》（下册），罗结珍译，法律出版社 2005 年版，第 1449 页。

② 参见罗瑶：《法国民法外观理论研究》，法律出版社 2011 年版，第 177—182 页；吴国喆、张飞虎：《表见代理制度中第三人信赖合理性的判断及弹性化机制的应用》，载《西北师范大学学报》（社会科学版）2007 年第 3 期。

③ 叶金强：《表见代理中信赖合理性的判断模式》，载《比较法研究》2014 年第 1 期。

案件若干问题的指导意见》[法发(2009)40号]第13条规定,表见代理不仅要求客观上形成具有代理权的表象,而且要求相对人在主观上善意且无过失地相信行为人有代理权。第14条又规定,应当结合合同缔结与履行过程中的各种因素综合判断合同相对人是否尽到合理注意义务,此外还要考虑合同的缔结时间、以谁的名义签字、是否盖有相关印章及印章真伪、标的物的交付方式与地点、购买的材料、租赁的器材、所借款项的用途、建筑单位是否知道项目经理的行为、是否参与合同履行等各种因素,作出综合分析判断。上海市高级人民法院发布的《商事合同案件适用表见代理要件指引(试行)》第7项指出,应当结合合同订立和履行过程中的各种因素,综合判断合同相对人是否为善意且无过失,即合同相对人不知道行为人无代理权,其在作出相应判断时已尽到合理注意,不存在明显的疏忽或懈怠。一般而言,权利外观因素越充分,越能够说明合同相对人主观上善意无过失。

此外,可供用于判断相对人主观善意的其他考量因素还可包括:

(1)合同相对人与被代理人之间是否存在交易历史以及相互熟识程度。如交易双方彼此陌生,则相对人需说明并证明其对行为人代理权产生信赖的理由。

(2)合同相对人在订立合同之前是否即已充分知悉权利外观事实。对权利外观事实的充分收集,是合理信任行为人具有代理权的前提。相对人主张自己善意且无过失,应证明自己知悉权利外观事实的时间早于实施交易行为,实施交易行为后或风险产生后才了解的相关事实则一般不能支持对相对人善意的判断。如，某案合同相对人举证的权利外观证据系纠纷发生后为诉讼之需而收集获取，不足以证明相对人交易行为发生之时的主观善意。

（3）合同相对人注意义务与交易规模大小是否相称。一般而言，标的物数量大、金额高的大宗交易，合同相对人应更加谨慎，此类情况下其是否善意的审查判断标准也需相应更高；反之，小额、便捷的交易，审查判断相对人是否善意的标准相对降低。

（4）交易对效率的要求与合同相对人核实代理权限的成本是否相称。若合同相对人核实代理权所需的时间和经济成本难以承受，并可能妨碍交易目的的实现，且其为追求效率而放松对代理权限的核实并承担相应风险在商业上是合理的，可作为判断善意与否的考量因素；反之，合同相对人有机会通过方便、廉价手段核实代理权限但并未采取相关措施，因此而承担了不合理商业风险的，可作为判断其过失的考量因素。

（5）其他影响合同相对人主观判断的因素。[①]

3. 代理权假象有哪些类型？

结合我国《合同法》第49条以及关于表见代理的其他规定，代理权假象的类型按照发生原因可分为以下两大类：

（1）因被代理人的积极行为而引发的代理权假象。此种类型又可分为以下两种：

---

① 最高人民法院民二庭主编：《商事审判指导》（2012年第2辑），人民法院出版社2012年版。

第一，授权表示型。即被代理人曾以言语或行为表明授权予他人，但实际并未授权予他。例如，雇主委派雇员在柜台实习，但并未授权予他，由此引发的代理权外观假象。我国《合同法》第49条所规定的“无权代理”即是指此而言。“无权代理”从字面意义上看，可以泛指一切无权代理的情形，甚至“超越代理权或者代理权终止后以被代理人名义订立的合同”的行为也应包括在内，但是，这种广义的解释结论显然是不合本条的立法本意的，而且也存在逻辑上的矛盾。[①] 所以，此之“无权代理”应作限缩解释，不包括“超越代理权或者代理权终止后以被代理人名义订立的合同”的情形。《日本民法典》中明确规定了授权表示型，第109条规定：“对第三人表示授予他人以代理权意旨者，于代理权范围内，就该他人与第三人之间实施的行为，负其责任。”《荷兰民法典》[②]第61条第2款的规定更为明确：“法律行为已经以他人名义实施的，如果另一方当事人基于该他人的意思表示或者行为，已经推定且在该特定情形下能够合理地推定存在充分的代理权，则不得以此种推定的错误对抗另一方当事人。”

此外，《欧洲合同法原则》也规定了授权表示型，此即第3:201条第3款的规定：“如果委托人的言语或行为导致第三人合理地且善意地相信代理人已被授权从事其所从事的

---

① 叶金强：《表见代理构成中的本人归责性要件——方法论角度的再思考》，载《法律科学》2010年第5期。

② 《荷兰民法典》（第三、五、六编），王卫国主译，中国政法大学出版社2006年版。

行为，则视为委托人已经授权。”《美国代理法重述（第三次）》规定的表面授权（apparent authority）也与之类似。第2.03条规定[①]：“表面授权是代理人或其他行为人享有的一种权力。当第三方依据委托人的言行而合理信赖行为人有权代表委托人实施代理行为时，这种权力即可影响委托人与第三方之间的法律关系。”根据这一规定，如果被代理人通过明确表示的方式使第三人信赖代理人具有代理权限的，即可产生表面授权。

第二，权限逾越型。即代理人虽然获得了授权，但代理行为在实质上越出了授权范围，我国《合同法》第49条所规定的“超越代理权”的情形即是。《日本民法典》第110条规定了这一类型：“代理人实施权限外的行为，如果第三人有正当理由相信其有此权限时，准用前条规定。”《国际货物销售代理公约》第14条也有明确规定：“（1）当代理人未经授权或超越授权范围而为某种行为时，其行为对本人和第三人无拘束力。（2）但是，若本人的行为使第三人合理地并善意地相信代理人有权代理本人为某种行为，并且相信代理人是在该项授权范围内为某种行为时，本人不得以代理人无代理权而对抗第三人。”《国际商事合同通则》第2.2.5条也作了相同的规定。[②]

---

① 条文引自《美国代理法重述（第三次）》，任科晋、苏艳、司伟伟译，汪渊智校，载梁慧星主编：《民商法论丛》（第46卷），法律出版社2010年版。

② 《国际商事合同通则》第2.2.5条规定：“（1）代理人没有代理权或超越代理权行事时，其行为不影响委托人和第三方之间的法律关系。（2）但是，当本人造成第三方合理地认为代理人有权代表本人行事，且代理人是在该权限范围内行事时，则本人不得以代理人无代理权为由对抗第三方。”

(2) 因被代理人的消极行为而引发的代理权假象。此种类型也包括两种:

第一,容忍授权型。我国《民法通则》第 66 条第 1 款规定:"本人知道他人以本人名义实施民事行为而不作否认表示的,视为同意。"该条就是对容忍授权的规定,与我国台湾地区"民法"第 169 条的规定[①]是一致的。《美国代理法重述(第三次)》规定的不容否认的代理(estoppel to deny existence of agency relationship)包含了此种类型,其第 2.05 条规定:"一方当事人没有作出行为人有代理权的意思表示,并且据此而不对行为人虚称为该当事人实施的交易承担责任,但是,第三方因信赖上述交易是为前述当事人的利益而实施,并受此诱导而对自己的法律处境作出不利改变时,如果有下列情形的,上述当事人应当对第三人承担责任:(1)因上述当事人的故意或过失而导致了上述信赖;或者(2)上述当事人已察觉到上述信赖有可能导致他人改变法律处境,但并未采取合理措施对这一情况进行通知的。"依据该条规定,被代理人虽然没有明确的授权表示,但被代理人的故意或过失行为,也或者是被代理人的容忍行为,引起第三人的信赖并改变了自己的法律地位时,即可构成不容否认的代理。

第二,继续存续型。该种类型主要是指代理权被撤销、消灭或限制后,在未向第三人通知前,该代理权继续存在的

① 我国台湾地区"民法"第 169 条规定:"由自己之行为表示以代理权授予他人,或知他人表示为其代理人而不为反对之表示者,对于第三人应负授权人之责任。"

情形。在此情形下,被代理人负有告知第三人的义务但未予告知,因而引发了继续拥有代理权的外观假象。我国《合同法》第 49 条所规定的"代理权终止后以被代理人名义订立的合同"行为就是代理权继续存在型。

《德国民法典》第 170 条规定:"代理权以意思表示通知第三人者,在授权人向第三人通知代理权消灭前,其代理权对于第三人仍然有效。"第 171 条第 2 款规定:"代理权在未依代理权授予之同一方式撤回前,代理权继续有效。"《葡萄牙民法典》[①]第 366 条也规定:"一、授权之变更或废止,均应通过适当方法知会第三人,否则不能以之对抗第三人,但显示第三人于有关法律事务作出时已知情者除外。二、不得以其他导致授权终止之原因,对抗在无过错下对该等原因不知情之第三人。"《意大利民法典》第 1396 条[②]、《日本民法典》第 112 条[③]、《瑞士债务法典》第 34 条第 3 款[④]也作了相同规定。我国台湾地区"民法"第 107 条规定:"代理权之限制及撤回,不得以之对抗善意第三人。但第三人因过失而不知其事实者,不在此限。"据此规定,善意第三人主张代理权未受限制或撤回,代理行为直接对本人

① 《葡萄牙民法典》,唐晓晴译,北京大学出版社 2009 年版。

② 《意大利民法典》第 1396 条规定:"代理权的变更和消灭,应当通过适当的方式使第三人知道。在未告知的情况下,如果不能证明第三人在缔结契约时已知道该情况,则不得对抗第三人。利害关系人授予的代理权消灭的其他原因不得对抗不知代理权消灭而无过错的第三人。"

③ 《日本民法典》第 112 条规定:"代理权的消灭,不得以之对抗善意第三人。但是,第三人因过失不知其事实时,不在此限。"

④ 《瑞士债法典》第 34 条第 3 款规定:"本人显系授予代理权,或事实上已为公告,其全部或一部撤回,以通知其撤回时为限得对抗之。"

发生效力时，本人不得以代理人欠缺代理权限对抗。[1]

国际代理立法中也普遍规定了这一类型，如《国际货物销售代理公约》第19条规定："代理权的终止不影响第三人，除非第三人知道或能知道代理权的终止或造成终止的事实。"《国际商事合同通则》第2.2.10条的规定与此相同[2]。《欧洲合同法原则》第3:209条也规定："（一）代理权持续至第三人知道或应当知道：1. 代理权已被委托人、代理人或二者终止；2. 授权从事的行为已经完成，或者授权的期间已经届满；3. 代理人已破产或在自然人之场合已死亡或无能力；4. 委托人已破产。（二）如果本条第一款第一项的情况已被以与当初授权采取的通知或公布的方式相同的方式加以通知或公布，则第三人被视为知道了代理权已被终止。（三）不过，在一段合理的时间内，代理人仍然有权从事那些为保护委托人或其继承人的利益所必要的代理行为。"依此规定，代理权因各种原因消灭后，在第三人不知道代理权已经消灭的情况下，代理权继续对本人产生约束力。此外，代理权消灭后，被代理人未收回授权委托书而引发的代理权外观假象也属于此种。《德国民法典》第172条第2款规定："在授权书应交还授权人或宣告无效前，代理权继续有效。"

代理权的假象在实践中并不都具有典型性，这就需要

① 王泽鉴：《债法原理》（第1册），中国政法大学出版社2001年版，第313—322页。

② 《国际商事合同通则》第2.2.10条规定："（1）代理权的终止对第三方不产生效力，除非第三方已知或应知这一情况。（2）尽管代理权终止，但代理人仍有权为防止损害本人利益采取必要的行为。"

法官在审判时根据具体案情综合考量。对此,上海市高级人民法院发布的《商事合同案件适用表见代理要件指引(试行)》第6项规定了判断权利外观的考量因素,无疑具有重要的参考价值:

(1) 合同是否以被代理人名义订立。若签订合同未使用被代理人名义,合同文本没有任何与被代理人有关联的文字表述,须慎重认定表见代理。

(2) 行为人的身份、职务是否与被代理人有关联。例如,行为人在被代理人处任职职务越高、与从事业务关联度越强,或者与被代理人之间的其他身份联系越密切,对表见代理的证明力就越强;反之则越弱。

(3) 被代理人对行为人是否存在可合理推断的授权关系。例如,行为人原有代理权已被终止但被代理人未对外告知等情形。

(4) 合同等对外文件材料上是否加盖与被代理人有关的、可正常对外使用的有效印章。例如,合同上加盖的被代理人项目部真实印章按常理可对外授权使用的,可作为考量因素;若按常理应当属于单位内部使用印章的,须慎重认定。

(5) 合同关系的建立方式是否与双方以往的交易方式相符。例如,以往交易长期由某部门负责人实际操作进行,且被代理人从无异议并正常结算认可的,此次有争议交易也采相同方式的,可参考以往交易行为判断。

(6) 合同订立过程、交易环境和周围情势等是否与被代理人有关。例如,行为人签约前曾陪同合同相对人参观考察被代理人的施工现场;签约地在被代理人营业地或办公场所的,可以作为判断因素。

(7)被代理人是否存在能够使人相信其参与合同履行的行为。例如,被代理人实际支付过合同价款;被代理人与合同相对人就履约问题进行过交涉等,可作为考量因素。

(8)标的物的用途、交付方式与交付地点等是否与被代理人有关,被代理人是否取得履行合同的利益。例如,合同标的物交付至被代理人营业场所或负责管领的其他场所;标的物被应用于被代理人本身或者直接从事的业务所需的,可以作为考量因素。

(9)其他具有代理权客观表象的情形。行为人在交易过程中存在其他行为,足以使一般商人合理推断该行为系基于被代理人合法授权的,可以作为认定的考量因素。[1]

4. "该代理行为有效"是指何意?

我国《合同法》第49条规定中所谓"该代理行为有效"是何意?与有权代理的区别何在?被代理人是否可以主动主张这一效果?这是表见代理的法律效果要解决的问题。

产生代理权假象的根本原因在于,权利的享有者(被代理人)与权利的行使者的分离[2],从而发生了客观真实与法律真实的不统一,为了稳定交易秩序,法律忽视了客观真实,转而赋予法律真实以法律效力,此即表见代理产生有权

① 最高人民法院民二庭主编:《商事审判指导》(2012年第2辑),人民法院出版社2012年版。

② 罗瑶:《法国民法外观理论研究》,法律出版社2011年版,第206页。

代理效果的基本原理。所以，代理权外观状态所产生的法律效果，就是法律牺牲了真正权利人（被代理人）的“客观权利”，而赋予善意第三人“主观权利”以效力。[①] 综观世界各国的规定，表见代理所产生的法律效果有以下几种立法模式：

（1）代理权对第三人有效。《德国民法典》第170条规定：“代理权以意思表示通知第三人者，在授权人向第三人通知代理权消灭前，其代理权对于第三人仍然有效。”依据这一规定，第三人可向被代理人主张有权代理的后果。

（2）被代理人对第三人负授权人责任。《日本民法典》第109条规定：“对第三人表示授予他人以代理权意旨者，于代理权范围内，就该他人与第三人之间实施的行为，负其责任。”我国台湾地区“民法”第169条也规定：“由自己之行为表示以代理权授予他人，或知他人表示为其代理人而不为反对之表示者，对于第三人应负授权人之责任。”

（3）被代理人不得以行为人无代理权予以抗辩或否认。英美法上不容否认的代理即是采取这一模式，并且得到了《国际货物销售代理公约》以及《国际商事合同通则》的响应。

上述三种模式，实质上都是一致的。德国法上规定的“代理权对第三人有效”意味着只有第三人方可对被代理人主张有权代理，而被代理人不得主动对第三人主张有权代理，除非他追认了无权代理人的行为。日本及我国台湾

① 马铭、肖江波：《法国表见代理制度研究及启示》，载《兰州大学学报》（社会科学版）2010年第1期。

地区规定的被代理人对第三人负“授权人责任”,既言“责任”,其责任之承担则取决于第三人是否主张,如果第三人不主张该责任时,被代理人不得主动对第三人承担这一责任。至于英美法以及国际代理立法中规定的被代理人不得以无权代理为由予以抗辩的规定,其目的与前两种模式一样,即只有在第三人向被代理人提出有效代理的主张时,才有被代理人不得以无权代理为由予以抗辩或否认的问题,换言之,既是一种抗辩,必须是在第三人向自己提出履行请求的情况下才有可能。参照世界各国关于表见代理后果的规定,运用比较法解释方法,我国《合同法》第 49 条所谓“该代理行为有效”,应是指“该代理行为对第三人有效”,也即只有第三人才能主张有权代理的后果,被代理人不得主动向第三人主张有权代理。

“该代理行为对第三人有效”本质上就是对第三人承担的责任。也就是说,在构成表见代理的情况下,被代理人应当对第三人负授权人责任,或者被代理人应当承担与有权代理相同的责任,就像他在此种情况下已实际授权那样承担责任。最高人民法院《关于适用〈中华人民共和国合同法〉若干问题的解释(二)》第 13 条规定:“被代理人依照合同法第四十九条的规定承担有效代理行为所产生的责任后,可以向无权代理人追偿因代理行为而遭受的损失。”可见,按照我国最高人民法院的解释,《合同法》第 49 条规定的“该代理行为有效”也是指由被代理人“承担有效代理行为所产生的责任”。此种责任的承担,不是逻辑判断的结果,而是价值判断的结果。法律体系是由逻辑判断方法与价值判断方法构成的，在两者发生冲突时，逻辑判断就要让位于价值判断。表见代理制度就体现了这种冲突的选择结果。通常情况下，如果代理人没有代理权而与第三人达成了一项交易，则第三人不能对本人提出请求。但是，如果本人创造出一种表象，使代理人表现得具有代理权，第三人基于对此表现的正当信赖而与之签订合同，尽管本人实际上未曾授权代理人，但应当像他在此种情况下已实际授权那样承担责任。[①]

所以，“表见理论的法律表明了法律对事实的某种屈从，为了照顾事实情况，一些合乎法律逻辑的方法弃之不用，有悖于法律的事实状态可能直接成为主观权利的渊源。因此，这一具有一般意义的理论对法律规则运行机制起着矫正作用，它构成了防止法律自身弊病的一种重要方法”。[②]

此种责任的性质如何？由于在私法中贯彻意思自治原则，在不违反法律的强制性规定的前提下，私法主体的行为只受自己意志的约束，任何人均不得将自己的意志强加于他人。但是，如果因自己的行为引起了社会的信赖，并且他人在此基础上建立起新的社会关系后，即使他的行为在客观上所体现的意思与自己的真实意思不一致甚至相反时，也要对引起他人信赖的这一客观意思赋予法律效力，此即

---

① 〔德〕海因·克茨：《欧洲合同法》（上卷），周忠海等译，法律出版社2001年版，第339页。

② 〔法〕雅克·盖斯旦：《法国民法总论》，陈鹏等译，法律出版社2004年版，第776页。

对信赖的保护。

引起他人信赖的原因，首先是法律行为中的意思表示。不管行为人的内心真意如何，意思表示只在相对人所理解的意义上才是有意义的，也即表意人要受他的意思表示中非他所愿望的内容的约束，这种情形的合理性在于下面的一种思想，就是表意人应对可归责于自己的意思表示的意义负责，只要表意人能够意识到自己的行为具有某种为受领人所理解的意义，他就应该对他的行为在意思表示的这种（客观上所理解的）含义上负责，或应该在该意思表示在其接受人所理解的含义上对相对人（接受人）负责。

其次，还有一种能够引起他人信赖的原因，它并不是或不仅仅是某项可归责的意思表示，而是一种是由其他方式产生的、存在某种相应的权利状态的表象。在这种情况下，那个必须承认既存的权利状态的表象并对之负责的人，通常是以可归责于自己的方式引发了这一权利表象的人。而对于应受保护的人来讲，他必须是信赖了这一表象的人，并且是尽到了交易上应有的注意之后仍然信赖这一表象的人。法律对他的保护是，将他置于与他所认为的情况相符的地位，并赋予其相应的法律后果。这是一种权利表见责任，它已超越了对自己的意思——对之应该理解的和应予负责的意思表示——承担责任的范围，而是一种扩大了的责任，是对于法律行为交往中的作为或不作为所承担的责任。这不是法律行为理论范围内的信赖责任，而是把法律行为责任扩大了范围的信赖责任。[1] 表见代理责任就是这样一种责任。

理解被代理人承担的表见代理责任需要注意以下几点：

第一，表见代理本质上是无权代理，只是为了保护善意第三人的利益，法律才使被代理人向第三人承担责任，所以，表见代理责任的承担以第三人向被代理人提出请求为前提，并负举证责任。如果第三人未提出请求时，法院不得以职权认定之。

第二，当第三人向被代理人请求承担表见代理责任时，被代理人不得以代理人无代理权或者代理人的行为违反自己的意愿为由予以抗辩。

第三，构成表见代理时，第三人可以向被代理人主张表见代理责任，也可以不向其主张表见代理责任，这是善意第三人的权利。当第三人不主张表见代理责任时，表明其放弃自己应受保护的利益或者认为表见代理成立后对自己会产生不利益，此时被代理人不得主动对第三人承担表见代理责任，只能以无权代理的规定予以追认。当然，第三人可以在被代理人追认之前先行予以撤销，这是狭义无权代理中的问题。

第四，被代理人的表见代理责任，在内容上是承受代理人与第三人所为的法律行为的后果，如果该行为是合同时，应向第三人履行合同义务，并在已履行合同义务的前提下

---

① 〔德〕卡尔·拉伦茨：《德国民法通论》（下册），王晓晔、邵建东等译，法律出版社 2003 年版，第 886 页。

享有其权利或利益。由于这一责任属于履行责任,并非损害赔偿,因此本人有无过失在所不问。当然,如果本人不能履行或者无法履行时,应向第三人承担违约损害赔偿责任。

第五,表见代理责任只有在意定代理的情况下才能适用,在法定代理不得适用。[①] 因为表见代理主要是在交易过程中为了保护交易安全、维持代理制度的信用而设置的制度,是在本人利益与善意第三人利益之间所作出的取舍,但是在法定代理中,被代理人的利益不是普通人的利益,而是未成年人或受监护人的利益,是法律强制性保护的利益,当这些利益与第三人的利益发生冲突后,应当优先保护未成年人或受监护人的利益,否则将有悖于公序良俗。

第六,表见代理虽然属于无权代理,但只要善意第三人向被代理人主张表见代理责任,就不得再向表见代理人主张损害赔偿责任。因为被代理人既然已向第三人承担授权人责任,则等同于有权代理的效果,第三人交易的目的已经达成,衡诸代理制度的规范功能及当事人的利益,似第三人没有必要得向无权代理人请求损害赔偿之必要。此外,无权代理人向第三人的损害赔偿责任只有在构成狭义的无权代理的情形下才可能发生,而在表见代理已经成立的情形下不能再产生无权代理的后果,因为二者是相互冲突的。但是,如果第三人对被代理人事实上不能请求履行时,如本人外出或不知去向,为保护交易安全,应例外认无权代理人

---

① 郑玉波:《民法债编总论》(修订二版),中国政法大学出版社 2004 年版,第 69 页。

须负损害赔偿之责。①

第七，构成表见代理时，原则上只对被代理人与第三人的关系产生影响，而对于被代理人与代理人之间的关系则不受影响。当然，如果因为无权代理人的行为构成表见代理后，被代理人因此对第三人承担了责任，被代理人可以向无权代理人追偿。因为尽管造成代理权外部假象是由被代理人的行为或不行为引起的，但有时代理人明知或应当知道自己实施某种法律行为属于无权代理，而仍然为之，其结果导致被代理人向善意第三人承担了表见代理责任，并造成了损失，在此情形下，应当允许被代理人向无权代理人主张损害赔偿。对此，《法国民法典》第 2005 条明确规定："仅仅向受委托人（委托代理人）通知撤销委托，对不知道此项撤销事由仍然与受委托人（委托代理人）进行业务往来的第三人不具有对抗效力，但委托人对受托人（委托代理人）有求偿权。"我国最高人民法院于 2009 年 4 月发布的《关于适用〈中华人民共和国合同法〉若干问题的解释（二）》第 13 条规定："被代理人依照《合同法》第 49 条的规定承担有效代理行为所产生的责任后，可以向无权代理人追偿因代理行为而遭受的损失。"不过，这一解释是存在问题的，因为无权代理人是否被追偿应视其行为是否有过错而定。如果对形成权利的外观假象是有过错的，被代理人承担了表见代理责任后可以向其追偿；如果对形成权利的外观假象没有过错，则不应被追偿。至于追偿的性质，如果

① 王泽鉴：《债法原理》（第 1 册），中国政法大学出版社 2001 年版，第 315—316 页。

存在基础法律关系的，应当根据无权代理人与被代理人之间的基础法律关系来决定，即属于合同责任；如果二者之间不存在基础法律关系的，应当按照侵权损害赔偿责任处理。损害赔偿的范围，应当限于直接损失，不包括间接损失。

二、无权代理人对第三人的责任

无权代理行为获得被代理人的追认后，如同代理人一开始就有代理权实施的行为一样，在被代理人与第三人之间产生法律效力，代理人不对第三人承担任何责任。但是，如果被代理人对于无权代理行为不予追认或视为拒绝追认时，该行为对被代理人不产生任何效力。[①] 在此情形下，如果第三人明知代理人是未获得授权或者超越代理权的，本人拒绝追认或视为拒绝追认无权代理行为时，尽管对第三人造成了损害，法律也不给予保护，此乃咎由自取。但如果第三人对于行为人缺乏代理权并不知情，在本人拒绝追认并且也不构成表见代理时，该善意的第三人就非常被动，并

---

① 在无权代理情况下，被代理人不承担任何责任。但是，人们可以依据缔约过失责任的基本原则使被代理人承担信赖利益的损害赔偿责任。换言之，被代理人不仅应为自己的过错承担责任，而且应该为无权代理人的过错承担责任。如果被代理人虽然不知道代理人未经授权而为其实施行为，但是，若他尽到其应尽注意则可以知道或可以阻止代理人的行为，且行为相对人依据诚实信用原则可以认为被代理人在尽到其应尽注意的情况下不可能不知道这一事实，即被代理人容忍代理人的这一行为，则被代理人应当基于自己的过错承担责任。〔德〕维尔纳·弗卢梅：《法律行为论》，迟颖译，法律出版社 2013 年版，第 964 页。

有可能造成损失，此时法律责令由引起这一交易的无权代理人向无辜的第三人承担责任，此即无权代理人对第三人的责任。

对此，大陆法系和英美法系各国的立法与司法实践中均确立了较为完善的制度，我国《民法通则》第66条第1款和《合同法》第48条也作了相应的规定，但由于这些规定过于简单，缺乏可操作性，以致在实践中很容易导致代理当事人之间的利益关系失衡，尤其是第三人的利益得不到应有的保护，从而使代理制度功能不能得到正常的发挥。因此，有必要对无权代理人对第三人的责任进行深入探讨，以期对我国的立法和司法实践提供有益的参考。

（一）无权代理人对第三人责任的立法体例

代理人以被代理人的名义实施的无权代理行为，既没有获得实际授权，也不存在表面授权，同时被代理人也未予以追认时，该行为将无法约束被代理人，此时善意信赖无权代理人拥有代理权的第三人，如无法获得救济，不仅有害于公平原则，而且也有损于交易安全。对此，两大法系的国家以及国际组织、区域组织的立法与司法实践均有相应的规制。

1. 大陆法系国家或地区的规定

对于无权代理人的责任，大陆法系国家或地区的民法典均有明确规定，大致分为三种立法体例：

（1）法国式，即无权代理人承担违反代理权限默示保证义务的责任。

《法国民法典》第 1997 条规定:“受委托人(代理人)以此资格向与其缔结契约的人已充分说明其所享有的权限时,对超出此种权限的事务,不负任何担保责任,但受委托人(代理人)自行负担此种责任时,不在此限。”此种模式,在《荷兰民法典》中得到了更为充分的体现,《荷兰民法典》首先在第 70 条规定了代理权限保证义务:“以代理人身份行事的人,应当向他方当事人保证其具有代理权及权限范围,但是他方当事人知道或应当知道其不具有充分的代理权,或者代理人已经将代理权限范围完全告知他方当事人的除外。”其次,在第 76 条第 2 款又规定了代理人对第三人的损害赔偿责任:“在前款所述情形(即代理权终止的情形)下仍然以本人的名义实施行为的代理人,应当对不知道代理权终止的他方当事人承担损害赔偿责任。但代理人不知道也不应当知道其代理权已被终止的情形除外。”

(2)德国式,即无权代理人对第三人承担履行合同或损害赔偿责任模式。

《德国民法典》第 179 条第 1 款规定:“以代理人的身份订立契约者,如不能证明其有代理权,而被代理人又拒绝追认者,相对人有权依其选择,得责令代理人履行或赔偿损害。”《日本民法典》第 117 条第 1 款规定:“作为他人代理人缔结契约者,如不能证明其代理权,且得不到本人追认时,应依相对人的选择,或履行契约,或负损害赔偿责任。”《韩国民法典》第 135 条第 1 款也与《日本民法典》的上述规定相同。

(3)瑞士式,即无权代理人对第三人承担单一的损害赔偿责任模式。

《瑞士债务法典》第 39 条第 1 款规定:“名义上的委托人明示或暗示地拒绝追认的,以代理人名义行为的人应当承担因合同不能成立而造成的一切损失,但其能够证明合同的另一方当事人知道或者应当知道其未经授权的除外。”《意大利民法典》第 1398 条规定:“无权代理或者超越代理权限缔结契约的人,要对第三人因相信契约效力而没有过错所遭受的损失承担责任。”我国台湾地区“民法”第 110 条也规定:“无代理权人以他人之代理人名义,所为之法律行为,对于善意之相对人,负损害赔偿之责。”

2. 英美法国家的规定

最初,英美法院通过判例确认,知道自己没有代理权却意欲代表别人行事的代理人,即使相信该别人会追认其行为,也要对第三人负欺诈责任。但是,这一规则对第三人的保护是有限的。因为如果代理人在实际行动时诚实地相信他具有代理权,则免于对第三人负责。

这种状况一直持续到 1857 年的科伦诉莱特案(Collen v. Wright)才得以改善。在本案中,被告(代理人)在未经授权的情况下,声称自己是甲(被代理人)的代理人,并把甲的一快耕地出租给原告(第三人)。法院认为,被告应当对原告承担责任,因为被告已经默示保证自己拥有出租耕地的代理权限,并认为,被告向原告承担的损害赔偿包括原告由于对甲提起强制履行耕地出租合同之诉却一无所获而承担的各种费用。威尔斯法官宣称:“有关这类案件的责任曾明确无误地作过这样的说明,即一个人如果自称其代理另一个人订立契约，那么，他对那个信以为真而与之订契约的人，如果不是明示地，也是默示地承担或许诺保证其自称所具有的代理权，在事实上确实存在。与这种自称的代理人进行交易，这事实的本身就是这种许诺的有效对价。”①

依据该案的判决，代理人如果声称代理另一人实施代理行为，对于善意相信其有代理权的第三人，负有保证自己拥有所声称的代理权的义务，事后如果该行为未获得被代理人的追认时，代理人无论是否具有过失，都应向第三人承担违反默示担保义务的责任，此即代理人的代理权限默示担保责任。

科伦诉莱特案（Collen v. Wright）所确立的规则，在《美国代理法重述（第三次）》中得到了进一步的肯定，第6.10条第1款明确规定：“某人如声称代表另一人，与第三人订立合同、作出要与第三人订立合同的意思表示或者财产转让协议，这些行为对声称的被代理人并无约束，但却意味着向第三人提供了默示的授权担保，所以其应当对因违反默示担保给第三人造成的损失承担赔偿责任，赔偿责任包括第三人对本人履行义务的期待利益损失。”

3. 国际代理立法的规定

（1）《国际货物销售代理公约》的规定

《国际货物销售代理公约》第16条第1款规定了代理人对善意第三人的损害赔偿责任，即“未经授权或超越授权范围而行为的代理人，若其行为未得到追认，应承担对第三

① 李泽沛：《香港法律概述》，法律出版社1987年版，第125页。

人的赔偿责任,以使第三人处于如同代理人有权并且在其权限范围内行为时的状况一样”。依此规定,无权代理人对第三人的责任为无过错责任,即使无权代理人自己也不知道属于无权代理时,也一样承担责任。至于赔偿的范围,以第三人在该合同有效时能够从本人那里所获得的利益为限,也即赔偿第三人的履行利益损失。当然,代理人的责任也不是绝对的,若第三人知道或能知道代理人未经授权或超越授权范围而行为时,代理人不对第三人承担责任(第16条第2款)。

(2)《国际商事合同通则》的规定

《国际商事合同通则》第2.2.6条第1款规定了代理人对第三人的责任,即没有代理权或超越代理权行事的代理人,如未经本人追认,则应对第三人承担将其恢复至如同代理人有代理权或未超越代理权行事时第三方应处的同等状况的责任。根据该条规定,无权代理人有责任向第三人赔偿使第三人恢复至代理人有权行事时的状况,即代理人的责任不限于信赖利益或消极利益,而是扩及于预期利益或积极利益。换句话说,第三人可以获得若与无权代理人订立有效合同生效所产生的利益。当然,如果第三人已知或应知代理人没有代理权或超越代理权,则代理人不承担责任(第2.2.6条第2款)。

此外,需要指出的是,在欧盟地区,《欧洲合同法原则》也作了与上述国际立法相同的规定。《欧洲合同法原则》第3:204条第2款规定了无权代理人的责任,即如果无权代理行为未能依第3:207条的规定由委托人追认,代理人有责任向第三人支付损害赔偿，以使第三人处于如同代理人有权行为一样的状况。但是，如果第三人已知或本不应不知代理人缺少授权时，则不承担责任。

（二）无权代理人对第三人责任的法律性质

无权代理人对第三人承担何种性质的责任，两大法系国家的代理法学者间存在争议，主要有以下几种观点：

（1）契约责任说

该说认为，无权代理人是契约当事人，应受与第三人契约责任的拘束，即当本人拒绝追认时，由无权代理人作为合同当事人，履行合同义务或承担合同损害赔偿责任，其目的是使相对人达到其应有的法律地位。有学者认为，该说混淆了直接代理与间接代理，不足采信。[①]

（2）侵权责任说

在19世纪中期，萨维尼等人主张在确定狭义无权代理人责任时，可以适用关于恶意与过失的契约外责任这一古老罗马法原则，换言之，即认为无权代理人对于善意相对人所为之无权代理行为，系属于侵权行为，因而对相对人应负基于侵权行为的损害赔偿责任。但是，由于侵权行为强调过错责任原则，行为人可以较容易地通过举证证明自己无过错而免责，因此这一理论不能有效地保护善意第三人的利益。[②]

① 胡长清：《中国民法总论》，中国政法大学出版社1997年版，第320页。

② 王利明：《民法总则研究》，中国人民大学出版社2003年版，第693页。

(3)缔约过失责任说

该说是由德国学者耶林提出缔约过失理论之后发展起来的一种学说,认为无权代理人与第三人缔约时,应有义务注意自己是否享有本人授予之代理权,如果疏于注意致使本人与第三人之间的契约不成立或生效,即应承担缔约过失之责。有学者认为,缔约上的过失责任一般发生在契约当事人之间,而无权代理人并非契约当事人。而且,缔约过失责任仍然以责任人有过失为前提,所以,该说不能充分保护第三人的利益。[①]

(4)默示担保责任说

该说认为,无权代理行为,虽以本人名义为之,然同时即订有担保其履行的从契约,故主契约不成立,则应由无权代理人负履行之责。此说为温德夏特(Windscheid)所主张。这种学说的有力支持者巴赫认为,无权代理人为代理行为时,除有明显的反对意思表示外,其与相对人间常有担保相对人不因此而受损害的默示契约。按照巴赫的观点,代理人为代理行为时,存在两个层次的意图:第一层次的意图是代理人为被代理人为法律行为,使该法律行为之效果直接及于被代理人;第二层次的意图是如果该法律行为对被代理人不能发生法律效力,则由行为人自己依法律行为的内容而负责。默示担保责任说扩大了无权代理人的责任范围,达到了保护善意第三人的目的,因为无权代理人有无过错均应承担责任。反对者认为,所谓担保,以主契约之成

① 江帆、孙鹏:《交易安全与中国民商法》,中国政法大学出版社 1997 年,第 151 页。

立为前提,代理行为既不发生效力,主契约即不成立,何谈担保其履行之从契约责任?

(5) 法律上的特别责任说

该说认为,无权代理人对第三人负责的根据在于法律的特别规定,是为法律上之特别责任。这种责任的承担不以无权代理人的故意、过失为要件,属于一种无过失责任,即使无权代理人不知其无权代理,或者被欺骗、胁迫进行无权代理,同样要承担民事责任。该说为德日民法学界之通说。至于其立法理由则不一致,有以相对人之善意为理由者,有以交易之安全为理由者,也有因无权代理人主张其有代理权,故任其主张之责。① 有学者反对这一学说,认为所谓"法律特别规定"之类根本不能成其为一种法律责任的理论依据,因为任何法律行为的后果无一不是法律制度确认或规范的产物。②

(6) 违反代理权限默示担保义务的责任

在英美法国家,代理人向第三人承担责任的根据在于,代理人对第三人负有的代理权限默示担保义务(implied warranty of authority),具体是指在第三人本来不会与代理人订立合同的情况下,由于代理人以言语或行为表明自己有权代表被代理人,致使第三人信赖代理人的此种意思表示而与之缔约,那么代理人就对第三人负有保证自己所作意思表示具有真实性的义务。代理人如果违反了这种义务就

---

① 胡长清:《中国民法总论》,中国政法大学出版社 1997 年版,第 320 页。

② 江帆:《代理法律制度研究》,中国法制出版社 2000 年版,第 170 页。

应当对第三人负责，即使代理人出于善意而误以为自己具有代理权限也是如此。也就是说，如果第三人受到了代理人所作的关于自己具有代理权限的错误意思表示的误导，代理人就要对第三人承担个人责任。[①]

至于代理权限默示保证义务的性质，英美代理法学界有三种观点：

一是默示合同义务说。巴克利（Buckley LJ）大法官认为，代理人承担代理权默示保证义务并不取决于他的行为具有过失或过错，而取决于代理人和第三人之间的一种默示合同（implied contract），默示合同也就意味着某种保证义务。

二是准合同义务说。弗里德曼（Fridman）认为，当代理人不是为了自己、而是为被代理人订立合同时，只要违反了代理权限默示保证义务，就要承担责任，而不论代理人主观思想状态如何。可见，代理人与第三人之间的关系并非源于他们之间的意思表示一致，而是源于法律的作用。因此，代理人所负的代理权限默示保证义务，在本质上属于一种准合同义务，而不是默示合同中的义务。[②]

三是侵权责任与违约责任竞合说。司徒嘉（Stojar）认为，代理人违反代理权限默示保证义务的行为，既可以被视为侵权法上的虚假意思表示，也可以被视为违约行为，因而二者发生了竞合。

本书同意法律上的特别责任说，即无权代理人对第三

---

① 徐海燕：《英美代理法研究》，法律出版社2000年版，第274页。

② G. H. L. Fridman, *The Law of Agency*, Butterworths, 1983, p. 221.

人承担的责任是一种法定的特别责任，主要理由是：

第一，无权代理现象多数是由无权代理人的行为引发的，第三人一般处于被动状态，所以，由无权代理人向第三人承担责任可以减少或防止无权代理现象。

第二，对于是否具有代理权，无权代理人拥有较多的信息，相比之下，他比第三人更容易获知是否拥有代理权。

第三，既然行为人以代理人的身份出现，即使不具有表见代理的外部表征，也同样对第三人产生自己具有代理权的个人信用，如果无权代理行为得不到被代理人的追认时，代理人应对自己的信用负责。

第四，被代理人不予追认的风险，只能由第三人或者无权代理人承受，但第三人代表的是不特定的多数人的利益，而无权代理人代表的是特定人的利益，二者相较，第三人的利益更值得保护，因而由无权代理人承受该后果比由第三人承受该后果更具合理性。

在此，尚需讨论的问题是，无权代理人对第三人承担的责任是过错责任还是无过错责任？在大陆法系国家，有学者认为是一种过错责任，因为无权代理责任的内容是履行责任或者替代履行的损失赔偿，这种责任超过了侵权行为责任，等于使无权代理人承担了与其自身订立契约相同的责任，而要课以这样的特别责任，就要求有其足够的正当化理由，此即无权代理人的过失，没有这一过失，要求其承担责任就不具有正当性。[①] 多数学者认为是一种无过错责任，

---

① 〔日〕山本敬三：《民法讲义》，解亘译，北京大学出版社 2004 年版，第 250 页。

理由在于：

第一，为了确保交易安全，维持代理制度的信用，即使在无权代理的情形下也需要保护相对人。在这种情况下，虽然不能追究本人的责任，但如果让无权代理人承担无过错责任，相对人就可以放心地与之进行交易了。

第二，由于无权代理人也主张代理权的存在，使相对人产生了信任，因此对于给予其信任的人，使其负责无须以过错为要件，只需违反信任即可。

本书赞同后一种观点，因为无权代理人责任既不是侵权责任，也不是缔约上的过失责任，而是直接基于法律规定的特别责任，各国的立法并不以无权代理人的故意或过失为其要件，因此应为无过错责任。[①] 代理人虽然承担无过错责任，但是如果无权代理人对自己欠缺代理权的瑕疵毫不知情，如委托人在授权时具有他人不知晓的精神病，从而导致授权行为无效，在此情形下也要让无权代理人向第三人承担责任，是否合理？拉伦茨认为，此种责任完全是基于第三人信任的事实而产生，根本不需要无权代理人在主观上存在过错为前提条件。何况法律规定的意图在于，使在交往中作为他人的代理人出现的人，必须承担在不具有代理权限或者代理权限不充分的情况下自己对交易对方当事人的信赖损害负责。因为作为代理人进行活动的人，总是比相信代理人所说的他具有代理权限的话的人，更应该承担

① 梁慧星：《民法总论》（第4版），法律出版社2011年版，第238—239页。

这种损害。[1]

(三)无权代理人对第三人责任的承担

无权代理人对第三人承担何种形式的责任?世界各国的立法有两种模式:

一是选择模式,即明定无权代理人应负履行合同或损害赔偿的责任,第三人可以在二者之间任意选择。德国(第179条)和日本(第117条)属于这一立法例。不过,如果第三人选择了履行合同,那么无权代理人的法律地位如何?根据学术界通行的观点,无权代理人应当取得合同当事人的地位,但在他没有履行自己的给付义务之前,他也不享有合同履行的请求权。[2] 也就是说,在他应对方的请求履行了自己的义务后,也有权要求对方向自己作出履行,或享有该合同上的所有权利。

二是单一模式,即明定无权代理人应负损害赔偿责任。法国(第1120条[3])和瑞士(第39条)属于这一立法例。[4] 大多数国家或地区的立法采用这种规定,如荷兰(第76条)、意大利(第1398条)等,我国台湾地区(第110条)"民

---

① 〔德〕卡尔·拉伦茨:《德国民法通论》(下册),王晓晔、邵建东等译,法律出版社2003年版,第878页。

② 李永军:《民法总论》,法律出版社2006年版,第704页。

③ 《法国民法典》第112条规定:"但一人得接受使第三人为一定行为的约束;如第三人拒绝履行此种行为时,约定使第三人为一定行为之人,或约定使第三人接受此项义务之人,应负损害赔偿责任。"依据这一规定,如果无权代理人向第三人声称其代理行为一定能够获得被代理人的追认或许可,但事后被代理人拒绝追认或许可时,无权代理人应向第三人承担损害赔偿责任。

④ 郑玉波:《民法总则》,中国政法大学出版社2003年版,第437页。

法”从之。

英美法也采用这种单一的损害赔偿责任形式，并具有以下特征：

（1）无权代理人的行为，不论是出于善意还是疏忽，他都要对其违反默示授权担保义务的行为负责。

（2）只要第三人信赖无权代理人的错误陈述，并且不知道他没有代理权，该第三人就能从无权代理人那里获得赔偿，第三人有过失并不能剥夺他请求损害赔偿的权利，因为第三人一般没有调查代理人所声称的代理权的责任。

（3）对代理人违反默示授权担保责任的诉讼，只能由第三人提起，而不能由本人提起。[①]

至于无权代理人的损害赔偿范围，在理论上有以下四种主张：（1）第三人仅得请求赔偿因该法律行为有效可取得的利益（履行利益）。（2）第三人仅得请求赔偿因信其有代理权而损失的利益（信赖利益）。（3）无论消极利益或积极利益，相对人均得主张，但信赖利益的请求，不得大于履行利益。英美法系国家主要采取这一主张，即代理人因违反代理权限默示保证义务而承担的损害赔偿的范围是第三人所受到的实际损失，不仅包括诉讼费用、调查费用等信赖利益损失，而且还包括第三人因丧失其与代理人订立的合同而遭受的损失，即履行利益损失。但是，代理人不负责保证被代理人的诚实品格、履行能力和资信状况，也即被代理人如果破产，第三人就不能从代理人那里获得被代理人未

① 郑自文：《国际代理法研究》，法律出版社1998年版，第104页。

破产时应赔偿的数额。因为在这种情况下，第三人即使起诉被代理人，也是一无所获。同理，如果代理人与第三人签订的合同根本不可能在被代理人与第三人之间建立有效的合同关系，或者该合同不具有强制执行的效力，第三人也不能从代理人那里获得任何损害赔偿。[①]（4）无权代理人，如于行为时不知其无权代理者，仅应负赔偿信赖利益（赔偿额不得大于履行利益）责任，否则应负赔偿履行利益之责任。《德国民法典》第179条第2款规定："代理人不知自己为无代理权时，仅对因信其有代理权而受损害的相对人负赔偿责任，但其赔偿额不得超过相对人在契约有效时可得到的利益。"根据这一规定，无权代理人的赔偿责任会由于他自己是否知道代理权具有瑕疵而不同：

第一，如果他并不知道这种瑕疵，那么他只需要赔偿交易对方当事人的信赖利益，即应该使相对人在经济上的处境恢复到合同缔结前所处的状态，代理人在这种情况下的责任纯粹是一种信赖责任。

第二，如果代理人在缔结契约时知道自己没有代理权，而相对人不知道或也不应当知道代理权有瑕疵，并且被代理人拒绝追认这种代理行为的，代理人就应当根据第三人的选择，或者承担履行契约的责任，或者赔偿因契约不履行而产生的损害。在这种情况下，由于代理人有意识地欺骗了对方当事人，所以他不仅应该赔偿该人的信赖利益，而且尚应赔偿对方契约履行利益的损害。之所以必须全部满足

① Stojar SJ, *The Law of Agency*, Sweet & Maxwell, 1961, pp. 265—266. 转引自徐海燕：《英美代理法研究》，法律出版社2000年版，第278页。

第三人的要求,是因为他知道这样做会有这样的风险。本书同意最后一种观点,因为根据无权代理人在主观上是否存在过失而区分不同的赔偿范围,无疑是公平正义的体现。

不过,如果被代理人本来就无法完全履行合同,无权代理人依然负有完全履行合同的责任吗?也就是说,即使该合同在被代理人追认的情况下,被代理人也只能履行其中的一部分。例如,被代理人破产后,仅能够清偿60%的债务,那么无权代理在被代理人未追认的情况下,无权代理人是承担60%,还是全部?通说认为,第三人只能向代理人要求获得被代理人也能够履行的部分。否则,要求无权代理人承担全部责任,第三人就可以从代理权的欠缺中获得利益。不过,也有学者对此提出异议,认为这样一来,第三人就承担了不同于有权代理情况下的双重风险,即代理人丧失支付能力的风险和被代理人丧失支付能力的风险。[①] 本书认为,让无权代理人承担全部履行责任是不合理的,尤其是在无权代理人对于自己欠缺代理权的瑕疵毫不知情的情况下尤为明显,更何况,第三人也应当承担自己与代理人进行交易的风险。

此外,复代理人是否也对第三人承担无权代理责任?在存在复代理的情况下,可能由于授予该复代理权的主代理人不享有有效的委托代理权,或者虽有有效的代理权,但没有选任复代理人的权限,这时由主代理人授予复代理人的代理权就是无效的,因而复代理人在他的所谓复代理权

① 〔德〕迪特尔·梅迪库斯:《德国民法总论》,邵建东译,法律出版社2000年版,第744页。

限范围内实施的行为就是无权代理行为。如果该无权代理行为未获得追认时,复代理人是否应对第三人承担无权代理责任?对此,应区分以下两种情形:

(1)如果复代理人公开表明他是进行复代理,那么第三人既相信了主代理人授予了他复代理权,而且也相信了交易之主(即被代理人)授予了主代理人委托代理权,此时第三人便对主代理人的代理权产生了信任,所以,应当由主代理人对第三人承担无权代理责任,复代理人对此不承担责任。更何况,有时复代理人也会被骗,从而信任主代理人所说的代理权,此时复代理人也应受到保护。

(2)如果复代理人没有表明是复代理,而是作为交易之主(即被代理人)的代理人进行活动,因而他便使第三人相信自己的代理权不是主代理人的代理权限。在这种情况下,复代理人必须对第三人承担无权代理责任。[①]

(四)无权代理人免于承担责任的情形

在大陆法系国家,无权代理人的责任虽然是无过错责任,但不是绝对责任、结果责任,在法律规定的条件下是可以免于向第三人承担责任的,具体而言:

第一,如果第三人知道或应当知道欠缺代理权时,无权代理人的责任即告消失。因为知道或应当知道代理权有欠缺时,就一定能够预料到将来被代理人不会追认的风险,然而在此情形下,仍然与无权代理人进行交易,属于自愿冒

---

① 〔德〕卡尔·拉伦茨:《德国民法通论》(下册),王晓晔、邵建东等译,法律出版社2003年版,第881页。

险,无权代理人不负责任。如果第三人明知其没有代理权仍然与之合谋以达到自己的目的,不仅不能主张无权代理责任,还应当与无权代理人一起向被代理人承担连带损害赔偿责任。

第二,如果无权代理人是限制行为能力人,在未经法定代理人同意的情况下以他人的名义实施法律行为的,不对第三人承担责任。因为对未成年人的保护优先于对法律行为对方当事人的保护。[①] 但是,如果无代理权的限制行为能力人所实施的行为,自身已构成侵权行为时,不能免除其责任。

第三,如果第三人已撤回其法律行为时,无权代理人对之不再承担责任。因为第三人撤回其法律行为,其行为效力不归属于被代理人虽因而确定,但此乃由于第三人本身之行为,而非由于被代理人之拒绝追认,所以,第三人已没有理由再追究无权代理人的责任。不过,如果无权代理行为已经构成侵权行为时,第三人可基于侵权责任向无权代理人要求侵权损害赔偿,但赔偿范围只限于契约费用及因撤回所支出的费用等消极利益,而不包括因代理行为归属于被代理人而由第三人对于被代理人应取得之利益(履行利益)。原因在于,因被代理人之追认,代理之效力本有归属于被代理人的可能性,但第三人不顾此自行撤回,使被代理人追认不能,此项损害乃系第三人所自招也。[②]

---

① 〔德〕迪特尔·施瓦布:《民法导论》,郑冲译,法律出版社2006年版,第556页。

② 史尚宽:《债法总论》,中国政法大学出版社2000年版,第559页。

在英美法国家,代理人所承担的代理权限默示担保责任,在一定的情形下也可以免责。例如,《美国代理法重述(第三次)》第6.10条规定了以下三种免责事由:(1)委托人或者假名委托人按照第4.01条的规定追认了代理行为;(2)声称要与第三人订立合同、作出意思表示或者进行财产转让的一方当事人向第三人作出授权担保不存在的通知;(3)第三人知道声称要与第三人订立合同、作出意思表示或者进行财产转让的一方当事人没有实际授权的。

除以上事由外,根据英美法院的判例,以下情形也可以导致免责:

(1)在法定代理中,代理权直接由法律规定,此时即使代理人对自己的代理权限做了错误的解释,致使第三人误信该错误的陈述,也不对第三人承担代理权限默示担保责任,因为第三人被推定为知道法律的明确规定。

(2)如果客观情况表明,代理人已放弃了代理权,或合同中已排除了代理人的责任,则该代理人不承担担保责任。

(3)如果本人对代理人所作的指示含糊不清,而代理人出于善意以合理方式执行了该指示,那么即使代理人对其做了错误的解释,也无需承担默示担保责任。

(4)代理人对于自己的代理权限给予了第三人适当的提醒。

(五)对我国无权代理人责任的立法建议

我国《民法通则》第66条第1款规定了无权代理人的责任:“没有代理权、超越代理权或者代理权终止后的行为,只有经过被代理人的追认，被代理人才承担民事责任。未经追认的行为，由行为人承担民事责任。”我国《合同法》第48条也作了相同的规定：“行为人没有代理权、超越代理权或者代理权终止后以被代理人名义订立的合同，未经被代理人追认，对被代理人不发生效力，由行为人承担责任。”该两条规定基本一致，与两大法系国家的立法和国际代理法中的规定相比，我国现行立法中的无权代理人责任的规定极为粗糙。主要存在以下问题：

第一，责任内容不明。《民法通则》第66条和《合同法》第48条均规定“由行为人承担(民事)责任”，至于承担何种内容的责任，是履行合同的责任，还是损害赔偿的责任，缺乏明确的规定。是可以在二者之间自由选择，还是不可选择的单一的责任，也不明确。如果属于损害赔偿的责任，其赔偿的范围是信赖利益损失，还是履行利益损失，更是无从得知。

第二，缺乏免责事由的规定。世界各国的立法普遍规定，如果第三人知道或应当知道欠缺代理权时，无权代理人不承担责任。因为知道或应当知道代理权有欠缺时，就一定能够预料到将来被代理人不会追认的风险，然而在此情形下，仍然与无权代理人进行交易，属于自甘冒险。我国现行立法对此没有任何规定。

针对上述问题，建议对《合同法》第48条和《民法通则》第66条中关于无权代理人责任的规定修改如下：行为人没有代理权、超越代理权或者代理权终止后以被代理人名义订立的合同，未经被代理人追认的，除非第三人已经知道或应当知道行为人欠缺代理权，否则应由行为人承担损害赔偿责任，以使第三人处于如同代理人有权行为一样。但是，如果行为人不知自己为无代理权时，仅对因信其有代理权而受损害的第三人负赔偿责任，但其赔偿额不得超过第三人在合同有效时可得到的利益。

对上述建议，需要说明如下三点：

第一，无权代理人所承担的责任既不是履行合同的责任，也不是在履行合同和损害赔偿之间进行选择，而是单一的损害赔偿责任。这是因为，一方面，这一责任形式是大陆法系多数国家和英美法系国家普遍采行的责任形式，我国应顺应这一发展趋势；另一方面，责令承担履行合同的责任也是不现实的，因为无权代理人通常并不从事该种业务。

第二，所谓“以使第三人处于如同代理人有权行为一样”，是指损害赔偿的范围以履行利益为限，对此主要参考了《国际货物销售代理公约》第16条第1款和《国际商事合同通则》第2.2.6条第1款的规定。但是，如果无权代理人在行为时对自己的代理权瑕疵并不知情，则只就第三人信其合同有效成立所产生的损失予以赔偿，即信赖利益损失的赔偿。

第三，无权代理人的责任只是针对善意第三人而言的，是为了保护交易安全才设置的，如果第三人已知或应当知道行为人缺乏代理权时仍然与之订立合同，则属于恶意第三人，对此法律无进一步保护的必要，因而无权代理人免于承担责任。

第十一章
代理法律制度的未来：趋同与融合

20世纪以来，尤其是第二次世界大战以后，随着经济全球化进程的加快，代理法律制度的趋同与融合愈加明显，表现在两大法系国家的立法互相借鉴与吸收，国际代理公约的形成以及欧盟代理法的一体化。

就国际代理立法而言，1983年通过的《国际货物销售代理公约》和2004年通过的《国际商事合同通则》，尽可能地兼容了不同文化背景和不同法律体系的一些通用的法律原则，同时还总结和吸收了国际商事活动中广为适用的惯例和规则，对于指导和规范国际代理活动具有很大的作用，为推动世界各国代理法的趋同产生了重要影响。

就区域组织的代理立法而言，《欧洲合同法原则》以及《欧洲民法典草案》无疑为欧盟区域的代理法律制度的统一奠定了良好的法律基础。

在我国未来民法典中，应将我国代理法律制度的健全与完善，融入代理法律制度趋同化的历史发展潮流中。

一、经济全球化与代理法律制度的发展趋势

（一）经济全球化

“经济全球化”术语，最早出现于20世纪80年代中期。前世界银行首席经济学家、诺贝尔奖得主约瑟夫·斯蒂格利茨曾经对“经济全球化”作出过如下解释：

> 从根本上来说，经济全球化是将世界各国和人民更加紧密联系在一起的综合过程。在这一过程中，阻碍各国之间货物、服务、资本和人员自由流动的人为障碍将被打破，交易成本（包括运输和通讯成本）将大大减少。[①]

由此可知，经济全球化就是指人类经济活动跨域民族、国家界限在世界范围内相互融合的过程。具体而言，是指各种生产要素在世界范围内的自由流动和合理配置，逐步以至最终完成消除国家之间各种壁垒，使其相互渗透、相互影响、互相依存并不断加深，从而实现经济上的世界一体化。[②]

---

① Joseph E. Stiglitz, *Globalization and its Disconents*, Norton & Company, 2002, pp. 9—10. 转引自沈四宝、盛建明：《经济全球化与国际经济法的新发展》，载《中国法学》2006年第3期。

② 陶广峰：《经济全球化与中国经济法》，中国检察出版社2006年版，第4—5页。

20世纪90年代以来，经济全球化的作用更加普遍、趋势更加明显，其特征主要体现在以下几个方面：一是全球大市场的形成和维护，即市场全球化；二是各种生产要素在全球范围内配置，即生产要素全球化；三是劳动力在全球范围内自由流动，即劳动力全球化；四是市场风险波及全球，即风险全球化。经济全球化是历史发展的产物，它反映了生产社会化和商品发展的客观要求，是社会化大生产和现代商品经济发展的普遍规律的体现。经济全球化表明，世界发展的主题由过去的以政治对抗、军事对峙为内容的"政治军事中心主义"转向了以经济发展、经济竞争和经济安全为内容的"经济中心主义"，主权国家通过和平竞争的方法和正当的经济往来获取利益，成为影响这个时期国际关系的主要潮流。经济全球化对于各国来说，意味着本国经济发展超越国界，与国际经济的联系不断扩大和深化，进而达到相互融合的过程，其实质是资源配置市场化的延伸，是市场经济发展到一定阶段的必然要求。

因此，从发展趋势来看，经济全球化是一个不可抗拒的时代潮流；从本质上看，经济全球化是一场市场化的制度整合，是市场经济规则在全球范围内扩展并发挥基础性调节作用的过程。

（二）经济全球化促进法律的趋同化

随着经济全球化进程的加快，在客观上必然要求市场交易规则的统一与趋同。但是，交易规则的统一与趋同，从历史上看有两种途径可以实现：一是通过军事战争迫使战败国接受自己的规则要求,二是通过法律的变革使相互之间的规则趋于统一。历史事实表明,战争的途径不仅给交战各国的人民带来痛苦与灾难,而且也无法真正实现交易规则的统一,20世纪发生的两次世界大战就是明证。相反,通过法律变革的途径来实现交易规则的统一无疑是一条正确而有效的途径。

两次世界大战结束后,基于市场统一化的需求,相继出现了众多的一个国家与另一个国家之间的双边规则、若干国家之间的多边规则以及为许多国家共同制定和遵守的世界性规则,如《国际货物买卖统一公约》《国际货物买卖合同成立公约》《联合国国际货物买卖合同公约》《联合国国际货物买卖时效期限公约》《承认和执行外国仲裁裁决公约》《关于向国外送达民事或商事司法文书和司法外文书公约》《民商事案件国外调查取证公约》等,尤其是在1995年根据"乌拉圭回合"多边贸易谈判达成的《建立世界贸易组织协议》,成为迄今为止统一国际市场最具影响力的国际公约。这些公约、协议等在客观上使法律的发展呈现出趋同化的趋势。

法律趋同化是经济全球化的客观反映,它是经济全球化进程发展到一定阶段的必然结果,是各种法律制度和法律规则在全球范围内的趋同化和一体化。法律趋同化不仅标志着世界各国法律发展的趋势、目标、方向和过程,同时也标志着世界各国法律发展所达到的一种状态和程度。当前世界各国的法律趋于统一的表现形式有:

第一,联合国以及众多的国际经济组织制定了大量的国际公约、国际条约,这些公约或条约在一定程度上具有共同法的性质[①],尤其是 WTO 规则成为世界法律趋同化的主要推进器。

第二,区域经济组织为了本地区国家间的合作而制定了统一的法律,如以欧盟(EU)、北美自由贸易区(NAFTA)、亚太经济合作组织(APEC)为代表的区域经济组织制订的法律,极大地加速了法律趋同化的进程。

第三,英美法与大陆法逐渐融合,两大法系之间无论在法律形式,还是法律的内容上相互借鉴、相互吸收的地方越来越多。

第四,主权国家内部不同区域的法律相互统一。例如,美国法学会和美国统一州法全国委员会起草的《统一商法典》,目前逐渐由各州普遍采用;民主德国与联邦德国统一后,统一适用原联邦德国的法律这种在主权国家内不同区域的法律相互统一,必然会加快法律趋同化的进程。

(三)代理法律制度的趋同与融合

20 世纪以来,随着各国经济的迅速增长,科学技术的飞速发展和现代通讯工具的广泛使用,跨国经济关系和交往日益频繁,代理关系突破地域的限制,渗透到世界经济领域的每一个角落发挥其独有的作用。但是,基于世界各国政治、经济、文化、社会、法律等重大差异,导致各国代理制度千差万别,特别是两大法系代理制度的差异,为国际民商

---

① 江平:《经济市场化与法律全球化、现代化、本土化》,http://www.cdams.kobe-u.ac.jp/archive,访问时间:2008 年 2 月 13 日。

事活动带来诸多不便。随着国际经济贸易的快速发展,经济全球化进程的加快,客观上要求消除各国相互之间在代理制度上的差异,建立统一的国际代理法律规范,为国际经济交往提供一个安全快捷的法律环境。

为推进各国代理法趋向统一化,有关国际组织致力于以下工作:

(1)促进达成国际代理法公约。在这方面,国际统一私法协会作出了重要贡献,起草了以下公约:一是1961年的《国际性私法关系中的代理统一法公约》(简称《代理统一法公约》);二是1961年的《国际货物买卖代理合同统一法公约》(简称《代理合同统一法公约》);三是1967年的《国际货物运输代理人代理合同公约》(简称《运输代理人公约》);四是1988年的《国际保付代理公约》;五是1983年的《国际货物销售代理公约》;六是2004年通过的《国际商事合同通则》。其中,前两个公约因遭到英美法系国家的反对未能生效,后四个公约已经生效。

此外,国际法协会也曾于1950年和1952年提出过两项有关代理的公约草案,即"哥本哈根草案"和"卢塞恩草案"。

(2)促进国际代理合同条款的标准化。这是国际商会在其1960年《商务代理合同起草指南》出版物上及1990年推出的《国家代理合同示范格式》中采用的方法。这种方法,以当事人意思自治原则为基础,目的在于协助双方当事人充分利用多数国家所承认的契约自由原则,指出本人和代理人在考虑和制定调整他们之间的内部关系的合同时应该引起注意的若干问题。[①]

除有关国际组织作出的努力外,区域组织也开始致力于代理法在本地区的统一。鉴于欧共体成员国有关商业代理的国内法之间的差异,在很大程度上影响了竞争的条件和在欧共体内部开展这种活动,妨碍了在不同成员国的本人和代理人之间订立和履行商事代理合同,且不利于对相关当事人利益的保护。于是,欧盟进行了一系列立法活动,并取得了可喜的成果:一是欧共体理事会在1986年通过了《关于协调成员国间有关代理商法律的指令》(EC Directive 86/653),并已于1990年开始实施;二是欧洲合同法委员会在2002年完成的《欧洲合同法原则》,该《原则》在第三章专章规定了“代理人的权限”;三是2007年完成的《欧洲民法典草案》,该草案在第二编第六章专章规定了“代理”。《欧洲民法典草案》虽然没有生效,但无疑将会对欧盟地区的代理制度产生影响。

二、国际代理法的统一化

(一)《代理统一法公约》与《代理合同统一法公约》

这两个公约都是由国际统一私法协会起草。该协会很早就致力于统一代理法的工作,由许多著名比较法学家参加。《代理统一法公约》初稿的最后文本由梅杰斯(Eduard

① 郑自文:《国际代理法研究》,法律出版社1998年版,第128页。

Maurits Meijers)提出,并于1952年得到国际统一私法协会委员会的批准。《代理合同统一法公约》草案的最后文本由古扎威勒(Max Gutzwiller)和哈麦尔(Joseph Hamel)提出,1960年得到批准,这两项公约草案经协调后于1961年4月公布。这两个公约是建立在大陆法将代理区分为直接代理与间接代理的基础上,前者规范的是直接代理,后者规范的是间接代理。

1.《代理统一法公约》

《代理统一法公约》的特色表现在:

(1)与英美代理法一样,不区分商事代理与民事代理。

(2)公约只对两大法系没有争议的直接代理进行了规定,而没有涉及英美法上的不公开本人身份的代理或大陆法上的间接代理(即行纪)。《代理统一法公约》最初的设想是,像英国法那样,除显名代理外,还规定隐名代理与不公开本人身份的代理,但这个方案遭到了拒绝,理由是该方案的采用将在不适用普通法的国家带来一系列难以解决的问题①。后来,《代理统一法公约》保留了隐名代理,并与显名代理同等对待,但剔除了不公开本人身份的代理。

(3)没有明确规定表见代理或英美法上的不容否认的代理(agency by estoppel)。尽管《代理统一法公约》第10条规定,“代理人由于他所处的地位而具有代理权的情况下,该代理人拥有以本人名义去做那些由于他所处的地位通常可以去做的法律行为”,但该条规定的情形属于英美法上的

---

① 〔英〕施米托夫:《国际贸易法文选》,赵秀文译,中国大百科全书出版社1993年版,第365—459页。

默示通常权限（usual authority），是实有授权，不是外表授权。

（4）原则上不允许复代理，即除非本人同意，代理人无权委托他人代为代理。

总之，《代理统一法公约》回避了有争议的问题，对直接代理中的原则问题作了简洁明快的规定。

2.《代理合同统一法公约》

《代理合同统一法公约》所调整的是以自己的名义与第三人签订合同的间接代理制度，其特色在于：

（1）公约中的代理人类似于德国商法中的行纪人。《代理合同统一法公约》第5条规定："佣金代理人是以佣金代理为职业，以自己名义，为他人（本人）利益而买卖商品和有价证券的人。"依此规定，代理人必须是以佣金代理为职业和从事货物买卖活动。这与英国的行纪人（factor）有很大的差异，因为行纪人不必以代理为职业，也可以从事货物买卖以外的活动，同时也不限于以自己的名义从事活动。

（2）公约放弃了德国商法上行纪合同中的两个合同结构的模式，承认本人与第三人之间的直接合同关系，即本人或第三人都可以创设出这种一个合同的局面。《代理合同统一法公约》第19条规定："假如在买卖合同中或签订合同时的种种情况中可以看出，买方或卖方的身份是佣金代理人……本人即可以向作为第三人买方或卖方行使请求权，但该请求权须从属于第三人可以向佣金代理人提出的一切抗辩。"同时，第20条也规定："在未履行买卖合同项下的义务的情况下，第三人有权向本人主张该买卖合同项下的利益，但本人可以向佣金代理人提出抗辩的情况除外。”

(3) 公约没有像大陆法中行纪制度那样允许行纪人在一定条件下行使介入权，而是采用英美法的做法，不允许代理人在不向本人做任何说明的情况下，自己与本人进行交易。

(4) 公约规定了信用担保代理，即佣金代理人只有在“作为第三人的担保人”，或者依其营业地的习惯性做法通常应该给予担保的情况下，才对第三人的付款或合同履行承担个人责任。

总之，公约整体上采用大陆法上的行纪制度，但又有限度地吸纳了英美法上的做法。

上述两个公约，之所以未能生效，主要原因在于：一是公约本身存在缺陷，同时也没有得到商业界或各国政府的支持；二是国际统一私法协会未能协调大陆法系国家与普通法系国家关于商法上概念的根本分歧，如佣金代理人、不公开本人身份的代理、不容否认代理等；三是20世纪60年代人们还没有认识到统一国际贸易法的重要性；四是国际统一私法协会没有及早地推动这两个公约的实施。尽管如此，它们对后来的《国际货物销售代理公约》产生了重大影响。

(二)《国际货物销售代理公约》

由于《代理统一法公约》与《代理合同统一法公约》并没有消除大陆法系与英美法系在代理问题上固有的分歧，

其内容和形式主要带有明显的大陆法痕迹。为解决这一难题,国际统一私法协会自1970年开始,准备起草一项解决国际货物买卖代理合同中的实际问题的新统一法规。1972年又将前述两个公约合并,制定了新的草案文本。此次草案文本,排除了特定类型的代理,仅限于调整国际货物销售中的代理,其目的既规范代理的外部关系,也规范代理的内部关系,同时摒弃了大陆法中直接代理与间接代理的区分。

1981年,国际统一私法协会理事会成立了一个由大陆法、普通法和社会主义法制的三名专家组成的小组,对草案文本进行审查和修改。小组建议删除争议较大的有关代理人与本人关系的内容,仅就代理的外部关系拟定一个统一法规,至于本人与代理人之间的关系留待将来的国际公约规定。协会理事会接受了这一建议,并重新拟定了文本。1983年2月由49个国家的代表在日内瓦召开的外交会议上最终通过了这一文本,称为《国际货物销售代理公约》(也称《日内瓦代理公约》)。依照公约规定,经10个国家核准一年后生效,目前只有法国、意大利、墨西哥、南非和荷兰五个国家批准了该公约,故其尚未生效。

《国际货物销售代理公约》共5章35条,分别是"适用范围与总则""代理权的设定与范围""代理人实施的行为的法律效力""代理权的终止""最后条款"。主要内容如下:

1. 公约的适用范围

《国际货物销售代理公约》中规定的代理是"当某人(代理人)有权或意欲有权代表另一人(本人)与第三人订

立货物销售合同时”的代理(第1条第1款)。这一定义避免了大陆法中直接代理与间接代理的的划分,更多地采纳了英美法上的代理概念。

《国际货物销售代理公约》第1条第2款规定:“本公约不仅调整代理人订立货物销售合同的行为,也调整代理人旨在订约或有关履行该合同的任何行为。”可见,代理的范围没有像大陆法那样只局限于法律行为。

公约所规范的代理只涉及以本人或代理人为一方与第三人为另一方之间的关系(第1条第3款),本人与代理人的内部关系不属调整范围。

公约不区分商事代理与民事代理,但将以下特殊性质的代理排除在国际货物销售代理之外:

(1) 证券交易所、商品交易所或其他交易所之交易商的代理;

(2) 拍卖商的代理;

(3) 家庭法、夫妻财产法或继承法中的法定代理;

(4) 根据法律上的或司法上的授权发生的、代理无行为能力人的代理;

(5) 按照司法或准司法机关的裁决或在上述某一机关直接控制下发生的代理。

2. 代理权的设定与终止

(1) 关于代理权的设定。按照第9、10条的规定,可以明示(口头或书面),也可以默示,并且无需书面形式或书面证明,也不受其他任何形式要求的限制。

(2) 关于代理权的终止。包括根据当事人的行为终止和根据法律的规定终止两种情形。前者包括本人与代理人之间的协议、交易的完成、本人撤回代理权或者代理人放弃代理权。

(3) 关于代理权终止的效力。除非第三人知道或理应知道代理权的终止或造成终止的事实，代理权的终止不影响第三人。代理权虽已终止，但为了保护本人或继承人的利益，代理人仍有权实施必要的代理行为。

3. 代理行为的法律效力

(1) 代理在本人和第三人之间产生约束力。根据第12条的规定，代理人在授权范围内代表本人所为的行为，如果第三人知道或理应知道代理人是以代理人的身份进行的，则代理人的行为直接拘束本人和第三人。该情形同时也包括了英美法上的隐名代理。

(2) 代理在代理人与第三人之间产生拘束力。代理人代表被代理人在其授权范围内订立合同时，第三人不知道并且不应当知道代理人是以被代理人身份实施代理行为，或者代理人承诺该行为只约束自己的(如行纪合同)，那么代理行为只约束代理人和第三人，不能拘束被代理人。

然而，第一，当代理人由于第三人未履行合同债务，或者由于其他原因未履行或无法履行其对被代理人所负的合同债务时，被代理人可以行使代理人代表被代理人而从第三人那里享有的权利，但第三人有权对被代理人行使第三人对代理人的抗辩权，此即被代理人的介入权。第二，当代理人未履行或无法履行其对第三人所负的义务时，第三人可向被代理人行使第三人对代理人享有的权利，但被代理人有权向第三人主张代理人对第三人享有的抗辩权,也有权向第三人主张被代理人对代理人享有的抗辩权,此即第三人的选择权。

4. 无权代理行为

(1) 表见代理。根据第 14 条的规定,当代理人未经授权或超越代理权限与第三人实施法律行为时,该行为对被代理人和第三人没有约束力。但是,如果被代理人的行为导致第三人合理并善意地相信代理人有权代表被代理人时,被代理人不得以代理人缺乏代理权限而对抗第三人。

(2) 无权代理的追认。根据第 15 条的规定,代理人的无权或越权代理行为可由被代理人予以追认。一经追认,该行为的效力与事先获得授权行为的效力相同。

(3) 代理人的代理权限默示保证义务。当代理人未经授权或超越代理权限与第三人实施代理行为时,如果代理人的行为未获被代理人的追认,代理人应当对第三人负损害赔偿之责任,赔偿数额相当于第三人在行为人具有代理权限时所应当享有的债权额。但是,如果第三人知道或者应当知道代理人缺乏代理权限或者超越了代理权限的,代理人不负赔偿责任。

《国际货物销售代理公约》正是顺应了消除国际货物销售代理法律冲突的统一化运动并伴随着《国际货物销售合同公约》的缔结而产生的必然结果。它调和了大陆法和普通法上对本人或代理人与第三人之间的关系所作出的不同规定和分歧,在其范围所及的领域里为国际货物的销售代理提供了一套比较简便、明确且具有一定可行性的规则,这对于协调和促进各国代理法的统一，对于消除国际贸易中的法律障碍，促进国际贸易的发展，无疑具有极为重要的意义。[①] 该公约是目前为止国际社会关于国际代理统一实体法方面最为成功、最为完备的国际公约。

（三）《国际商事合同通则》中关于代理的规定

国际统一私法协会早在1971年就将《国际商事合同通则》（以下简称《通则》）列入工作计划，以便通过非立法的方式统一或协调各国的合同法律制度，但直到1980年才成立了一个特别工作组来准备《通则》的起草。[②] 经过众多国家的合同法和国际贸易法专家、学者和律师的共同努力，《通则》终于在1994年5月完成并获得通过。《通则》旨在为国际商事合同确立一般规则，它可用于解释或补充国际统一法律文件，可作为国内或国际立法的范本。《通则》虽然不是一个国际性公约，不具有强制性，完全由当事人自愿选择适用。但是，由于它尽可能地兼容了不同文化背景和不同法律体系的一些通用的法律原则，同时还总结和吸收了国际商事活动中广为适用的惯例和规则，因而对于指导和规范国际商事活动具有很大的影响力。[③] 1994年版的《通则》并没有规定代理制度，但在10年后，即2004年4月，国际统一私法协会对《通则》进行了修订，增加规定了

① 郑自文：《国际代理法研究》，法律出版社1998年版，第149页。

② 张玉卿主编：《国际私法统一协会UNIDROIT——国际商事合同通则2004》，中国商务出版社2005年版，第47页。

③ 张月姣：《中文译本序言》，载对外贸易经济合作部条约法律司编译：《国际统一私法协会：国际商事合同通则》，法律出版社1996年版，第1页。

代理人的权限。

2004年版的《通则》共10章，分别是“总则”“合同的订立与代理人的权限”“合同的效力、合同的解除”“合同的内容与第三方权利”“履行”“不履行”“抵销”“权利的转让、债务的转移、合同的转让”“时效期间”。其中第2章第2节规定了“代理人的权限”，共10个条文，具体内容如下：

1. 适用范围

《通则》第2.2.1条规定：

（1）《通则》中关于代理的规定只适用于本人与第三人或者代理人与第三人的外部关系，而不涉及本人与代理人之间的内部关系；

（2）《通则》避免采用大陆法系国家直接代理与间接代理的区分，“不论代理人是以自己名义还是以本人的名义行事”都适用《通则》；

（3）《通则》只适用于本人和代理人基于自愿委托产生的代理权限，不适用于法定代理权限或国家机关任命的代理人的权限；

（4）《通则》只适用于有权代表本人缔约的代理人的权限，仅为双方当事人介绍缔约机会的居间人和仅代表本人进行磋商但无权缔约的中介人（如商事代理人）不适用《通则》规定；

（5）法人及其他组织的机构、职员的权限适用特别规定（如公司章程等），《通则》仅在未与特别规定相冲突的情况下才可以得到适用。

2. 代理权的授予及其范围

（1）关于代理权的授予。《通则》没有对授予的形式作任何限制,代理权的授予可以是明示也可以是默示。明示的授权方式包括书面形式(如委托书、电传、信件等)和口头陈述。默示的授权需要根据具体情况或本人的具体行为来确定(第2.2.2条第1款)。

(2)关于代理权的范围。《通则》第2.2.2条第2款规定:"代理人有权根据情况为一切必要行为,以达到此授权的目的。"可见,《通则》尽力扩大代理权的范围,允许代理人为达到授权目的而采取一切必要行为。当然,如果本人在授权时作出某种限制,代理人应当遵守。此外,代理人的行为不得与法律的强制性规定相违背。

3. 代理的类型与效力

根据《通则》第2.2.3条、第2.2.4条的规定,代理分为公开代理和不公开代理。

(1)关于公开代理。"代理人在代理权限范围内行事,且第三人知道或应当知道该代理人是以一名代理人的身份行事的,则代理人的行为应直接影响本人和第三人之间的法律关系,而在代理人与第三人之间不产生任何法律关系。但是,代理人经本人同意成为合同的一方当事人的,代理人的行为应仅影响代理人和第三人之间的关系。"(第2.2.3条)在公开代理的情况下,代理行为只约束本人和第三人,除非经本人的同意,代理人不受其约束。

(2)关于不公开代理。"代理人在代理权限范围内行事,且第三人不知道或不应当知道该代理人是以一名代理人的身份行事的,代理人的行为仅影响代理人和第三人之间的法律关系。但是若该代理人以企业所有人的名义代表企业与第三人签订合同,企业真正的所有人一经披露,第三人有权对企业真正的所有人行使其对代理人享有的权利。”(第2.2.4条)不公开代理,原则上只在代理人与第三人之间产生效力,不仅本人不得介入合同成为当事人,而且第三人也不能选择本人作为合同当事人,除非代理人以企业所有人的名义代表企业与第三人签订合同,而企业真正的所有人一经披露,第三人有权对企业真正的所有人行使其对代理人享有的权利。依此规定,《通则》没有像《国际货物销售代理公约》那样规定代理人的介入权和第三人的选择权。

4. 无权代理

(1) 无权代理行为的追认。根据第2.2.9条规定,代理人没有代理权或超越代理权的行为可由本人追认,经追认的行为如同代理人自始就依代理权行事产生同样的效力。赋予本人追认权是为了保护本人的利益,第三人的利益也需兼顾,因此,如果在代理人行事时,第三方既不知也不应知代理人无权代理,则第三方可在本人追认前,随时通知本人表示拒绝受追认的约束。

(2) 表见代理。代理人没有代理权或超越代理权行事时,其行为不影响委托人和第三方之间的法律关系。但是,当本人造成第三方合理地认为代理人有权代表本人行事,且代理人是在该权限范围内行事时,则本人不得以代理人无代理权为由对抗第三方(第2.2.5条)。这一规定与《国际货物销售代理公约》的规定一致。

(3) 无权代理人的责任。没有代理权或超越代理权行事的代理人，如未经本人追认，则应对第三人承担将其恢复至如同代理人有代理权或未超越代理权行事时第三方应处的同等状况的责任。但是，如果第三方已知或应知代理人没有代理权或超越代理权，则代理人不承担责任（第2.2.6条）。

5. 代理权行使之限制

根据第2.2.7条的规定，如果代理人缔结的合同涉及代理人与本人的利益冲突时，而且第三方已知或应知这一情况，则本人可主张合同无效，除非本人已经同意，或已知或应知代理人涉及利益冲突；或者代理人已经披露与本人的利益冲突，但本人在合理时间内并未提出反对。利益冲突的典型是自己代理与双方代理，这一内容是《国际货物销售代理公约》所没有规定的。

6. 复代理

按照第2.2.8条的规定，代理人有指定复代理人履行那些非合理预期代理人本身履行的行为的默示权力，依此规定，本人在授权时明确允许代理人可以选任复代理人的，应属当然。如果复代理人在其代理权限范围内行事，则直接约束本人与第三人。

7. 代理权的终止

（1）代理权终止对第三人的效力。《通则》第2.2.10条第1款规定："除非第三人知道或应该知道代理权限已经终止，代理权限的终止对第三人不发生效力。"据此，代理权限的终止要想对第三人产生效力，必须是第三人知道或应该知道代理权限已经终止。否则，代理人的行为继续对本人及第三人之间的法律关系产生影响。

(2) 代理权终止对代理人的效力。《通则》第 2.2.10 条第 2 款规定:“尽管代理权终止,但代理人仍有权为防止损害本人利益采取必要的行为。”即代理权限终止后,为了使本人的利益免受损害,代理人仍有权实施一定的行为,此系诚信原则的必然要求。

三、欧盟代理法的一体化

(一)《关于协调成员国间有关代理商法律的指令》

为协调各成员国代理法律制度的差异、推进共同市场的自由竞争,欧共体于 1986 年 12 月 18 日发布 86/653/EEC 号指令,又称为《关于协调成员国间有关代理商法律的指令》(以下简称《指令》),为成员国法律确定了一系列最低的标准,是欧盟(欧共体)层面关于商事代理最主要的法律渊源。《指令》主要采纳了大陆法系民商分立的制度,将商事代理与民事代理严格分开,对商事代理中本人(被代理人)和代理商(商事代理人)之间关系作了集中规定,并且强调了对代理商的保护。

1. 对于“商事代理”的界定

根据《指令》第 1 条第 2 款的规定,代理商是一种“自雇型”中介,它的职责是代表本人的利益持续地与第三方进行交易的磋商、谈判和订立合同等活动。它本身是独立的商事主体，不包括本人内部的工作人员、本人的合伙人以及破产管理人和清算人、商品经纪人、王室代理人。代理商履行其职责的目的是为了获取佣金，那些商业代理组织无偿进行的代理活动不被包括在内。可见，该指令指向的代理商仅是独立的商事主体，其行为只限于在商业基础上的活动。

2. 代理商和本人之间的法律关系

商事代理法律关系应该包括相互联系的三个方面：代理商与本人的关系；代理商与第三人的关系；本人与第三人的关系。《指令》的规定主要是围绕以上的第一个方面展开。根据《指令》第 3 条的规定，代理商的义务主要是在履行其职责的过程中始终维护本人的利益，忠实而勤勉地工作。本人必须做到忠实而诚信，必须提供与货物有关的一切必要文件资料、支付佣金等。本人除了要为代理商提供交易所必备的各种信息外，还要在他预计到交易量明显低于代理商的合理预期时，尽快告知代理商。

3. 代理合同的终止

代理合同可因当事人的行为以及法律的规定而终止，合同期限的届满、双方的合意、一方的破产或死亡均可以导致合同终止。《指令》关于合同终止问题的规定主要集中在一方当事人单方面终止合同（尤其是本人终止合同）的条件以及合同终止后对于代理商的保护。按照《指令》第 17 条的规定，合同终止后，在一定情形下，代理商有权获得佣金、补偿或损失赔偿：

（1）针对合同期间的交易以及合同结束后可归因于代理商的交易，本人仍应向代理商支付佣金。

(2) 如果代理商在合同存续期间为本人争取到新的客户或使业务量显著提高,本人在合同结束后仍持续从中获得利益,代理商有权获得补偿。因为合同的结束使得代理商无权获得佣金,而本人却从中受益,基于公平合理的考虑,代理商应该获得补偿,这其实是代理商获得佣金权利的一种延伸。①

(3) 如果代理商因合同的终止而遭受损失,代理商有获得赔偿的权利。代理商对于佣金或补偿的请求不影响他获得赔偿的权利。

4. 《指令》的效力

根据《欧共体条约》第 189 条的规定,"指令在其所要达到的目标上对所发至的特定成员国具有约束力,但成员国有权自主选择实现目标所采用的方式"。《指令》是向全体成员国发出的,各成员国有义务在到目前为止规定的期限内通过一定的法律程序将其转化为国内法。到目前为止,各成员国都已按照《指令》的要求修改了国内法,体现了一定的趋同性。

(二)《欧洲合同法原则》中关于代理的规定

在"单一市场"构建的需求和欧盟的倡导下,《欧盟合同法原则》(Principles of European Contract Law)的第一部分于 1997 年颁布,包括合同的履行(performance)、不履行与救济(non-performance and remedies)。在此基础上,1999 年

① 于丹:《欧洲商事代理法律制度评介》,载《商场现代化》2005 年第 1 期。

同时颁布了《欧盟合同法原则》的第一和第二部分,涵盖了合同法一般规定、成立、代理人的权限、合同有效性、合同解释、合同内容、合同的履行、不履行和救济。2002 年颁布的《欧盟合同法原则》第三部分,包括多方当事人、债权转让、债务承担和合同转让、抵销、时效、不法、条件及复利等内容。

《欧盟合同法原则》是由以丹麦学者兰德(Lando)为首的"欧盟合同法原则委员会"(The Commission of European Contract Law)起草完成,旨在重述欧盟各成员国间合同法的最普遍原则以促进欧盟合同法的统一发展,同时也为今后欧盟民法典的起草奠定基础。《欧盟合同法原则》是各成员国合同法最普遍规则的"重述",为境内跨国交易减少了法律上的障碍,在一定程度上促进"单一市场"经济的发展,为今后私法领域的进一步统一奠定了基础。《欧洲合同法原则》共计 17 章,其中第 3 章为"代理人的权限",下分三节,分别是一般规定、直接代理、间接代理。从标题即可看出,这部分规定主要是借鉴了大陆法系国家的代理制度。

1. 适用范围

第 3 章规定只适用于委托代理,法定代理或指定代理不受本章的约束。由于前述《关于协调成员国间有关代理商法律的指令》主要解决了代理的内部关系,即本人与代理人之间的关系,所以第 3 章的规定主要就外部关系即委托人或代理人与第三人之间的关系作出了规定,同时将代理区分为直接代理与间接代理。

2. 直接代理

代理人在授权范围内以被代理人的名义实施的代理行

为,其后果由被代理人直接承受,此即直接代理(第3:202条[1])。

(1)关于代理权的产生。代理权可以由委托人实际授权(明示或默示),也可以是表面的授权,即如果委托人的言语或行为导致第三人合理且善意地相信代理人已被授权从事所进行的行为,则视为委托人已经授权。

(2)关于代理权的行使。代理人在行使代理权时,不得实施与委托人利益相冲突的行为——自己代理和双方代理。代理人具有默示的授权来任命复代理人,以完成不具有人身专属性的并且不能合理地期待代理人亲自完成的任务。

(3)关于第三人对确认授权的请求权。根据第3:208条的规定,在委托人的言语或行为使第三人有理由相信由代理人从事的行为是经过授权的场合,但第三人仍怀疑该授权,它可以向委托人发出一份书面的确认书要求其确认。如果委托人没有表示反对或不曾迟延地回答,则代理人的行为被视为已经授权。

此外,本章还规定了无权代理的追认及其法律后果、代理权的存续等。

3. 间接代理

中间人(即代理人)基于委托人的指令和为了委托人的利益,但并非以委托人的名义,或者基于委托人的指令,但第三人对此并不知道而且没有理由知道,该合同在中间人

① 条文引自《欧洲合同法原则》,韩世远译,载梁慧星主编:《民商法论丛》(第12卷),法律出版社1999年版,第831—866页。

与该第三人之间产生拘束力，此即间接代理。但是，第3章关于间接代理的规定，虽然在形式上承继了大陆法上的行纪传统，但又巧妙地吸收了英美法上不公开本人身份的代理中的合理内核，即如果中间人沦为破产，或者对委托人构成根本违约、预期违约时，委托人可以行使中间人为委托人的利益而对第三人取得的权利，但应承受第三人可得对中间人提出的抗辩。基于同样的理由，第三人也可对委托人行使该第三人对该中间人拥有的权利，但应承受中间人可得对第三人提出的抗辩以及委托人可得对中间人提出的抗辩。

可以说，《欧洲合同法原则》第3章关于代理的规定，是大陆法系代理法与英美代理法的有机融合。例如，第3章虽然名为"代理人"的权限，但在关于间接代理的规定中使用了"中间人"的概念，其目的在于有意模糊大陆法与英美法在代理概念上的分歧，从而扩大了大陆法上代理的适用范围。又如，在间接代理中有限度地吸收了英美法中本人身份不公开的代理中的做法，使得大陆法上间接代理的僵硬性得到了缓和。

（三）《欧洲民法典》（草案）中关于代理的规定

1989年欧盟议会（European Parliament）第一次提出了构建"欧盟民法典"的设想，1999年欧盟理事会（European Council）进一步倡导对各成员国民事立法进行研究和协调，以消除多样性法律给欧盟货物流通带来的阻碍。2003年2月，欧盟委员会通过"行动方案"（Action Plan），第一次提出了构建一套《共同参照框架》(Common Frame of Reference)的计划;2004年10月欧盟委员会通过"随后通讯"(Follow-up Communication)的形式再次确认了"行动方案"中所提出的设想与计划,并明确表示将于2009年完成《共同参照框架》的准备工作。

欧盟"单一市场"构建的需求客观上加快了"欧盟民法典"的制定步伐,尤其是《欧盟合同法原则》的颁布,为"欧洲民法典"的最后形成奠定了法律基础。2007年12月28日,《欧盟私法的原则、定义和示范规则:共同参照框架草案的暂时性版本》[Principles, Definitions and Model Rules of European Private Law: Draft Common Frame of Reference (DCFR) Interim Outline Edition]被提交至欧盟。但提交的版本并非全部草案内容,仅为"暂时性版本"(interim outline edition),学者直接将其称为"民法典草案"(Drafted Civil Code)。全部草案共分为十篇,其中包括合同法、侵权法、不当得利与物权法等内容。最后三编"物权法"(Property Law)和第四编"有名合同"(Specific Contracts)的其余部分于2008年底提交至欧盟,2007年底提交的仅为前七编内容。①

《欧洲民法典》(草案)中有关代理问题的规定分为两个部分:一是第二编"合同及其他法律行为"中的第六章"代理",二是第四编"有名合同及其权利与义务"中的D分编"委托"和E分编"商业代理、特许经营及经销"。前者是

① 傅俊伟:《欧盟民法典草案之述评》,载梁慧星主编:《民商法论丛》(第43卷),法律出版社2009年版,第447—500页。

代理的一般规定，主要涉及代理的外部关系，后者则是关于代理内部关系的规定。

1. 关于代理的一般规定

（1）代理权的范围。根据第6:104条[①]的规定，代理权限的范围一般由授权意思决定。授权意思表示不明时，为了实现授权目的，代理人有权从事所有必要的附带行为。代理人在特定情形下有权选任复代理人，该情形是“不能合理地期待代理人亲自完成代理行为的”。

（2）代理权的消灭与限制。根据第6:112条的规定，如果授权消灭的，为保护本人或继承人的利益，代理人仍得在合理的时间内为必要的代理行为；如果代理权消灭与限制的，为保护第三人的利益，在第三人知道或应当知道有关代理权消灭或受到限制的事实之前，代理权对第三人继续有效。即使在第三人已经知道或应当知道有关代理权消灭或受到限制的事实，但本人对第三人负有不使代理权消灭或受到限制的义务的，该代理权对第三人仍然有效。

（3）自己代理与双方代理。代理行为如果存在利益冲突（即自己代理或双方代理）时，在第三人知道或应当知道代理人所为的行为存在利益冲突时，本人可以主张该行为无效。但下列情形例外：一是代理人的行为事先得到了本人的同意，或者双方事先在委托合同中约定可以实施的；二是代理人已经向本人披露了利益冲突但本人未在合理时间

① 条文引自《欧洲私法：原则、定义和示范规则》，唐超、邹双卫等译，载梁慧星主编：《民商法论丛》（第43卷），法律出版社2009年版，第501—713页。

内表示反对；三是本人通过其他途径知道或者应当知道代理行为存在利益冲突但未在合理时间内表示反对。

（4）复代理。根据D分编“委托”第3:302条的规定，代理人可以不经本人的同意，将委托合同中的义务转委托他人，除非委托合同规定代理人应亲自履行。但是，按照第3编第2:106条的规定，债务人委托他人履行债务的，仍应对履行负责。依此类推，代理人应以自己的责任对复代理人的行为向本人负责。

（5）代理的效力。根据第6:105条、第6:106条的规定，代理人在代理权限内、以本人名义或以向第三人表明影响本人法律地位的意思的方式实施的代理行为，影响本人对第三人的法律地位，其效果如同是本人亲自作出的一样。代理人尽管有代理权限，但却以自己的名义或以未向第三人表明其影响本人法律地位的意思的其他方式作出行为的，则该行为不影响本人对第三人的法律地位，而是影响代理人对第三人的法律地位。可见，依据上述规定，欧洲民法典不承认本人身份不公开的代理，这与《欧洲合同法原则》的规定相反。

（6）无权代理与表见代理。无代理权限但以本人名义或者向第三人表明影响本人法律地位的意思的其他方式行为的，该行为不影响本人的法律地位（第6:107条第1款）。但本人可以追认该行为，一经追认，即被视为有权代理且不影响其他人的权利。第三人知道该行为是无权代理的，得以通知形式为本人确定合理的追认期间，未在该期间内追认的，不得再为追认（第6:111条）。如果不能得到本人的追认，无权代理人应赔偿第三人因此所遭受的损害，以使第三人处于如同行为人有权代理时的状况。但是，第三人知道或应当知道行为人无代理权限的除外（第 6:107 条第 2 款、第 3 款）。

《欧洲民法典》（草案）在第 6:103 条规定了表见代理，即“某人使第三人合理且善意地相信其已授权代理人从事特定行为的，则被视为已对表见代理人作如是授权的本人”。

（7）越权代理。根据 D 分编“委托”第 3:201 条、第 3:202 条的规定，代理人为了本人的利益，在特定情形下，超越代理权限实施的行为，也能产生代理的法律效力，也即该行为视为有授权的行为。这些特定的情形是：

第一，代理人实施该行为有合理的理由；

第二，在特殊情况下，代理人没有合理机会了解本人的意思；

第三，代理人不知道并且不能合理地被期待知道该行为在特殊情形下违背本人的意思。

当然，除上述情形外，代理人的越权行为应属于无权代理，除非本人追认，否则不对本人产生约束力。

2. 关于商业代理

（1）适用范围。根据第 3:101 条的规定，一方当事人（商业代理人）同意以独立中介人的身份，在一个持续的基础上为另一方当事人（委托人）谈判或订立合同，委托人同意为商业代理人的活动支付报酬的合同，适用本章的规定。依此规定，本章只对商业代理的内部关系予以调整，不涉及外部关系。

（2）商业代理人的义务。商业代理人应当尽合理努力，并遵循委托人的指示，为委托人谈判缔约，同时在履行期间向委托人提供与合同有关的信息。商业代理人应当就为委托人谈判或订立的合同保存适当的账目，并允许独立会计师在一定情形下查阅账目。

（3）委托人的义务：

第一，支付佣金的义务。委托人支付佣金的一般条件是，所订立的合同是代理人努力的结果，并且该合同已由委托人履行或应当履行的，也或者第三人已经履行或正当地中止其履行的。如果与客户订立的合同是代理人在代理期间内努力的结果，而且该合同是在代理合同终止后合理期限内订立的，委托人仍应当向代理人支付佣金。

第二，提供信息与警示的义务。委托人应当及时向代理人提供订立或履行合同的相关信息与通知，如果预见或应当预见自己有能力订立或履行的合同规模将显著低于商业代理人能够正常期待的合同规模时，应当在合理期限内向代理人发出警示。委托人还应当提供代理人有权获得佣金的陈述，以及反映代理人佣金情况的委托人账簿的摘录。

第三，保存账目的义务。委托人应当就商业代理人谈判或订立的合同保存适当的账目，并允许独立会计师查阅。

第四，商誉补偿义务。根据第3:312条和第2:305条的规定，合同终止后，委托人因代理人的原因增大了营业规模并且继续从该营业中获得了实质性收益时，应当向代理人进行商誉补偿，补偿数额为最近12个月应得的佣金平均数乘以委托人可能继续从上述合同中获益的年份。

第五,支付保付佣金的义务。如果商业代理人以书面形式保证,其他谈判或订立的合同的客户会支付作为该合同标的的货物或服务之价款,当保证义务履行后,委托人应向代理人支付保付佣金(第3:313条)。

四、我国代理法律制度存在的问题与完善路径

(一)我国代理法律制度存在的问题

1. 现行代理法的体系松散、零乱

我国现行代理法的立法体系,虽然已初具雏形,但由于这些法律是在我国的经济体制变革过程中制定的,因而在整体上呈现出松散、零乱和不统一的现象,没有形成一个完整、严谨和科学的体系。

《民法通则》中有关代理的规定,是我国代理制度的基本法律,但由于该法是在我国由计划经济向市场经济的过渡初期完成的,因而对于反映市场经济基本规律的代理现象并没有全部认识到位,结果导致有关代理制度的规定存在许多缺漏。

20世纪90年代以来,随着我国市场经济体制的确立,原来《民法通则》中代理制度的缺陷越来越明显,难以适应市场经济的发展要求,因而1999年制定并颁布的《合同法》再次对代理制度进行了规定。这样一来,同是代理制度的基本规

定,却分别体现在两部法律当中。例如,关于无权代理,在《民法通则》的第66条和《合同法》的第48条均有规定。又如,关于表见代理,在《民法通则》的第66条和《合同法》的第49条均有规定。此外,即使在《合同法》内部,有关代理的事项,既有总则上的规定,也有分则上的规定,显得极为分散与零乱,尤其是将部分代理制度规定于第21章"委托合同"之中,更是不伦不类。除了《民法通则》《合同法》外,还有大量的行政性法律、法规规定了一些特别代理,如《拍卖法》《证券法》《期货交易管理条例》等。这样的立法体系,不仅浪费了立法资源,而且也为代理法律的司法实践带来适用上的麻烦。

2. 部分规定过于抽象、缺乏可操作性

我国一直以来在立法上奉行所谓"立法宜粗不宜细"的指导思想,结果导致有关代理的立法原则性规定居多,以至于过于抽象,不具有可操作性。例如,关于本人对无权代理行为的追认,虽然在《民法通则》与《合同法》都作了规定,但是追认应当采取何种形式、追认是否可以附条件或附期限、单方法律行为可否追认、是否允许只追认无权代理行为的一部分、涉及代理关系之外的第三人利益时能否追认以及隐名被代理人是否享有追认权等,均无具体规定。《民法通则》第64条虽然规定了委托代理权,但是,委托代理权如何产生、授权意思表示有瑕疵产生何种效果、委托代理权的撤回是否允许、基础法律关系消灭时代理权是否仍然存在、代理权消灭后授权委托书是否应收回等问题,也没有明确规定。

3. 有些规定不合理

例如,我国《民法通则》第65条第3款规定:"委托书授权不明的，被代理人应当向第三人承担民事责任，代理人负连带责任。”这一规定不合理，因为授权不明情况下，需要通过对授权意思表示的解释来确定代理人是否获得了授权，解释结论无非有两种结果：一是没有授予代理权的意思，此时属于无权代理；二是具有授予代理权的意思，此时属于有权代理。在后一种情形不发生上述责任问题，而在前一种情形下，如果无权代理符合表见代理的构成要件时，代理人对第三人无任何责任。如果无权代理没有经过被代理人的追认，并且也不符合表见代理的要件时，才可能会发生第三人的责任，即使这样也不是连带责任。《合同法》第 49 条规定：“行为人没有代理权、超越代理权或者代理权终止后以被代理人名义订立合同，相对人有理由相信行为人有代理权的，该代理行为有效。”这是表见代理的规定，但存在问题。因为表见代理制度虽然是为了保护第三人的利益而设置的，但对第三人利益的保护并不是无条件的，只有在被代理人的行为引发了外表授权的假象时，才能由被代理人向善意第三人承担表见代理责任，否则将是不公平的。

4. 有的规定相互矛盾，甚至发生冲突

我国《民法通则》第 66 条规定：本人知道他人以本人名义实施民事行为而不作否认表示的，视为同意。但是，《合同法》第 48 条第 2 款规定：相对人可以催告被代理人在一个月内予以追认。被代理人未作表示的，视为拒绝追认。同样都是针对被代理人对无权代理行为的“沉默”，但前者视为“同意”，后者却视为“拒绝”，二者发生矛盾。

《合同法》第 21 章“委托合同”中第 403 条规定了英美法

上的不公开本人身份的代理，依此规定未公开身份的被代理人在一定的条件下可以直接行使介入权向第三人主张合同上的权利，第三人也可以在一定的条件下向身份被披露的被代理人主张合同上的权利。这与第 22 章规定的行纪合同的二元结构原理是格格不入的，但是第 22 章第 423 条却规定："本章没有规定的，适用委托合同的有关规定。"按照这一规定，行纪合同似乎也可以适用第 403 条的规定，由委托人行使介入权或由第三人行使选择权。显然这是不能被允许的，但立法却作了这一不合理的规定。

此外，中国现行立法体制受行政体制的制约，除《宪法》《民法通则》等由全国人大常委会的法制工作委员会组织起草外，多数法律、法规均由国务院所属部委负责起草。负责起草的部委往往不可能从全局考虑，而是较多地考虑本部门、本系统的利益。这就难免导致法律法规的互不协调、相互抵触的现象。

（二）我国代理法律制度的完善路径

（1）顺应经济全球化发展的要求，力求使我国的代理制度与国际代理立法相统一。代理制度是市场经济基本的交易规则，诞生于市场经济、服务于市场经济，并随着市场经济的发展而发展。经济全球化的过程，从法律的角度上看，就是市场交易规则的统一化过程，哪一个地区或哪一个国家的法律如果不愿意将自己的规则统一于这一整体规制中，一方面阻挡了他国与本国的交易，另一方面也为自己加入全球大市场设置了法律上的障碍，从而将自己排除在这一市场体系之外。代理制度不仅在国内交易中具有重要的桥梁作用，而且更重要的是在国际贸易中起着举足轻重的作用。因此，我国代理法律制度的完善，应当顺应经济全球化发展的要求，力求与国际通行的代理法律制度保持一致。

目前，一些国际组织或区域组织为了适应市场经济全球化的发展要求，为消除各国代理法中的差异，建立统一的代理法律制度，作出了许多努力，并形成了对各国代理法有较大影响的国际公约或区域性立法，如前文已经提到的《国际货物销售代理公约》《国际商事合同通则》《国际货物运输代理人代理合同公约》《欧洲合同法原则》等。这些立法都是在经济全球化背景下，总结各国代理法的成功经验基础上形成的，是人类智慧的结晶，是两大法系代理法律制度的精华，值得我们认真借鉴与吸收。唯有如此，才能使我国的代理法律制度更加先进、更加现代化，同时也更能促进我国市场经济健康有序地发展。

（2）既要大胆地借鉴和吸收国外以及国际代理立法中行之有效的制度和规则，同时又要妥善处理好法律移植与法律本土化的关系。任何被移植来的西方法律制度，只有扎入中国的文化土壤，得以积淀下来，进而成为本民族法文化的一部分，才是成功的移植。因为任何一个国家或民族的法律文化及其法律制度都是与其特定的生产方式相适应的，都要受到其经济、文化、思想发展水平以及民族习惯、地理环境、人口状况、历史传统、宗教信仰、道德规范等因素的影响和制约的。因此，它必然反映和体现出一个民族的文化特质和精神面貌，并成为其法律文化及其法律制度存在与发展的根本。如果在法律移植过程中，忽略一个国家或民族的具体环境和条件以及其经济、文化、传统及其发展规律对法律的需求，盲目全盘接受外域法律文化及其法律制度，这种移植就是失败的。只有被移植的法律制度与移植国的社会发展需求及其相关制度存在一定的适配性，制度与运行环境相适应，才能发挥其作用，促进经济的增长。

有美国法学学者曾指出："要设法牢记，法律是民族的历史、文化、社会价值观念和一般意识与认识的集中表现。没有两个国家的法律体系是确切地相同的。法律是文化表现的一种形式，如果没有经过某种"本土化"过程，一种文化是不可能轻易地移植到另一种文化里面的。"①

所以，法律移植必须以本国的社会需要为标准，做好移植法律本土化工作，使之与本国的法律文化相吻合。

我国自改革开放以来，适应市场经济发展的需要，在许多法律、法规中移植了大量国外的法律，有的是法律的整体移植，也有的是具体制度的移植，有的移植是成功的，也有的移植是失败的或者至少是有待于进一步研究的。所以，我国在健全和完善代理法律制度的过程中，要认真总结过去成功的经验和失败的教训，系统梳理各国代理法律制度的源与流，深刻分析本国代理制度的利与弊，既要充分借鉴和吸收西方发达国家成功的经验和制度，又要格外注重将被移植的法律"本土化"，使之在我国生根发芽、茁壮成长，最后开花结果。否则，将会出现"桔生淮南则为桔，生于淮北则为枳"的

---

① 〔美〕M. A. 格伦顿等：《比较法律传统序论》，载《法学译丛》1987 年第 2 期。

后果。

(3)代理法律制度的立法应坚持民商合一。我国目前已经完成了《合同法》《物权法》《侵权责任法》以及《婚姻法》《继承法》《收养法》等立法工作,下一步就是要编撰统一的民法典。党的十八届四中全会《决定》明确指出,要“加强市场法律制度建设,编纂民法典”,这为民法典的出台提供了契机。在未来的民法典中如何规定代理法律制度,首先遇到的问题是要不要区分民事代理与商事代理而分别规定,而这一问题的解决则取决于民法典的编撰是要坚持民商合一还是民商分立。

本书认为,未来民法典应坚持民商合一的原则,主要原因在于:

第一,法的每一领域都有它自身的精神实质和基本特征,而近代民法与商法的分立,并非出于科学的构思和理性的认识,实际上是特殊历史的产物。自瑞士第一个采取民商合一的立法体制后,世界上先后有意大利、俄罗斯等国家纷纷采用民商合一体制,尤其是土耳其将民商合一的瑞士民法全面接受,把民商合一立法例推向了高潮,民商合一已成为当代法律发展的趋势。

第二,在现代社会,商人这一特殊阶层已经不存在了,甚至商行为亦失去了特殊性。过去某些为商人所利用的制度,现在已经普及到社会生活的各个方面,为全社会所利用。所以,即使在民商分立的国家,也很难确立民事行为与商事行为的严格界线。

第三,由于民商分立在区分标准上不严谨,民商法之间内容多有重复、甚至相互矛盾，造成法律适用上的困难也日趋明显，同时，也使民事法院和商事法院在司法管辖上经常发生争议，这不符合国际经贸关系发展所提出的规则统一化要求。基于同样的理由，未来民法典中没有必要区分民事代理与商事代理而分别规定，应当将代理的一般制度规定于民法总则，个别特殊规则可以在商事特别法中另外规定。

（4）代理法律制度的构建应以大陆法为体、英美法为用。大陆法系的代理法与英美法系的代理法，无论从立法精神上，立法体例上，还是具体制度的设置上，都具有相当大的差别。从总体上看，由于大陆法的成文法传统导致其代理制度特别注重概念的演绎和逻辑的推导，束缚了代理制度的发展。相反，英美代理法注重经验和实际运用，而且英美法官及其法律职业家“习惯于具体地而不是抽象地观察事物，相信的是经验而不是抽象概念；宁可在经验的基础上按照每个案件中似乎正义所要求的从一个案件到下一个案件谨慎地进行，而不是事事回头求助假设的一般概念；不指望从被一般公式化了的命题中演绎出面前案件的判决”[①]，这种思维习惯导致在其所形成的代理法中，虽不可能形成抽象的概念、严密的逻辑和严谨的体系，但其具体制度的设计却非常灵活，显现出极强的实用性。英美代理法产生数百年来，随着市场经济的发展而发展，不仅在英美法系国家成长为私法体系中的重要支柱之一，而且在世界范围内获得了推广。不仅大陆法系国家纷纷借鉴英美代理法的先进理论和制度，而且

① 〔英〕施米托夫：《国际贸易法文选》，赵秀文译，中国大百科全书出版社 1993 年版，第 365—459 页。

一些国际代理公约也导入了英美代理法的合理成份。

我国是大陆法传统的国家,代理立法受大陆法系民法的影响较大。例如,就立法体系而言,《民法通则》把代理与民事法律行为共同置于总则中的第4章予以规定,这与《日本民法典》和《德国民法典》的立法风格一脉相承。《日本民法典》在总则中的第4章规定了"法律行为","代理"乃为该章的第3节。《德国民法典》也在总则中的第3章"法律行为"中设专节规定了"代理和代理权"。这一立法体例,具有高度的概括性与严密的逻辑性,应当予以坚持。但在具体制度的设置上,应当大胆借鉴英美法中灵活而适用的制度,以使我国的代理制度能够顺应时代的变化,不断创新。总之,我国代理法律制度的构建应以大陆法为体、英美法为用。

附录

1889 年英国代理商法案[①]

（用以修订及合并代理商法案）

（1889 年 8 月 26 日）

序　　言

1. 定义

就本法案而言：

（1）“代理商”意指在通常的商事经营活动中，有权代理销售货物，或以销售为目的的交付货物，或购买货物，或以货物抵押的方式筹集资金的商业代理商。

代理商的定义适用于购买货物以及以销售为目的的交付货物的情形。

代理商的分类一般包括拍卖人、经纪人、保理商、代售人、货物管理人、船舶经理人、船长、合伙人等。

被委任在她家中托管家具的人，不属于本法案规定的代理商。

---

① 《1889 年英国代理商法案》，司伟伟译，汪渊智、刘春梅校。

如果酒商的雇员被授权签署交货单，并据此占有了属于雇主的码头收货单，该雇员不是本法案所称的代理商。

本法案适用于以“剩货保退”方式交付予零售商的货物。

如果一个仓库管理人同时又是经纪人的，不得在他作为经纪人的能力范围内，抵押交由他收仓保管的货物。

关于代理人和代理商的刑事欺诈，见《盗窃法案》。

（2）如果货物或者货物所有权凭证在某一当事人的实际掌控下，或者由受雇于这一当事人或代理此当事人的其他人持有时，此人即被认为是占有货物或货物的所有权凭证。

特别指出此定义中的“当事人”一词。它涵盖了第2条到第7条规定的“代理商对货物的处分”，以及第8条到第10条规定的“货物的卖方或买方的处分”。

（3）“货物”一词包括库存商品和待售商品。

因为“货物”一词包括了库存商品和待售商品，因此，在《欺诈法》第16条中，依据这一意思作出的所有结论都将是一致的。

（4）“所有权凭证”一词包括提货单，码头收货单，仓单，交付货物的凭证或订单，以及其他在日常商事活动中用于证明对货物享有占有或控制权，或者以背书或者交付的方式，并由此表明授权或口头授权对货物交易或接收的凭证的占有。

该定义中包括了仓单,1825 年法案中对此有规定,1842 年法案中删除了此规定,并且不承认仓单为所有权凭证。[Gunn v. Bolckow, Vaughan & Co. (1875), 10 Ch. App. 491.]

用以代替交货单的现金收据不得作为所有权的凭证。[Kemp v. Palk (1882), 7 App. Cas. 573.]

在日常商事活动中,所有权凭证作为对货物占有、控制或授予该凭证持有人转移、接收货物的证据,不要求有类似于卖契所需的注册。[《卖契法案》,1878 年 (c. 31), s. D, Vol. 2, title BILLS of SALE.]

(5)"抵押"一词包括任何的质押合同,或者设立货物留置权或担保,而不论是否考虑到一项原始贷款,或者任何追加贷款或持续性贷款,或者任何金钱法律责任。

这一定义的表达方式非常宽泛,可能是为了在考虑以货物或其权利证明作抵押时,也可以包括抵押借款,以及类似于颁发以汇票方式管理的信用证的情形。(Chalmers' Sale of Goods, 10th Edn., p. 164; and see English and Empire Digest, Vol. 1, p. 435, Nos. 493—494.)

(6)"当事人"一词包括一切法人或非法人团体。

代理商对货物的处分

2. 代理商的货物处分权

(1) 如果代理商经过所有权人的同意持有货物或货物所有权凭证的，代理商按照通常的商事习惯对货物进行销售、抵押或为其他处分时，受本法案约束，并且代理商的行为与经过货物所有权人特别授权后所实施的相同行为具有同等效力。但是在这种情况下，对方当事人必须是善意的，并且此时没有收到能够说明作出处分行为的人无处分权的通知。

如果代理人是在使用非法手段的情况下取得对货物的占有的，此时不认为代理人对货物的占有经过了所有权人的同意。

本法案不包括仅受雇以获取订单但无权进行销售的代理人。

代理商所作的抵押必须属于代理商的正常业务范围内，换句话说，就如同应当在代理商的委托人授权范围内实施交易。

本法案所称的"处分"，不包括向拍卖人交付用以拍卖的行为。

不要求必须有正式通知，但仅仅怀疑是不够的。

对共同购买人之一通知的，视为对所有购买人的通知。

这种情况下，对主观善意以及注意义务缺失的证明义务,由实施处分权的当事人承担。

(2) 商事代理人经货物所有权人的同意后,占有货物或者货物所有权的凭证的,商事代理人作出的销售、抵押或任何其他处分行为,在所有权人继续同意的情况下,将一直有效;如果所有权人终止了上述同意,但对方当事人没有注意到所有权人已经终止同意的,商事代理人的处分行为将继续有效。

对于同意终止后,销售行为的效力,见 Moody v. Pall Mall Deposit Co. (1917), 33 T. L. R. 306.

对于授权抵押,见 English and Empire Digest, Vol. 1, pp. 330—340.

本款内容首次规定于 1877 年法案,以取代 Fuentes v. Montis (1868), L. R. 4 C. P. 93, Ex. Ch. 一案中的规定。上述文件中规定,如果代理商权被撤销,代理商就被认为是未受到法案中所称的对货物处理的委托。

(3) 如果代理商经过所有权人同意,已经占有或曾经占有货物或货物所有权凭证,并据此原因,获得了其他货物所有权凭证,就本法案而言,代理商对上述其他货物所有权凭证的占有,视为经过了所有权人的同意。

本款内容首次规定于 1842 年法案中,用以修订 Hatfield v. Phillips (1845), 12 Cl. & Fin. 343 一案中的规定。按照这一文件的规定,为出售货物的目的持有提货单的当事人可以取得仓单,但受委托持有提货单的当事人,不同于仓单持有人。

(4) 就本法案而言,在没有相反证据证明时,将推定为所有权人作出了同意。

3. 以所有权凭证作抵押的效力

以货物的所有权凭证作抵押的,视为是以货物本身作抵押。

本条规定受"代理商的处分"这一节约束,它涵盖了 ss. 2-7 (Ingles' v. Robertson & Baxter, [1898] A. C. 616)(非代理商的所有权凭证抵押)。见 Preliminary Note, p. 36, ante.

4. 对先前之债的抵押

代理商为抵押人设立的抵押,是为担保在抵押设立前,抵押人对抵押权人所负的债务或赔偿义务的,抵押权人对货物享有的权利,仅限于抵押人在设立抵押时赋予的范围。

本条对过去的、现在的和将来的对价进行了区分。

用于替换先前设立的其他抵押物的抵押,以及对追加垫款所做的抵押,受本法案的保护。[Sheppard v. Union Bank of London(1862), 7 H. & N. 661.]

如果抵押货物是为了获取一项借款,并且该借款仅仅用于偿还一项旧的借款的,不受本法案的保护。[Learoyd v. Robinson (1844), 12 M. & W. 745; Phillips v. Huth (1840), 10 L. J. Ex. 65.]

5. 以货物或所有权凭证交易时所需的权利

按照本法案的规定,货物的销售、抵押或其他处分的生效所需对价,可以是现金支付,也可以是其他货物、所有权凭证、可流转的抵押品或任何其他的有价证券或其它任何有价值的对价的交付或转让。但是,如果代理商因考虑对其他货物或货物所有权凭证或有价证券的交付或转让,而将货物设定抵押的,抵押权人对超过货物、所有权凭证或在进行交易或转让时所作担保的价值,不享有权利或利益。

本条以“垫款”“有价值之对价”作替代用语,在很大程度上扩展了1842年法案的适用范围。它保护善意的商品交易和货物担保。关于1842年法案修订的内容参见 Taylor v. Kymer (1832), 3 B. & Ad. 320, and in Phillips v. Huth (1840), 6 M. & W. 572.

6. 与职员等达成的协议

就本法案而言,在通常的商事活动中,以代理商的利益为目的,通过职员或其他经授权的人订立的销售合同或担保合同的,该合同视为与代理商所订立的。

7. 适用于寄售人和代售人的条款

(1) 如果货物所有权人已经将货物交付给第三人用于寄售或销售,或者以第三人名义将货物装船发运,且货物代售人未注意到此第三人不是货物的所有权人的,在向此第三人支付预付款时,代售人对货物享有与第三人作为货物所有权人时同等的留置权,并可以将该留置权转让于他人。

(2) 代理商作出的任何销售、担保或处分行为,不受本款规定的限制或影响。

本条仅适用于货物,并且代售人未注意到寄售人不为所有权人的情形;不适用于货物的所有权凭证。

第2款表明，该款意在扩大第2条规定的代理商的权限。

货物出售人和购买人的处分行为

8. 出售人保留占有权的处分

如果出售人出售货物后，继续占有该货物或货物的所有权凭证的，在任何关于销售、担保或其他处分行为，或者任何关于销售、担保或其他处分行为的协议中，该出售人或其代理商与第三人进行货物或货物所有权凭证的处分或交易，并且第三人善意且未注意到先前的出售行为时，上述处分或交易，与经货物所有权人明示授权后所作的处分或交易有同等效力。

1893年《货物销售法案》第25条(1)中对本条重新作了规定，其中删除了“任何关于销售、担保或其他处分行为的协议”。

出售人对货物保留占有权并且之后又以欺诈第一购买人的方式对货物进行交易的情形，首次规定于1877年的法案中，并且修改了 Johnson v. Credit Lyonnais Co. (1877), 3 C. P. D. 32 一案中的规定。现行法案扩充了先前法案中关于货物及所有权凭证的规则。

关于“未支付之出售人”的一物再卖，见1893年《货物销售法案》第48条。

如果已将货物向仓库管理人作抵押的，就不存在上述“处分或交易”的情形。

9. 购买人取得占有后的处分

如果已经购买或同意购买货物的购买人，在经过出售人的同意后取得货物或货物所有权凭证的占有，在任何关于销售、担保或其他处分行为，或者任何关于销售、担保或其他处分行为的协议中，该购买人或其代理商与第三人进行货物或货物所有权凭证的处分或交易，并且第三人善意且未注意到任何留置权或第一出售人对货物享有的其他权利时，上述处分或交易，与经货物所有权人同意后占有货物的代理商所作的处分或交易有同等效力。

1893 年《货物销售法案》第 25 条(2)中对本条重新作了规定，其中删除了“任何关于销售、担保或其他处分行为的协议”。

如果租购合同中约定“选择购买”，但没有约定强制购买的，该合同中的租借人不属于本条“同意购买货物”的情形。

10. 存在出卖人的留置权或中途停运权时，所有权凭证移转的效力

如果货物的所有权凭证合法移转至买受人或货物所有权人，后又经买受人或货物所有权人将其移转至第三人，并且第三人善意且支付有效对价的，后发生的转移对出卖人的留置权或中途停运权的对抗，与提货单对中途停运权的对抗有同等效力。

1893 年《货物销售法案》第 47 条的附带条款中对

本条作了重新规定。

本条适用于第1条(4)中涉及的一切所有权凭证。

不存在注意缺失的要件,同时,未支付价金并不导致货物或凭证的交易成为欺诈并以之对抗出卖人的留置权或中途停运权。

关于与特定货物有关的交货单的交易,见 Ant. Jurgens Margarinefabrieken v. Drefus (Louis) & Co., [1914] 3 K. B. 40.

附　　则

11. 证书转移的方式

就本法案而言,(所有权)凭证可以通过背书方式移转,或按照交易习惯或凭证所附的明示条款进行移转,或将货物交付给持票人后,再进行移转。

12. 真实所有权人权利之外的其他权利

(1) 依照本法案,代理人不得超越或背离委托人的授权范围实施行为,同时,代理人因上述行为引起的民事或刑事责任不被免除。

关于代理商或代理人盗用所有权凭证的刑事责任,见1916年《盗窃法案》第22条。

(2) 依照本法案,在货物出售或抵押前,不得妨碍货物所有人从其代理商或破产管理人处取回货物,也不得妨碍货物所有权人在货物出售前从抵押货物的代理商处赎回货物，以满足货物已被抵押的主张，并向代理商支付报酬，应代理商的要求，为实现其法定的相关报酬，代理商可保留货物或所有权证书，或货物和所有权证书，即通过行使留置权对抗货物所有权人，或者从抵押权人处收回扣留其留置费用后的货物出售收益的余额。

一般情况下，代理人代表委托人持有的货物或所有权凭证，被认为是信托财产。除有关所有权人的条款允许外，不得转移至代理人的破产管理人。

(3) 依照本法案，代理人出售货物的，不得妨碍所有权人向买受人取回与约定价格相等的价金，或者当买受人对代理人享有部分价金的抵消权时，不得妨碍所有权人向买受人取回该部分价金。

关于买受人误将对代理人认为是本人的抵消权，见 Kaltenbach v. Lewis (1885)。

13. 代理商于普通法之外的权利

本条意在对代理商依本法案得独立行使的权限作扩张解释。

本条认可了代理商法案部分是解释性的，部分是制定的。[Ss. 14, 15 rep. 8 Edw. 7, c. 49. (S. L. R.)]

第 14 条、第 15 条参照 1908 年苏格兰判例汇编[Ss. 14, 15 rep. 8 Edw. 7, c. 49. (S. L. R.)]。

16. 本法案不适用于苏格兰地区

(苏格兰)1890年《代理商法案》的某些条款适用于苏格兰地区。对该法案的解释较英格兰普通法而言,更接近于苏格兰普通法。

17. 文献略述——本法案可被引述为《代理商法案(1889)》。

1993年英国商事代理条例①

于1993年12月7日制订

1993年12月8日提交议会

1994年1月1日实施

解释性说明

国务大臣,作为被指定的部长,为了实现1972年《欧共体法案》第2(2)部分规定有关代理人与委托人的关系的目的,他根据该法案实施由他授予的权力,现制定以下条例:

第一部分　概　　述

1. 名称、实施日及可适用的法律

(1) 这些条款可被称为《1993年商事代理条例》,并于1994年1月1日起正式实施。

(2) 除第(3)款规定的情形外,本条例调整商事代理人与委托人之间的关系,同时该条例适用于大不列颠的商事代理行为。

---

① 《1993年英国商事代理条例》,刘月译,汪渊智校。

(3) 若双方已经达成协议:代理合同由其他成员州的法律调整,则不适用第3至22条。

2. 解释说明、适用和范围

(1) 条例中“商事代理人”是指享有连续性授权,代表委托人或以委托人名义就货物买卖与第三人进行谈判并促成交易的独立经营的中间人;但不应包括以下情形:

(a) 受公司或社团约束,有权代表该公司或社团达成协议的该公司或社团的职员;

(b) 受其合伙人约束,有权达成协议的合伙人;

(c) 其是破产从业者(《1986年破产法案》第388条解释)或其他司法领域的相关人员。

“代理费”是指任何取决于商事交易数量或价值之商事代理人的报酬。

“交易条款的限制”是指代理合同终止后,通过协议限制代理人的商业行为。

(2) 条例在下列情形中不适用:

(a) 无偿提供代理行为的代理人;

(b) 其从事商品交易或存在于商品市场中的商事代理人;

(c) 依《1979年皇家代理法案》设立的为外国政府或管理机构代理的皇家代理机构及其附属。

(3) 条例附件的规定旨在确认一些人的地位,这些人类似代理人的代理行为被认为是辅助的。

(4) 条例不适用于上述第(3)款指称的人。

(5) 条例不适用于北爱尔兰。

第二部分　权利和义务

3. 代理人对其委托人的义务

(1) 代理人的代理行为要照顾其委托人的利益并应恪尽职守、诚实守信。

(2) 特别是,代理人必须:

(a) 在适当的条件下,努力谈判并促成其经指示承办的交易;

(b) 向委托人提供对其有用且必要的信息;

(c) 遵守委托人的合理指示。

4. 委托人对其代理人的义务

(1) 委托人在与其代理人的关系中要恪尽职守、诚实守信。

(2) 特别是,委托人必须:

(a) 向代理人提供有关货物的必要文件;

(b) 为代理人获取履行代理合同的必要信息,尤其是委托人一旦预见商业交易的价值将严重的低于代理人所正常预期的价值时,要在合理的期间内通知其代理人。

(3) 另外,委托人应该在合理期间内通知代理人:委托人对代理人努力为其获取的商事交易的接受或拒绝,以及委托人对该商事交易的任何根本不履行。

5. 禁止违反第3、4条及其结果

(1) 双方不得违反上述第3、4条。

（2）合同所适用的法律规定违反上述第3、4条所涉及的权利及义务的后果。

第三部分 报 酬

6. 没有协议时，报酬的形式和数额

（1）双方就报酬未达成任何协议时，代理人有权依代理合同中约定的代理行为所在地的交易习惯来确定报酬，如果没有交易习惯，则代理人应考虑交易的所有方面来确定报酬。

（2）此条款不排除有关报酬水平相关规定的法规、规定的适用。

（3）在代理人没有全部或部分获得报酬的情况下，以下第7至12条不适用。

7. 在代理合同期限内促成交易的报酬请求权

（1）在代理合同规定的期间内代理人促成交易，其有权获得代理费：

（a）促成交易是由于代理人的行为；

（b）或者委托人与第三人达成交易，而该代理人之前就已同该顾客达成了同样的交易。

（2）在代理合同规定的期间内，代理人就特定地理区域或对特殊的消费群体享有独占的权利，而该交易是与属于该区域或群体的消费者达成的，此时，代理人有权获得代理费。

8. 代理合同终止后实现交易的代理费请求权

根据以下第 9 条,在下列情况下,代理合同终止后,代理人有权就其所促成的交易获取代理费:

(a) 交易的达成主要取决于在代理合同期间代理人的努力,且交易是在合同终止后的合理期间内达成的;

(b) 或者根据上述第 7 条所提及的情形,代理合同终止前,第三方之要约已经到达委托人或代理人。

9. 新代理人与先前代理人之间代理费的分配

(1) 根据上述第 8 条,如果代理费应支付给先前的代理人,则新代理人无权获得上述第 7 条规定的代理费。除非根据情形,代理费在代理人之间共享更公平。

(2) 委托人有义务根据上述第(1)款将约定的代理费支付给权利人,并且无权获得代理费的代理人应将代理费归还委托人。

10. 代理费到期和支付日期

(1) 下列情况下应支付代理费:

(a) 委托人已经完成交易;

(b) 或者根据委托人与第三人的协议,其本应完成交易;

(c) 或者第三人已经完成交易。

(2) 代理费最迟在第三人已经履行部分交易时到期,或如果委托人已经履行部分交易而第三人本应且已经这样做时到期。

(3) 支付报酬不得迟于它到期的季度后的第一个月的最后一日,同时,根据本条例的目的,除非双方另外达成协议,第一季度的期间应该从合同生效之日起计算,随后的期间应该从第三个月最后一日或第四个月第一日起计算,以越早者为准。

(4) 违反上述第(2)和第(3)款对代理人不利的任何协议均无效。

11. 代理费请求权的丧失

(1) 只有在以下情形下代理费请求权的丧失:

(a) 已经确认第三方与委托人的合同将不会达成;

(b) 并且,其不归责于委托人。

(2) 一旦代理人获得代理费之权利消灭,代理人应归还已经取得代理费。

(3) 违反上述第(1)款损害代理人的任何协议均无效。

12. 定期提供到期代理费的信息及定期检查委托人账簿的权利

(1) 委托人不得迟于代理费已经到期的那个季度后的第一个月的最后一日向代理人提供到期代理费的说明,并且此说明应列明用以计算代理费数额的事项。

(2) 代理人有权要求委托人为其提供对委托人有用且所需的计算约定代理费的一切信息(尤其是个人财务摘要)

(3) 违反第(1)款和第(2)款的任何协议均无效。

(4) 任何法律、法规中承认代理人有权查阅委托人个人账簿的权利,该条例的任何条款都不得排除或限制其效力或阻止其适用。

第四部分　代理合同的订立与终止

13. 签订书面代理合同条款说明的权利

（1）商事代理人和委托人都有权要求对方提供已经签名的记载代理合同条款（包括以后达成的条款）的书面文件。

（2）任何意图声明放弃第（1）款所规定的权利均无效。

14. 定期合同到期后的转化

定期代理合同期限届满后如果双方仍继续履行，则应认为转化为不定期代理合同。

15. 代理合同终止的最短通知期间

（1）若代理合同签订是为不定期合同，则任何一方通知对方时即解除。

（2）通知的期限应该是：

（a）合同第一年为一个月；

（b）合同第二年为两个月；

（c）合同第三年及以后为三个月。

同时，双方不得约定更短的通知期间。

（3）如果双方约定的通知期间长于第（2）款所列的期间，则委托人所遵守的时间绝不得短于代理人遵守的时间。

（4）除非双方同意，通知期限的终止日期应与月历的最后一日相一致。

（5）该条例的条款应适用于根据第 14 条固定期限的合同转换为不定期合同的代理合同，根据附文规定之前的固定期限应计算在通知期间之内。

16. 有关立即解除的救济

此条例不得影响有关立即解除代理合同的相关条款或法律规定：

（a）由于一方未能全部或部分履行其合同义务；

（b）或者异常的情形出现。

17. 代理人基于代理合同解除获得补偿或赔偿的权利

（1）此条款旨在确定，在代理合同终止后，商事代理人根据下述第(3)至(5)款获得补偿或根据下述第(6)和第(7)款获得损害赔偿。

（2）除代理合同另有规定，商事代理人有权获得赔偿而不是补偿。

（3）根据第(9)款和第18条，代理人在下列情况下有权获得补偿：

（a）代理人为其委托人带来新客户或对增加与现有客户的交易额方面起到重要作用，并且委托人继续从此客户的交易中获得巨大利益。

（b）这种补偿金是公平的考虑了所有情况，尤其是，代理人在与这样的客户进行商业交易时损失的代理费。

（4）补偿数额不得多于一年的报酬，该报酬为商事代理人过去五年中所获得的年平均报酬，并且如果合同履行不足五年则补偿额应以所涉及期间的平均额计算。

（5）上述所提及的补偿额不应妨碍代理人的损害赔偿请求。

(6) 根据下述第(9)款和第18条的规定,由于代理人与其委托人终止代理关系所遭受的损失,代理人应有权获得赔偿。

(7) 有下列情形之一或同时出现,代理合同终止时,根据此条例的目的,认为损害发生:

(a) 委托人所获得的主要利益与商事代理人的代理活动有关,代理合同终止后,将剥夺商事代理人通过正常履行有偿商事代理合同而获得的佣金;

(b) 或者解除代理合同后,代理人将不能收回按照合同中委托人的要求履行合同所发生的成本和开支。

(8) 由于代理人死亡而终止代理合同时,代理人也有权根据第(2)至(7)款获得补偿金或损害赔偿金。

(9) 代理合同终止一年内,代理人没有将其行使权利的意向通知其委托人,则他将丧失上述(2)至(8)款所列情形下获得补偿金或赔偿金的权利。

18. 排斥适用第17条规定的补偿金或赔偿金的范围

在下列情况下,上述第17条所列的赔偿金不应支付:

(1) 由于代理人的过错,委托人终止代理合同,而这根据上述第16条是立即解除代理合同的正当理由。

(2) 代理人自行终止代理合同,除非这种终止是合理的:

(a) 根据情形由于可归责于委托人的原因代理人终止合同;

(b) 或者由于代理人年老、体弱、疾病而不能根据合理的要求继续实施代理行为;

（3）根据委托人的许可，代理人根据代理合同把代理权利和义务转让给其他人。

19. 禁止违反第17、18条

代理合同届满前，双方不得违反第17、18条的规定损害代理人。

20. 交易条款的限制

（1）只有在下列情况下交易条款的限制有效：

（a）以书面形式达成；

（b）并且其涉及特定的地理区域或相关交易群体，且根据代理合同该地理区域和相同种类的货物委托给代理人。

（2）交易条款限制的有效期限不得超过代理合同终止后的两年。

（3）有关规定约束限制交易条款效力或实施的法律规定以及法院根据相关法规减轻双方责任的法律规定，该条例不对抗其效力。

第五部分　其他方面及补充

21. 信息披露

如果信息披露违反公共政策，则该条例不要求提供该信息。

22. 通知等义务

（1）根据本条例，任何通知、声明或其他文件给予或提供给商业代理人或委托人，可以下方式：

（a）转交；

（b）留在写其名字的适当的地址；

（c）邮寄到其注册的地址或委托人总部所在地，或代理合同中规定的其它方式。

（2）任何这种通知、说明或文件可以：

（a）就法人而言，给予或提供给法人的秘书或接待人员；

（b）就合伙而言，给予或提供给任何合伙人或任何控制或经营合伙事务的人。

23. 过渡性条款

（1）尽管代理合同中的条款在1994年1月1日之前制定，但该合同在该日期之后适用本条例，因此任何条款与本条例不一致的应服从该条例的规定予以适用。

（2）本条例任何条款不影响在1994年1月1日之前已经存在的代理人或委托人的权利义务的效力。

斯克拉斯科莱德区

商业部议会副部长

1993年12月7日

注释说明（此说明不是该条例的部分）

该条例贯彻理事会指令86/653/EEC号，协调成员国有关自我经营的商事代理的法律。该指令在欧洲经济区附件七第30条协议的范围实施。

条例规定了商业代理人和委托人之间的权利义务（第

3至5条的权利和义务)和报酬处理(第6至12条),以及缔结和终止代理合同(第13至16条)。其包含有关终止代理合同后对代理人赔偿或补偿问题(第17至19条),还对贸易条款(第20条)约束的有效性作出规定。

税务执行费用评价可供查阅,其副本已被安置在国会大厦的图书馆中。市民亦可从贸易与工业部消费者事务司查阅,325室,10月18日维多利亚街,伦敦,SW1H 0NN处。

美国代理法重述（第三次）[①]

（美国法律研究会 2006 年 4 月）

目　录

---

① 《美国代理法重述（第三次）》，任科晋、苏艳、司伟伟译，汪渊智校，载梁慧星主编：《民商法论丛》（第 46 卷），法律出版社 2010 年版。

第四章　追认

第五章　通知与通知书

第六章　与第三人的合同和其他的交易行为

题目一：合同当事人

题目二：权利、责任和抗辩

第七章　委托人与代理人的侵权责任

题目一：代理人的责任

题目二：委托人的责任

第八章　代理人和委托人相互之间的义务

题目一：代理人对委托人的义务

题目二：委托人对代理人的义务

第一章　介绍性事项

题目一：术语和定义

§1.01　代理的定义

代理是一种由一方（委托人）向另一方（代理人）作出要求代理人为委托人的利益行为并受委托人控制的意思表示，另一方（代理人）同意该意思表示或者接受其行为的约束而产生的受托信义关系。

§1.02　当事人定义及不受本法约束的习惯用法

代理关系仅产生于上述§1.01所需各项要素皆具备之时。依据双方当事人之间的协议，或者按照劳工法的规定或在惯例中，判断一种法律关系是否为代理关系不受上述条件的限制。

§1.03 意思表示

当事人可以通过书面、口头或其他方式作出意思表示。

§1.04 术语

(1) 共同代理人

共同代理中,针对同一委托人产生了两个以上的代理关系。共同代理人可以由委托人直接指定,亦可由委托人实际或表面授权的另一代理人指定。

(2) 身份公开代理、身份不公开代理、身份不明的代理

(a) 身份公开代理中的委托人

代理人和第三人进行代理活动时,如果第三人注意到代理人是为委托人的利益实施代理行为,并且已获知委托人身份的,该委托人即为身份公开代理中的委托人。

(b) 身份不公开代理中的委托人

代理人和第三人进行代理活动时,如果第三人未注意到代理人是为委托人的利益实施代理行为的,该委托人即为身份不公开代理中的委托人。

(c) 身份不明代理中的委托人

代理人和第三人实施代理活动时,如果第三人注意到代理人是为委托人的利益进行代理行为,但未能获知委托人的身份的,即为身份不明代理中的委托人。

(3) 无偿代理

无偿代理中,代理人没有获得报酬的权利。

(4) 知悉

如果当事人知道或者有理由知道事实,或者收到了有效的事实通知书,或者应当知道应由其履行由第三人引起

的履行义务的,即可视为该当事人获知了事实情况。按照§5.03和§5.04的规定,对于代理人知道或者有理由知道的事实情况的通知,对委托人有同等的法律效力。依照§5.02的规定,由代理人收到或发出的通知书,对委托人有同等的法律效力。

(5) 当事人

当事人可以是:(a) 个人;(b) 具有主张权利和承担义务的法定资格的组织或社团;(c) 政府,行政部门,或者由政府设立的部门或实体;(d) 或者任何其他具有主张权利和承担义务的法定资格的实体单位。

(6) 担保权

担保权是指一种能够影响与权利设立人有关的法律关系的权利,这种担保权表现为实际授权的形式,并且为权利享有人的利益或第三人的利益而设立。这一权利用以保护法定(普通法)或衡平法上的财产权,或者担保某项义务的履行,这一义务不同于在§1.01规定的代理关系中,担保权创设人对权利享有人所应承担的义务。

(7) 委任书

委任书是指标明代理人享有代理权的一种文书。

(8) 复代理人

复代理人是指由本代理人指定的一种代理人,即为代理人之委托人的利益执行代理人所应履行的义务,并且由本代理人对复代理人的代理行为向委托人承担责任。本代理人与复代理人之间亦属于§1.01规定的代理关系。

（9）主代理人和次代理人

委托人可以赋予主代理人支配或命令次代理人的权利。

（10）受托人和信托代理人

受托人是指受信托义务约束，代表慈善团体或者一个或多个当事人进行财产交易或管理的财产持有人，其中多个当事人中至少有一个不属于全权受托人。信托代理人是受命于财产授予人或者一个或更多受益人的受托人。

第二章　归属规范

题目一：实际授权

§2.01　实际授权

如果代理人实施的代理行为对本人产生了法律后果，并且依据委托人对代理人所作的意思表示，代理人有理由相信该代理行为符合本人的意愿的，就视为代理人有实际授权。

§2.02　实际授权的范围

（1）代理人有权依照实际授权，实施委托人在其意思表示中指定或暗示的行为以及必要或从属性的行为，以实现本人的目的，当代理人决定以某种方式进行代理时，视为代理人合理的理解了本人的意思表示和目的。

（2）如果代理人对委托人意思表示的解释，能够反映代理人所获知的委托人的任何意图，或者在代理人没有获知该意图时，能够反映作为一个理性的代理人可以依据合同文本对意思表示所作的解释时（包括代理人所获知的情势以及代理人对委托人的信托义务),代理人所作的这种解释就被视为是合理的。

(3)如果代理人对委托人目的的理解是根据委托人的意思表示,或者根据作为一个理性的代理人从创设代理关系时的情形中所作的推断而产生的,代理人的这种理解就被视为是合理的。

题目二:表面授权

§2.03　表面授权

表面授权是代理人或其他行为人享有的一种权力。当第三人依据委托人的言行而合理信赖行为人有权代表委托人实施代理行为时,这种权力即可影响委托人与第三人之间的法律关系。

题目三:雇主责任

§2.04　雇主责任

雇主应对雇员在雇佣关系范围内的侵权行为承担责任。

题目四:相关范围

§2.05　不容否认的代理

一方当事人没有作出行为人有代理权的意思表示,并且据此而不对行为人虚称为该当事人实施的交易承担责任,但是,第三人因信赖上述交易是为前述当事人的利益而实施,并受此诱导而对自己的法律处境作出不利改变时,如果有下列情形的，上述当事人应当对第三人承担责任：

(1) 因上述当事人的故意或过失而导致了上述信赖；

(2) 上述当事人已察觉到上述信赖有可能导致他人改变法律处境，但并未采取合理措施对这一情况进行通知的。

§2.06 身份不公开代理中的委托人的责任

(1) 身份不公开代理中，代理人没有经过实际授权但以委托人的名义实施代理行为，且第三人受代理行为的诱导对法律处境作不利改变时，如果委托人已经获知了代理人的行为可能导致他人对法律处境作出不利改变，但并未采取合理措施对此事实进行通知的，委托人应当对第三人承担责任。

(2) 如果身份不公开代理中的委托人被披露，并且委托人作出的限制或减少代理人代理权的说明，使代理人的代理权小于在相同情形下第三人合理相信代理人所应享有的权限的，委托人不得以该说明为依据对抗第三人。

§2.07 利益返还

如果委托人通过代理人或貌似代理人的行为并且以另一方的利益为代价非法获得利益的，对于另一方提出的利益返还请求，委托人应承担责任。

第三章 代理权与代理关系的产生和消灭

题目一：实际授权的产生及依据

§3.01 实际授权的产生

依据§2.01的规定，实际授权产生于委托人向代理人作出代理人有权代表委托人为代理行为的意思表示,同时这一意思表示须经代理人合理理解。

§3.02 形式要件

在某一合同或其他交易中,如果法律要求以经委托人签章(签字)的书面凭证或记录来证明代理人的代理权,用以约束委托人的,如果没有上述书面凭证或记录时,委托人不受合同约束。当第三人根据委托人的言行,认为代理人有权约束委托人的,如果第三人出于对代理人的这一合理信赖对其法律处境作出不利改变的,委托人不得以没有上述书面凭证或记录为由拒绝承担责任。

题目二:表面授权的产生

3.03 表面授权的产生

依照§2.03的规定,表面授权产生于一方当事人作出的表明他人有权代表自己实施法律行为的意思表示,同时,第三人须有理由信赖该行为人享有代理权并且这一信赖可归因于上述意思表示。

题目三:委托人或代理人的资格

§3.04 委托人的资格

(1) 代理人实施代理行为时,如果某一自然人具有独立行为能力,该自然人就具有了作为§1.01规定的代理关系中的委托人资格。

(2) 适用于非自然人的当事人的法律,可作为判断此当事人是否有资格作为§1.01规定的代理关系中的委托人，以及判断上述当事人缺少或丧失资格时，对于与它相互关联的当事人的法律效力的依据。

(3) 如果一项行为的实施未经授权，那么代理人实施的这一行为对委托人没有约束力。

§3.05 代理人的资格

通常情况下，任何人都可以接受授权实施代理行为，并以此影响他人的法律关系。行为人的能力决定了他因实施上述代理行为，对法律关系受其影响的当事人或第三人所承担的赔偿责任的范围。

题目四：代理权的终止

A. 实际授权的终止

§ 3.06 实际授权的终止

代理人的实际授权可因以下情况而终止：

(1) 代理人死亡、失踪，或依照 §3.07(1)、(3)的规定终止代理权的；

(2) 委托人死亡、失踪，或依照 §3.07(2)、(4)的规定终止代理权的；

(3) 依照 §3.08(1)、(3)的规定，委托人丧失行为能力的；

(4) 按照 §3.09 的规定，代理人与委托人之间订立协议，或者发生了某种能使代理人合理推测出委托人不再对其继续授权的情形；

(5) 按照 §3.10(1)的规定，委托人撤销了代理人的代理权，或者代理人拒绝继续代理的；

（6）法律规定的其他情形。

§3.07　死亡、失踪和代理权的终止

（1）代理人死亡的，代理人的实际授权终止。

（2）委托人死亡的，代理人的实际授权终止。

仅在代理人获知委托人死亡的事实时，上述终止才可生效。

代理人与第三人交易的，仅在第三人获知委托人死亡的事实时，上述终止才可对抗第三人。

（3）代理人失踪的，或进行一项可导致代理人被宣告失踪的诉讼程序，或代理权被强制终止的，代理人的实际授权终止，法律另有规定的除外。

（4）委托人失踪的，或进行一项可导致委托人被宣告失踪的诉讼程序，或委托权限被强制终止的，代理人的实际授权终止，法律另有规定的除外。

§3.08　能力丧失

（1）委托人丧失了实施某一行为的能力时，代理人实施该行为的代理权相应终止。

当代理人获知委托人永久丧失了行为能力，或者委托人被法院裁定缺乏行为能力时，上述代理权的终止才可生效。

代理人与第三人进行交易的，当第三人获知委托人永久丧失了行为能力，或者委托人被法院裁定缺乏行为能力时，上述代理权的终止才可对抗第三人。

（2）在委托人丧失（行为）能力时，书面文书可以使代理人的实际授权有效，也可使实际授权成为不可撤销的。

(3) 如果委托人是非自然人且丧失了实施某一行为的能力的,代理人实施该行为的代理权亦相应终止。

§3.09　协议终止或因情势变化终止代理权

实际授权可因下列情形而终止:

(1) 委托人和代理人达成协议,同意适用§3.10规定的;

(2) 情势变化,即发生了某种能使代理人合理推测出委托人不再对其继续授权的情形。

§3.10　终止实际授权的意思表示

(1) 不论委托人与代理人达成任何协议,如果代理人在协议中作出拒绝代理的意思表示,或者委托人撤销了代理人的实际授权的,代理人的实际授权终止。代理人拒绝代理或委托人撤销代理权的意思表示,仅在第三人获知该事实时对其生效。

(2) 如果相关法律规定,某项担保权、股权表决代理权或对其他会员或所有者权益的代理权是不可撤销的,委托人对上述权利或权益的撤销无效,但法律另有规定的除外。详见§§3.12—3.13。

B. **表面授权的终止**

§3.11　表面授权的终止

(1) 代理人实际授权的消灭不会终止其表面授权。

(2) 代理人与第三人交易时,如果第三人不再有理由认为代理人以实际授权实施代理行为的,表面授权终止。

C. 不可撤销的代理权

§3.12　担保权;不可撤销的代理权

(1) 担保权是指能够影响权利创设人的法律关系,以实际授权的意思表示方式产生,并为权利持有人或第三人的利益而创设的一种权利。这一权利用以保护法定(普通法)或衡平法上的财产权,或者担保某项义务的履行,这一义务不同于在§1.01规定的代理关系中,担保权创设人对权利享有人所应承担的从属义务。它是基于义务、权利或对价而创设。它不同于当担保权人作为权利创设人的代理人时,担保权人所享有的实际授权。

(2) 与证券或其他会员利益有关的表决权可以通过实际授权的意思表示赋予代理人。这种权利可依据上述(1)的规定作为担保权,并且此权利可按照有关法律确定为不可撤销。

§3.13　担保权和不可撤销代理权的终止

(1) 有下列情形之一的,担保权和不可撤销代理权终止:

(a) 受担保权担保的义务得到履行,或者受代理人担保或支持的利益的丧失;

(b) 上述权利的履行成为不合法或不可能;

(c) 对担保权或不可撤销代理权享有利益的当事人,有效放弃了该权利。

(2) 除另有约定外,担保权或§3.12(2)规定的不可撤销的代理权不因下列情形的发生而终止:

(a) 设立担保权或不可撤销代理权的当事人作出撤销

该权利的意思表示；

(b) 担保权或不可撤销代理权的持有人为第三人的利益持有该权利时，该权利持有人放弃前述权利的；但第三人同意的除外；

(c) 上述权利的设立人或持有人丧失（行为）能力的；

(d) 上述权利的持有人死亡的，除非受上述权利担保或支持的利益也因死亡而丧失；

(e) 如果上述权利设立人死亡时，其为履行义务提供的担保权并不随之终止。

题目五：多个委托人的代理

§3.14 多个委托人的代理

在同一交易或同一事项中代表一个以上的委托人进行代理的代理人，属于下列任一或全部情形：

(a) 是§3.15规定的复代理人；

(b) 是§3.16规定的共同委托人的代理人。

§3.15 复代理

(1) 复代理人是指由代理人指定的，在代理人向委托人承诺的代理范围内，为代理人的本人的利益实施代理行为，并且由原代理人对其行为向委托人承担责任的代理人。

复代理人与代理人之间，以及复代理人与代理人的委托人之间，属于§1.01规定的代理关系。

(2) 只有代理人有实际授权或表面授权时，代理人才可以委任复代理人。

§3.16　共同委托人的代理人

两个或多个人可以作为共同委托人授权同一代理人在同一交易或相同事项中代表他们的利益实施代理行为。

第四章　追　　认

§4.01　追认的定义

(1) 追认是本人对他人先前行为的确认,赋予该行为具有与经过实际授权的代理人的行为相同的法律效力。

(2) 本人追认的方式:

(a) 明确同意该行为对其产生法律效果;

(b) 通过本人的行为,有理由推定本人是同意的。

(3) 追认须符合下列条件:

(a) 追认应在§4.03的范围内进行;

(b) 追认人具有§4.04所述的资格;

(c) 追认须在§4.05所述的期间内进行;

(d) 追认应是按§4.07所述包含了对全部行为的追认。

§4.02　追认的法律效果

(1) 除下述(2)中所列的情形外,追认后溯及地产生与实际授权相同的效力。

(2) 有下列情形的,追认无效:

(a) 如无权代理是因某人的虚假陈述或其他行为造成的,而追认行为又有利于该人的;

(b) 当本人为避免损失而进行的追认有利于代理人对

抗本人的；

(c) 使非交易人在追认前基于标的物所获得的权利或利益减少的。

§4.03 可被追认的行为

如果行为人代表一方当事人或以代理人的名义声称代表该当事人实施代理行为的，该当事人即可对该行为进行追认。

§4.04 追认的资格

(1) 具备下列条件时，当事人即可进行追认：

(a) 行为发生时，该当事人存在；

(b) 进行追认时，该当事人具备§3.04所要求的资格。

(2) 行为发生后或追认后，如果委托人不具有§3.04所要求的委托人资格的，即可撤销在先前无委托人资格时所作的追认行为。

§4.05 追认的时限

除非追认行为先于某些可能对第三人的权利产生不利或不公平后果的情形而实施，否则该追认行为无效。这些情形包括：

(1) 第三人作出的撤销交易的意思表示；

(2) 可使第三人受到不公平约束的重大情况变化，但第三人自愿受此约束的除外；

(3) 以及能够决定第三人是否被剥夺权利或承担义务的特定期间。

§4.06 追认的知悉要件

如果追认是在当事人对与最初行为有关的重要事实不知情且没有意识到不知情的情况下作出的,该当事人不受追认的约束。

§4.07 部分追认的禁止

除非对整个行为、合同或其他单独交易行为进行追认,否则追认无效。

§4.08 对撤销追认的禁止

如果当事人对另一方的行为作出了追认的意思表示,并且第三人基于对该意思表示的合理理解,对其法律处境作了不利变化的,禁止前述当事人拒绝其追认。

第五章 通知与通知书

§5.01 通知与通知书——概述

(1) 通知是通知人将发生法律上权利和义务的意图,以协议约定或法律规定的形式,或者在协议或法律均未规定时以合理的方式,向相对人作出告知的一种表现形式。

(2) 依照§5.02的规定,代理人收到或发出的通知具有与委托人收到或发出的通知相同的效力。

(3) 如果当事人知道、有理由知道某一事实、接收到该事实的有效通知或者应当知道对他人履行义务的事实的,视为该当事人获知了该事实。

(4) 依照§§5.03和5.04的规定,对于代理人知道或有理由知道某一事实的通知,对委托人具有同等效力。

§5.02　代理人收到或发出的通知

(1) 代理人依实际授权或表面授权接收的通知对委托人具有同等效力,但提供通知的当事人知道或有理由知道代理人是以§5.04规定的对委托人不利的方式行为的除外。

(2) 代理人依实际授权或表面授权发出通知,与委托人发出的通知具有同等效力,但接收通知的当事人知道或有理由知道代理人是以§5.04规定的对委托人不利的方式行为的除外。

§5.03　可归因于委托人的事实通知

以判定委托人与第三人之间的法律关系为目的,如果对某一事实的披露是代理人向委托人所承担的一项重要义务,那么代理人知道或有理由知道某一事实的通知的,对委托人具有同等效力。但代理人有下列情形的除外:

(a) 依§5.04的规定,代理人以对委托人不利的方式行为的,或者

(b) 代理人对第三人负有不对委托人披露该事实的义务。

§5.04　对本人实施不利行为的代理人

以判定委托人与第三人之间的法律关系为目的,如果在某项交易或事件中,代理人仅以自己或第三人之外的人的利益为目的,并以不利于委托人的方式实施代理行为的,代理人知道或有理由知道的某一事实的通知,对委托人不产生效力。但有下列情形的,该通知仍对委托人有效:

(a) 为保护与委托人善意交易的第三人的利益而为必

要时；

(b) 委托人追认或有意保留了基于代理人的行为而获得的一项利益的。

通过代理人与委托人进行交易的第三人，知道或有理由知道代理人以不利于委托人的方式实施代理行为的，该第三人不属于上述条款中的善意。

第六章 与第三人的合同和其他的交易行为

题目一：合同当事人

§6.01 本人身份公开的代理

在身份公开代理中，代理人代表委托人，依实际授权或表面授权订立合同的，

(1) 委托人与第三人是合同的当事人；

(2) 并且，除非代理人和第三人另有约定，代理人不属于合同的当事人。

§6.02 本人身份不明的代理

在本人身份不明的代理中，代理人代表委托人，依实际授权或表面授权订立合同的，

(1) 委托人和第三人是合同的当事人；

(2) 并且，除非代理人和第三人另有约定，代理人属于合同的当事人。

§6.03 本人身份不公开的代理

在身份不公开代理中，代理人代表委托人，依实际授权订立合同的，

(1) 除非合同中明确约定排除以外,委托人属于合同的当事人;

(2) 代理人和第三人属于合同的当事人;

(3) 并且,如果委托人属于合同的一方当事人,则该合同如同委托人亲自订立一样,委托人与第三人互有权利义务、享有对等的抗辩权,并受§§6.05—6.09的约束。

§6.04　委托人不存在或缺乏行为能力

除非第三人同意,如果一人伪称以代理人的名义代表委托人与第三人订立合同,并且此人知道或有理由知道被假名代理的委托人不存在或缺乏作为合同当事人能力的,此人就应当是所订立合同的当事人。

题目二:权利、责任和抗辩

A. 一般规定

§6.05　部分未经授权或者联合数个委托人的指令订立的合同

(1) 如果代理人与第三人订立的合同中,在一些可与原合同分离的某些条款或可纳入或排除的某一条款上,未按照委托人的实际授权或表面授权订立的,委托人在下列情形时应对代理人在权限范围内订立的合同条款对第三人承担责任:

(a) 第三人适时地向委托人作出自愿接受合同约束的意思表示的;

(b) 并且,委托人未因合理信赖其与第三人之间没有合同约束,而改变了法律处境。

（2）两个或者两个以上的委托人可以授权同一代理人为其分别订立合同。如果代理人代表两个或两个以上的委托人，与同一个第三人订立了同一份合同，并且该合同能够结合各委托人的不同要求或利益，且要求第三人一同执行的：

（a）除联合代理合同对各个委托人都有约束力之外，如果代理人声明为身份公开代理中的本人订立联合代理合同的，代理人应当就违反 §6.10 规定的授权担保向第三人承担责任；

（b）如果委托人是身份不明的或身份不公开代理中的本人的，联合代理合同的当事人仅包括第三人和代理人；

（c）并且，除非代理人按照实际授权或表面授权实施代理行为时，使各委托人都受联合代理合同的约束，(i) 以上述(1)为条件，各个委托人都不承担联合代理合同中的合同义务；且(ii) 第三人不对任一委托人承担联合代理合同中的合同义务。

§6.06　抵销

（1）代理人代表身份公开代理中或者身份不明代理中的委托人订立合同的，除非委托人和第三人同意，否则：

（a）第三人不得将应由代理人对第三人独立承担的任何债务用于抵销第三人基于合同对委托人承担的债务；

（b）并且，委托人不得将应由第三人对代理人独立承担的债务用于抵销委托人基于合同对第三人承担的债务。

（2）代理人为身份不公开代理中的委托人订立合同的

（a）第三人可以抵销：(i) 在代理人订立合同时，代理人对第三人独立承担的任何债务,并且(ii)代理人订立合同之后直到第三人获知代理人是为了委托人的利益而进行的代理行为之前,可以将代理人对第三人独立承担的任何债务,用于抵销第三人基于合同对委托人所应承担的债务。

(b)第三人获知代理人是为了委托人的利益而进行代理行为以后,第三人不得在获知此事之后,将应当由代理人对第三人独立承担的债务与第三人基于合同应当对委托人承担的债务相抵销,但委托人同意的除外。

(c)并且,委托人不得将应当由第三人对代理人独立承担的债务,与委托人基于合同应当对第三人承担的债务相抵销,但委托人和第三人同意的除外。

(3)除另有约定外,代理人属于合同一方当事人的,不得将应当由委托人对代理人独立承担的债务,与代理人基于该合同对第三人承担的债务相抵销。但是,经过委托人同意的,代理人也可以将委托人所承担的任何可抵销的债务,用于抵销委托人基于该合同对第三人承担的债务。

B. 第三人与委托人或代理人之间的后续交易

§6.07 代理人与委托人或第三人之间的结算

(1)代理人代表委托人与该第三人订立了合同的,只有当委托人基于对第三人的行为所表现出的合理信赖,而非受代理人的虚假陈述所诱使,认为代理人已经对第三人进行了结算的,在委托人对代理人支付或与代理人之间结算之后,委托人对第三人的赔偿义务就被解除。

(2)如果代理人根据实际授权或以表面授权的形式接

受了第三人对他的支付或结算，第三人对委托人的赔偿义务就被解除。

（3）当代理人代表身份不公开代理中的本人订立合同时：

（a）在第三人获知委托人的存在之前，第三人对代理人的支付或结算将解除第三人对委托人的赔偿义务；

（b）第三人获知委托人的存在之后，代理人根据实际授权或表面授权接受了第三人对他的支付或结算的，第三人对委托人的赔偿义务就被解除；

（c）在接到委托人存在的通知后，第三人可以要求委托人身份的合理证明以及委托人与代理人之间关系的证明。在收到此证明之前，第三人向代理人的善意支付或结算将解除第三人对委托人的赔偿义务。

§6.08　第三人和代理人的其他后续交易事项

（1）代理人代表身份公开代理或身份不明的代理中的本人与第三人订立合同的，如果代理人根据实际授权或表面授权进行代理，或者委托人追认了代理人的行为的，代理人和第三人之间的后续交易可以产生或消灭委托人对第三人的权利或义务。

（2）代理人代表身份不公开代理中的本人与第三人订立合同的：

（a）在第三人获知委托人的存在之前，如果代理人根据实际授权进行代理，或者委托人追认了代理人的行为的，第三人和代理人之间的后续交易可以产生或消灭委托人对第三人的权利或义务；

(b) 并且,在第三人获知委托人存在以后,如果代理人根据实际授权或表面授权进行代理,或者委托人追认了代理人的行为的,第三人与代理人之间的后续交易可以产生或消灭委托人对第三人的权利或义务。

§6.09 判决对代理人或委托人的效力

代理人代表委托人与第三人订立合同的,除非合同明确规定,否则:

(1) 如果委托人或代理人对第三人负有义务的,当第三人获得一项判决对抗其中(委托人或代理人)一方时,则另一方的义务不被免除;

(2) 并且,如果委托人或代理人对第三人负有义务,这一义务应在(委托人或代理人)其中一方满足了判决的范围内得以免除。

C. **代理人的担保和意思表示**

§6.10 代理人对代理权的默示担保

某人如声称代表另一人,与第三人订立合同、作出要与第三人订立合同的意思表示或者财产转让协议,这些行为对声称的被代理人并无约束,但却意味着向第三人提供了默示的授权担保,所以其应当对因违反默示担保给第三人造成的损失承担赔偿责任,赔偿责任包括第三人对本人履行义务的期待利益损失。但是有如下例外:

(1) 委托人或者假名委托人按照§4.01的规定追认了代理行为;

(2) 声称要与第三人订立合同、作出意思表示或者进行财产转让的一方当事人向第三人作出授权担保不存在的

通知;

(3)第三人知道声称要与其订立合同、作出意思表示或者进行财产转让的一方当事人没有实际代理权的。

§6.11 代理人的意思表示

(1)当身份公开代理或本人身份不明代理中的代理人,向第三人作出了与代理权有关的虚假意思表示的,委托人不负赔偿责任。但如果代理人是依实际授权或表面授权的形式作出意思表示,并且第三人没有注意到该意思表示是虚假的除外。

(2)当代理人依实际授权或表面授权,代表身份公开代理或本人身份不明代理中的委托人订立合同或财产转让协议而作出的一项意思表示,与委托人亲自作出的意思表示具有同等效力,但第三人知道或有理由知道该意思表示不真实或者代理人没有代理权的除外。

(3)当发生下列情形时,代理人为身份不公开代理中的委托人订立合同或财产转让协议而作出的意思表示,与委托人亲自作出的意思表示具有同等效力:

(a)代理人是依实际授权作出意思表示的;

(b)代理人虽非依实际授权作出意思表示,但在相同事项上,代理人曾经有过作出真实意思表示的实际授权。当第三人知道或有理由知道代理人的意思表示不真实时,代理人的意思表示对委托人无效。

(4)代理人代表身份不公开代理中的委托人订立合同或财产转让协议时,对第三人作出其并非代表委托人进行代理活动的虚假意思表示的,如果委托人或者代理人已经通知了第三人不得同委托人进行交易的,第三人可以撤销合同或者财产转让协议。

第七章　委托人与代理人的侵权责任

题目一:代理人的责任

§7.01　代理人对第三人的责任

代理人应当对因其侵权行为而受损害的第三人承担责任。

除法律另有规定外,行为人依实际授权或表面授权并以代理人身份实施代理行为,或在雇佣关系范围内以雇员身份行为的,该行为人仍应对上述侵权损害承担责任。

§7.02　对本人的义务;对第三人的义务

代理人违反对委托人所承担的义务,不构成代理人向第三人承担侵权责任的根据。仅在代理人的行为违反了对第三人所承担的义务时,代理人才对因其行为而受损害的第三人承担侵权责任。

题目二:委托人的责任

§7.03　委托人的责任——概述

(1) 符合下列条件的,委托人应当对因代理人行为而受到损害的第三人承担直接责任:

(a) 依 §7.04 的规定,代理人依实际授权实施代理行为的,或委托人追认代理人的行为的;以及(i)代理人的行为是侵权行为,或(ii)当代理人的行为被视为本人的行为

时,将导致委托人承担侵权责任的;

(b) 委托人在对代理人的选任、监督或支配上存在§7.05 规定的过失的;

(c) 依§7.06 的规定,委托人委托代理人履行对他人人身或财产的保护义务,但代理人未能履行该义务的。

(2) 有下列情形的,委托人对受代理人行为损害的第三人承担替代责任:

(a) 依§7.07 的规定,代理人是雇员,且在雇佣关系范围内实施的行为导致侵权发生的;

(b) 依§7.08 的规定,代理人依表面授权代表委托人,或声称代表委托人与第三人进行交易时,发生了侵权行为的。

§7.04 依实际授权实施代理行为的代理人

如果代理人的行为是在代理人的实际授权范围内实施,或由委托人追认的,并且有下列情形之一的,委托人应当对代理行为所侵害的第三人承担侵权责任:

(1) 代理人的行为是侵权行为的;

(2) 当代理人的行为被视为本人的行为时,将导致委托人承担侵权责任的。

§7.05 委托人管理行为上的过失;委托人与其他人的特别关系

(1) 代理人在从事代理行为时对他人造成侵害的,若侵害是因本人对代理人选任、培训、聘用、监督或其他管理行为上的过失所致,则本人对该侵害行为承担责任。

(2) 委托人与另一人之间存在特别关系的,委托人应当对此人承担基于特别关系所产生的风险的合理注意义务，该风险包括委托人的代理人可能对此人实施的侵害。

§7.06 委托人未能履行保护义务的

合同约定或法律规定委托人对他人负有保护义务的，委托人不得通过委托代表人履行的方式逃避该义务，而不论该代表人是否为代理人。

§7.07 雇佣关系范围内的雇员行为

(1) 雇主对雇员在雇佣关系范围内的侵权行为承担替代责任。

(2) 雇员在雇佣关系范围内履行雇主指派的工作或参与管理的过程中，受雇主支配。雇员在实施一项与雇主的目的无关的独立行为时，该行为不属于雇佣关系的范围。

(3) 使用本款规定的前提是：

(a) 雇员属于代理人，且委托人可以控制或有权控制雇员的工作方式和方法；

(b) 并且，雇员无偿履行工作义务时，并不免除委托人的责任。

§7.08 依表面授权实施代理行为的代理人

代理人在代表或声称代表委托人与第三人进行交易或磋商时，当其依表面授权实施的行为构成侵权或者隐藏了不法行为时，委托人应对代理人的侵权行为承担替代责任。

第八章　代理人和委托人相互之间的义务

题目一:代理人对委托人的义务

A. 一般诚信原则

§8.01　一般诚信原则

代理人负有诚信义务,即在所有与代理关系有关的事项中代表委托人的利益忠实地实施代理行为。

B. 忠实义务

§8.02　基于身份获得的重大利益

代理人不得在代表本人利益进行交易或实施其他行为的过程中,或者利用代理人的代理地位,从第三人处获取重大利益。

§8.03 代表对方利益的行为

在与代理关系相关的交易中,代理人不得代表对方的利益与委托人进行交易。

§8.04　竞争

在代理关系持续期间,代理人不得与委托人竞争,并且不得实施代表委托人竞争对手的利益的行为或帮助委托人的竞争对手。在代理期间内,如果没有其他非法情形,代理人可以为代理关系终止后的竞争行为做准备。

§8.05　委托人财产的使用;保密信息利用

代理人负有如下义务:

(1) 不得为代理人自己的目的或第三人的目的使用委

托人的财产；

（2）并且，不得为代理人自己的目的或第三人的目的利用或传播委托人的保密信息。

§8.06 委托人的同意

（1）如果代理人的行为违反了§§8.01—8.05的规定的义务，当委托人同意实施该行为时，若符合下列条件，则该行为不构成对上述条款所规定的义务的违反：

（a）获取委托人的同意时，代理人应当作出（i）诚信忠实的行为，（ii）公开他所知道、有理由知道或应当知道的，可能对委托人的判断产生影响的所有重大事实；除非委托人表明他已经知道或者不愿知道该事实；并且（iii）与委托人公平的交易；

（b）委托人的同意涉及某一具体行为或交易，或者某一特定类型的行为或交易，且在通常的代理关系中，能够对上述行为或交易产生合理的期待。

（2）在交易中代表多个委托人的代理人应负下列义务：

（a）与每个委托人诚实地进行交易；

（b）向每个委托人公开如下情况：（i）代理人代表其他委托人实施代理行为的事实，以及（ii）代理人知道、有理由知道或应当知道的，可能对委托人的判断产生影响的其他重大事实，除非委托人表明他已经知道或者不愿知道该事实。

（c）并且，与每个委托人公平的交易。

C. **履行之义务**

§8.07　合同义务

代理人有义务按照委托人与代理人之间明示或默示的合同条款实施代理行为。

§8.08　注意义务、技能义务和勤勉义务

代理人应当依据他与委托人签订的协议，向委托人承担在相似情形下通常应由代理人承担的注意、技能和勤勉义务。判断代理人是否履行了适当的注意和勤勉义务时，应当考虑代理人所拥有的的特定技能或知识。

如果一个代理人声称拥有专门技能或知识，代理人对委托人有义务履行通常与其技能或知识相适应的注意、技能和勤勉义务。

§8.09　在实际授权范围内履行和遵照委托人合法指令的义务

(1) 代理人负有仅在其实际授权范围内实施代理行为的义务。

(2) 由委托人或委托人选任的人作出的关于代理行为的合法指令，代理人有遵照履行的义务。

§8.10　善良管理义务

代理人有义务在代理关系的范围内合理的行为，且应避免实施可能有损委托人利益的行为。

§8.11　提供信息的义务

发生下列情形时，代理人应当将其知道、有理由知道或应该知道的事实提供信息给委托人：

(1) 根据委托人的意思表示，代理人知道或有理由知

道委托人希望获知该事实,或该事实对于代理人向委托人承担的义务来说是重要的;

(2)并且,代理人向委托人提供信息不违背他对其他人所负的优先提供的义务。

§8.12　与委托人财产分割、财务记录、结算有关的义务

代理人与委托人订立的协议中,可约定代理人承担如下义务:

(1)不对委托人的财产进行处置,以防该财产看起来属于代理人;

(2)不得将委托人的财产与他人的财产混同;

(3)以及记录并出具与委托人账目上接收或支出的资金或其他财产有关的账目明细。

题目二:委托人对代理人的义务

§8.13　合同义务

委托人应当按照其与代理人订立的合同中所包含的明示或默示条款的规定履行义务。

§8.14　赔偿义务

有下列情形的,委托人应当对代理人承担赔偿责任:

(1)依据双方订立的合同条款,委托人应承担赔偿责任的。

(2)并且,除另有约定外,有下列情形的:

(a)代理人在下述情况下作出赔付的:(i)在代理人的实际授权范围内作出,或(ii)代理人的赔付对委托人有利的,但代理人滥用代理权进行赔付的除外。

(b) 委托人应当基于代理关系,公平地承担代理人所遭受的损失的。

§8.15 委托人的公平和诚信交易之义务

委托人负有与代理人公平和诚信交易之义务,包括向代理人提供委托人知道、有理由知道或应当知道的,在代理人的工作中存在但未被发觉的、可能导致代理人人身伤害或金钱损失的风险信息。

参考文献

一、中文著作类

胡长清:《中国民法债编总论》,商务印书馆 1946 年版。

胡长清:《中国民法总论》,中国政法大学出版社 1997 年版。

李宜琛:《民法总论》,台湾编译馆 1977 年版。

梅仲协:《民法要义》,中国政法大学出版社 1997 年版。

史尚宽:《民法总论》,中国政法大学出版社 2000 年版。

史尚宽:《债法总论》,中国政法大学出版社 2000 年版。

史尚宽:《债法分论》,中国政法大学出版社 2000 年版。

郑玉波:《民法总则》,中国政法大学出版社 2003 年版。

郑玉波:《民法债编总论》(修订二版),中国政法大学出版社 2004 年版。

郑玉波:《民法债编论文选辑》,台湾五南图书出版公司 1984 年版。

王泽鉴:《民法总则》(增订版),中国政法大学出版社 2001 年版。

王泽鉴:《债法原理》(第 1 册),中国政法大学出版社 2001 年版。

姚瑞光:《民法总则论》,中国政法大学出版社 2011 年版。

施启扬:《民法总则》(修订第 8 版),中国法制出版社 2010 年版。

林诚二:《民法债编总论——体系化解说》,中国人民大学出版社2003年版。

孙森炎:《民法债编总论》(上、下),法律出版社2006年版。

黄立:《民法债编总论》,中国政法大学出版社2002年版。

陈自强:《代理权与经理权之间——民商合一与民商分立》,北京大学出版社2008年版。

何美欢:《香港代理法》,北京大学出版社1996年版。

梁慧星:《民法总论》(第4版),法律出版社2011年版。

王利明:《民法总则研究》,中国人民大学出版社2003年版。

杜景林、卢谌:《德国民法典债法总则评注》,中国方正出版社2007年版。

于群:《代理法律及案例评析》,对外经济贸易大学出版社2000年版。

尹田:《民事法律行为与代理制度研究》,重庆大学出版社1993年版。

徐海燕:《英美代理法研究》,法律出版社2000年出版。

郑自文:《国际代理法研究》,法律出版社1998年版。

赵威:《国际代理法理论与实务》,中国政法大学出版社1995年版。

沈达明、梁仁洁:《德意志法上的法律行为》,对外贸易教育出版社1992年版。

窦海阳:《论法律行为的概念》,社会科学文献出版社2013年版。

张俊浩:《民法学原理》(修订第3版)(上、下册),中国政法大学出版社2000年版。

朱庆育:《民法总论》,北京大学出版社2013年版。

高富平、王连国:《委托合同·行纪合同·居间合同》,中国法制出版社1999年版。

刘文科:《商事代理法律制度论》,法律出版社2013年版。

冯大同主编:《国际商法》(修订本),对外贸易教育出版社1991

年版。

范健:《德国商法》,中国大百科全书出版社1993年版。

董安生:《英国商法》,法律出版社1991年版。

吴国喆:《权利表象及其私法处置规则——以善意取得和表见代理制度为中心考察》,商务印书馆2007年版。

顾祝轩:《民法概念史·总则》,法律出版社2014年版。

〔德〕迪特尔·梅迪库斯:《德国民法总论》,邵建东译,法律出版社2000年版。

〔德〕迪特尔·梅迪库斯:《德国债法总论》,杜景林、卢谌译,法律出版社2004年版。

〔德〕迪特尔·梅迪库斯:《德国债法分论》,杜景林、卢谌译,法律出版社2007年版。

〔德〕迪特尔·施瓦布:《民法导论》,郑冲译,法律出版社2006年版。

〔德〕卡尔·拉伦茨:《德国民法通论》(上、下册),王晓晔等译,法律出版社2003年版。

〔德〕罗伯特·霍恩等:《德国民商法导论》,楚建译,中国大百科全书出版社1996年版。

〔德〕哈里·韦斯特曼:《德国民法基本概念》(第16版),张定军、葛平亮、唐晓琳译,中国人民大学出版社2013年版。

〔德〕汉斯·布洛克斯、沃尔夫·瓦尔克:《德国民法总论》(第33版),张艳等译,中国人民大学出版社2012年版。

〔德〕维尔纳·弗卢梅:《法律行为论》,迟颖译,法律出版社2013年版。

〔日〕我妻荣:《新订民法总则》,于敏译,中国法制出版社2008年版。

〔英〕施米托夫:《国际贸易法文选》,赵秀文译,中国大百科全书出版社1996年版。

二、外文著作类

G. H. L. Fridrman, The Law of Agency, Butterworths, 1990.

B. S. Markesinis & R. J. C. Mundan, An Outline of the Law of Agency, Butterworths, 1986.

Deborah A. Demontt, Fiduciary Obligation: Agency and Partnership, West Publishing Co. ,1991.

H. G. Reuschlein & W. A. Gregory, The Law of Agency and Partnership, West Publishing Co. ,1990.

Bowstead and Reynolds on Agency, Sweet & Maxwell, 2010.

Aj kerr, The Law of Agency, Butterworths, 1991.

Billins & Roger, Agency Law, Longman Group UK Ltd. , 1993.

Stoljar SJ, The Law of Agency, Sweet & Maxwell, 1961.

Powell Raphael, The Law of Agency, Sweet & Maxwell, 1961.

Warren A. Seavey, Studies in Agency, West Publishing Co. , 1949.

E. R. HardyIvamy, Casebook on Agency, Lloyd's of London Press Ltd. , 1980.

三、论文类

潘华仿:《英国法对代理制度的规定》,载《政法论坛》1991 年第 5 期。

张新宝:《代理权若干问题研讨》,载《法学研究》1987 年第 6 期。

李锡鹤:《民事代理理论的几个问题》,载梁慧星主编《民商法论丛》(第 10 卷),法律出版社 1998 年版。

张驰:《论代理制度的适用范围》,载《法学》1999 年第 7 期。

范健:《德国代理商法律制度介评》,载《外国法译评》1994 年第 1 期。

高富平:《代理概念及立法的比较研究》,载《比较法研究》1997年第2期。

高富平、王连国:《委托合同与受托行为——对〈合同法〉中三种合同的一些思考》,载《法学》1999年第4期。

张楚:《论商事代理》,载《法律科学》1997年第4期。

韩长印:《英国商事代理制度述略》,载《比较法研究〉1994年第2期。

付翠英:《无权代理的内涵与效力分析——兼评〈合同法〉第48条》,载《法学论坛》2002年第3期。

葛云松:《委托代理授权不明问题研究——评〈民法通则〉第65条第3款》,载《法学》2001年第12期。

董碧仙:《直接代理与间接代理比较探析》,载《中外法学》1997年第4期。

史浩明:《论表见代理》,载《法律科学》1995年第1期。

眭鸿明:《委托行为的性质与法律调整》,载《南京林业大学学报》(人文社会科学版)2002年第2期。

董学立:《重新审视和设计无权代理》,载《法学》2006年第2期。

徐海燕:《英美法系追认代理的法律问题》,载《外国法译评》1999年第2期。

徐海燕:《英美法系不容否认代理制度研究》,载《中国社会科学院研究生院学报》2000年第4期。

徐海燕:《论我国代理制度的完善》,载《长江大学学报》(社会科学版)2005年第2期。

傅鼎生:《民事代理的范围》,载华东政法学院科研处编:《法学论文集》。

周林彬、齐建辉:《代理制度的经济分析》,载《兰州大学学报》(社会科学版)1998年第2期。

张月娇:《三足鼎立分天下——中国式外贸代理制面临的法律问

题》,载《国际贸易》1997 年第 2 期。

曾文远:《无权代理法律后果分析——以德国法和中国法的比较为视角》,载《法制与社会》2007 年第 2 期。

邓海峰:《代理授权行为法律地位辨析》,载《法律科学》2002 年第 5 期。

纪海龙:《论无权代理中被代理人的追认权》,载《清华大学学报》(哲学社会科学版)2002 年第 3 期。

赵东涛:《论我国代理法理念的重塑》,载《西南政法大学学报》2000 年第 1 期。

其木提:《论行纪合同委托人的取回权》,载《环球法律评论》2005 年第 1 期。

陈治东:《〈合同法〉第 402 条对我国涉外商事仲裁制度的挑战》,载《法学》2005 年第 4 期。

陈思:《论表见代理的构成要件》,载《法制与社会》2007 年第 4 期。

周江:《后外贸法时代我国外贸代理制度的困境与完善》,载《政治与法律》2007 年第 5 期。

邓德雄:《论我国外贸代理制与国际接轨》,载梁慧星主编《民商法论丛》(第 16 卷),金桥文化出版(香港)有限公司 2000 年版。

章玉华:《论我国现行外贸代理制度》,载梁慧星主编:《民商法论丛》(第 12 卷),法律出版社 1999 年版。

宋宗宇:《表见代理的法律适用——评最高人民法院[法公布(2002)第 30 号]民事判决》,载《政法论丛》2004 年第 4 期。

孙鹏:《表见代理构成要件新论——以被代理人的过错问题为中心》,载《云南大学学报》(法学版)2004 年第 1 期。

汪世虎、徐英:《表见代理制度之功能新探》,载《西南民族大学学报》2004 年第 3 期。

吴国喆、张飞虎:《表见代理制度中第三人信赖合理性的判断及弹性化机制的应用》,载《西北师范大学学报》(社会科学版)2007 年第 3 期。

纪海龙:《论无权代理中被代理人的追认权》,载《清华大学学报》2002 年第 3 期。

程信和、郭彦雄:《〈合同法〉中委托人介入权制度和第三人选择权不足及完善——论对〈合同法〉第 403 条的修改》,载《天津市政法管理干部学院学报》2003 年第 1 期。

魏振瀛、王小能:《中国内地与香港代理法比较研究》,载《中外法学》1998 年第 2 期。

吴春燕:《英国商事代理法的新发展》,载《法学评论》1999 年第 2 期。

尹田:《论代理制度的独立性——从一种法技术运用的角度》,载《北方法学》2010 年第 5 期。

叶金强:《表见代理构成中的本人归责性要件——方法论角度的再思考》,载《法律科学》2010 年第 5 期。

尹飞:《代理:体系整合与概念梳理——以公开原则为中心》,载《法学家》2011 年第 2 期。

杨代雄:《表见代理的特别构成要件》,载《法学》2013 年第 2 期。

叶金强:《表见代理中信赖合理性的判断模式》,载《比较法研究》2014 年第 1 期。

〔美〕约翰·怀亚特等:《美国商法中的代理》,魏振瀛译,载《中外法学》1984 年第 3 期。

〔英〕德·凯南:《代理》,金懋初译,载《法治论丛》1990 年第 5 期。

〔德〕福·博伊庭:《论〈德国民法典〉中的代理理论》,邵建东译,载《南京大学法学评论》1998 年秋季号。